실천이성비판

대우고전총서 005A
Daewoo Classical Library

한국어 칸트전집 08
The Korean Edition of
the Works of Immanuel Kant

실천이성비판

Kritik der praktischen Vernunft

임마누엘 칸트 | 백종현 옮김

아카넷

1791년의 칸트 G. Doebler의 초상화

칼리닌그라드의 임마누엘 칸트 대학 정원에 있는 칸트 동상

칸트의 묘소(쾨니히스베르크 교회 후면)

칸트의 석곽묘(쾨니히스베르크 교회 특별 묘소 내부)

쾨니히스베르크(칼리닌그라드) 성곽 모서리에 있는 칸트 기념 동판. "그에 대해서 자주 그리고 계속해서 숙고하면 할수록, 점점 더 큰 경탄과 외경으로 마음을 채우는 두 가지 것이 있다, 그것은 내 위의 별이 빛나는 하늘과 내 안의 도덕 법칙이다"라는 『실천이성비판』 맺음말의 첫 구절이 새겨져 있다.

《한국어 칸트전집》 간행에 부쳐

칸트(Immanuel Kant, 1724~1804)의 철학에 대한 한국인의 연구 효시를 이정직(李定稷, 1841~1910)의 「康氏哲學說大略」(1903~1910년경)으로 본다면, 한국에서의 칸트 연구는 칸트 사후 100년쯤부터 시작된 것인데, 그 시점은 대략 서양철학이 한국에 유입된 시점과 같다. 서양철학 사상 중에서도 칸트철학에 대한 한국인의 관심은 이렇게 시기적으로 가장 빨랐을 뿐만 아니라 가장 많은 연구 논저의 결실로도 나타났다. 그 일차적인 이유는 19세기 말에서 20세기 초의 동아시아 정치 상황에서 찾을 수 있겠지만, 사상 교류의 특성상 칸트철학의 한국인과의 친화성 또한 그 몫이 적지 않을 것이다.

칸트는 생전 57년(1746~1803)에 걸쳐 70편의 논저를 발표하였고, 그 외에 다대한 서간문, 조각글, 미출판 원고, 강의록을 남겨 그의 저작 모음은 독일 베를린 학술원판 전집 기준 현재까지 발간된 것만 해도 총 29권 37책이다. 《한국어 칸트전집》은 이 중에서 그가 생전에 발표한 전체 저술과 이 저술들을 발간하는 중에 지인들과 나눈 서간들, 그리고 미발간 원고 중 그의 말년 사상을 포괄적으로 담고 있는 유작(Opus postumum)을 포함한다. 칸트 논저들의 번역 대본은 칸트 생전 원본이고, 서간과 유작은 베를린 학술원판 전집 중 제10~12권과 제21~22권이다.(이 한국어 번역의 베를린 학술원판 대본에 관해서는 저작권자인 출판사 Walter de Gruyter에서 한국어번역판권을 취득하였다.)

한 철학적 저작은 저자가 일정한 문화 환경 안에서 그에게 다가온 문제를 보편적 시각으로 통찰한 결실을 담고 있되, 그가 사용하는 언어로 기술한 것이다. 이러한 저작을 번역한다는 것은 그것을 다른 언어로 옮긴다는 것이고, 언어가 한 문화의 응축인 한에서 번역은 두 문화를 소통시키는 일이다. 그래서 좋은 번역을 위해서는 번역자가 원저자의 사상 및 원저의 기저를 이루고 있는 문화 배경에 대해 충분한 이해를 가질 것과 아울러 원저의 언어와 번역 언어에 대한 상당한 구사력을 가질 것이 요구된다.

18세기 후반 독일에서 칸트는 독일어와 라틴어로 저술했거니와, 이러한 저작을 한국어로 옮김에 있어 그 전혀 다른 언어 구조로 인해서 그리고 칸트가 저술한 반세기 동안의 독일어의 어휘 변화와 칸트 자신의 사상과 용어 사용법의 변화로 인해서 여러 번역자가 나서서 제아무리 애를 쓴다 해도 한국어로의 일대일 대응 번역은 어렵다. 심지어 핵심적인 용어조차도 문맥에 따라서는 일관되게 옮기기가 쉽지 않다. 게다가 한 저자의 저술을 여러 번역자가 나누어 옮기는 경우에는 번역자마다 가질 수밖에 없는 관점과 이해 정도의 차이에 따라 동일한 원어가 다소간에 상이한 번역어를 얻게 되는 것은 불가피한 일이다. 이러한 제한과 유보 아래서 이《한국어 칸트전집》을 간행한다.

당초에 대우재단과 한국학술협의회가 지원하고 출판사 아카넷이 발간한 '대우고전총서'의 일환으로 2002년부터 칸트 주요 저작들의 한국어 역주서가 원고 완성 순서대로 다른 사상가의 저술들과 섞여서 출간되었던바, 이것이 열 권에 이른 2014년에 이것들을 포함해서 전 24권의《한국어 칸트전집》을 새롭게 기획하여 속간하는 바이다. 이 전집 발간 초기에는 해당 각 권의 사사에서 표하고 있듯이 이 작업을 위해 대우재단/한국학술협의회, 한국연구재단, 서울대학교 인문대학, 서울대학교 인문학연구원

이 상당한 역주 연구비를 지원하였고, 대우재단/한국학술협의회는 출판비의 일부까지 지원하였다. 그러나 중반 이후 출판사 아카넷은 모든 과정을 독자적으로 수행하면서, 제책에 장인 정신과 미감 그리고 최고 학술서 발간의 자부심을 더해주었다. 권권에 배어 있는 여러 분들의 정성을 상기하면서, 여러 공익기관과 학술인들이 합심 협력하여 펴내는 이 《한국어 칸트전집》이 한국어를 사용하는 이들의 지성 형성에 지속적인 자양분이 될 것을 기대한다.

《한국어 칸트전집》 편찬자 백 종 현

책을 내면서

이미 펴낸바 있는 『실천이성비판』(1판: 2002 · 개정판: 2009)을 새롭게 다듬어 다시 내놓는다. 역자의 칸트(Immanuel Kant, 1724~1804) 번역서 중 최초로 단행본 형태로 출간되었던 이 책이 아카넷 《한국어 칸트전집》에 편성됨에 따라 전집의 편제에 맞게 구성을 바꿀 필요가 생겼다. 또한 이 책과 더불어 칸트 도덕철학 3부작이라 할 수 있는 『윤리형이상학 정초』(한국어 칸트전집 06)와 『윤리형이상학』(한국어 칸트전집 12)이 출간됨에 따라 부록에 담았던 칸트 철학 개요 및 도덕철학의 개괄적 소개가 이제는 불필요한 것으로 보이기 때문이기도 하다.

새삼 느끼거니와 이 책 『실천이성비판(*Kritik der praktischen Vernunft*)』(1788)은 언제 다시 읽어도 저자의 영혼과 인간 일반에 대한 숭경심을 깊게 만든다. 역자는 "인간의 삶과 종교의 특별한 관계로 인해 사람들이 경전을 가까이 하게 되는 경우는 별도로 하고, 일반 교양인이 만약 일생에 단 한 권의 책만을 읽어야 하는 상황에 놓일 경우, 읽어야 할 책은 무엇일까?" 자문하고서 "그것은 바로 칸트의 『실천이성비판』이다"라고 자답한 바 있다. 칸트의 『실천이성비판』은 이상(理想)에 비추어보면 미천하기 그지없는 인간이 그럼에도 "왜 존엄한가", "어떻게 하면 그 존엄성을 지켜갈 수 있는가"를 일러주고 있기 때문이다. 사람으로 하여금, 사람다움의 모습을 알게 하고, 사람으로서의 위신을 높여갈 수 있는 방도를 합리적으로 깨우쳐주는 책보다 한낱 동물이 아닌, 인간으로서의 사람에게 더 소중한 것이 있을까? 물론 칸트라는 철학자를 2세기를 훌쩍 넘어 그가 생을 꾸렸던 문화권과는 아주 먼 곳인 21세기의 한국에서까지 살아 있게 하는 것은 어느 모로 보나 그의 주저인 『순수이성비판』(1781 · 1787)이 있기 때문이다. 그러나 만약 칸트에게 그것만 있었더라면 그는 진지하고 명철한 사람, 지혜로운 사람으로 우리에게 기억은 되겠지만, 우리가 그를 품위 있는 사람으로 추념하고, 그의 고귀한 사념 속에서 인간의 희망을 발견하지는 못했을 것이다. 그는 진정으로 우리들 모두가 우리 인간 자신과 그 안에서 우리가 살고 있는 자연법칙의 숭고함과 경이로움을 깨우쳐 인간답게 살아갈 것을 소망했다.

> "그에 대해서 자주 그리고 계속해서 숙고하면 할수록, 점점 더 새롭고 점점 더 큰 경탄과 외경으로 마음을 채우는 두 가지 것이 있다. 그것은 **내 위의 별이 빛나는 하늘과 내 안의 도덕법칙**이다."(*KpV*, A288=V161)

후세 사람들이 칸트를 기념하는 동판에 새겨 넣기도 한 『실천이성비판』 맺음말 첫 대목의 이 절제된 말에 그가 우리에게 진심으로 일깨우고자 한 것이 압축적으로 표현되어 있다.

이 같은 의미를 지녔기 때문에, 칸트가 이 세상을 떠난 지 200년도 더 지났건만 그의 철학에 대한 연구는 여전히 세계적으로 활발하게 진행되고 있다. 칸트 사상의 최소한의 편린이라도 일실되게 하지 않기 위해서, 베를린 학술원판 『칸트전집(*Kants gesammelte Schriften*)』(1900~)의 간행도 1세기 넘게 지속되고 있으며, 그 정신에 맞게 그의 저작들에 대한 비교 문헌 연구와 해석 작업도 더 깊어지고 더 넓어지고 있다. 그리고 각 언어권 별로 그간의 연구를 바탕으로 한 새로운 번역들도 많이 나

왔다. 영미권에서는 1990년대 후반에 *The Cambridge Edition of the Works of IMMANUEL KANT* 전15권이 발간되었고, 일본에서도 근래에(1999~2006) 이와나미 출판사〔岩波書店〕에서 《칸트전집(カント全集)》전23권이 새롭게 번역 출간되었다. 이들이 이미 수종의 칸트 번역을 가지고 있음에도 이러한 작업을 하는 것은 칸트가 여전히 우리 영혼에 새로운 양식을 제공하고 있다는 믿음을 반영한 것이라 하겠다. 그 같은 의미가 한국 사람들에게라고 어찌 없겠는가.

이 책은 칸트『실천이성비판』해제와 역주 그리고 찾아보기, 이렇게 세 부분으로 구성되어 있다.

제1부에는 해제와 함께 '칸트 도덕철학 관련 주요 문헌' 자료를 실었는데, 이를 통해 독자들이 칸트의 사려 깊고 품격 있는 논변과 사색을 그의 어조를 따라 직접 접함과 아울러, 스스로 더 나아가는 연구를 하는 데에 필요한 참고 자료를 충분히 얻을 수 있기를 기대한다.

제2부『실천이성비판』역주는 칸트에 대한 저간의 국내외 연구 성과를 바탕으로 이루어졌다. 번역은 칸트『실천이성비판』초판(1788)을 표준으로 삼고, 베를린 학술원판 전집 제5권(Berlin 1908/1913. AA Bd. V, S. 1~163)과 W. Weischedel 판 전집 제4권(Darmstadt 1956. Bd. IV, S. 103~302), 그리고 Horst D. Brandt / Heiner F. Klemme 판(Felix Meiner Verlag, Hamburg 2003 〔PhB 506〕)을 대조 참고하였다.

해제와 역주 작업에서는 국내외 역주해서 중 다음의 것들에서 특히 큰 도움을 받았다.

최재희,『實踐理性批判』, 초본: 청구출판사, 1957; 최종본: 박영사, 1975. (이 번역 최종본은 글쓴이가 출판 당시 책임교정을 맡았던 인연이 있다.)

Horst D. Brandt / Heiner F. Klemme(Hrsg.), *Kritik der praktischen*

Vernunft, Felix Meiner Verlag, Hamburg 2003 〔PhB 506〕.

M. J. Gregor(transl.) / A. Wood(introd.), *Critique of practical reason*, 수록: *Practical philosophy*, pp.133~272, Cambridge University Press, 1996.

坂部 惠/伊古田 理, 『實踐理性批判』, 수록: 『カント全集 7』, 117~357 · 388~406面, 東京 岩波書店, 2000.

이 한국어 새 번역은 당초에 글쓴이가 초역한 것을 친절한 동학 한 분이 부분적으로 감수(監修)하여 고치고, 역자가 다시 전체를 통독하면서 말을 다듬는 방식으로 완성된 것이다. 개정판을 낼 때는 강지영 선생님과 백승환 선생님이 재차 원문을 대조하면서 이를 개선하는 데 큰 도움을 주었다.

번역에서는 기존에 통용되던 번역 용어들을 더러 바꾸었다. 이렇게 한 것은 다른 곳에서도 이미 밝힌바(글쓴이의 다른 책들: 『칸트 비판철학의 형성과정과 체계』, 서광사, 1992; 『존재와 진리―칸트 〈순수이성비판〉의 근본문제』, 철학과현실사, 2000 · 2008〔전정판〕, 머리말 참조) 현재의 한국어 어감을 고려하고 전체 철학사의 맥락에서 칸트철학을 이해하기 위한 최소한의 방책일 뿐, 많은 사람들의 지난날의 연구 성과와 노고를 낮추어보기 때문은 결코 아니다.―이미 칸트도 지적한 바 있듯이 "언어가 이미 주어진 개념들을 표현하는 데 아무런 부족함이 없는데도 새로운 낱말들을 만들어내는 일은, 새롭고 참된 사상이 못 되면서도, 낡은 옷에다 새 헝겊 조각을 붙임으로써, 군중 속에서 자신을 눈에 띄게 하려는 유치한 노력이다."(A19/20=V10)―우리는 단지 새로운 것을 추구하고자 하는 것이 아니라, 칸트의 글이 외국어로 그리고 현대어로 옮겨지면서 그 뜻이 바뀌는 것을 최대한 방지하는 한편 칸트 사상을 소재로 한국어로 철학하기를 시도하고자 했을 따름이다. 그래도 부족함이 많이 있을 것인즉 독자 제현의 질정(叱正)과 함께 혜량(惠諒)을 청한다.

나름대로 노력을 기울였음에도 불구하고, 역자의 능력이 본래 부족한 터라 혹 문맥이 제대로 파악이 안 된 경우도 있을 것이고, 한국어와 독일어의 문법 차이로 인해 접속법 표현이 두루뭉수리로 처리된 경우도 있을 것이다. 이뿐만 아니라 독일어로 읽을 때라면 살아 있는 말의 맛을 느낄 수 있었을 것이 상응하는 한국어 낱말을 찾지 못하여 무딘 말로 바뀌어버린 경우도 적지 않을 것이다. 사소한 것으로 보일지도 모르지만 예컨대, 칸트는 일찍이 그의 부친에게서 입은 감화나 주변 사람들과의 공통 감정 때문인지, 수공업자들의 용어를 끌어다 씀으로써 (예: verschleudern〔A292〕: 투석기로 돌을 던지다 → 내던지다) 사태를 가시화하고 있는데, 번역에서는 그 맛이 사라져버린 점이 아쉬움으로 남는다. 번역으로 인해 그 섬세한 맛을 잃어버린 것이 어찌 이런 구체어들과 관련된 것뿐이겠는가. 아무래도 고전은 원문 그대로 읽을 때 그 향취를 제대로 맛볼 수 있으리라. 원문을 대조하여 번역문을 읽을 독자의 편의를 위해 칸트 『실천이성비판』제1판(A)과 현재 표준판으로 통용되고 있는 베를린 학술원판 전집 제5권(V)의 면수를 번역문의 시작하는 행에 밝혀놓았다.

이 책의 내용이 우리 사회 문화의 윤리 가치 논의에 적절한 기여를 하게 되기를 간절히 바라면서 이 책을 세상에 다시 내보낸다. 새 모습으로 이 책이 발간되는 데는 많은 분들의 거듭된 도움이 있었다. 임상진 선생님은 찾아보기를 이용하기가 더 편리하도록 새로이 만들었었고, 강지영, 백승환 선생님은 재교정까지 맡아 노고를 아끼지 않았다. 독일 마르부르크(Marburg)에서 학문 연찬에 몰두하고 있는 정해인 선생님은 바쁜 틈에도 『실천이성비판』원전 초판본의 복사를 위해 백방으로 애씀으로써 이 책에 표지면이 실리도록 해주었다. 당초에 '대우재단'과 '한국학술협의회'는 연구번역 지원을 해줌으로써 글쓴이로 하여금 원고 완성에 집중할 수 있도록 해주었는데다가, 출판사 '아카넷'은 역주자의 개정판에 이은 개정2판 출간 제안을 흔쾌히 받아들여 《한국어 칸트전집》 체제에 맞춘 새책을 만들기 위해 적지 않은 비용 지출을 감수하였다. 처음에는 오창남 편집장, 나중에는 김일수 편집팀장을 비롯한 편집부원께서는 역주자의 숱한 요구사항을 인내와 배려로써 수용해주었고, 특히 교정을 맡은 정민선 선생님께서는 역주자의 둔탁하고 융통성 없는 문체에 생기와 세련함을 입히기 위해 반복되는 노고를 치루지 않을 수 없었다. 여러 분들께 깊은 감사의 마음을 표한다.

2019년 8월

정경재(靜敬齋)에서

백종현

전체 차례

제1부 『실천이성비판』 해제

제2부 『실천이성비판』 역주

제 1 부

『실천이성비판』 해제

『실천이성비판』 해제

저술 배경

칸트는 고대 그리스적 전통을 이어 철학을 형식 철학인 논리학(Logik)과 실질 철학인 형이상학(Metaphysik)으로 분간하고, 후자를 다시금 '자연 형이상학(Metaphysik der Natur)'과 '윤리 형이상학(Metaphysik der Sitten)'으로 나누어 보았다. 그렇기에 그가 '자연 형이상학'의 예비학으로서 『순수이성비판』(1781)의 체계를 제시했을 때, 사람들은 이어서 그에 상응하는 도덕 철학에 대한 저술이 나올 것을 기대했다. 그때 출간된 것이 『윤리형이상학 정초』(1785)이었다.

그런데 칸트는 『윤리형이상학 정초』의 머리말에서 다음과 같이 말하고 있다.

> "장차 윤리 형이상학을 저술하려는 생각을 가지고서 이 『정초』를 먼저 출간한다. 형이상학을 위해 **순수 사변 이성 비판**[1]이 이미 저술되었듯이, 본래 윤리 형이상학의 기초로서는 순수 실천 이성 비판 외에 다른 것은 없다. 그렇

---

1) '윤리 형이상학'을 말하는 칸트에서도, "좁은 의미에서"(*KrV*, A841=B869) 혹은 "본래적 의미에서"(FM, A10=XX260) 형이상학은 '자연〔존재〕 형이상학'만을 지칭한다.

기는 하지만 한편으로는 순수 실천 이성 비판이 순수 사변 이성 비판처럼 그렇게 아주 필요한 것은 아니다. 왜냐하면, 인간 이성은 도덕적인 것과 관련해서는 가장 평범한 지성〔상식〕에서조차도 쉽게 매우 정확하고 세밀하게 사용될 수 있기 때문이다. 이성이 이론적이고 순수한 사용에서는 전적으로 변증적인데에 반해서 말이다. 다른 한편으로, 나는 순수 실천 이성 비판을 위해서는, 만약 그것이 완수되려면, 실천 이성의 사변 이성과의 통일이 어떤 공동의 원리에서 서술될 수 있어야 함을 요구하는 바이다. 왜냐하면, 마침내는 단 하나의 동일한 이성만이 있을 수 있는 것이고, 이것이 순전히 적용되는 데서만 구별되어야 하는 것이기 때문이다. 그러나 여기서 나는 전혀 다른 방식의 고찰을 끌어들여 독자를 혼란시키지 않고서는 그런 완벽함을 성취할 수가 없었다. 그 때문에 나는 '**순수 실천 이성 비판**'이라는 명칭 대신에 '**윤리 형이상학 정초**'라는 명칭을 썼다.

그러나 〔…〕 윤리 형이상학은 그 겁주는 칭호에도 불구하고 매우 대중적이고 또한 평범한 지성〔상식〕에도 걸맞을 수 있는 것이기 때문에, 나는 이 기초적인 예비작업을 저것〔실천 이성 비판〕과 분리시키는 것이 유용하다고 생각한다. 저 작업〔실천 이성 비판〕에서는 불가피한 정교한 논의를 보다 쉽게 이해되는 교설〔곧, 윤리 형이상학〕에다 장차 덧붙일 필요가 없도록 하기 위해서 말이다."(*GMS*, BXIII=IV391이하[2])

---

2) 이하 칸트 원저술을 인용함에 있어서『실천이성비판(*Kritik der praktischen Vernunft*〔*KpV*〕)』의 경우 초판(1788)은 "A"로, 베를린 학술원판(Akademie-Ausgabe)〔AA〕 전집은 이 책이 수록되어 있는 제5권을 지시하는 "V"로 표시하여, 이어 면수를 제시한다. 『순수이성비판(*Kritik der reinen Vernunft*〔*KrV*〕)』의 경우는 초판(1781)은 "A"로, 재판(1787)은 "B"로 표시하여, 이어 면수를 제시하며, 『판단력비판(*Kritik der Urteilskraft*〔*KU*〕)』의 경우는 "B"로 표시하는 재판(1793)에서 인용하되, "V"로 표시하는 학술원판 전집 제5권의 면수도 함께 제시한다. 여타 저술은 모두 베를린 학술원판 전집의 권수를 로마자숫자로 제시한 다음 "," 부호에 이어 면수를 제시하고, 필요한 경우 논저의 축약된 제목 및 해당 절을 그에 앞서 제시한다. 인용된 논저의 완전한 제목은 아래에서 제시하는 "해제와 주해에서 한국어 제목을 사용한 칸트 원 논저 제목〔약호〕, 이를 수록한 베를린 학술원판 전집〔AA〕 권수(와 인용 역본)"목록 참조

이것으로만 보면 이때 칸트는 『윤리형이상학 정초』로 '실천이성비판'을 대체한 것이라 하겠다. 그러니까 칸트는 『실천이성비판』이 출간되기 3년 전까지만 해도 이에 대한 집필 계획이 없었을 뿐만 아니라, 그것이 또한 불필요하다고 생각하고 있었다. 그리고 『윤리형이상학 정초』를 통해 "**도덕성의 최상 원리**의 탐색"(*GMS*, BXV=IV392)이 이루어진 후 이어지는 『윤리형이상학』(실제로는 「법이론의 형이상학적 기초원리」와 「덕이론의 형이상학적 기초원리」라는 2부작으로 나뉘어 1797년에 출간)에서 그 세칙이 제시될 것임을 예고하고 있다.(*GMS*, B53=IV421 주 참조) 그뿐만 아니라, 『윤리형이상학 정초』 출간 직후에 칸트는 한 지인(知人)에게 "이제 나는 지체 없이 윤리 형이상학의 완성 작업에 착수할 것이다"(1785. 9. 13 자 Schütz에게 보낸 편지: AA X, 406)라고 말하기도 했다.

그러나 그 이듬해 우리는 다소 변화된 칸트의 생각을 발견할 수 있다. 그는 실천철학 체계 문제로 이론 형이상학 작업을 "최소한 2년"은 뒤로 미루어야 할 것 같은데, 실천철학 체계를 위해서도, 제1비판 작업처럼 그렇게 어렵지는 않겠지만, 여하튼 "유사한 작업"이 필요하다(1786. 4. 7 자 Bering에게 보낸 편지: X, 441 참조)고 말하고 있으니 말한다. 이즈음 『순수이성비판』의 재판을 준비하고 있던 칸트는 다른 한편 여기에다 '실천이성 비판'을 덧붙이려는 구상을 하고 있었던 것으로 보인다. 예나(Jena)에서 발간된 문예지 《알게마이네 리터라투어차이퉁(*Allgemeine Literaturzeitung*)》(Nr. 276: 1786. 11. 21)은 칸트 『순수이성비판』의 재판 출간을 예고하면서, 이 "제2판에는 제1판의 내용을 이루었던 순수 사변 이성 비판에다가 순수 실천 이성 비판이 추가될 것인데, 이것은 이미 제기된 그리고 제기될 수 있는 비난에 응하여 윤리성의 원리를 확보하고, 순수 이성의 철학 체계에 선행해야만 할 비판적 탐구의 전체를 완성하는 데에 기여할 수 있을 것이다"라고 언급하고 있다. 이런 예고 기사가 칸트 자신의 언질 없이 실렸으리라고 볼 수는 없는 일이다. 우리는 라이프치히(Leipzig)의 교수 보른(Born)이 칸트에게 보낸 서신(1786. 11. 8 자)에서도

"당신의 탁월한 저술을 더욱더 빛나게 할 순수 실천 이성 비판의 중대한 추가를 매우 기쁜 마음으로 고대하고 있습니다"(X, 471)는 구절을 읽을 수 있다.

그러나 1787년 여름(머리말을 쓴 것은 4월)에 『순수이성비판』은 예고된 추가 부분 없이 기존의 내용 일부만을 수정한 채로 출판되었다. 그리고 이미 이즈음에 『실천이성비판』은 별도의 책으로 발간하기 위해 탈고되었던 것으로 보인다. 칸트는 한 서신에서 "다음 주면 인쇄소에 보낼 수 있다고 생각할 정도로 나의 『실천이성비판』을 완성했다"(1787. 6. 25 자 Schütz에게 보낸 편지: X, 490)라고 적고 있다.

마침내 1788년 봄 『실천이성비판』은 윤리 형이상학의 예비학을 서술한 독립된 책으로 세상에 나왔고, 칸트 생전에 몇 곳의 자구 수정을 거쳐 제2판(1792)과 제4판(1797)이 간행되었다. (제3판의 책은 지금까지 발견된 바 없다. 출판사 측의 착오에 의해 '제3판'이어야 할 것이 '제4판'으로 인쇄된 듯하다.)

『실천이성비판』의 성격과 『순수이성비판』과의 관계

『실천이성비판』이 한때의 구상과는 달리 『순수이성비판』과 한 책으로 묶이지 못한 데에는 여러 가지 이유가 있었겠지만, 무엇보다도 당시 아직 이론이성과 실천이성 기능의 공통 원리에 관한 의견을 정립하지 못한 칸트로서는—이를 찾는 본격적인 작업은 비로소 『판단력비판』(1790)에서 수행되고 있다—이론 체계상의 문제의식이 강하게 남아 있었을 것이고, 게다가 두 이성 비판의 표적과 과제가 정반대의 것이었기 때문에 두 비판서를 분리해서 내놓을 수밖에 없었을 것이다.

『순수이성비판』이 순수한 사변〔이론〕 이성의 기능을 분별하여 순수한 선험적 인식을 가능하게 하는 원리들과 그 원리들의 적용 범위 및 한계를 규정하는 과제를 수행한 것이라면, 『실천이성비판』은 순수한 실천이성의 기능을 분별하여 순수한 윤리적 행위를 가능하게 하는 원리들과 그 원리들의 적용 범위 및 한계를 규정하는 과제를 수행한다는 점에서 두 비판은 외견상 유사성을 갖는다.

그러나 이 두 비판이 필요한 이유와 그에 따른 두 비판의 과제는 오히려 정반대이다. '순수 이성 비판'은, 순수한 이론이성이 순전히 사변적인 개념 또는 이념에게 월권적으로 객관적 실재성을 부여하고, 경험에 의존하지 않고서는 도무지 알 수 없는 것까지도 한낱 순수한 이성만으로도 알 수 있다고 참칭하는 것에 대한 순수한 이성의 자기비판이다. 그러니까 그것은 순수한 이론이성이 경험적으로 사용되는 것을 방지하기 위한 것이다. 반면에, '실천 이성 비판'은 순수한 실천이성에 대한 비판이 아니라 "실천이성 일반에 대한 비판"(A31=V16 참조)으로서 "경험적으로 조건 지어진 이성이 자기만이 전적으로 의지의 규정 근거를 제공하려고 하는 월권을"(A31=V16) 비판한다. 그리하여 이 비판을 통해 밝혀지는 것은, 오히려 순수한 이성은 그리고 순수한 이성만이 무조건적으로 실천적일 수 있다는 것, 다시 말해 "순수한 이성이 그 자신만으로 의지를 규정하기에 충분"(A30=V15)하다는 것이다. '실천 이성 비판'은 그러니까 '순수 이성 비판'과는 "정반대"로 경험적으로-조건 지어진 이성이 초험적인 영역에 대해서까지 "월권적으로 전제〔專制〕"하는 것을 방지하기 위한 것이다. 그렇기 때문에 '순수 이성 비판'을 통해서는 형이상학으로서 존재론이 불가능함이 밝혀진 것이라면, '실천 이성 비판'을 통해서는 형이상학으로서 윤리학이 정초된다.

칸트 도덕철학 안에서 『실천이성비판』의 위치

이 같은 성격을 갖는 『실천이성비판』은 '3부작'으로 볼 수 있는 칸트 도덕철학의 3대서 가운데서 출판된 순서에서뿐만 아니라 내용의 면에서도 중간적 위치를 차지한다. 맨 처음의 저술 『윤리형이상학 정초』(1785)가 칸트 도덕철학의 포괄적 서설이라면, 『실천이성비판』(1788)은 그 체계의 핵심을 담고 있고, 『윤리형이상학』은 이 원리로부터 실천 세칙을 연역해놓은 이를테면 실행 윤리학이다.

그러나 단지 다루고 있는 소재의 면에서만 본다면 『윤리형이상학 정초』와 『실천이성비판』 사이에는 거의 차이가 없다. 이 두 저술은 사실상 서술 방식만을 달리한 동일한 저작이라 해도 과언이 아니다. 양자의 차이점을 찾자면 거의 같은 소재들을 서로 다른 의도에 따라 서로 다르게 배열한 점이라 할 것이다. 『윤리형이상학 정초』의 서술 방식이 '분석적'이라면, 『실천이성비판』은 '종합적' 서술 방식을 취하고 있다고 볼 수 있으니 말이다. 『윤리형이상학 정초』는 자율 · 이념 · 관심 · 준칙 · 동기 등과 같은 기본 개념들을 다루면서 동시에 선의지 · 목적의 나라 · 자기목적 · 궁극 목적 · 정언 명령 등 보다 일반화된 개념들을 전면에 세운 데에 반하여, 『실천이성비판』은 보다 체계적인 개념들, 곧 법칙 · 원칙 · 자율 · 연역 · 법칙 수립 형식 · 자유 개념 · 도덕법칙 · 자유의 범주들 · 실천이성의 우위 · 요청들 · 최고선 등을 앞세워 다룬다.

『순수이성비판』이 경험적 인식을 가능하게 하는 조건, 즉 의식의 초월성과 인식 규칙들이 바로 그 인식에서 인식되는 것, 즉 경험적 존재자를 존재자로서 가능하게 하는 조건임을 해명함으로써 '존재가 곧 진리〔참〕임'을 밝혔다면, 『실천이성비판』은 실천 행위를 가능하게 하는 조건, 즉 자유와 도덕법칙이 실천 행위자, 즉 인격을 인격이도록 하는 조건임을 해명함으로써 순수한 '실천 의지가 곧 선〔참〕임'을 밝힌다. 그리고 이로써 인간 존엄성의 근거가 밝혀진다. 이런 체계적 설명의 필요에 의해서 당초에 『비판』 없이 『윤리형이상학의 정초』에서 곧바로 『윤리형이상학』으로 나아가려는 칸트의 사고 과정이 순수 실천이성 능력에 대한 반성적 정사(精査)의 단계를 밟은 것이라 하겠다.

이성적 존재자로서의 인간은 자율적으로 도덕법칙을 준수함으로써 인격이 된다. 순수한 실천이성능력의 분석을 통해 이를 해명하는 『실천이성비판』은 앞서 나온 『순수이성비판』과 『윤리형이상학 정초』에서 추궁한 자유 개념과 인간 존엄성 개념을 바탕으로 인간의 인격성 개념을 명료히 하고 있다. 그로써 『실천이성비판』은 칸트철학의 정수(精髓)를 이룬다.

『실천이성비판』의 대강

칸트 도덕철학의 주제

칸트의 도덕철학은 인간으로서 '나는 무엇을 행해야만 하는가?(Was soll ich tun?)'를 묻고, 그 답변을 통해 인간의 도리를 깨침을 과제로 갖는데, 『실천이성비판』은 순수한 실천이성의 분석을 통해 인간에서 순수한 윤리적 행위를 가능하게 하는 원리들을 밝히고, 변증학적 사변을 통해 실천이성이 이론이성보다 우위임을 설득한다.

인간이 자연적 기계적 운동 외에 실천적 활동을 한다는 것은 자연법칙 외에 실천법칙에 지배를 받는다는 것을, 다시 말해 당위 규범을 준수할 능력이 있다는 것을 말한다. 그런데 인간은 이성적 자연존재로서 경향성에 종속되어 있기 때문에 당위는 명령으로 등장할 수밖에 없다. 그리고 어떤 명령이 실천법칙이 될 수 있기 위해서는 보편성과 필연성을 가져야만 한다. 어떤 것이 보편적이려면 언제 누구에게나 타당해야 하며, 필연적이려면 무조건적으로 타당해야만 한다. 그러니까 어떠한 경험적이고 욕구 충족을 전제로 하는 명령도 실천법칙이 될 수 없으며, 실천법칙은 오직 선험적이고 단정적인 "정언적 명령"(*GMS*, B44=IV416)일 수밖에 없다. 그러므로 이 명령은 실천 행위로 나아가려는 이성이 자신에게 선험적으로 무조건적으로 부과하는 규범, 곧 이성의 "자율"(A58=V33)이다. 그리고 자율적으로 자기 자신에게 명령을 발하는 이성은 '자기 법칙수립적〔입법적〕'이며, 이 자율로서의 정언 명령은 행위가 준수해야 할 "형식"을 지정한다.

이러한 '윤리성의 명령'은 "의무의 보편적 명령"(*GMS*, B52=IV421)으로서 그 근거를 순수한 실천이성에 둔 것이니, "순수 실천이성의 원칙"이라 하겠다. 여기서 칸트가 제시하는 원칙은 "너의 의지의 준칙이 항상 동시에 보편적 법칙 수립의 원리로서 타당할 수 있도록, 그렇게 행위하라." (A54=V30)는 것이다.

스스로 이 같은 행위 법칙을 세우고, 그것을 보편적 자연법칙처럼 준수하려는 인간 의지는 그 자체로 '신성하다'. 그러니까 "인간은 비록 충분히 신성하지는 못하지만, 그러나 그의 인격에서 인간성은 그에게 신성하지 않을 수 없다."(A155=V87) 자기 법칙수립적인 이 자율성이야말로 그러므로 "인간과 모든 이성적 자연존재자의 존엄성의 근거"(*GMS*, B79=IV436)라고 칸트는 말한다.

인간의 자율성이야말로 인간과 이성적 존재자의 존엄성의 원천이다. 이제 이러한 "의지의 자율을 설명하는 열쇠"(*GMS*, B97=IV446)는 다름 아닌 '자유'의 개념이다. '자유'를 매개로 해서만 이성적 존재자의 선의지가 도덕법칙과 결합할 수 있다.(*GMS*, B99=IV447 참조) 자유는 이성적 존재자의 본질적 속성이고, 도덕법칙은 이 본질적 속성에서 비롯한 것, 자율적인 것이고, 그런 한에서 자기강제성을 갖는 것이다. 그렇기에 이성적 존재자의 자유 의지란 바로 도덕법칙 아래에 있는 의지를 말한다. 역설적이게도 인간은 자연의 질서 아래에 있는 감성적 존재자이기 때문에 오히려 예지 세계의 성원으로서 자율성을 가질 수 있고, '인격성' 또한 얻을 수 있는 것이다. — 칸트의 도덕철학은 실천이성에서 자유의 힘을 찾아내고, 그 힘에 의해 인간이 '인간이 됨'을 밝힌다.

순수 실천 이성의 분석학
: 실천이성의 자율성과 인격의 존엄성

자유 곧 당위

칸트 도덕철학은 자유 개념에 근거하고 있다. 자유 개념은 도덕을 가능하게 하는 근거이자 칸트철학 체계의 핵심적 요소이다.

> "자유 개념은 〔…〕 순수 이성의, 그러니까 사변이성까지를 포함한, 체계 전체 건물의 마룻돌(宗石: Schlußstein)을 이룬다."(A4=V3이하)

무릇 역학적 인과체계인 자연세계에서 "절대적 자발성"(*KrV*, A446=B474)으로서 자유란 "문제성 있는 개념"(*KrV*, A339=B397)이고, 이를테면 "초월적 이념"(*KrV*, A448=B476)이다. 초월적 이념으로서 자유란 일종의 "예지적 원인(叡智的 原因: intelligibele Ursache)"(*KrV*, A537=B565)을 일컫는다. 칸트는 이 예지적 원인으로서의 '자유'를 이른바 '순수 이성의 이율배반'의 해소를 통해 "구출"(*KrV*, A536=B564)해내고, 그로써 당위적 실천 행위의 근거를 마련한다.

이 '구출'을 이해하기 위해서는 인간의 이중성을 시야에 두어야 한다. 인간은 감성적 존재자이자 이성적 존재자이며, 경험적 능력과 더불어 선험적 능력을 가지고 있다. 사람은 감성의 세계(sinnliche Welt)에 속해 있으면서도 또한 예지의 세계(intelligibele Welt)에 속해 있다. 인간은 자연법칙의 필연성에 종속하면서도 자유법칙의 지배 아래에도 놓여 있는 것이다.

행위에서 의지가 자유롭다 함은 "완전한 자발성"(*KrV*, A548=B576)을 말하며, 이로부터 자연 안에 어떤 사건이 발생함을 뜻한다. 그러므로 이를테면 '실천적 자유'는 현상에서의 발생의 원인은 결정적인 것이 아니며, "우리의 의사〔의지〕 안에" "저 자연원인들에 독립해서, 그리고 심지어는 자연원인들의 강제력과 영향력에 반하여, 시간질서에 있어서 경험적 법칙들에 따라 규정되는 무엇인가를 산출하고, 그러니까 일련의 사건들을 전적으로 자기로부터 시작하는 어떠한 원인성"(*KrV*, A534=B562)이 있음을 말하는 것이다. 그런데 이것은 자연의 법칙성, 즉 자연 안에서 발생하는 사건의 원인은 오로지 자연 안에 있을 수밖에 없다는 존재 생성의 충분근거율에 어긋난다.

바로 이 어긋남으로 인해 도덕〔당위〕의 '세계'와 자연〔존재〕의 세계의 구별이 있고, 자연적 존재자인 인간이 이 도덕의 '세계'에도 동시에 속함으로써 인격적 존재일 수 있으며, 인간이 인격적 존재로서만 그 자체로 '목적'이며 존엄하다고 말해질 수 있다고 칸트는 본다.

인간이 도덕적 주체(personalitas moralis)로서 감각 세계를 초월해 있을 수 있다면, 그것은 그의 의지가 '감성의 충동에 의한 강요로부터 독립'할 수 있으므로 해서이다. 인간의 의지도 감성에 영향을 받고, 그런 한에서 "감수(感受)적 의사(arbitrium sensitivum)"이기는 하지만, 그러나 오로지 감성의 동인(動因)에 의해서만 촉발되는 "동물적 의사(arbitrium brutum)"와는 달리 인간의 의지는, '감성이 그것의 행위를 결정하지는 않는', 즉 "감성적 충동에 의한 강요로부터 독립해서 자기로부터〔스스로〕 규정하는" '자유로운' 것이다.(*KrV*, A534=B562 참조; Refl 5618 · 5619: XVIII, 257이하 참조)

당위는 어떤 자연적 근거로부터도 설명될 수 없다. 제아무리 많은 자연적 근거나 감각적 자극들이 나로 하여금 무엇을 의욕(wollen)하게 한다고 하더라도 "그것들이 당위를 낳을 수는 없"(*KrV*, A548=B576)다. 오히려 이성이 말하는 당위가 "그 의욕에 대해 척도와 목표, 심지어는 금지와 권위를 세운다."(*KrV*, A548=B576) 즉 당위는 선험적인 것이다.

자율성 곧 인격

선의 이념을 가진 이성적 존재자는 경험에서 도덕법칙을 도출하는 것이 아니라, 선험적으로 도덕법칙을 의식한다. "순수한 이론적 원칙들을〔자명한 것으로〕 의식하는 것과 꼭 마찬가지로, 우리는 순수한 실천 법칙들을 의식할 수 있다."(A53=V30)

선험적으로 의식된 도덕법칙이 바로 '선'이라는 개념의 근거점이다. 선의 개념은 "도덕법칙에 앞서" 있는 것이 아니라, 바로 "도덕법칙에 〔의〕 따라서〔뒤에〕 그리고 도덕법칙에 의해서"(A110=V63) 있는 것이다.

인격적 주체는 "무엇을 해야 한다(sollen)고 의식하기 때문에 자기는 무엇을 할 수 있다(können)고 판단하며, 도덕법칙이 아니었더라면 그에게 알려지지 않은 채로 있었을 자유를 자신 안에서 인식한다."(A54=V30) 자유를 근거로 해서만 도덕법칙은 성립할 수 있다는 점에서 "자유는 물론 도덕법칙의 존재근거(ratio essendi)"이지만, 도덕법칙을 우리가 우리 안에서 발견하지 못했다면 자유 역시 의식하지 못했을 것이라는 점에서 "도덕법칙은 자유의 인식근거(ratio cognoscendi)"(A5=V4)이다.

자유, 그것은 자율, 즉 자기가 정한 법칙에 복종함이다. "의지의 법칙에 대한 자유로운 복종의 의식은, 모든 경향성들에게, 오직 자신의 이성에 의해 가해지는, 불가피한 강제와 결합돼 있는 것으로서, 무릇 법칙에 대한 존경이다."(A142이하=V80) 이 도덕 "법칙에 따르는, 일체의 규정 근거에서 경향성을 배제하는, 객관적으로 실천적인 행위를 일컬어 의무"(A143=V80)라 한다. 그렇기 때문에 의무는 개념상 '실천적 강제'를 포함한다. 즉 싫어도 행위하도록 시킨다. 이 자율의 힘에 인격성이 기반을 하는 것이다.

인간으로 하여금 감성세계의 일부로서의 자신을 넘어서게 하고, 지성만이 생각해 낼 수 있는 질서에 인간을 결합시키는 것은 인간의 인격성이다. 그러니까 인격성이란 "전 자연의 기계성으로부터의 독립성으로, 그러면서도 동시에 고유한, 곧 자기 자신의 이성에 의해 주어진 순수한 실천 법칙들에 복종하고 있는 존재자의 한 능력"(A155=V87)이다.

인간이 실제로 신적 존재자라면, 그의 행위는 항상 의지의 자율에 따를 터이다. 그렇다면 거기에는 당위가, 따라서 도덕도 없을 것이다. 인간은 감성적 욕구를 동시에 가지고 살아가는 공간 시간상의 존재자이기 때문에, 바로 그 때문에 그에게는 당위가, 자신이 스스로에게 강제적으로라도 부과하는 정언적 명령이, 도덕법칙이 있는 것이다.(*GMS*, B111이하=IV454 참조) 이것이 도덕법칙이 그리고 자율의 원인성이 인간의 행위에서 가능한 이유이고, '인간'에게서 갖는 의의이다. 인간은 항상 도덕법칙을 따르는 존재자는 아니지만, 스스로를 "도덕법칙들 아래에"(*KU*, B421=V448) 세움으로써 인간이 되고 인격적 존재자가 된다.

행위란 책임성의 규칙 아래에서 수행되는 행동을 말하며, 그러므로 행위의 주체는 의지의 자유에 따라 행동하는 자이다. 행위자는 그러한 행동을 통하여 그 행동의 결과를 '일으킨 자'로 간주되며, 그 결과는 그 행위자가 책임져야 한다. 아무런 책임 능력이 없는 사물을 물건이라고 한다. 반면에 자기 행위에 대해서 책임질 수 있는 주체가 인격이다.(*MS*, *RL*, AB22이하=VI223 참조) 그러므로 도덕적 인격성은 다름 아닌 도덕법칙들 아래에 있는 이성적 존재자의 자유(성)이며, 인격(자)은 다름 아닌 자기 자신이 자신에게 제시한 그 법칙들에 복종하는 자이다.

순수 실천 이성의 변증학
: '최고선'의 이념

자기강제인 도덕법칙이 인간에서 윤리성의 원리인 것은 자연적으로는 인간의 행위가 언제나 경향성에 따르고, 그렇기에 인간에게 '마땅히 행해야 할 것'이 부과되지 않을 수 없기 때문이다. 그러나 인간이 '도덕적'이라는 것은 바로 이 당위를 행할 능력, 다시 말해 도덕적 힘, 곧 '덕'이 있음을 전제하는 것인데, 덕 있는 자가 그에 상응하는 복을 누리는 것이 "순수 실천이성의 객관이자 궁극 목적"(A233=V129)이다. 여기서 인간의 이성은 도덕법칙의 준수 곧 '덕과 그에 상응하는 행복의 일치'라는 하나의 '객관의 이념', 이른바 이 세계에서의 '최고선의 이념'을 갖는다.(A226=V125; *KrV*, A810/811=B838/839 참조) 그래서 우리는 이 최고선을 가능하게 하는 "이것의 두 요소를 통합할 수 있는, 하나의 보다 높고 도덕적이고, 최고로 신성하며 전능한 존재자를 상정하지 않을 수 없다.” (*RGV*, BVII=Ⅵ5) 이렇게 해서 “도덕은 불가피하게 종교에 이르고, 그로써 도덕은 인간 밖의 하나의 힘 있는 도덕적 법칙수립자〔입법자〕라는 이념에까지 확장”(*RGV*, BIX=VI6)되는 것이다.

덕과 행복의 합치 조건

그런데 칸트에서 ‘최고선’은 두 가지로 파악된다.

하나는, 이성적 존재자의 덕행과 그의 윤리성에 정비례하는 만큼의 행복을 요소로 갖는 최고선이다. 이러한 의미의 최고선에서 행복은 그 행복을 누릴 품격인 각자의 윤리성의 정도에 따라 다소와 증감이 있을 것이고, 그러니까 완벽한 것이라 할 수는 없으며, 감성세계에서도 가능한 것이라 하겠다. 자연운행과 윤리질서가 조화를 이루는 범위 내에서는 이러한 ‘물리적’ 행복을 포함하는 최고선도 이루어지겠다.

또 다른 하나는, (문자 그대로) 이성적 존재자의 마음씨의 도덕법칙과의 온전한 맞음과 그에 상응하는 완벽한 복, 즉 지복(至福) 내지 정복(淨福)을 요소로 갖는 최고신이다. 이러한 최고신은 어쩌면 성인이나 이를 수 있는, 이상적인 최고선이라 하겠다.

칸트에서 윤리법칙은 선의지에 기반을 한 정언명령으로서 “감성적 충동 일체를 거부하고, 모든 경향성을, 그것이 저 법칙에 반하는 한에서, 단절”(A128=V72)함으로써, 오히려 “고통이라고 불릴 수 있는 한 감정을 불러일으”(A129=V73)키는 것이다. 도덕법칙은 우리의 자연적인 “욕구능력과의 합치에 전적으로 독립해 있는 규정 근거들에 의해 명령한다.”(A224=V124) 그렇기에 “윤리 원리”와 “행복의 원리”(A228=V126)는 같은 것이 아니고, 그래서 칸트는 “윤리론”은 “행복론”이 아님을 강조한다.(A165=V92 참조) 그 때문에 ‘윤리적 좋음’과 ‘감성적 좋음’을 구별할 것이 요구되기도 하는 것이다.

그럼에도 불구하고, 칸트에서 ‘최고선’은 감성적 내지 물리적 행복을 하나의 요소로 갖는 '가장 좋음'의 의미를 배제하지 않고 있다. 칸트는 그러한 행복을 누리는 희망적인 세계가 없다면, "윤리성의 훌륭한 이념들은 찬동과 감탄의 대상들이기는 하겠으나, 결의와 실행의 동기들은" (*KrV*, A813=B841) 될 수 없을 것이라고 보고 있으니 말이다.

칸트가 자신의 행복은 도덕적 행위의 목적이 될 수 없다고 보는 반면에 '남의 행복'을 덕의무의 한 근간이라고 말할 때(*MS*, *TL*, A26=VI393 참조)의 '행복'과 마찬가지로, '최고선'의 한 요소로 꼽는 '행복' 역시 분명 '감성적 만족' 즉 '물리적 행복'을 뜻한다. 그렇지 않다면 칸트가 굳이 "행복은 자연이 그〔이성적 존재자〕의 전 목적에 합치하는 데에, 또한 자연이 그의 의지의 본질적인 규정 근거〔곧 윤리법칙〕와 합치하는 데에 의거한다"(A224=V124)고 볼 필요가 없기 때문이다. 그러나 유한한 이성적 존재자로서의 인간에게는 "그 자신의 힘으로 자연을 그의 실천 원칙들과 일관되게 일치시킬 수가 없"(A224/5=V124/5)기 때문에, 이러한 일이 자연 세계에서 언제 어디서나 일어나지는 않겠지만, 그럼에도 일정한 조건하에서는 마땅히 일어나야 할 일이라고 바랄 수 있는 것이다.

그러니까 행복을 한 요소로 갖는 '최고선'은 다름 아닌 감성적 세계에서 실현되기를 기대할 수 있는 것이어야만 한다. 만약 '최고선'이 한낱 예지의 세계에서나 이야기될 수 있는 것이라면, 감성적 충족 상태인 행복이 그러한 최고선의 요소를 이룰 까닭이 없다. 예지의 세계는 초감성적 세계이니, 그런 곳에서 감성적 필요욕구란 도대체가 없을 터이고, 그런 마당에서는 감성적 경향성의 만족이나 감성적 필요욕구의 충족 따위가 화제가 될 일이 없으니 말이다. '도덕의 나라'가 한낱 예지의 세계일 경우 그곳에도 역시 '행복'을 운위할 자리는 도대체가 있을 수 없을 것이다. 최고선이 문젯거리가 되는 것은 그것이 바로 이 (자연) 세계에서 구현되어야만 하는 것이기 때문이다.

이러한 반성과정에서 우리는 '최고의 근원적 선' 곧 신의 개념과 '최고의 파생적 선' 곧 '최선의 세계' 개념을 만난다. 이러한 개념들은 "기독교 윤리설"(A231=V128)과 접합해 있다. 기독론에 의거해 우리는 신이 함께 하는 나라에서는 "자연과 윤리가 파생적인 최고선을 가능하게 하는 성스러운 창시자에 의해 양자 각각이 단독으로는 서로 몰랐던 조화에" (A232=V128) 이른다고 말할 수 있기 때문이다.

무릇 덕행과 행복이 부합하는 최고선을 위해서는 이 세계 안에 있는 이성적 존재자의 윤리성과 그로써 행복을 누릴 품격을 얻은 자가 행복한 삶을 영위할 수 있게끔 자연이 운행될 경우뿐인데, 유한한 이성적 존재자의 힘으로는 그러한 조화를 가능하게 할 수가 없다. "저 윤리성에 알맞은 행복"(A223=V124)을 가능하게 하는, "행복을 인간의 공과에 따라 배분하는, 전 자연 위에서 지시명령하고 최고의 지혜로써 세계를 통치하는 그러한 권능"(*MS*, *TL*, A172=VI482) 즉 "신의 실존을 요청할 수밖에 없" (A224=V124)는 것이다.

희망의 철학

칸트는 순수 이성 비판을 통해 전통 형이상학의 세 과제와 관련하여 '자유'와 '신의 실존'을 최소한 인간 이성의 "규제적 원리"(*KrV*, A509=B537)로 기능하는 "초월적 이념"(*KrV*, A533=B561) 또는 "초월적 이상"(*KrV*, A571=B600)으로 "구출"(*KrV*, A536=B564)해 내었다. 그러니까 칸트가 이를 바탕으로 실천적 견지에서 도덕법칙의 가능근거를 밝히는 것도, 또 이러한 도덕법칙을 매개로 도덕신학을 정립하는 길을 걷거나, 윤리성과 행복의 부합으로서의 최고선에 대한 희망으로부터 신의 실존을 요청하는 길을 걷는 것도 체계 내 모순은 없다.

그런데 칸트는 다른 한편 그의 최고선 개념을 위해 신의 실존과 함께 "감성세계의 이성적 존재자"의 영혼의 불사성을 요청하고 있다. — "이 세계에서 최고선의 실현은 도덕법칙에 의해 규정될 수 있는 의지의 필연적 객관이다. 그러나 이 의지에서 마음씨의 도덕법칙과의 온전한 맞음은 최고선의 최상 조건이다. 그러므로 이 맞음은 그 객관과 꼭 마찬가지로 가능해야만 한다. 왜냐하면 그것은 이 객관을 촉진하라는 동일한 지시명령 속에 포함되어 있는 것이기 때문이다. 그러나 의지의 도덕법칙과의 온전한 맞음은 신성성, 곧 감성세계의 어떠한 이성적 존재자도 그의 현존의 어떤 시점에서도 이를 수 없는 완전함이다. 그럼에도 불구하고 그 맞음은 실천상 필연적인 것으로 요구되므로, 그것은 저 온전한 맞음을 향해 무한히 나아가는 전진〔前進〕 중에서만 만나질 수 있고, 그리고 그러한 실천적 전진을 우리 의지의 실재적 객관으로 받아들이는 것은 순수 실천이성의 원리상 필연적인 일이다. 그러나 이런 무한한 전진은 동일한 이성적 존재자의 무한히 지속하는 실존과 인격성—이것을 사람들은 영혼의 불사성이라고 부르거니와—을 전제하고서만 가능하다. 그러므로 최고선은 실천적으로 오직 영혼의 불사성을 전제하고서만 가능하다. 그러니까 이 영혼의 불사성은 도덕법칙과 불가분리적으로 결합되어 있는 것으로서 순수 실천이성의 하나의 요청이다."(A219/220=V122)

칸트의 "영혼의 불사성" 논변에 따르면, 온전한 최고선의 실현은 이를 의욕하는 이 세계의 이성적 존재자들이 그 행실에서 "도덕법칙과의 온전한 맞음"에 이를 때라야 기대할 수 있는 것이다. 그러나 이러한 온전한 부합은 자연적 경향성에 부단히 방해 받고 있는 유한자인 "감성세계의 어떠한 이성적 존재자도 그의 현존의 어떤 시점에서도 이를 수 없는 완전함" 즉 "신성성"으로서, 그것은 이성적 존재자의 "무한히 먼 목표"(A222=V123 주)이기 때문에, 이에 이르기 위해서는 "이 생을 넘어서까지라도" 부단히 전진해가는 무한한 시간의 길이를 필요로 한다는 것이다.

그러나 "이생을 넘어서"는 순간 그 이성적 존재자는 더 이상 '감성세계의 이성적 존재자'가 아니다. 그러니까 그에게 더 이상 '물리적 행복'은 어울리지 않는 것이다. 그렇기에 이생을 넘어서까지도 그가 자신의 덕행에 부합하는 무엇인가를 기대한다면, 그것은 신적인 "정복(淨福)"이겠다. — "그의 생의 종점에 이를 때까지 그의 생의 긴 부분을 보다 선한 것을 향한 진보 중에서, 그것도 순정한 도덕적 동인들에서 살아 왔음을 의식하는 이는 자연스럽게, 그는 이생을 넘어 계속되는 실존에서도 이 원칙들을 지킬 것이라는, 비록 확실성은 아닐지라도, 위안적인 희망을 가질 수 있을 것이다. 비록 그가 그 자신의 눈으로 볼 때 이승에서 결코 합당한 인정을 받지 못하고, 그의 자연본성의 완전성 및 그의 의무들의 미래의 바라마지 않는 증진에도 불구하고 그런 것을 좀처럼 희망할 수 없다 할지라도, 그럼에도 무한히 먼 목표를 향해 있는 것이긴 하지만 신은 가지고 있다고 볼 수 있는 그런 진보에서 정복〔淨福〕의 미래에 대한 전망을 가질 수 있다. 왜냐하면 이 〔'정복'이라는〕 말은 세상의 모든 우연적인 원인들에서 독립적인, 완벽한 복을 표시하기 위해 이성이 사용하는 표현이니 말이다. 이런 완벽한 복은 신성성과 꼭 마찬가지로 무한한 전진과 그 전체성에만 함유될 수 있는, 그러니까 피조물로서는 결코 온전히 이를 수 없는 그런 하나의 이념이다."(A222/223=V123 주)

신적 정복(淨福, Seligkeit)은 세상의 우연적인 원인들, 행운(Glück) 같은 것에도 영향을 받는 '행복(Glückseligkeit)'이 아니라 '신성성'에 다름 아닌 "완벽한 복(Wohl)"으로서 이 세상의 피조물로서는 이를 수 없는 "하나의 이념"이다. 부단히 딕행에 힘쓰는 이는 그가 언젠가는 그의 덕행에 부합하는 이러한 완벽한 복을 누릴 수 있게 된다는 것, 다시 말해 낱말 뜻 그대로의 '최고선'이 성취된다는 것이 "비록 확실성은 아닐지라도, 위안적인 희망"이 된다. 그러나 이러한 '위안적 희망'으로서 최고선은 어디까지나 하나의 '이상'으로서 예지적 개념이겠다.

그러나 무릇 인간에게 '가능한 최고선'은 인간이 자신의 경향성을 제압하고 선을 실현할 수 있는 최상의 조건으로서의 "최상선(das oberste Gut)"(A198=V110)도 아니고, 행복과 윤리성의 정확한 합치를 가능하게 하는 예지자, 곧 신이라는 "최고의 근원적 선(ein höchstes ursprüngliches Gut)"(A226=V125) 내지 "최고의 독립적인 선"(A239=V132)도 아니며, 그것은 이에 근거한 "최고의 파생적 선(das höchste abgeleitete Gut)" 즉 "최선의 세계(die beste Welt)"이다. 이 최고선은 한낱 "예지 세계에서의 최고선(das höchste Gut in einer intelligibelen Welt)"(A240=V133)이 아니라 "이 세계에서의 최고선(ein höchstes Gut in der Welt)"(*RGV*, BVII=VI5)이다. 물론 이 세계에서의 최고선, 곧 행복과 덕의 부합 가능성을 위해서 우리는 "하나의 보다 높고 도덕적이고, 최고로 신성하며 전능한 존재자를 상정하지 않을 수 없다."(*RGV*, BVII=VI5) 윤리적 행실과 행복은 모두 자연 세계에서 일어나는 일인 만큼, 이 양자가 합치하기 위해서는 "자연의 원인(따라서 창시자)인 존재자, 다시 말해 신"(A226=V125)이 전제되지 않을 수 없으니 말이다.

지식학에서 지혜론으로

칸트는 순수 실천이성의 변증학에서 이렇게 '최고선'이라는 이성의 가상이 "어디서 생겨서, 어떻게 제거될 수 있는가를 탐색"(A193=V107)함으로써 "사람들이 찾지는 않았지만 필요로 하는 것, 곧 사물들의 보다 높은, 불변의 질서에 대한 조망"(A193=V107)을 얻게 된다고 본다. "이미 이 질서 안에 우리는 지금 있으며, 이 질서 안에서 우리의 현존을 최고의 이성 규정에 맞춰 계속해 가도록 우리는 일정한 훈계들을 통해 바야흐로 지시 받을 수 있"(A193=V107이하)다는 것이다.

순수 실천이성은 실천적으로-조건 지어진 것들에 대해서도 무조건자를 찾고, 그때 '최고선'의 개념에 이르게 되는데, 그렇게 되면 덕과 행복의 정비례적인 합치에서 어느 쪽이 동인인가를 두고 이율배반에 빠지지 않을 수 없다. 얼핏 덕과 행복의 결합이 "원인과 결과의 연결로 생각될 수밖에" 없기 때문이다. 그래서 "행복에 대한 욕구가 덕의 준칙들을 위한 동인〔動因〕이거나, 덕의 준칙이 행복을 낳는 원인일 수밖에 없다."고 생각하게 되면 이율배반에 빠지지 않을 수 없는 것이다.(A204=V113 참조)

정립: 행복을 얻으려는 노력이 덕 있는 마음씨의 근거를 만들어낸다.

반정립: 덕 있는 마음씨는 필연적으로 행복을 만들어낸다.(A206=V114)

정립의 경우는 절대로 불가능하다. 왜냐하면 의지의 규정 근거를 자기 행복의 추구에 두는 준칙들은 결코 도덕적일 수가 없고, 아무런 덕도 정초할 수 없기 때문이다. 그러나 반정립의 경우 또한 불가능하다. 왜냐하면 세계 내에서의 원인들과 결과들의 모든 실천적 연결은 의지 규정의 성과로서 의지의 도덕적 마음씨에 정향(定向)되어 있는 것이 아니라, 오히려 자연 법칙들에 대한 지식 및 이것을 그의 의도대로 사용하는 자연적 능력에 정향되어 있고, 따라서 어떠한 필연적인 덕과 행복의 연결은 세계에서 도덕법칙들을 정확하게 지킴으로써 기대될 수 있는 것이 아니기 때문이다.(A204이하=V113이하 참조)

이 실천이성의 이율배반은 순수 사변이성의 셋째 이율배반에서 보았던 바, 세계 내의 사건들의 인과성에서 자연 필연성과 자유 사이에서의 상충과 같은 종류의 것이다. 세계 안의 사건을 모조리 자연적 기계적 인과성으로만 보는 한 이 상충은 해소될 수 없다. 그러나 이 상충은 동일한 행위자를 한편으로는 감성세계의 현상체로, 다른 한편으로는 인격 곧 예지체로 보면 제거된다.

정립–반정립 "두 명제들 중 첫째의 것, 즉 행복을 얻으려는 노력이 덕 있는 마음씨의 근거를 만들어낸다는 명제는 단적으로 거짓이다. 그러나 둘째의 것, 즉 덕 있는 마음씨는 필연적으로 행복을 만들어낸다는 명제는 단적으로 거짓인 것이 아니라, 단지 그것이 감성세계에서의 원인성의 형식으로 보아지는 한에서, 그러니까 내가 감성세계에서의 현존을 이성적 존재자의 유일한 실존 방식으로 받아들일 때만, 그러므로 오직 조건적으로만 거짓이다. 그러나 나는 나의 현존재를 오성 세계 내의 예지체로도 생각할 권한을 가질 뿐만 아니라, 도덕법칙에서 (감성세계 내의) 나의 원인성의 순수 지성적 규정근거를 또한 가지므로, 원인으로서 마음씨의 윤리성이 감성세계에서의 결과로서 행복과 직접적인 것은 아니지만 간접적인 (자연의 예지적 창시자에 의한), 그러면서도 필연적인 연관을 갖는다는 것이 불가능하지는 않다."(A206이하=V114이하)

감관의 객관인 자연에서의 덕과 행복 결합은 우연적으로밖에는 일어날 수가 없고, 그래서 최고선이 늘 실현되는 것은 아니지만, "도덕적으로 규정된 의지의 필연적인 최고 목적인 최고선은 실천 이성의 진정한 객관이다. 왜냐하면, 그것은 실천적으로 가능하고, 그리고 질료상 이와 관계를 맺는 저 의지의 준칙들은 객관적 실재성을 갖기 때문이다."(A207=V115) 여기서 이성은 최고선의 이념을 행위의 준칙의 준거로 삼음으로써 지식학으로서의 철학 대신에 "지혜론"(A194=V108)이라는 본래적 의미의 철학을 얻는다.

해제와 주해에서 한국어 제목을 사용한 칸트 원 논저 제목[약호], 이를 수록한 베를린 학술원판 전집[AA] 권수(와 인용 역본)

『실천이성비판』: *Kritik der praktischen Vernunft*〔KpV〕, AA V.

『윤리형이상학 정초』: *Grundlegung zur Metaphysik der Sitten*〔GMS〕, AA IV(백종현 역, 아카넷, 2009).

『윤리형이상학』: *Die Metaphysik der Sitten*〔MS〕, AA VI(백종현 역, 아카넷, 2012).

『(순전한) 이성의 한계 안에서의 종교』: *Die Religion innerhalb der Grenzen der bloßen Vernunft*〔RGV〕, AA VI(백종현 역, 아카넷, 2011).

『순수이성비판』: *Kritik der reinen Vernunft*〔KrV〕, AA III~IV(백종현 역, 아카넷, 2009).

『학부들의 다툼』: *Der Streit der Fakultäten*〔SF〕, AA VII(백종현 역, 아카넷 2021).

『형이상학 서설』: *Prolegomena zu einer jeden künftigen Metaphysik, die als Wissenschaft wird auftreten können*〔Prol〕, AA IV(백종현 역, 아카넷, 2012).

『판단력비판』: *Kritik der Urteilskraft*〔KU〕, AA V.(백종현 역, 아카넷, 2009).

「판단력비판 제1서론」: Erste Einleitung in die Kritik der Urteilskraft〔EEKU〕, AA XX. (백종현 역, 아카넷, 2009).

『자연과학의 형이상학적 기초원리』: *Metaphysische Anfangsgründe der Naturwissenschaft*〔MAN〕, AA IV.

『(미와 숭고의 감정에 관한) 고찰』: *Beobachtungen über das Gefühl des Schönen und Erhabenen*〔GSE〕, AA II.

「도덕철학 강의」: 〔V-Mo〕, AA XXVII.

「형이상학 강의」: 〔V-MP〕, AA XXVIII.

『인간학』: *Anthropologie in pragmatischer Hinsicht*〔Anth〕, AA VII(백종현 역, 아카넷, 2014)..

「인간학 강의」: 〔V-Anth〕, AA XXV.

「조각글」: Reflexionen〔Refl〕, AA XIV~XIX.

「목적론적 원리들의 사용」: Über den Gebrauch teleologischer Principien in der Philosophie〔ÜGTP〕, AA VIII.

『논리학』: *Immanuel Kant's Logik. Ein Handbuch zu Vorlesungen*〔Log〕. AA IX.

「논리학 강의」: 〔V-Log〕, AA XXIV.

「감성 세계와 예지세계의 형식과 원리들」〔교수취임논문〕: De mundi sensibilis atque intelligibilis forma et principiis〔MSI〕, AA II.

「형이상학의 진보」: Welches sind die wirklichen Fortschritte, die die Metaphysik seit Leibnizens und Wolf's Zeiten in Deutschland gemacht hat?〔FM〕, AA XX.

「유일 가능한 신의 현존 증명근거」: Der einzig mögliche Beweisgrund zu einer Demonstration des Daseins Gottes〔BDG〕, AA II.

「(형이상학적 인식의 제1원리에 대한) 신 해명」: Principiorum primorum cognitionis metaphysicae nova dilucidatio〔PND〕, AA I.

『시령자의 꿈』: *Träume eines Geistersehers, erläutert durch die Träume der Metaphysik*〔TG〕, AA II.

「발견」: Über eine Entdeckung, nach der alle neue Kritik der reinen Vernunft durch eine ältere entbehrlich gemacht werden soll〔ÜE〕, AA VIII.

「보편사의 이념」: Idee zu einer allgemeinen Geschichte in weltbürgerlicher Absicht〔IaG〕, AA VIII.

「인간 역사」: Mutmaßlicher Anfang der Menschengeschichte〔MAM〕, AA VIII.

「천체 일반 자연사와 이론」: Allgemeine Naturgeschichte und Theorie des Himmels〔NTH〕, AA I.

「자연신학과 도덕」: Untersuchung über die Deutlichkeit der Grundsätze der natürlichen Theologie und der Moral〔nThM〕, AA II.

「이론과 실천」: Über den Gemeinspruch: Das mag in der Theorie richtig sein, taugt aber nicht für die Praxis〔TP〕, AA VIII.

「사고에서 정위란 무엇을 말하는가?」: Was heißt, sich im Denken orientiren?〔WDO〕, AA VIII.

『영원한 평화』: *Zum ewigen Frieden*〔ZeF〕, AA VIII(백종현 역, 아카넷, 2013).

『유작』: Opus postumum〔OP〕, AA XXI~XXII(백종현 역, 아카넷, I: 2020, II: 2022).

『실천이성비판』 관련 주요 문헌

I. 『실천이성비판』 원전의 주요 판본

1. *Critik der practischen Vernunft*. Riga, bey Johann Friedrich Hartknoch. 1788. 292면. (복간 : Erlangen 1984).
2. *Critik der practischen Vernunft*. Riga, bey Johann Friedrich Hartknoch. 1792. — 판에 대한 수정(또는 개악) 대목 함유.
3. Die vierte (Riga 1797), fünfte (Leipzig 1818) und sechste Auflage (Leipzig 1827). —제3판을 찾아볼 수 없으므로, 제4판을 발간할 때 판 수 표시에 착오가 있었던 듯하다.
4. 복간(Nachdrucke). Frankfurt · Leipzig 1791(정오표 첨부) · 1795 · 1803, Grätz 1796(색인 추가).
5. *Immanuel Kant's Sämmtliche Werke*. Karl Rosenkranz und Friedr〔ich〕 Wilh〔elm〕 Schubert 주관, Bd. 8. K. Rosenkranz (편), Leipzig 1838, 103 ~318.
6. *Immanuel Kant's Werke*. Gesammtausgabe in zehn Bänden. G. Hartenstein (편), Bd. 4. Leipzig 1838, 95~290.
7. *Immanuel Kant's Sämmtliche Werke*. G. Hartenstein (편), Bd. 5. Leipzig

1867, 1~169.

8. *Kritik der praktischen Vernunft*. J〔ulius〕 H〔ermann〕 von Kirchmann (편), Berlin 1869 (Leipzig 1897) 〔= Philosophische Bibliothek Bd. 7〕. + Kirchmann의 주해서 별도 발간: Philosophische Bibliothek Bd. 8.

9. *Kritik der praktischen Vernunft*. Karl Kehrbach (편), Leipzig o. J. 〔1878 편자 서문 추가〕 〔= Reclams Universal-Bibliothek Nr. 1111/1112〕.

10. *Kritik der praktischen Vernunft*. Karl Vorländer (편), Leipzig 1906(^{5}1929) 〔= 5판부터 9판까지 Philosophische Bibliothek Bd. 38〕.

11. *Kants gesammelte Schriften*. Königliche Preußische Akademie der Wissenschaften. Bd. 5. Paul Natorp (편), Berlin 1908(^{2}1913), 1~163; Anmerkungen 489~512(489~511) (복간: Berlin 1961, ^{2}1969; Paperback: Berlin 1968; Anmerkungen in einem separaten Band. Berlin 1977).

12. 같은 책, 수록: *Kants Werke, Akademie-Textausgabe*, Bd. V, Berlin 1968 ((편)자 서문 및 주해 제외).

13. *Immanuel Kants Werke*. H. Cohen, A. Buchenau · O. Buek · A. Görland · B. Kellermann 기획; Ernst Cassirer (편), Bd. 5. Berlin 1914.

14. *Immanuel Kant's sämtliche Werke* in sechs Bänden. Großherzog Wilhelm-Ernst Ausgabe. Bd. 5. Felix Gross (편), Leipzig 1920.

15. *Kants Werke* in drei Bänden. August Messer (편), Bd. 2. Berlin, Leipzig o. J. 〔1925경〕, 407~570.

16. *Kritik der praktischen Vernunft*. Raymund Schmidt (편), Leipzig 1929 (속간: Leipzig 1957) 〔= Reclams Universal-Bibliothek Nr. 1111~1113〕.

17. *Immanuel Kant. Werke in sechs Bänden*. Wilhelm Weischedel (편), Bd. 4. Wiesbaden 1956 (Frankfurt/M. ^{5}1983) 〔동시 발간: Wissenschaftliche Buchgesellschaft Darmstadt〕.—Paperback-Ausgaben: Kant. Werke in zwölf Bänden. Bd. 7. Frankfurt/M. 1968 〔= Theorie-Werkausgabe Suhrkamp. 복간: suhrkamp taschenbuch wissenschaft〕; Immanuel Kant.

Werke in zehn Bänden. Bd. 6. Darmstadt 1968 (특별판: Darmstadt 1983).

18. *Kritik der praktischen Vernunft*. Joachim Kopper (편), Stuttgart 1961 [= Reclams Universal-Bibliothek Nr. 1111~1113; 후에는 Nr. 1111].

19. *Kritik der praktischen Vernunft // Grundlegung zur Metaphysik der Sitten*. Martina Thom (편), Leipzig 1978(²1983) [= Reclams Universal-Bibliothek Nr. 704].

20. *Kritik der praktischen Vernunft*, B. Kellermann (편), 수록: *Immanuel Kants Werke*, Ernst Cassirer (편), Bd. V, Berlin 1914.

21. 같은 책, 수록: *Kant-Studienausgabe*. Bd. IV, Wissenschaftliche Buchgesellschaft. Darmstadt 1970.

22. 같은 책, 수록: *Kant, Werke in zwölf Bänden. Theorie-Werkausgabe*. Bd. VI, Frankfurt/M. 1968.

23. 같은 책, 수록: suhrkamp taschenbuch wissenschaft, Band 56, Frankfurt/M. 1974 (*Grundlegung zur Metaphysik der Sitten* 합본).

24. *Kritik der praktischen Vernunft*. H. D. Brandt · H. F. Klemme (편), Hamburg 2003. [= Philosophische Bibliothek Bd. 506].

II. 『실천이성비판』을 위한 보충 자료

베를린 학술원판 전집(Akademie-Ausgabe[AA]), Bde. X~XIII의 서간들; Bd. XIX의 조각글 모음; Bde. XXVII · XXIX의 강의록; Bd. XXI(S. 416~422) · XXIII(S. 69~71)의 초고들.

Lehmann, Gerhard, "Kants Bemerkungen im Handexemplar der Kritik der praktischen Venunft". 수록: *KS* 72, 1981, 132~139(137~138).

Immanuel Kant in Rede und Gespräch. R. Malter (편), Hamburg 1990. [= Philosophische Bibliothek Bd. 329].

III. 도덕철학에 관한 칸트의 여타 저작들

1. 칸트에 의해 출간됐거나 출간 기획된 저술 및 그 해당 부분

Principiorum primorum cognitionis metaphysicae nova dilucidatio. 1754 (Sectio II, Propositio IX).

Versuch, den Begriff der negativen Größen in die Weltweisheit einzuführen. 1763 (Zweiter Abschnitt).

Beobachtungen über das Gefühl des Schönen und Erhabenen. 1764.

Untersuchung über die Deutlichkeit der Grundsätze der natürlichen Theologie und der Moral. 1764 (verfaßt 1762) (Vierte Betrachtung).

Nachricht von der Einrichtung seiner Vorlesungen in dem Winterhalbjahre von 1765~1766. 1765 (unter 3. Ethik).

Träume eines Geistersehers, erläutert durch Träume der Metaphysik. 1766 (2. Teil, 3. Hauptstück).

De mundi sensibilis atque intelligibilis forma et principiis. 1770 (§ 7, § 9).

Aufsätze, das Philanthropin betreffend, 1776~1777.

Kritik der reinen Vernunft. 1. Auflage(= A) 1781, 2. Auflage(= B) 1787, (A480, 532~558, 804~820; B508, 560~586, 832~848).

Rezension von Schulz's Versuch einer Anleitung zur Sittenlehre. 1783.

Idee zu einer allgemeinen Geschichte in weltbürgerlicher Absicht. 1784.

Beantwortung der Frage: Was ist Aufklärung?. 1784.

Rezension von Gettlieb Hufeland's Versuch über den Grundsatz des Naturrechts. 1786.

Was heißt: Sich im Denken orientieren?. 1786.

Über den Gebrauch teleologischer Prinzipien in der Philosophie. 1788 (Schluß).

Über das Mißlingen aller philosophischen Versuche in der Theodizee. 1791.

Über das radikale Böse in der menschlichen Natur. 1792.

Die Religion innerhalb der Grenzen der bloßen Vernunft. 1793 · 1794.

Über den Gemeinspruch: Das mag in der Theorie richtig sein, taugt aber nicht für die Praxis. 1793.

Das Ende aller Dinge. 1794.

Zum ewigen Frieden. 1795.

Verkündigung des nahen Abschlusses eines Traktats zum ewigen Frieden in der Philosophie. 1796.

Metaphysische Anfangsgründe der Rechtslehre. 1797.

Metaphysische Anfangsgründe der Tugendlehre. 1797.

(이 두 책의 합본:) Die Metaphysik der Sitten. 1797.

Über ein vermeintliches Recht, aus Menschenliebe zu lügen. 1797.

Der Streit der Fakultäten. 1798 (1. Abschnitt, II. Anhang; 2. Abschnitt).

Anthropologie in pragmatischer Hinsicht. 1798.

Welches sind die wirklichen Fortschritte, die die Metaphysik seit Leibnizens und Wolff's Zeiten in Deutschland gemacht hat?. F. Th. Rink (편), 1804(유고). (관련 초안: AA Bd. XX, 293~308).

2. 칸트 유고

Reflexionen und Kollegentwürfe zur Anthropologie. AA Bd. XV, 1, 2.

Reflexionen zur Metaphysik. AA Bde. XVII~XVIII.

Reflexion zur Morlaphilosophie, Rechtsphilosophie und Religionsphilosophie. AA Bd. XIX.

Bemerkungen zu den Beobachtungen über das Gefühl des Schönen und Erhabenen. AA Bd. XX.

Erste Einleitung in die Kritik der Urteilskraft (특히 I~III, VIII 주, XI); Lose Blätter zu den Fortschritten der Metaphysik; Vorredeentwürfe zur Religionsphilosophie; Bemerkungen zur Rechtslehre. 이상 AA Bd. XX.

Opus postumum. Bde. XXI~XXII.

Vorarbeiten zu: Kritik der praktischen Vernunft; Über den Gebrauch teleologischer Prinzipien in der Philosophie; Ulrich-Rezension; Über das Mißlingen aller philosophischen Versuche in der Theodizee; Religion innerhalb der Grenzen der bloßen Vernunft; Über den Gemeinspruch …; Das Ende aller Dinge; Zum ewigen Frieden; Metaphysik der Sitten. 이상 AA Bd. XXIII.

3. 기타 강의록

Eine Vorlesung Kants über Ethik, Paul Menzer (편), Berlin 1924.

Vorlesung zur Moralphilosophie, Werner Stark (편), Berlin 2004.

4. 칸트가 보내고[An] 받은[Von] 서간들

AA Bde X~XIII의 편지 순서대로

An Lambert 34, An Mendelssohn 39, An Herder 40, An Lambert 57, An Herz 67, Von Herz 68, An Herz 70, An Herz 79, An Lavater 99, An Lavater 100, An Wolke 109, An Mendelssohn 206, Von Schütz 244 · 253, An Bering 266, Von Biester 275, Von Jacob 276, Von Jenisch 297, An Schütz 300, An Jacob 303, Von Reinhold 305, An Reinhlod 313, Von Reinhold 318, An Reinhold 322, Von Schütz 330, Von Schmid 343, Von Jung-Stilling 346, An Jung-Stilling 347, Von Abicht 355, Von Klein 356, An Reinhold 359, An Herz 362, Von Kosegarten 364, Von Klein 367 · 395,

Von Kiesewetter 409, An Kiesewetter 419, Von Zöllner 421, Von Hülshoff 472, Von v. Herbert 478, Von Fichte 483, Von Beck 489, Von Erhard 497, Von Fichte 501, An Fichte 504, Von Fichte 506, An v. Herbert 510, Von Beck 514, Von Maimon 548, An Erhard 552, Von v. Herbert 554, Von Reinhold 558, Von Creuzer 568, An Städlin 574, An Reuß 575, Von Kiesewetter 580, Von Biester 596, Von Flatt 600, Von Biester 618, An Biester 621, Von Schiller 628, An König Friedrich Wilhelm II. 642, Von Ammon 661, Von Jachmann 663, Von Plücker 691, An Plücker 692, Von Plücker 697, Von Jenisch 703, Von Dominici 711, Von Beck 756, An Schütz 761, Von Möller 769, Von Jacob 774 · 806, Von Klein 852, Von Juncker 865.

IV. 연구보조서

1. 서지(書誌)

Adickes, Erich, *German Kantian Bibliography*. Boston 1895~1896 (복간: Würzburg 1970). [1887년까지의 자료]

Beck, Lewis White, *Doctoral Dissertations on Kant* [1879~1980년의 미국과 캐나다 대학들에서의 학위 논문 목록] 수록: *KS* 73, 1982, 96~113.

Gabel, Gernot U., *Immanuel Kant. Ein Verzeichnis der Dissertationen aus den deutschsprachigen Ländern 1900~1980*. Köln ²1987.

Heismann, Günter, *Dissertationen zur Kantischen Philosophie 1954~1976*. 수록: *KS* 70, 1979, 356~381.

Landau, A. (편), *Rezensionen zur Kantischen Philosophie*. Bd. 1(1781~1787) · Bd. 2(1788~1790경). Bebra 1990 · 1991.

Lehmann, K. H. / Horst Hermann, *Dissertationen zur Kantischen Philosophie* 〔1885~1953〕. 수록: *KS* 51, 1959/60, 228~257.

Malter, Rudolf, *Bibliographie der deutschsprachigen Kant-Literatur 1957~1967*. 수록: *KS* 60, 1969, 234~264 · 540~541.

______, Kant-Bibliographie 1968 〔mit Ergänzungen〕. 수록: *KS* 61, 1970, 536~549.

______, Kant-Bibliographie 1969 〔mit Ergänzungen〕. 수록: *KS* 62, 1971, 527~542.

______, Kant-Bibliographie 1970 〔mit Ergänzungen〕. 수록: *KS* 63, 1972, 515~534.

______, Kant-Bibliographie 1971 〔mit Ergänzungen〕. 수록: *KS* 64, 1973, 520~536.

______, Kant-Bibliographie 1972 〔mit Ergänzungen〕. 수록: *KS* 65, 1974, 491~514.

______, Kant-Bibliographie 1973 〔mit Ergänzungen〕. 수록: *KS* 67, 1976, 120~140.

______, Kant-Bibliographie 1974. 수록: *KS* 68, 1977, 217~273.

______, Kant-Bibliographie 1975 〔mit Ergänzungen〕. 수록: *KS* 69, 1978, 472~515.

______, Kant-Bibliographie 1976~1978. 수록: *KS* 72, 1981, 207~255.

______, Kant-Bibliographie 1979~1980. 수록: *KS* 74, 1983, 97~131.

______, Kant-Bibliographie 1981. 수록: *KS* 76, 1985, 480~514.

______, Kant-Bibliographie 1982. 수록: *KS* 78, 1987, 231~258.

______, Kant-Bibliographie 1983~1984. 수록: *KS* 78, 1987, 340~381.

______, Kant-Bibliographie 1985. 수록: *KS* 78, 1987, 498~514.

______, Kant-Bibliographie 1986. 수록: *KS* 79, 1988, 499~517.

______, Kant-Bibliographie 1987. 수록: *KS* 80, 1989, 499~516.

______, Ergänzungen zur Kant-Bibliographie 1985~1987. 수록: *KS* 81, 1990, 117~125.

______, Kant-Bibliographie 1988. 수록: *KS* 81, 1990, 496~515.

______, Kant-Bibliographie 1989. 수록: *KS* 82, 1991, 491~513.

______, Kant-Bibliographie 1990. 수록: *KS* 83, 1992, 487~509.

______, Kant-Bibliographie 1991. 수록: *KS* 84, 1993, 481~510.

______, Kant-Bibliographie 1992. 수록: *KS* 85, 1994, 485~508.

Malter, R. / M. Ruffing, Kant-Bibliographie 1993. 수록: *KS* 86, 1995, 487~511.

Ruffing, Margit, Kant-Bibliographie 1994. 수록: *KS* 87, 1996, 484~511.

______, Kant-Bibliographie 1995. 수록: *KS* 88, 1997, 473~511.

______, Kant-Bibliographie 1996. 수록: *KS* 89, 1998, 465~496.

______, Kant-Bibliographie 1997. 수록: *KS* 90, 1999, 442~473.

______, Kant-Bibliographie 1998. 수록: *KS* 91, 2000, 460~494.

______, Kant-Bibliographie 1999. 수록: *KS* 92, 2001, 474~517.

______, Kant-Bibliographie 2000. 수록: *KS* 93, 2002, 491~536.

______, Kant-Bibliographie 2001. 수록: *KS* 94, 2003, 474~528.

______, Kant-Bibliographie 2002. 수록: *KS* 95, 2004, 505~538.

______, Kant-Bibliographie 2003. 수록: *KS* 96, 2005, 468~501.

______, Kant-Bibliographie 2004. 수록: *KS* 97, 2006, 483~547.

______, Kant-Bibliographie 2005. 수록: *KS* 98, 2007, 487~550.

______, Kant-Bibliographie 2006. 수록: *KS* 99, 2008, 477~524.

Reicke, Rudolf, "Kant-Bibliographie für die Jahre 1890~1894". 수록: *Altpreussische Monatsschrift*, NF 32, 1895, 555~612.

Scheler, M., "Ethik". 수록: *Jahrbücher der Philosophie*, M. Frischeisen-Köhler (편), 2. Jahrgang, Berlin 1914, gibt einen Überlick über den damaligen Diskussionsstand der Ethik.

Überweg, F., *Grundriß der Geschichte der Philosophie*, 3. Teil : Die Philosophie der Neuzeit bis zum Ende des 18. Jahrhunderts, Berlin[12]1924.

Warda, Arthur, *Die Druckschriften Immanuel Kants (bis zum Jahre 1838)*. Wiesbaden 1919.

______, *Immanuel Kants Bücher*. Berlin 1922.

2. 잡록(雜錄)

Arnoldt, Emil, *Charakteristik von Kants Vorlesungen über Metaphysik und möglichst vollständiges Verzeichnis aller von ihm gehaltenen oder auch nur angekündigten Vorlesungen*. Berlin 1909.

Eisler, Rudolf, *Kant-Lexikon. Nachschlagewerk zu Kants Sämtlichen Schriften, Briefen und handschriftlichen Nachlaß*. Berlin 1930 (복간 : Hildesheim 1969).

Fambach, Oskar, *Die Mitarbeiter der Göttingischen Gelehrten Anzeigen 1769~1836*. Tübingen 1976.

Hinske, N. / W. Weischedel, *Kant-Seitenkonkordanz*. Darmstadt 1970.

Martin, G. (편), *Allgemeiner Kantindex zu Kants gesammelten Schriften*. Berlin 1967ff.

Mellin, George Samuel Albert, *Enzyklopädisches Wörterbuch der kritischen Philosophie oder Versuch einer faßlichen und vollständigen Erklärung der in Kants kritischen und dogmatischen Schriften enthaltenen Begriffe und Sätze*. Mit Nachrichten, Erläuterungen und Vergleichungen aus der Geschichte der Philosophie begleitet und alphabetisch geordnet. 전6권. Züllichau, Leipzig 1797~1804. (복간 : Aalen 1970~1971).

Schmid, Carl Christian Erhard, *Wörterbuch zum leichtern Gebrauch der*

Kantischen Schriften. Jena [4]1798. 신판: N. Hinske (재편), Darmstadt [2]1980.

Caygill, Howard, *A Kant Dictionary*. Oxford 1995.

Irrlitz, Gerd, *Kant Handbuch: Leben und Werk*. Stuttgart 2002.

Willaschek, M. / J. Stolzenberg / G. Mohr / S. Bacin(편), *Kant-Lexikon*, Berlin 2015.

백종현, 『한국 칸트사전』. 아카넷, 2019.

V. 집류(集類) 및 대회보

Hausius K. G., *Materialien zur Geschichte der critischen Philosophie in drey Sammlungen*. Leipzig 1793. Dritte Sammlung praktischen Inhalts.

Lotz SJ, J. B. (편), *Kant und die Scholastik heute*. Pullach bei München 1955.

Gram, M. S. (편), *Kant. Disputed Questions*. Chicago 1967 (Atascadero [2]1984).

Heimsoeth, H. / D. Henrich / G. Tonelli(편), *Studien zu Kants philosophischer Entwicklung*. Hildesheim 1967.

Wolff, R. P. (편), *Kant. A Collection of Critical Essays*. Garden City, New York 1967 〔London 1968〕.

Beck, L. W. (편), *Kant Studies Today*. La Salle 1969.

______, *Proceedings of the Third International Kant Congress. Held at the University of Rochester*, March 30~April 4, 1970. Dordrecht 1972.

______(편), *Proceedings of the Third International Kant Congress 1970*. Dordrecht 1972.

Riedel, M. (편), *Rehabilitierung der praktischen Vernunft*. 전2권. Freiburg/Br. 1972 · 1974.

Prauss, G. (편), *Kant. Zur Deutung seiner Theorie von Erkennen und*

Handeln. Köln 1973.

Akten des 4. Internationalen Kant-Kongresses Mainz. 6.~10. April 1974. Teil I: Kant-Studien-Sonderheft. Symposien. G. Funke / J. Kopper. Berlin · New York 1974. Teil II. 1, 2: Sektionen. G. Funke (편), Berlin · New York 1974. Teil III: Vorträge. G. Funke (편), Berlin · New York 1975.

Bittner, R. / Cramer, K. (편), *Materialien zu Kants 》Kritik der praktischen Vernunft《*. Frankfurt/M. 1974(²1985).

Bieri, R. / R. P. Horstmann / L. Krüger (편), *Transcendental Arguments and Science. Essays in Epistemology*. Dordrecht 1979.

Akten des 5. Internationalen Kant-Kongresses Mainz. 4.~8. April 1981. TeilI. 1, 2: Sektionen. G. Funke (편), Bonn 1981. Teil II: Vorträge. G. Funke (편), Bonn 1982.

Heintel, P. / C. Nagl (편), *Zur Kantforschung der Gegenwart*. Darmstadt 1981.

Lauener, H. (편), *Akten des IV. Internationalen Kolloquiums in Biel*. 수록: Dialectica 35, No. 1 · 2, 1981.

Gram, M. S. (편), *Interpreting Kant*. Iowa City 1982.

Henrich, D. (편), *Kant oder Hegel? Über Formen der Begründung in der Philosophie*. Stuttgart 1983.

Schaper, E. / W. Vossenkuhl (편), *Bedingungen der Möglichkeit. 》Transcendental Arguments《 und transzendentales Denken*. Stuttgart 1984.

Wood, A. W. (편), *Self and Nature in Kant's Philosophy*. Ithaca 1984.

Ouden, B. den / M. Moen (편), *New Essays on Kant*. New York · Berlin · Frankfurt/M. · Paris 1986.

Oberer, H. / G. Seel (편), *Kant. Analysen-Probleme-Kritik*. Würzburg 1988.

Förster, E. (편) *Kant's Transcendental Deductions, The Three 》Critiques《*

and the 》Opus postumum《. Stanford 1989.

Funke, G. / Th. M. Seebohm (편), *Proceedings of the Sixth International Kant Congress*. Vol. II/1 und II/2. Washington 1989.

Schaper, E. / W. Vossenkuhl (편), *Reading Kant. New Perspectives on Transcendental Arguments and Critical Philosophy*. Oxford 1989.

Funke, Gerhard u. a. (편)., *Akten des 7. Internationalen Kant-Kongresses*. Bonn 1991.

Robinson, Hoke (편), *Proceedings of the Eighth International Kant Congress*. Milwaukee 1995.

Gerhard, Volker u. a. (편), *Kant und die Berliner Aufklärung: Akten des IX. Internationalen Kant-Kongresses*. Berlin · New York 2001.

Guyer, Paul, *The Cambridge Companion to Kant and Modern Philosophy*, Cambridge 2006.

VI. 칸트 윤리 이론 형성과 관련 깊은 저술들

Wolff, Ch., *Vernünftige Gedanken von Gott, der Welt und der Seele des Menschen, auch allen Dingen überhaupt*. Halle [1]1719, [5]1732 (= deutsche Metaphysik).

______, *Vernünftige Gedanken von der Menschen Tun und Lassen, Zur Befördrung ihrer Glückseligkeit*. Halle 1720 (= deutsche Moral).

______, *Philosophia Prima sive Ontologia*. Frankfurt · Leipzig [1]1728, [3]1740.

______, *Psychologia Empirica*. Frankfurt · Leipzig 1732 (복간: Hildesheim 1968).

______, *Psychologia Rationalis*. Frankfurt · Leipzig 1734.

______, *Philosophia Practica Universalis*. 전2권, Frankfurt · Leipzig 1738/39.

Baumgarten, A., *Metaphysica*. Halle [1]1739, [4]1757 (수록: *Kants gesammelten Schriften*, Bd. XVII). Deutsche Üersetzung von G. F. Meier, Halle [2]1783, besorgt von J. A. Eberhard.

______, *Ethica Philosophica*. Halle [1]1740, [3]1763 (복간: Hildesheim 1969).

______, *Initia Philosophiae Practicae Primae*. Halle 1760 (수록: *Kants gesammelten Schriften*, Bd. XIX).

Crusius, Ch. A., *Anweisung vernünftig zu leben*. Leipzig 1744 (복간: Hildesheim 1969).

______, *Weg zur Gewißheit und Zuverlässigkeit der menschlichen Erkenntnis*. Leipzig 1744 (복간: Hildesheim 1965).

______, *Entwurf der notwendigen Vernunftwahrheiten, wiefern sie den zufälligen entgegengestzet werden*. Leipzig [1]1745, [3]1766 (복간: Hildesheim 1964).

Shaftesbury, A., *An Inquiry concerning Virtue*. London 1699.

______, *Characteristics of Men, Manners, Opinions and Times*. 전3권. London 1711. Deutsche Übersetzung von Teil III, Magdeburg 1738 (von Vensky), von Teil V, Berlin 1745 (von Spalding), von Teil IV, Berlin 1747 (von Spalding). Deutsche Übersetzung des Gesamtwerks, Leipzig 1768 (von Wichmann).

Hutcheson, F., *Inquiry into the Original of our Ideas of Beauty and Virtue*. London [1]1725, [2]1726. Deutsche Übersetzung: *Untersuchung unserer Begriffe von Schönheit und Tugend*. Frankfurt und Leipzig 1762 (von J. H. Merck).

______, *Essay on the Nature and Conduct of the Passions and Affections*. London [1]1728, [4]1756. Deutsche Übersetzung: *Abhandlung über die Natur und die Beherrschung der Leidenschaften*. Leipzig 1760.

______, *A System of Moral Philosophy*. Glasgow 1755. Deutsche Übersetzung:

Sittenlehre der Vernunft. 전2권. Leipzig 1756 (von Lessing).
Hume, D., *Philosophical Essays concerning Human Understanding*. London [1]1748(익명), [2]1751.
______, *An Enquiry concerning the Principles of Morals*. London 1751.
______, *Essays and Treatises on Several Subjects* in four volumes. London & Edinburgh 1753/54 ([2]1777). Deutsche Übersetzung: *Vermischte Schriften*. Hamburg und Leipzig 1754 (von Sulzer?). 합본: *Philosophische Versuche über die menschliche Erkenntnis* (= An Enquiry concerning Human Understanding) / *Sittenlehre der Gesellschaft* (= An Enquiry concerning the Principlis of Morals).
Rousseau, J-J., *Discours sur l'origine et les fondements de l'inégalité parmi les hommes*. Amsterdam 1755.
______, *Julie ou la nouvelle Héloise*. Amsterdam 1761.
______, *Emile ou sur l'éducation*. Amsterdam 1762.
______, *Du contrat social ou principes du droit politique*. Amsterdam 1762.

VII. 연구논저

1. 『실천이성비판』 연구논저

1) 주석서 및 입문서

Brastberger, G. U., *Untersuchungen über Kants Kritik der praktischen Vernunft*. Tübingen 1792 (복간: Brüssel 1968).
Zwanziger, J. Ch., *Commentar über Herrn Professor Kants Kritik der praktischen Vernunft*. Leipzig 1794 (복간: Brüssel 1968).

Bendavid, L., *Vorlesungen über die Kritik der praktischen Vernunft*. Wien 1796 (복간: Brüssel 1968).

Michaelis, Ch. F., *Über die sittliche Natur und Bestimmung des Menschen. Ein Versuch zur Erläuterung über Im. Kants Kritik der praktischen Vernunft*. 2 Bde, Leipzig 1796/97.

Stange, Carl, *Die Ethik Kants. Zur Einführung in die Kritik der praktischen Vernunft*. Leipzig 1920.

Messer, August, *Kommentar zu Kants ethischen und religionsphilosophischen Hauptschriften*. Leipzig 1929.

Vleeschauwer, Herman Jean de, *La déduction transcendentale dans l'oeuvre de Kant. Tome III. La Déduction transcendentale de 1787 jusqu'à l'Opus Postumum. Antwerpen*. Paris · Den Haag 1937 (복간: New York 1976).

Paton, Herbert J., *The Categorical Imperative. A Study in Kant's Moral Philosophy*. London 1947. 〔= 김성호 (역), 『칸트의 도덕철학』, 서광사, 1988〕

Ross, Sir. D., *Kant's Ethical Theory. A Commentary on the 》Groundwork of the Metaphysics of Morals《*. Oxford 1954.

Beck, Lewis White, *A Commentary on Kant's Critique of Practical Reason*. Chicago 1960 (London · Chicago [2]1966).

Alquié, Ferdinand, *Introduction à la lecture critique de la raison pratique*. Paris 1966.

Benton, Robert J., *Kant's Second Critique and the Problem of Transcendental Arguments*. The Hague 1977.

Sala, Giovanni B., *Kant und die Frage nach Gott. Gottesbeweise und Gottesbeweiskritik in den Schriften Kants*. Berlin · New York 1990 〔= *KS* Erg.-H. 122〕.

______, *Kants 》Kritik der praktischen Vernunft《. Ein Kommentar*. Darmstadt 2004.

2) 주제별 연구논저

(1) 자유의 개념

Ulich, J. A. H., *Eleutheriologie oder über Freiheit und Notwendigkeit*. Jena 1788.

Jakob, L. H., "Über die Freiheit". 수록: J. G. K. Kiesewetter, *Über den ersten Grundsatz der Moralphilosophie, nebst einer Abhandlung über die Freiheit von Prof. Jakob*. Leipzig · Eisleben · Halle 1788.

Snell, Ch. W., *Über Determinismus und moralische Freiheit*. Offenbach 1789.

Abicht, J. H., "Über die Freiheit des Willens". 수록: J. H. Abicht / F. G. Born (편), *Neues philosophisches Magazin*, Bd. 1, Leipzig 1790. (복간: Brüssel 1968).

Schmid, C. Ch. E., *Versuch einer Moralphilosophie*. Jena 1790 ([4]1802). (복간: Brüssel 1968.)

Reinhold, C. L., *Briefe über die Kantische Philosophie*. Bd. 2. Leipzig 1792.

Creuzer, C. L. A., *Skeptische Betrachtungen über die Freiheit des Willens, mit Rücksicht auf die neuesten Theorien über dieselbe*. Gießen 1793.

Werdermann, J. G. K., *Versuch einer Geschichte der Meynungen über Schicksal und menschliche Freiheit*. Leipzig 1793.

Abicht, J. H., *Kritische Briefe über die Möglichkeit einer wahren wissenschaftlichen Moral, Theologie, Rechtslehre, empirischen Psychologie und Geschmackslehre, mit prüfender Hinsicht auf die Kantische Begründung dieser Lehre*. Nürnberg 1793.

Heydenreich, A. L. Ch., *Über die Freiheit und Determinismus und ihre*

Vereinigung. Erlangen 1793.

Michaelis, Ch. F., *Über die Freiheit des menschlichen Willens*. Leipzig 1794.

Forberg, F. C., *Über die Gründe und Gesetze freier Handlungen*. Jena · Leipzig 1795.

Bardili, C. G., *Ursprung des Begriffs von der Willensfreiheit. Der dabei unvermeidliche Schein wird aufgedeckt und die Forbergsche Schrift über die Gründe und Gesetze freier Handlungen geprüft*. Stuttgart 1796.

Jacobi, F. H., "Über die Unzertrennlichkeit des Begriffs der Freiheit und Vorsehung von dem Begriffe der Vernunft". 1799. 수록: *F. H. Jacobis Werke*. Bd. 2, 1815.

Daub, C., *Darstellung und Beurteilung der Hypothese in Betreff der Willensfreiheit*. Altona 1834.

Callot, E., "Au coeur de la moralité: La liberté chez Kant". 수록: *Questions de doctrine et d'histoire de la philosophie*. Annecy 1959.

Stockhammer, M., *Kants Zurechnungsidee und Freiheitsantinomie*. Köln 1961.

Bobbio, N., "Deux notions de la liberté dans la pensée politique de Kant". 수록: E. Weil (편), *La philosophie politique de Kant. Annales de philosophie politique IV*. Paris 1962.

Heimsoeth, H., "Freiheit und Charakter. Nach den Kant-Reflexionen Nr. 5611 bis 5620". 수록: W. Arnold / H. Zeltner (편), *Tradition und Kritik. Festschrift für Zocher*. Stuttgart-Bad Cannstatt 1967.

Körner, St., "Kant's Conception of Freedom". 수록: *Proceedings of the British Academy* 53, 1967 (London 1968), 193~217.

Marcuse, H., "Kant über Autorität und Freiheit". 수록: *Ideen zu einer kritischen Theorie der Gesellschaft*. Frankfurt/M. 1969.

Chin-Tai Kim, "Some Critical Reflections on Kant's Theory of Freedom". 수록: *The Philosophical Forum* 2, 1971.

Carnois, Bernard, *La cohérence de la doctrine kantienne de la liberté*. Paris 1973.

Allison, Henry E., *Kant's Theory of Freedom*. Cambridge 1990.

Ameriks, Karl, "Kant's Deduction of Freedom and Morality". 수록: *Joural of the Critical Philosophy*, Cambridge 2000.

Guyer, Paul, *Kant on Freedom, Law and Happiness*. Cambridge 2000.

Timmerman, Jens, *Sittengesetz und Freiheit: Untersuchungen zu Immanuel Kants Theorie des freien Willens*. Berlin · New York 2003.

(2) 준칙 및 정언 명령

Buchenau, Artur, *Kants Lehre vom kategorischen Imperativ. Eine Einführung in die Grundfragen der Kantischen Ethik*. Leipzig 1913 (복간: 1923).

Marcus, E., *Der kategorische Imperativ*. München 1921.

Field, G. C., "Kant's First Moral Principle". 수록: *Mind* 41, 1932.

Hirst, E. W., "The Categorical Imperative and the Golden Rule". 수록: *Philosophy* 9, 1934.

Ebbinghaus, J., "Interpretation und Mißinterpretation des kategorischen Imperativs". 수록: *Studium Generale* 1, 1948.

Kolenda, K., "Professor Ebbinghaus' Interpretation of the Categorical Imperative". 수록: *Philosophical Quarterly* 5, 1955.

Gillner, E., "Maxims". 수록: *Mind* 60, 1951.

Singer, M. G., "The Categorical Imperative". 수록: *The Philosophical Review* 63, 1954.

Matson, W. I., "Kant's Examples of the First Formulation of the Categorical Imperative". 수록: *Philosophical Quarterly* 7, 1957.

Beck, L. W., "Apodictic Imperatives". 수록: *KS* 49, 1957/58.

Kemp, J., "Kant's Examples of the Categorical Imperative". 수록: *Philosophical Quarterly* 8, 1958.

Harrison, J., "The Categorical Imperative". 수록: *Philosophical Quarterly* 8, 1958.

Moritz, M, *Kants Einteilung der Imperative*. Lund 1960.

Fleischer, M., "Das Problem der Begründung des kategorischen Imperativs bei Kant". 수록: P. Engelhardt (편), *Sein und Ethos*. Mainz 1963.

Delius, H., "Kategorischer Imperativ und individuelles Gesetz. Bemerkungen zu G. Simmels Kritik der Kantischen Ethik". H. Delius / G. Patzig (편), *Argumentationen. Festschrift für J. König*. Göttingen 1964.

Fleischer, M., "Die Formeln des Kategorischen Imperativs in Kants 》Grund-legung zur Metaphysik der Sitten《", 수록: *Archiv für Geschichte der Philosophie* 46, 1964.

Saarnio, U., "Die logischen Grundlagen der formalen Ethik Immanuel Kants". 수록: *KS* 57, 1966.

Wolff, Edgar, "Les trois impératifs catégoriques et les trois postulates de la raision pratique chez Kant". 수록: *Archives de Philosophie* 29, 1966, 37~ 58.

Bartuschat, W., "Das Problem einer Formulierung des kategorischen Imperativs bei Kant". 수록: H. G. Gadamer (편), *Das Problem der Sprache*. München 1967.

Chin-Tai Kim, "Kant's 》Supreme Principle of Morality《". 수록: *KS* 59, 1968.

Holmes, R. L., "Kim on Kant's Supreme Principle of Morality". 수록: *KS* 61, 1970.

Williams, T. C., *The Concept of the Categorical Imperative. A Study of the Place of the Categorical Imperative in Kant's Ethical Theory*. Oxford

1968.

Krausser, P., "Über eine unvermerkte Doppelrolle des kategorischen Imperativs in Kants Grudlegung zur Metaphysik der Sitten". 수록: *KS* 59, 1968.

Williams, T. C., *The Concept of the Categorical Imperative*. Oxford 1968.

Gruender, C. D., "The Categorical Imperative as an A Priori Principle". 수록: *The Philosophical Forum* 2, 1971.

Ilting, K.-H., "Der naturalistische Fehlschluß bei Kant". 수록: M. Riedel (편), *Rehabilitierung der praktischen Philosophie* I. Freiburg/Br. 1972.

Schwemmer, O., "Vernunft und Moral. Versuch einer kritischen Rekonstruktion des Kategorischen Imperativs". 수록: G. Prauss (편), *Kant. Zur Deutung seiner Theorie von Erkennen und Handeln*. Köln 1973.

Hoerster, N., "Kants kategorischer Imperativ als Test unserer sittlichen Pflichten". 수록: M. Riedel (편), *Rehabilitierung der praktischen Philosophie* II. Frieburg/Br. 1974.

Levin, M. E., "Kant's Derivation of the Formula of Universal Law as an Ontological Argument". 수록: *KS* 65, 1974.

Ebert, Theodor, "Kants kategorischer Imperativ und die Kriterien gebotener, verbotener und freigestellter Handlungen". 수록: *KS* 67, 1976, 570~583.

Höffe, Otfried, "Kants kategorischer Imperativ als Kriterium des Sittlichen". 수록: *Zeitschrift für philosophische Forschung* 31, 1977, 354~384.

Wimmer, Reiner, "Die Doppelfunktion des Kategorischen Imperativs". 수록: *KS* 73, 1982, 291~320.

Craemer-Ruegenberg, Ingrid, "Logische und andere Eigenschaften des kategorischen Imperativs". 수록: *Neue Hefte für Philosophie* 22, 1983,

45~61.

Schwemmer, Oswald, "Die praktische Ohnmacht der reinen Vernunft. Bemerkungen zum kategorischen Imperativ Kants". 수록: *Neue Hefte für Philosophie* 22, 1983, 1~14.

Korsgaard, Christine M., "Kant's Formula of Humanity". 수록: *KS* 77, 1986, 183~202.

Schönecker, Dieter, *Kant: Grundlegung III: Die Deduktion des kategorischen Imperativs*. Feiburg/Br. 1999.

Schwaiger, Clemens, *Kategorische und andere Imperative. Zur Entwicklung von Kants praktischer Philosophie bis 1785*. Stuttgart-Bad Cannstatt 1999.

(3) 의무

Soloweiczik, R., "Kants Bestimmung der Moralität". 수록: *KS* 5, 1901.

Behrend, F., "Der Begriff des reinen Wollens bei Kant". 수록: *KS* 11, 1906.

Kuenburg, M., *Der Begriff der Pflicht bei Kant*. Gießen 1921.

Decorte, M., "Le concept de bonne volonté dans la morale Kantienne". 수록: *Revue de Philosophie* 2, 1931.

Moritz, M., *Studien zum Pflichtbegriff in Kants kritischer Ethik*. Lund 1951.

Reiner, H., *Pflicht und Neigung. Die Grundlagen der Sittlichkeit erörtert und neu bestimmt mit besonderem Bezug auf Kant und Schiller*. Meisenheim 1951. 제2판: *Die Grundlagen der Sittlichkeit*. Meisenheim 1974.

Dietrichson, P., "What does Kant mean by 》Acting from Duty《?" 수록: *KS* 53, 1961/62.

Moritz, M., "Pflicht und Neigung: eine Antinomie in Kants Ethik". 수록: *KS* 56, 1965.

Eisenberg, P. D., "Duties to oneself: a new Defense sketched". 수록: *Review of Metaphysics* 20, 1966/67.

Reboul, P., "Préscription ou proscription? Essai sur le sens du devoir chez Kant". 수록: *Revue de Metaphysique et de Morale* 72, 1967.

Murphy, J. G., "Kant's Concept of a Right Action". 수록: *The Monist* 51, 1967.

Welding, S. O., "Über den Begriff der Pflicht bei Kant". 수록: *Ratio* 13, 1971.

Hill, Th. E., "Kant on Imperfect Duties and Superrogation". 수록: *KS* 62, 1971.

Beversluis, J., "Kant on Moral Striving". 수록: *KS* 65, 1974.

Stratton-Lake, Philip, *Kant, Duty and Moral Worth*, London · New York 2000.

(4) 이성의 사실

Henrich, D., "Der Begriff der sittlichen Einsicht und Kants Lehre vom Faktum der Vernunft". 수록: *Die Gegenwart der Griechen im neueren Denken. Festschrift für H.-G. Gadamer*. Tübingen 1960.

Beck, S. W., "Das Faktum der Vernunft: Zur Rechtfertigungsproblematik in der Ethik". 수록: *KS* 52, 1960/61, 271~282.

Kadowaki, Takuji, "Das Faktum der reinen praktischen Vernunft". 수록: *KS* 56, 1966.

Stangneth, Bettina, "Das 'Faktum der Vernunft'. Versuch einer Ortsbestimmung". 수록: *Akten des 9. Internat. Kant-Kongresses*. Bd. 3, Berlin 2001, 104~112.

(5) 자유의 법칙 및 자율

Schleiermacher, F. E. D., "Über den Unterschied zwischen Naturgesetz und Sittengesetz". *Sämtliche Werke*, 3. Abt. Zur Philosophie. Bd. 2. Berlin

1838.

Schrader, G. A., "Autonomy, Heteronomy and the Moral Imperatives". 수록: *The Journal of Philosophy* 60, 1963.

Zwingelberg, H. S., *Kants Ethik und das Problem der Einheit von Freiheit und Gesetz*. Bonn 1969.

Forschner, Maximilian, *Gesetz und Freiheit. Zum Problem der Autonomie bei I. Kant*. München 1974.

Prauss, Gerold, *Kant über Freiheit als Autonomie*. Frankfurt/M. 1983.

Bitter, Rüdiger, *Moralisches Gebot oder Autonomie*. Freiburg · München 1983.

Watson, Stephen H., "Kant on Autonomy, the Ends of Humanity, and the Possibility of Morality". 수록: *KS* 77, 1986, 164~182.

Gunkel, Andreas, *Spotaneität und moralische Autonomie. Kants Philosophie der Freiheit*. Bern 1989.

Voeller, Carol, *The Metaphysics of the Moral Law: Kant's Deduction of Freedom*, New York · London 2001.

(6) 형식주의와 실질 원리

Vorländer, K., *Der Formalismus der Kantischen Ethik in seiner Notwendigkeit und Fruchtbarkeit*. Marburg 1893.

Bollert, M., "Materie in Kants Ethik". 수록: *Archiv für Geschichte der Philsophie* 13, 1900.

Alt, H. L. J., *Die materialen Imperative bei Kant*. Gießen 1919.

Anderson, G., "Die 》Materie《 in Kants Tugendlehre und der Formalismus der kritischen Ethik". 수록: *KS* 26, 1921.

Laupichler, M., *Die Grundzüge der materialen Ethik Kants*. Berlin 1931.

Jensen, O. C., "Kant's Ethical Formalism". 수록: *Philosophy* 9, 1934.

Diemer, A., "Zum Problem des Materialen in der Ethik Kants". 수록: *KS* 45,

1953/54.
Meiklejohn, D., "Kantian Formalism and Civil Liberty". 수록: *The Journal of Philosophy* 51, 1954.
Schmucker, J., "Der Formalismus und die materialen Zweckprinzipien in der Ethik Kants". 수록: J. B. Lotz(편), *Kant und die Scholastik heute*. Pullach 1955.
Hall, R., "Kant and Ethical Formalism". 수록: *KS* 52, 1960/61.
Klein, H.-D., "Formale und materiale Prinzipien in Kants Ethik". 수록: *KS* 60, 1969.
Heß, H.-J., "Die obersten Grundsätze Kantischer Ethik und ihre Konkretisierbarkeit". *KS* Erg.-Heft 102, Bonn 1971.
Silber John R, "Procedural Formalism in Kant's Ethics". 수록: *The Review of Metaphysics* 28, 1974.

(7) 동기 및 도덕 감정

Jakob, L. H., *Über das moralische Gefühl, an Kanzler von Hoffmann*. Halle 1788.
Käubler, B., *Der Begriff der Triebfeder in Kants Ethik*. Leipzig 1917.
MacBeath, A. M., "Kant on Moral Feeling". 수록: *KS* 64, 1973.
Reath, Andrews, "Kant's Theory of Moral Sensibility. Respect for the Moral Law and the Influence of Inclination". 수록: *KS* 80, 1989, 284~302.
Guevara, Daniel, *Kant's Theory of Moral Motivation*. Boulder 2000.
Ricken, Friedo, "Kant über Selbstliebe: 'Anlage zum Guten' oder 'Quelle des Bösen'". 수록: *Philosophisches Jahrbuch* 108, 2001, 245~258.

(8) 덕과 행복

Snell, Ch. W., "Erinnerung gegen den Aufsatz: Über Herrn Kants Grundlegung zur Metaphysik der Sitten". 수록: *Braunschweigisches Journal* 9, 1789.

Rapp, G. C., *Über die Untauglichkeit des Prinzips der allgemeinen und eigenen Glückseligkeit zum Grundgesetze der Sittlichkeit*. Jena 1791.

Gebhard, F. H., *Über die sittliche Güte aus uninteressiertem Wohlwollen*. Gotha 1792.

Bauch, B., *Glückseligkeit und Persönlichkeit in der Kritischen Ethik*. Stuttgart 1902.

Reiner, H., "Kants Beweis zur Widerlegung des Eudämonismus und das Apriori der Sittlichkeit". 수록: *KS* 54, 1963.

Silber, John R., "The Moral Good and the Natural Good in Kant's Ethics". 수록: *Review of Metaphysics* 36, 1982, 307~437.

Fischer, Norbert, "Tugend und Glückseligkeit. Zu ihrem Verhältnis bei Aristoteles und Kant". 수록: *KS* 74. 1983, 1~21.

O'Neill, O., "Kant after Virtue", 수록: *Inquiry* 26, 1983, S. 387~405.

(9) 선 및 최고선

Arnold, E., *Über Kants Idee vom höchsten Gut*. Königsberg 1874.

Döring, A., "Kants Lehre vom höchsten Gut". 수록: *KS* 4, 1900.

Miller, Edmund Morris, *Moral Law and the Highest Good. A Study of Kant's Doctrine of the Highest Good*. Melbourne 1928.

Silber, John R, "Kant's Conception of the Highest Good as Immanent and Transcendent". 수록: *Philosophical Review* 68, 1959.

Brugger, W., "Kant und das höchsten Gut". 수록: *Zeitschrift für Philosophische Forschung* 18, 1964.

Murphy, J. G., "The Highest Good as Content for Kant's Ethical Formalism; Beck versus Silber". 수록: *KS* 56, 1965.

Silber, John R, "Die metaphysische Bedeutung des Höchsten Gutes als Kanon der reinen Vernunft in Kants Philosophie". 수록: *Zeitschrift für Philosophische Forschung* 23, 1969.

Düsing, K., "Das Problem des Höchsten Gutes in Kants praktischer Philsolphie". 수록: *KS* 62, 1971.

Zeldin, M., "The Summum Bonum, the Moral Law, and the Existence of God". 수록: *KS* 62, 1971.

Barnes, G. W., "In Defense of Kant's Doctrine of the Highest Good". 수록: *Philosophical Forum* 2, 1971.

Yovel, Y., "The Highest Good and History in Kant's Thought". 수록: *Archiv für Geschichte der Philosophie* 54, 1972.

Auxter, Thomas, "The Unimportance of Kant's Highest Good". 수록: *Journal of the History of Philosophy* 17, 1979, 121~134.

Heidemann, Ingeborg, "Das Ideal des höchsten Guts. Eine Interpretation des Zweiten Abschnitts im 'Kanon der reinen Vernunft'". 수록: I. Heidemann / W. Ritzel(편), *Beiträge zur Kritik der reinen Vernunft 1781~1981*. Berlin · New York 1981, 233~305.

Friedmann, R. Z., "The Importance and Function of Kant's Highest Good". 수록: *Journal of the History of Philosophy* 22, 1984.

Smith, Steven G., "Worthiness to be Happy and Kant's Concept of the Highest Good". 수록: *KS* 75, 1984, 168~190.

Krämling, Gerhard, "Das höchste Gut als mögliche Welt. Zum Zusammen-hang von Kulturphilosophie und systematischer Architektonik bei I. Kant". 수록: *KS* 77, 1986, 273~288.

Reath, Andrews, "Two Conceptions of the Highest Good in Kant". 수록: *Journal of the History of Philosophy* 26, 1988, 593~619.

Dieringer, Volker, "Was erkennt die praktische Vernunft? Zu Kants Begriff des Guten in der *Kritik der praktischen Vernunft*". 수록: *KS* 93, 2002, 137~157.

(10) 목적 자체로서 인간

Schwartländer, J., *Der Mensch ist Person. Kants Lehre vom Menschen.* Stuttgart 1968.

Zeltner, H., "Kants Begriff der Person". 수록: *Tradition und Kritik. Festschrift für Rudolf Zocher.* Stuttgart-Bad Cannstadt 1968.

Jones, H. E., *Kant's Principle of Personality.* Wisconsin University Press 1971.

Murphy, J. G., "Moral Death: A Kantian Essay on Psychopathy". 수록: *Ethics* 82, 1972.

Wolbert, Werner, *Der Mensch als Mittel und Zweck. Die Idee der Menschenwürde in normativer Ethik und Metaethik.* Münster 1987.

2. 종합연구서

Bauch, Bruno, *Immanuel Kant.* Berlin 1917(³1923).

Cassirer, Ernst, *Kants Leben und Lehre.* Berlin 1918(²1921; 복간: Darmstadt 1977).

Wundt, Max, *Kant als Metaphysiker.* Ein Beitrag zur Geschichte der deutschen Philosophie im 18. Jahrhundert. Stuttgart 1924 (복간: Hildesheim · Zürich · New York 1984).

Boutroux, Mile, *La Philosophie de Kant.* Paris 1926.

Fischer, Kuno, *Immanuel Kant und seine Lehre.* 2 Bde. Heidelberg ⁶1928.

Krüger, Gerhard, *Philosophie und Moral in der Kantischen Kritik.* Tübingen 1931(²1967).

Körner, Stephan, *Kant.* Harmondsworth 1955; Göttingen 1967 (²1980).

Heimsoeth, Heinz, *Studien zur Philosophie Kants*. Bd. I. Köln 1956 (Bonn ^{2}1971) 〔= *KS* Erg.-H. 71〕. Bd. II. Bonn 1970 〔= *KS* Erg.-H. 100〕.

Jaspers, Karl, "Kant." In: *Die großen Philosophen*. Bd. 1. München 1957 (München · Zürich ^{4}1988), 397~616.

Delekat, Friedrich, *Immanuel Kant*. Historisch-kritische Inerpretation der Hauptschriften. Heidelberg 1963 (^{3}1969).

Beck, Lewis White, *Studies in the Philosophy of Kant*. New York 1965.

Schultz, Uwe, *Immanuel Kant*. Mit Selbstzeugnissen und Bilddokumenten dargestellt. Reinbek bei Hamburg 1965.

Kemp, John, *The Philosophy of Kant*. Oxford 1968.

Kaulbach, Friedrich, *Immanuel Kant*. Berlin 1969 (^{2}1982). 〔= 백종현 (역), 『임마누엘 칸트-생애와 철학 체계』, 아카넷, 2019〕.

Lehmann, Gerhard, *Beiträge zur Geschichte und Interpretation der Philosophie Kants*. Berlin 1969.

Walsh, William Henry, *Kant's Criticism of Metaphysics*. Edinbrugh 1975.

Broad, Charlie Dunbar, *Kant. An Introduction*. C. Lewy(편). Cambridge 1978.

Teichner, Wihelm, *Kants Transzendentalphilosophie. Grundriß*. Freiburg/ Br. · München 1978.

Walker, Ralph C. S., *Kant*. London 1978.

Gerhardt, V. / F. Kaulbach, *Kant*. Darmstadt 1979.

Konhardt, Klaus, *Die Einheit der Vernunft. Zum Verhältnis von theoretischer und praktischer Vernunft in der Philosophie Immanuel Kants*. Königstein/Ts. 1979.

Marty, François, *La Naissance de la métaphysique chez Kant*. Une Étude de la notion kantienne d'ananlogie. Paris 1980.

Scruton, Roger, *Kant*. Oxford 1982.

Höffe, Otfried, *Immanuel Kant*. München 1983(²1988).

Schmitz, Hermann, *Was wollte Kant?* Bonn 1989.

Guyer, Paul, *Kant and the Experience of Freedom*. Cambridge 1993.

Höffe, Otfried (편), *Immanuel Kant. Kritik der praktischen Vernunft* (11 Beiträge zur Erläuterung des Textes). Berlin 2002.

Bird, Graham, *The Revolutionary Kant*. Chicago 2006.

Guyer, Paul, *Kant*. London · New York 2006.

Kern, Udo, *Was ist und was sein soll: Natur und Freiheit bei Immanuel Kant*. Berlin 2007.

Klemme, Heiner (편), *Kant und die Zukunft der europäischen Aufklärung*. Berlin 2009.

Longuenesse, Béatrice, *Kant on the Human Standpoint*. Cambridge 2009.

Arndt, Andreas, *Dialektik und Reflexion: Zur Rekonstruktion des Vernunftbegriffs*. Hamburg 2014.

Langthaler, Rudolf, *Geschichte, Ethik und Religion im Anschluß an Kant: Philosophische Perspektiven "zwischen skeptischer Hoffnungslosigkeit und dogmatischem Trotz"*. Berlin 2014.

Pollok, Konstantin, *Kant's Theory of Normativity: Exploring the Space of Reason*. Cambridge 2018.

3. 윤리학 중심 연구논저

Cohen, Hermann, *Kants Begründung der Ethik nebst ihren Anwendungen auf Recht, Religion und Geschichte*. Berlin 1877(²1910).

Hegler, Alfred, *Die Psychologie in Kants Ethik*. Tübingen 1891.

Vorländer, Karl, *Der Formalismus der Kantischen Ethik in seiner Notwendigkeit und Fruchtbarkeit*.(Diss.), Marburg 1893.

Haegerström, A., *Kants Ethik im Verhältnis zu seinen erkenntnistheoretischen Grundgedanken systematisch dargestellt*. Uppsala · Leipzig 1902.

Vorländer, Karl, *Geschichte der Philosophie*. Bd. 2, Leipzig 1903(^{7}1927)

Cohen, Hermann, *Ethik des reinen Willens*. Berlin 1904(^{4}1923) [= System der Philosophie, 2. Teil].

Messer, August, *Kants Ethik. Eine Einführung in ihre Hauptprobleme und Beiträge zu deren Lösung*. Leipzig 1904.

Delbos, Victor, *La philosophie practique de Kant*, Paris 1905(^{3}1969).

Vorländer, Karl, *Kant-Schiller-Goethe*. Leipzig 1907(^{2}1923; 복간: Aalen 1984).

______, *Kant und Marx*. Tübingen 1911(^{2}1926).

Zartmann, H., *Kants ethische Methodenlehre*. (Diss.), Berlin, 1909.

Scheler, Max, *Der Formalismus in der Ethik und die materiale Wertethik* (1913/1916). Gesammelte Werke, Bd. 2, Bern · München ^{6}1980.

Stange, C., *Die Ethik Kants Zur Einführung in die Kritik der praktischen Vernunft*. Leipzig 1920.

Vorländer, Karl, *Immanuel Kant. Der Mann und das Werk*. Bd. 1, Leipzig 1924 (Hamburg ^{2}1977).

Delbos, V., *La philosophie pratique de Kant*. Paris 1926 (^{3}1969).

Broad, C. D., *Five Types of Ethical Theory*. London 1930.

Reich, Klaus, *Rousseau und Kant*. Tübingen 1936.

Schilpp, Paul Arthur, *Kant's Practical Ethics*. Evanston · Chicago 1938.

Jones, W. T., *Morality and Freedom in the Philosophy of Kant*. Oxford 1940.

Teale, A. E., *Kantian Ethics*. Oxford · London 1951.

Klausen, Sverre, *Kants Ethik und ihre Kritiker*. Oslo 1954.

Vialatoux, J., *La morale de Kant*. Paris 1956 (^{3}1963).

Duncan, A. R. C., *Practical Reason and Morality*. London 1957.

Silber, John R., "The Context of Kant's Ethical Thought". 수록: *Philosophical Quarterly 9*, 1959, 193~207 · 309~318.

______, "The Copernican Revolution in Ethics: The Good reexamined". 수록: *KS* 51, 1959/60.

Henrich, Dieter, "Der Begriff der sittlichen Einsicht und Kants Lehre vom Faktum der Vernunft". 수록: D. Henrich / W. Schulz / K.-H. Volkmann Schluck (편), *Die Gegenwart der Griechen im neueren Denken. Festschrift für Hans-Georg Gadamer*. Tübingen 1960, 77~115.

Schmucker, Josef, *Die Ursprünge der Ethik Kants in seinen vorkritischen Schriften und Reflexionen*. Meisenheim/Gl. 1961.

Acton, H. B., *Kant's Moral Philosophy*. London · Basingstoke 1970.

Murphy, J. G., *Kant: the Philosophy of Right*. London 1970.

Hess, Heinz-Jürgen, *Die Obersten Grundsätze Kantischer Ethik und ihre Konkretisierbarkeit*. Bonn 1971 〔= *KS* Erg.-H. 102〕.

Jones, Hardy E., *Kant's Principle of Personality*. Madison 1971.

Ward, Keith, "Kant's Teleological Ethics". 수록: *Philosophical Quarterly* 21, 1971, 337~351.

Philonenko, Alexis, *L'Oeuvre de Kant. La Philosophie critique*. 1. Morale et politique. Paris 1972 ([4]1989).

Ward, Keith, *The Development of Kant's View of Ethics*. Oxford 1972.

Wilkerson, T. E., "Duty, Inclination and Morals". 수록: *Philosophical Quarterly* 23, 1973, 28~40.

Muyskens, James L., "Kant's Moral Argument". 수록: *Southern Journal of Philosophy* 12, 1974, 425~434.

Walsh, W. H., "Kant's Concept of Practical Reason". 수록: St. Körner 편, *Pratical Reason*. Oxford 1974, 189~212.

Werner, Hans-Joachim, "Moralität ohne Inhalt? Zum Problem der

Bestimmbarkeit allgemeiner ethischer Normen im Anschluß an die Ethik Kants". 수록: *Zeitschrift für philosophische Forschung* 28, 1974, 585~598.

Schulz, Eberhard Günter, *Rehbergs Opposition gegen Kants Ethik. Eine Untersuchung ihrer Grundlagen, ihrer Berücksichtigung durch Kant und ihrer Wirkung auf Reinhold, Schiller und Fichte*. Köln 1975.

Gewirth, Alan, *Reason and Morality*, Chicago 1978.

Rossvaer, Viggo, *Kant's Moral Philosophy. An Interpretation of the Categorical Imperative*. Oslo 1979.

Heubuelt, W., *Die Gewissenslehre Kants in ihrer Endform von 1797*. Bonn 1980.

Schwemmer, Oswald, *Philosophie der Praxis. Versuch zur Grundlegung einer Lehre vom moralischen Argumentieren in Verbindung mit einer Interpretation der praktischen Philosophie Kants. Mit einem Nachwort zur Neuausgabe*. Frankfurt/M. ²1983 (¹1971).

Patzig, Günther, *Ethik ohne Metaphysik*. Göttingen 1971 (²1983).

Göbel, Wolfgang, *Reflektierende und absolute Vernunft. Die Aufgabe der Vernunft und ihre Lösung in Kants Vernunftkritiken und Hegels Differenzschrift*. Bonn 1984.

Pleines, R. E. (편), *Kant und die Pädagogik*. Würzburg 1985.

Deggau, Hans-Georg, "Die Architektonik der praktischen Philosophie. Moral-Religion-Recht-Geschichte". 수록: *Archiv für Rechts-und Sozialphilosophie* 71, 1985, 319~342.

Atwell, John E., *Ends and Principles in Kant's Moral Thought*. Dordrecht 1986.

Wellmer, Albrecht, *Ethik und Dialog. Elemente des moralischen Urteils bei Kant und in der Diskursethik*. Frankfurt/M. 1986.

Harper, Albert W. J., *Notes on Kant's Theory of Morals*. London 1988.

Gunkel, Andreas, *Spontaneität und moralische Autonomie. Kants Philosophie der Freiheit*. Bern 1989.

Sullivan, R. L., *Immanuel Kant's Moral Theory*. Cambridge · New York 1989.

Velkley, Richard L., *Freedom and the End of Reason. On the Moral Foundation of Kant's Critical Philosophy*. Chicago 1989.

O'Neill, Onora, *Constructions of Reason: Explorations of Kant's Practical Philosophy*. Cambridge 1990.

Albrecht, Michael, "Kants Maximenethik und ihre Begründung". 수록: *KS* 85, 1994, 129~146.

Wood, Allen W., *Kant's Ethical Thought*. Cambridge 1999.

Voeller, Carol W., *The Metaphysics of Moral Law. Kant's Deduction of Freedom*. New York 2001.

Kerstein, Samuel, *Kant's Search for the Supreme Principle of Morality*. Cambridge 2002.

Timmons, Mark (편), *Kant's Metaphysics of Morals. Interpretative Essays*. Oxford 2002.

Steigleder, Klaus, *Kants Moralphilosophie. Die Selbstbezüglichkeit reiner praktischer Vernunft*. Stuttgart · Weimar 2002.

Ameriks, Karl / Dieter Sturma (편), *Kants Ethik*. Paderborn 2004.

Dean, Richard, *The Value of Humanity in Kant's Moral Theory*. Oxford 2006.

Wood, Allen W., *Kant's Ethical Thought*. Cambridge 2008.

Dörflinger, Bernd / Günter Kruck (편), *Worauf Vernunft hinaussieht: Kants regulative Ideen im Kontext von Teleologie und praktischer Philosophie*, (Studien und Materialien zur Geschichte der Philosophie). Hildesheim 2013.

Grenberg, Jeanine, *Kant's Defense of Common Moral Experience: A Phenomenological Account*. Cambridge 2013.

Willaschek, Marcus, *Praktische Vernunft: Handlungstheorie und Moralbegründung bei Kant*. Stuttgart 1992 · 2016.

Cholbi, Michael, *Understanding Kant's Ethics*. Cambridge 2016.

Formosa, Paul, *Kantian Ethics, Dignity and Perfection*. Cambridge 2017.

Papish, Laura, *Kant on Evil, Self-Deception, and Moral Reform*. Oxford 2018.

Römer, Inga, *Das Begehren der reinen praktischen Vernunft: Kants Ethik in phänomenologischer Sicht*. Hamburg 2018.

4. 종교철학 중심 연구논저

Schweitzer, Albert, *Die Religionsphilosophie Kant's von der Kritik der reinen Vernunft bis zur Religion innerhalb der Grenzen der blossen Vernunft*. Freiburg/Br. · Leipzig · Tübingen 1899 (복간: Hildesheim · New York 1974).

Webb, Clement C. J., *Kant's Philosophy of Religion*. Oxford 1926 (복간: New York 1970).

England, F. E., *Kant's Conception of God. A Critical Exposition of its Metaphysical Development. Together with a Translation of the 》Nova Dilucidatio《*. London 1929 (복간: New York 1968).

Schmalenbach, Hermann, *Kants Religion*. Berlin 1929.

Bohatec, J., *Die Religionsphilosophie Kants in der 》Religion innerhalb der Grenzen der bloßen Vernunft《*. Hamburg 1938 (복간: Hildesheim 1966).

Blumenberg, Hans, "Kant und die Frage nach dem 'gnädigen Gott'". 수록:

Studium Genenrale (Berlin) 7, 1954, 554~570.

Collins, James, *God in Modern Philosophy*. Chicago 1959.

Klausen, Sverre, *Das Problem der Erkennbarkeit der Existenz Gottes bei Kant*. Oslo 1959.

Schultz, Werner, *Kant als Philosoph des Protestantismus*. Hamburg 1960.

Walsh, W. H., "Kant's Moral Theology". 수록: *Proceedings of the British Academy* 49, 1963 (London 1964), 263~289.

Collins, James, *The Emergence of Philosophy of Religion*. New Haven · London 1967.

Löwith, Karl, *Gott, Mensch und Welt in der Metaphysik von Descartes bis zu Nietzsche*. Göttingen 1967.

Zeldin, Mary-Barbara, "Principles of Reason, Degrees of Judgment, and Kant's Argument for the Existence of God". 수록: *Monist* 54, 1970, 285~301.

Hirsch, E. C., *Höchstes Gut und Reich Gottes in Kants kritischen Hauptwerken als Beispiel für die Säkularisierung seiner Metaphysik*. (Diss.), Heidelberg 1969.

Moreau, Joseph, *Le Dieu des philosophes (Leibniz, Kant et nous)*. Paris 1969.

Weil, Eric, *Problèmes Kantiens*. Paris [2]1970.

Wood, Allen W., *Kant's Moral Religion*. Ithaca · London 1970.

Reboul, A., *Kant et le probleme du Mal*. Montreal 1971.

Laberge, Pierre, *La théologie Kantienne précritique*. Ottawa 1973.

Zeldin, Mary-Barbara, "Belief as a Requirement of Pure Reason: The Primacy of Kant's Moral Argument and Its Relation to the Theoretical Arguments". 수록: *International Studies in Philosophy* 6, 1974, 99~114.

Henrich, Dieter, "Die Deduktion des Sittengesetzes. Über die Gründe der Dunkelheit des letzten Abschnittes von Kants 'Grundlegung zur Metaphysik der Sitten'". 수록: A. Schwan(편), *Denken im Schatten des Nihilismus. Festschrift für Wilhelm Weischedel*. Darmstadt 1975, 55~112.

Wagner, Hans, "Moralität und Religion bei Kant". 수록: *Zeitschrift für philosophische Forschung* 29, 1975, 507~520.

Winter, Alois, "Theologische Hintergründe der Philosophie Kants". 수록: *Theologie und Philosophie* 51, 1976, 1~51.

Genova, A. C., "Kant's Transcendental Deduction of the Moral Law". 수록: *KS* 69, 1978, 299~313.

Wood, Allen W., *Kant's Rational Theology*. Ithaca · London 1978.

Byrne, Peter, "Kant's Moral Proof of the Existence of God". 수록: *Scottish Journal of Theology* 32, 1979, 333~343.

Ameriks, Karl, "Kant's Deduction of Freedom and Morality". 수록: *Journal of the History of Philosophy* 19, 1981, 53~79.

Schroll-Fleischer, Niels Otto, *Der Gottesgedanke in der Philosophie Kants*. Odense 1981.

Reardon, Bernard M. G., *Kant as Philosophical Theologian*. Basingstoke 1988.

Wimmer, Reiner, *Kants kritische Religionsphilosophie*. Berlin · New York 1990. 〔= *KS* Erg.-H. 124〕

Ferreira, M. Jamie, "Kant's Postulate: The Possibility 'or' the Existence of God?" 수록: *KS* 74, 1983, 75~80.

Witschen, D., *Kant und die Idee einer christlichen Ethik*, Düsseldorf, 1984.

Kuehn, Manfred, "Kant's Transcendental Deduction of God's Existence as a Postulate of Pure Practical Reason". 수록: *KS* 76, 1985, 152~169.

Milz, Bernhard, "Dialektik der Vernunft in ihrem praktichen Gebrauch und

Religionsphilosophie bei Kant". 수록: *Theologie und Philosophie* 63, 1988, 481~518.

Guyer, Paul, "In praktischer Absicht. Kants Begriff der Postulate der reinen praktischen Vernunft". 수록: *Philosophisches Jahrbuch* 104, 1997, 1~18.

Michaelson, Gordon E. Jr., *Kant and the Problem of God*. Oxford 1999.

Winter, Aloysius, *Der andere Kant. Zur philosophischen Theologie Immanuel Kants*. Hildesheim · Zürich · New York 2001.

5. 법철학 · 정치철학 · 사회철학 관련 연구논저

Stammler, R., *Wirtschaft und Recht nach der materialistischen Geschichtsauffassung*. Leipzig 1896.

Natorp, P., *Sozialpädagogik. Theorie der Willenserziehung auf der Grundlage der Gemeinschaft*. Stuttgart 1899(^{6}1925).

Vorländer, K., "Kant und der Sozialismus". 수록: *KS* 4, 1900.

——, *Kant und Marx*. Tübingen 1911.

Görland, A., *Ethik als Weltgeschichte*. Leipzig · Berlin 1914.

Delekat, F., "Das Verhältnis von Sitte und Recht in Kants großer 》Metaphysik der Sitten《(1797)". 수록: *Zeitschrift für Philosophische Forschung* 12, 1958.

Gregor, M. J., *Laws of Freedom. A Study of Kant's Method of Applying the Categorical Imperative in the 》Metaphysik der Sitten《*. Oxford 1963.

Ebbinghaus, J., "Das Kantische System der Rechte des Menschen und Bürgers in seiner geschichtlichen und aktuellen Bedeutung". 수록: *Archiv für Rechts-und Sozialphilosophie* 50, 1964.

Kaulbach, F., "Moral und Recht in der Philosophie Kants". 수록: J. Blühdorn/

J. Ritter (편), *Recht und Ethik*. Frankfurt 1970.
Brown, St. M., "Has Kant a Philosophy of Law?" 수록: *Philosophical Review* 71, 1962.
Deggau, Hans-Georg, *Die Aporien der Rechtslehre Kants*. Stuttgart 1983.
Kersting, Wolfgang, *Wohlgeordnete Freiheit: Immanuel Kants Rechts-und Staatsphilosophie*. Berlin · New York 1984.
Beiner, R. / W. J. Booth (편), *Kant and Political Philosophy: The Contemporary Legacy*. New Haven, 1993.
Batscha, Zwi (편), *Materialen zu Kants Rechtsphilosophie*. Frankfurt/M. 1976.
Seung, T. K., *Kant's Platonic Revolution in Moral and Political Philosophy*. Baltimore 1994.
Gerhart, Volker, *Immanuel Kants Entwurf "Zum Ewigen Frieden": Eine Theorie der Politik*. Darmstadt 1995.
Byrd, B. Sharon, "Kant's Theory of Contract", 수록: *Southern Journal of Philosophy* 36. 1997, Supplement, 131~153.
Bohman, J. / M. Lutz-Bachmann (편), *Perpetual Peace: Essays on Kant's Cosmopolitan Ideal*. Cambridge, MA 1997.
Klemme, H. F. / B. Ludwig / M. Pauen / W. Stark (편), *Aufklärung und Interpretation. Studien zu Kants Philosophie und ihrem Umkreis*. Würzburg 1999.
Kersting, Wolfgang, *Kant über Recht*. Paderborn 2004.
Ellis, Elisabeth, *Kant's Politics: Provisional Theory for an Uncertain World*. New Haven 2005.

6. 영향 및 발전사 연구논저

Foerster, F. W., *Der Entwicklungsgang der Kantischen Ethik bis zur Kritik der reinen Vernunft*. Berlin 1893.

Höffding, H., "Rousseaus Einfluß auf die definitive Form der Kantischen Ethik". 수록: *KS* 2, 1889.

Menzer, P., *Der Entwicklungsgang der Kantischen Ethik bis zum Erscheinen der Grundlegung der Metaphysik der Sitten*. Berlin 1897.

______, "Der Entwicklungsgang der kantischen Ethik in den Jahren 1760 bis 1785". 수록: *KS* 2 · 3, 1898 · 1899.

Schmidt, K., *Beiträge zur Entwicklung der Kantischen Ethik*. Marburg 1900.

Schink, W., "Kant und die stoische Ethik". 수록: *KS* 18, 1913.

Anderson, G., "Kants Metaphsik der Sitten, ihre Idee und ihr Verhältnis zur Wolff'schen Schule". 수록: *KS* 28, 1923.

Küenburg, M., *Der Begriff der Pflicht in Kants vorkritischen Schriften*. Innsbruck 1927.

Reich, K., *Rousseau und Kant*. Tübingen 1936.

Schilpp, P. A., *Kant's Pre-Critical Ethics*. Evanston · Chicago 1938 (Evanston [2]1960).

Henrich, D., "Hutcheson und Kant". 수록: *KS* 49, 1957/58.

Schmucker, J., *Die Ursprünge der Ethik Kants in seinen vorkritischen Schriften und Reflexionen*. Meisenheim 1961.

Henrich, D., "Über Kants früheste Ethik". 수록: *KS* 54, 1963.

Guéruolt, M., "Vom Kanon der Kritik der reinen Vernunft zur Kritik der praktischen Vernunft". 수록: *KS* 54, 1963.

Ward, K., *The Development of Kant's View of Ethics*. Oxford 1972.

7. 한국어 연구논저

이석희, 「Kant에 있어서의 선험적 인격성과 인격의 성립」, (박사학위논문), 중앙대학교, 1974.
김용정, 「Kant에 있어서의 자연과 자유에 관한 연구」, (박사학위논문), 동국대학교, 1975.
백종현, 「칸트의 자유 개념」, 수록 : 『哲學論究』 제6집, 서울대학교, 1976.
박선목, 「Kant의 도덕 형이상학에 관한 연구」, (박사학위논문), 충남대학교, 1981.
신옥희, 「칸트에 있어서 근본악과 신」, 수록: 한국철학회(편), 『哲學』 제18집, 1982 가을.
임혁재, 「Kant에 있어서 정언명법의 존재근거와 定型의 문제」, (박사학위논문), 중앙대학교, 1983.
김우태, 「Kant에 있어서 도덕성의 근거」, (박사학위논문), 전북대학교, 1984.
이문호, 「칸트의 도덕철학」, 수록: 하영석(외), 『칸트哲學과 現代思想』, 형설 출판사, 1984.
김영태, 「칸트의 도덕 신학에 관한 연구」, (박사학위논문), 전북대학교, 1989.
송경호, 「칸트철학에서의 自由와 國家理念」, (박사학위논문), 전북대학교, 1989.
강성율, 「칸트철학에서의 인간의 자유에 관한 연구」, (박사학위논문), 전북대학교, 1990.
하영석, 「칸트에 있어서 인격성의 근거로서의 자유」, 수록: 한국철학회(편), 『哲學』 제33집, 1990 봄.
최종천, 「칸트철학에서의 자유 개념의 전개」, (박사학위논문), 전북대학교, 1991.
손승길, 「칸트의 도덕적 법칙에 관한 연구」, (박사학위논문), 동아대학교, 1991.
임홍빈, 「칸트의 도덕성 개념에 대한 헤겔의 비판은 과연 정당한가?」, 수록: 한국철학회(편), 『哲學』 제35집, 1991 봄.
백종현, 「칸트에서 자유의 이념과 도덕원리」, 수록 : 『철학사상』 제1호, 서울대 학교 철학사상연구소, 1991.
______, 「칸트철학에서 인간의 의무」, 수록: 차인석(외), 『사회철학대계 I』, 민음사, 1993.

한자경, 「칸트철학에서 도덕과 법」, 수록: 차인석(외), 『사회철학대계 I』, 민음사, 1993.

김성호, 「칸트의 목적 자체의 정식에 관한 연구」, (박사학위논문), 고려대학교 1994.

이윤복, 「칸트에 있어서 도덕성과 목적」, (박사학위논문), 경북대학교 1994.

문성학, 「칸트와 거짓말」, 수록: 『철학연구』 제53집, 1994.

박채옥, 「자유와 필연의 가능성」, 수록: 한국칸트학회(편), 『칸트와 형이상학』〔칸트연구 1〕, 민음사, 1995.

김석현, 「실천에 있어서 자유-자연의 통일과 목적의 의미—칸트 윤리학의 관점에서」, 『철학연구』 제55집, 1995.

______, 「칸트의 심정 윤리학」, 『철학연구』 제57집, 1996.

한국칸트학회 (편), 『칸트와 윤리학』〔칸트연구 2〕, 민음사, 1996.

김관영, 「칸트의 도덕 형이상학에 관한 연구—도덕성의 근거 정립을 중심으로」, (박사학위논문), 건국대학교, 1996.

김석수, 「칸트에 있어서 法과 道德」, (박사학위논문), 서강대학교, 1996.

김종국, 「責任과 自律—요나스의 비판에 대한 칸트의 응답을 중심으로」, (박사학위논문), 고려대학교, 1997.

맹주만, 「칸트의 실천철학에서의 최고선」, (박사학위논문), 중앙대학교, 1997.

임혁재, 『칸트의 도덕철학 연구』, 중앙대학교 출판부, 1997.

정진우, 「칸트 도덕철학의 도덕법칙과 자유」, 충남대학교, 1998.

김석수, 「칸트에 있어서 罪와 罰의 관계: Hobbes, Bentham, Hegel과의 비교를 통하여」, 수록: 한국철학회(편), 『哲學』 제55집, 1998 여름.

김종국, 「악의 기원: 칸트와 요나스의 주장을 중심으로」, 수록: 한국철학회(편), 『哲學』 제55집, 1998 여름.

김종석, 「칸트철학에 있어서 자유 개념에 관한 논의의 정합성」, (박사학위논문), 부산대학교, 1999.

문성학, 「칸트의 인간 본성론」, 수록: 한국철학회(편), 『哲學』 제58집, 1999 봄.

김석수, 「도덕성과 합법성의 관계에 대한 고찰—칸트와 헤겔의 인륜성 개념을 중심으로」, 수록: 한국칸트학회(편), 『칸트와 독일이상주의』〔칸트연구 6〕, 철학과현실사, 2000.

이충진, 「칸트의 도덕성과 헤겔의 인륜성」, 수록: 한국칸트학회(편), 『칸트와 독일이상주의』〔칸트연구 6〕, 철학과현실사, 2000.

강영안, 『도덕은 무엇으로부터 오는가—칸트의 도덕철학』, 소나무, 2000.

이충진, 『이성과 권리—칸트 법철학 연구』, 철학과현실사, 2000.

김주연, 「칸트에게서의 자유의 문제—하이데거의 『인간적 자유의 본질』에 나타난 해석을 중심으로」, 수록: 한국칸트학회 (편), 『칸트와 현대 유럽 철학』〔칸트연구 7〕, 철학과현실사, 2001.

황순우, 「칸트와 생명 윤리」, 한국칸트학회 (편), 『칸트와 현대 영미 철학』〔칸트연구 8〕, 철학과현실사, 2001.

박 배, 「칸트 최고선 이론의 현대적 논의」, 수록: 한국칸트학회(편), 『칸트철학과 현대』〔칸트연구 10〕, 철학과현실사, 2002.

허정훈, 「칸트의 실천적 자유의 연역에 관하여」, 수록: 『백록논총』 제4집, 2002.

김종국, 「『도덕 형이상학』(칸트)에 대한 사회 윤리적 독해」, 수록: 대한철학회 (편), 『哲學硏究』 제81집, 2002.

문성학, 「칸트 윤리학에서 도덕성과 적법성」, 수록: 대한철학회(편), 『哲學硏究』 제82집, 2002.

노영란, 「의무로부터의 행위에 관하여—덕윤리적 도전에 대한 칸트주의적 대응을 중심으로」, 수록: 『哲學』 제71집, 2002.

문성학, 「칸트의 실천 형이상학과 최고선」, 수록: 대한철학회(편), 『哲學硏究』 제87집, 2003.

김종국, 「보편주의 윤리학에서 개인과 사회—칸트와 밀의 경우」, 수록: 철학연구회(편), 『哲學硏究』 제61집, 2003.

나종석, 「정언명법과 칸트 윤리학의 기본특성에 대한 고찰」, 수록: 철학연구회(편), 『哲學硏究』 제62집, 2003.

백종현, 『윤리 개념의 형성』, 철학과현실사, 2003.
박정하, 『칸트 〈실천이성비판〉』, 서울대학교 철학사상연구소, 2003.
서홍교, 「칸트 윤리와 기독교 윤리의 비교연구」, (박사학위논문), 한국교원대학교, 2003.
유재영, 「칸트 最高善에 관한 연구」, (박사학위논문), 원광대학교, 2003.
김종국, 「칸트 對 功利主義」, 수록 : 한국칸트학회(편), 『칸트연구』 제14집, 2004.
박찬구, 「한국의 도덕 교육에서 칸트 윤리적 접근법이 가지는 의의」, 수록 : 한국칸트학회(편), 『칸트연구』 제14집, 2004.
김석수, 「칸트와 하버마스에 있어서 도덕과 법」, 수록 : 대한철학회(편), 『哲學 硏究』 제89집, 2004.
이윤복, 「칸트 윤리학에서 덕과 의무」, 수록 : 대한철학회(편), 『哲學硏究』 제92집, 2004.
김학택, 「칸트와 환경윤리」, 수록 : 『汎韓哲學』 제32집, 2004.
손승길, 『Kant 관념론과 윤리학』, 동아대학교출판부, 2005.
박종원, 「칸트와 베르그손의 윤리학의 존재론적 기초에 대한 연구」, 수록 : 『哲學』 제83집, 2005.
맹주만, 「칸트와 선의지」, 수록 : 『철학탐구』 제17집, 2005.
문성학, 『칸트 윤리학과 형식주의』, 경북대학교 출판부, 2006.
윤영돈, 「칸트에 있어서 道德敎育과 美的 道德性의 문제」, (박사학위논문), 서울대학교, 2006.
이원봉, 「칸트의 덕 이론 연구」, (박사학위논문), 서강대학교, 2006.
김수배, 「칸트 윤리학에서 원칙과 사례의 갈등」, 수록 : 철학연구회(편), 『哲學硏究』 제73집, 2006.
강현정, 「칸트철학에서 인간 존엄성의 문제」, 수록 :『칸트연구』 제20집, 2007.
박찬구, 「전(前) 비판기의 칸트 윤리학」, 수록 : 『칸트연구』 제20집, 2007.
맹주만, 「롤즈, 칸트, 그리고 구성주의」, 수록 : 『칸트연구』 제20집, 2007.
문성학, 「선의지와 형식주의, 그리고 책임」, 수록 : 대한철학회(편), 『哲學硏究』제

102집, 2007.

맹주만, 「칸트의 실천이성의 이율배반」, 수록: 『철학탐구』 제21집, 2007.

김민응, 「칸트의 '덕 이론'에 관한 연구: 덕과 도덕법칙의 관계를 중심으로」, (박사학위논문), 동국대학교, 2008.

강지영, 「칸트의 의무개념에 대한 분석」, 수록: 한국칸트학회(편), 『칸트연구』 제21집, 2008.

김수배, 「칸트 도덕철학과 역사철학의 긴장 관계」, 수록: 한국칸트학회(편), 『칸트연구』 제21집, 2008.

김창원, 「직업적 행위와 윤리적 행위」, 수록: 한국칸트학회(편), 『칸트연구』 제21집, 2008.

이병창, 「칸트 의무 개념에 대한 헤겔의 비판」, 수록: 『시대와 철학』 제19집, 2008.

백종현, 『시대와의 대화: 칸트와 헤겔의 철학』, 아카넷, 2010.

______, 『칸트 이성철학 9서 5제』, 아카넷, 2012.

______, 「칸트에서 '가능한 세계의 최고선'」, 수록: 철학연구회(편), 『哲學研究』, 제96집, 2012.

______, 「정의와 그 실현 원리」, 수록: 한국칸트학회(편), 『칸트연구』 제 29집, 2012.

______, 「칸트 '인간 존엄성의 원칙'에 비춰 본 자살의 문제」, 수록: 한국칸트학회(편), 『칸트연구』 제 32집, 2013.

______, 「칸트에서 선의지와 자유의 문제」, 수록: 서울대학교 인문학연구원(편), 『人文論叢』, 제 71권 제2호, 2014.

______, 「한국 칸트사전」, 아카넷, 2019.

제 2 부

『실천이성비판』 역주

※ 역주의 원칙

1. 번역은 칸트의 원전 초판본(=A. Riga 1788)을 기준으로 삼아 베를린 학술원판 전집 제5권(Berlin 1908. Akademie-Ausgabe Bd. V, S. 1~163, hrsg. Paul Natorp), Wilhelm Weischedel 판 전집 제4권(Darmstadt 1956. Bd. IV, S. 103~302)과 Horst D. Brandt / Heiner F. Klemme 판(Felix Meiner Verlag, Hamburg 2003 〔PhB 506〕)을 함께 사용하고, 칸트 원전 초판본과 재판본(=B. 1792) 사이에 어긋나는 대목은 번역상에서도 차이가 날 경우 본문 중에서 글자체를 수려체로 바꿔 표시하며, 문맥에 맞춰 칸트 원문을 고쳐 읽을 경우에는 각주에서 그 내용을 밝힌다.
2. 원문과 번역문의 대조 편의를 위해 칸트의 원전 초판본은 "A"로, 학술원판은 전집 제5권을 의미하는 "V"로 표시한 후 이어서 면수를 밝힌다. 다만, 독일어와 한국어의 어순이 다른 경우가 많으므로 원문과 번역문의 면수에 약간의 차이가 있음은 양해한다.
3. 번역은 학술적 엄밀성을 염두에 두어 직역을 원칙으로 삼고, 가능한 한 원문의 문체, 어투, 문단 나누기 등도 보존하여, 칸트의 글쓰기 스타일을 그대로 보이도록 한다. 현대적 글쓰기에 맞지 않은 부분이나 문단들이라도 의미 전달이 아주 어렵지 않은 경우라면 그대로 둔다.
4. 독일어는 철저히 한글로 옮겨 쓰되, 필요한 경우에는 한글에 이어 〔 〕 안에 한자어를 병기한다. 그러나 원문이 라틴어나 그리스어일 경우에 그에 상응하는 한자어가 있을 때는 한자를 노출시켜 쓴다.
5. 칸트의 다른 저작 또는 다른 구절을 우리말로 옮길 때를 고려하여, 다소 어색함이 있다 하더라도, 칸트의 동일한 용어에는 되도록 동일한 우리말을 대응시킨다. 용어가 아닌 보통 낱말들에도 가능하면 하나의 번역어를 대응시키지만,

이런 낱말들의 경우에는 문맥에 따라 유사한 여러 번역어들을 적절히 바꿔 쓰고, 또한 풀어쓰기도 한다. (※ 아래 〔유사어 및 상관어 대응 번역어〕 참조)

6. 유사한 또는 동일한 뜻을 가진 낱말이라 하더라도 칸트 자신이 번갈아가면서 쓰는 말은 가능한 한 우리말로도 번갈아 쓴다.(※ 아래 〔유사어 및 상관어 대응 번역어〕 참조)
7. 번역 본문에서는 한글과 한자만을 쓰며, 굳이 서양말 원어를 밝힐 필요가 있을 때는 각주에 적는다. 그러나 각주 설명문에는 원어를 자유롭게 섞어 쓴다.
8. 대명사의 번역에 있어서는 지시하는 명사가 명백할 때는 우리말의 문맥상 필요할 경우에 본래의 명사를 반복하여 써주되, 이미 해석이 개입할 여지가 있을 때는 '그것'·'이것'·'저것' 등이라고 그대로 옮겨 쓰고, 역자의 해석은 각주에 밝힌다.
9. 직역이 어려워 불가피하게 원문에 없는 말을 끼워넣어야 할 대목에서는 끼워넣는 말은 〔 〕 안에 쓴다. 또한 하나의 번역어로는 의미 전달이 어렵거나 오해의 가능성이 있을 경우에도 그 대안이 되는 말을 〔 〕 안에 쓴다.
10. 우리말 표현으로는 다소 생소하더라도 원문의 표현 방식과 다른 맥락에서의 표현의 일관성을 위하여 독일어 어법에 맞춰 번역하되, 오해될 우려가 클 때는 〔 〕 안에 자연스런 우리말 표현을 병기한다.
11. 칸트가 인용하는 인물이나 사건이나 지명이 비교적 널리 알려져 있지 않은 경우에는 그에 대해 각주를 붙여 해설한다.
12. 칸트의 다른 저술이나 철학 고전들과 연관시켜 이해해야 할 대목은 각주를 붙여 해설한다. 단, 칸트 원저술들을 인용함에 있어서 『실천이성비판』은 초판=A와 학술원판=V에서, 『순수이성비판』은 초판=A와 재판=B에서, 그리고 『판단력비판』은 재판=B와 학술원판=V에서, 여타의 것은 모두 학술원판에서 하되, 제목은 우리말 또는 약어로 쓰고 원저술명은 아래에 모아서 밝힌다.(※ '우리말 제목을 사용한 칸트 원논저 목록' 참조)
13. 칸트 원문에 문법적으로 문제가 있는 곳은 여러 편집자의 판본들과도 비교하여 각주에서 역자의 의견을 제시한다.

14. (제목은 별도로 하고) 원문에 크게 강조하여 쓴 낱말은 진하게 쓰고, 인명이나 학파 명칭은 그래픽체로 구별하여 쓴다.
15. 본문 하단 "※" 표시 주는 칸트 자신의 주석이고, 아라비아 숫자로 표시되어 있는 각주만이 역자의 주해이다.

※ 유사어 및 상관어 대응 번역어

ableiten

ableiten : 도출하다/끌어내다, Ableitung : 도출, Deduktion :연역, abziehen : 추출하다

absolut

absolut : 절대적(으로), schlechthin/schlechterdings : 단적으로/절대로

abstrahieren

abstrahieren : 추상하다/사상〔捨象〕하다, absehen : 도외시하다

Achtung

Achtung : 존경, Hochachtung : 존경/경의, Ehrfurcht : 외경, Hochschätzung : 존중, Schätzung : 평가/존중, Verehrung : 숭배/흠숭

Affinität

Affinität : 근친성, Verwandtschaft : 친족성

Affizieren

affizieren : 촉발하다, Affektion : 촉발/자극/애착, Affekt : 흥분/촉발/격정/정서, anreizen : 자극하다, Reiz : 자극/매력, rühren : 건드리다/손대다, Rühren : 감동, Rührung : 감동, berühren : 건드리다

ähnlich

ähnlich : 비슷한/유사한, analogisch : 유비적/유추적

also

also : 그러므로, folglich : 따라서, mithin : 그러니까, demnach : 그 때문에, daher : 그래서, daraus : 그로부터

anfangen

anfangen : 시작하다, Anfang : 시작/시초, anheben : 개시하다/출발하다

angemessen

angemessen : 알맞은/적절한, füglich : 걸맞은/어울리는

angenehm

angenehm : 쾌적한/편안한, unangenehm : 불유쾌한/불편한, Annehmlichkeit : 쾌적함/편안함,

anhängend

anhängend : 부수적, adhärierend : 부착적

a priori

a priori : 선험적, angeboren/innatus : 선천적/생득적/본유적, a posteriori : 후험적

Apprehension

Apprehension(apprehensio) : 포착(捕捉), Auffassung(apprehensio) : 포착(捕捉 : 직관/상상력의 작용으로서)/파악(지성의 작용으로서), Erfassen : 파악, Begreifen : (개념적) 파악/개념화/이해

arrogantia

arrogantia : 自滿, Eigendünkel : 자만〔自慢〕

Ästhetik

Ästhetik : 감성학/미(감)학, ästhetisch : 감성(학)적/미감적/미학적

Bedeutung

Sinn : 의의, Bedeutung : 의미

Bedingung

Bedingung : 조건, bedingt : 조건 지어진/조건적, das Bedingte : 조건 지어진 것/조건적인 것, das Unbedingte : 무조건자〔/무조건적인 것〕

Begierde

Begierde : 욕구, Begehren : 욕구, Begier : 욕망, Bedürfnis : 필요/필요욕구/요구, Verlangen : 요구/갈망/열망

begreifen

begreifen: (개념적으로) 파악하다/개념화하다/포괄하다/(포괄적으로) 이해하다, Begriff: 개념, verstehen: 이해하다, fassen: 파악하다/이해하다, Verstandesvermögen: 지성 능력, Fassungskraft:이해력

Beispiel

Beispiel: 예/실례/사례, zum Beispiel: 예를 들어, z. B.: 예컨대, beispielsweise: 예를 들어

Beistimmung

Beistimmung: 찬동/동의, Stimme: 동의, Beifall: 찬동, Beitritt: 찬성/가입

Bereich

Bereich: 영역, Gebiet: 구역, Sphäre: 권역, Kreis: 권역, Feld: 분야, Fach: 분과, Umfang: 범위, Horizont: 지평, Boden: 지반/토대/기반/지역/영토, Region: 지역/지방/영역, territorium:領土, ditio: 領域

Bestimmung

Bestimmung: 규정〔대개 자연에 대해서〕/사명〔대개 의지에 대해서〕, bestimmen: 규정하다〔대개 자연에 대해서〕/결정하다〔대개 의지에 대해서〕/확정하다, bestimmt: 규정된〔/적〕/일정한/확정된〔/적〕/명확한, unbestimmt: 무규정적/막연한

Bewegung

Bewegung: 운동/동요, Motion: 동작/운동

Bewegungsgrund

Bewegungsgrund/Beweggrund: 동인, Bewegursache: (운)동인

Beweis

Beweis: 증명, Demonstration: 입증/실연/시위

darstellen

darstellen: 현시하다/그려내다/서술하다, Darstellung(exhibitio): 현시(展示)/그려냄/서술, darlegen: 명시하다, dartun: 밝히다

Denken

Denken: 사고(작용), denken: (범주적으로) 사고하다/(일반적으로) 생각하다, Denkung: 사고/사유, Gedanke: 사유(물)/사상〔思想〕/사고내용

Ding

Ding: 사물/일/것, Sache: 물건/사상〔事象〕/사안

Ding an sich

Ding an sich: 사물 자체, Ding an sich selbst: 사물 그 자체

Dogma

Dogma: 교의/교조, dogmatisch: 교의적/교조(주의)적, Lehre: 교리/학설, Doktrin: 교설

eigen

eigen: 자신의/고유한, eigentlich: 본래의/원래의, Eigenschaft: 속성/특성, Eigentum: 소유, eigentümlich: 특유의〔/한〕/소유의, Eigentümlichkeit: 특유성, Beschafenheit: 성질, ※Attribut: (본질)속성/상징속성

Einleitung

Einleitung: 서론, Vorrede: 머리말, Prolegomenon/-mena: 서설, Prolog: 서언

Einzelne(das)

das Einzelne: 개별자, Individuum: 개체/개인

entsprechen

entsprechen: 상응하다, korrespondieren: 대응하다

entstehen

entstehen: 발생하다, entspringen: 생기다, geschehen: 일어나다, hervorgehen: 생겨나(오)다, stattfinden/statthaben: 있다/발생하다/행해지다

Erörterung

Erörterung(expositio): 해설(解說), Aufklärung: 해명, Erläuterung: 해명, Erklärung: 설명/언명/공언/성명(서), Explikation: 해석/석명〔釋明〕,

Deklaration : 선언/천명

Erscheinung

Erscheinung : 현상, Phaenomenon〔phaenomenon〕: 현상체〔現象體〕, Sinneswesen : 감성존재자, Sinnenwelt(mundus sensibilis) : 감성〔각〕 세계(感性〔覺〕世界)

erzeugen

erzeugen : 산출하다/낳다, hervorbringen : 만들어내다/산출하다, zeugen : 낳다, Zeugung : 낳기/생식

finden

finden : 발견하다, treffen : 만나다, antreffen : 마주치다, betreffen : 관련되〔하〕다/마주치다, Zusammentreffen : 함께 만남

Folge

Folge : 잇따름/계기〔繼起〕/후속〔後續〕/결과/결론, folgen : 후속하다/뒤따르다/뒤잇다/잇따르다/결론으로 나오다, sukzessiv : 순차적/점차적/연이은, Sukzession : 연이음, Kontinuum : 연속체, Kontinuität : 연속성, kontinuierlich : 연속적, Fortsetzung : 계속

Form

Form : 형식, Formel : 정식〔定式〕, (Zahlformel : 수식〔數式〕), Figur : 형상〔形象〕/도형, Gestalt : 형태

Frage

Frage : 물음, Problem : 문제, Problematik : 문제성

Freude

Freude : 환희/유쾌/기쁨, freudig : 유쾌한, Frohsein : 기쁨, froh : 기쁜, fröhlich : 유쾌한, erfreulich : 즐거운

Furcht

Furcht : 두려움/공포, Schrecken : 겁먹음/경악/전율, Grausen : 전율, Schauer : 경외감

Gang

Gang: 보행, Schritt: 행보/(발)걸음

Gehorchen

Gehorchen: 순종, Gehorsam: 복종, Unterwerfung: 복속/굴종

gemäß

gemäß: 맞춰서/(알)맞게/적합하게/의(거)해서/준거해서, nach: 따라서, vermittelst: 매개로/의해, vermöge: 덕분에/의해서

gemein

gemein: 보통의/평범한/공통의/공동의/상호적, gemeiniglich: 보통, gewöhnlich: 보통의/흔한/통상적으로, alltäglich: 일상적(으로)

Gemeinschaft

Gemeinschaft: 상호성/공통성/공동체

Gemüt

Gemüt: 마음/심성, Gemütsart: 심성, Gemütsfassung: 마음 자세, Gesinnung: 마음씨, Seele: 마음/영혼, Herz: 심정/마음/가슴, Geist: 정신

Genuß

Genuß: 향수/향유/향락, genießen: 즐기다/향유하다

Geschäft

Geschäft: 과업, Beschäftigung: 일/용무, Angelegenheit: 업무/소관사/관심사, Aufgabe: 과제

Gesetz

Gesetz: 법칙, Regel: 규칙, regulativ: 규제적, Maxime: 준칙

Gleichgültigkeit

Gleichgültigkeit: 무관심, Indifferenz: 무차별, ohne Interesse: 이해관심 없이, Interesse: 이해관심/관심/이해관계

Glückseligkeit

Glückseligkeit: 행복, Glück: 행운, Seligkeit: 정복〔淨福〕

Grenze

Grenze : 한계, Schranke : 경계/제한, Einschränkung : 제한(하기)

Grund

Grund : 기초/근거, Grundlage : 토대, Grundlegung : 정초〔定礎〕, Boden : 지반/토대/기반/지역, Basis : 기반/토대, Anfangsgründe : 기초원리, zum Grunde legen : 기초/근거에 놓다〔두다〕, unterlegen : 근저에 놓다〔두다〕

Handlung

Handlung : 행위〔사람의 경우〕/작동〔사물의 경우〕/작용/행위작용, Tat : 행실/행동/업적/실적, Tun : 행함/행동/일/짓, Tun und Lassen : 행동거지, Tätigkeit : 활동, Akt :작용, Wirkung : 결과/작용결과/작용, Verhalten : 처신/태도, Benehmen : 행동거지, Lebenswandel : 품행, Konduite : 범절, Werk : 소행/작품

immer

immer : 언제나, jederzeit : 항상

Imperativ

Imperativ : 명령, Gebot : 지시명령/계명, Geheiß : 분부/지시, befehlen : 명령하다, gebieten : 지시명령하다

intellektuell

intellektuell : 지성적, intelligibel : 예지적, intelligent : 지적인, Intelligenz : 지적 존재자/예지자, Noumenon〔noumenon〕: 예지체〔叡智體〕, Verstandeswesen : 지성존재자, Verstandeswelt(mundus intelligibilis) : 예지〔/오성〕세계(叡智〔/悟性〕世界)

Irrtum

Irrtum : 착오, Täuschung : 착각/기만

Kanon

Kanon : 규준〔規準〕, Richtschnur : 먹줄/표준, Richtmaß : 표준 (척도), Maß : 도량/척도, Maßstab : 자/척도, Norm : 규범

klar

klar : 명료한/명백한, deutlich : 분명한, verworren : 모호한/혼란한, dunkel : 애매한/불명료한/흐릿한, zweideutig : 다의적인/이의〔二義〕적인/애매한/애매모호한, evident : 명백한/자명한, augenscheinlich : 자명한/명백히, offenbar : 분명히, einleuchtend : 명료한, apodiktisch : 명증적, bestimmt : 규정된/명확한

Körper

Körper :물체/신체, Leib :몸

Kraft

Kraft : 힘/력/능력, Vermögen : 능력, Fähigkeit : (능)력/할 수 있음/재능/역량, Macht : 권력/위력/힘, Gewalt : 강제력/통제력/폭력

Krieg

Krieg : 전쟁, Kampf : 투쟁/전투, Streit : 항쟁/싸움/다툼, Streitigkeit : 싸움거리/쟁론, Zwist : 분쟁, Fehde : 반목, Anfechtung : 불복

Kultur

Kultur : 배양/개발/문화/교화/개화, kultivieren : 배양하다/개발하다/교화하다

Kunst

Kunst : 기예/예술/기술, künstlich : 기예적/예술적/기교적, kunstreich : 정교한, Technik : 기술, technisch : 기술적인, Technizism : 기교성/기교주의

mannigfaltig

mannigfaltig : 잡다한/다양한, Mannigfaltigkeit : 잡다성/다양성, Varietät : 다양성/다종성, Einfalt : 간단/간결/소박함, einfach : 단순한, einerlei : 한가지로/일양적

Materie

Materie : 질료, Stoff : 재료/소재

Mechanismus

Mechanismus : 기계성/기제〔機制〕/기계조직, Mechanik : 역학/기계학/기계

조직, mechanisch : 역학적/기계적, Maschinenwesen : 기계 체제

Mensch

Mensch : 인간, man : 사람(들)

Merkmal

Merkmal(nota) : 징표(徵標), Merkzeichen : 표징, Zeichen : 표시/기호, Kennzeichen : 표지〔標識〕, Symbol : 상징, Attribut : (본질)속성/상징속성

Moral

Moral : 도덕/도덕학, moralisch : 도덕적, Moralität : 도덕(성), Sitte(n) : 윤리/예의/예절, sittlich : 윤리적, Sittlichkeit : 윤리(성), Ethik : 윤리학, ethisch : 윤리(학)적

musterhaft

musterhaft : 범형적/범례적, exemplarisch : 견본적/본보기의, schulgerecht : 모범적, Beispiel :예/실례/사례

nämlich

nämlich : 곧, das ist : 다시 말하면, d. i. : 다시 말해

Natur

Natur : 자연/본성/자연본성, Welt : 세계/세상, physisch : 자연적/물리적

Neigung

Neigung : 경향(성), Zuneigung : 애착, Hang : 성벽〔性癖〕

nennen

nennen : 부르다, heißen : 일컫다, benennen : 명명하다, bezeichnen : 이름 붙이다/표시하다

notwendig

notwendig : 필연적, notwendigerweise : 반드시, nötig : 필수적/필요한, unausbleiblich : 불가불, unentbehrlich : 불가결한, unerläßlich : 필요 불가결한, unvermeidlich : 불가피하게, unumgänglich : 불가피한

nun

nun : 이제/그런데/무릇, jetzt : 지금/이제

nur

nur : 오직/다만/오로지/단지, bloß : 순전히/한낱/한갓, allein : 오로지, lediglich : 단지/단적으로

Objekt

Objekt : 객관〔아주 드물게 객체〕, Gegenstand : 대상

Ordnung

Ordnung : 순서/질서, Anordnung : 정돈/배열/서열/질서

Pathos

Pathos : 정념, pathologisch : 정념적, apatheia : 無情念, Leidenschaft : 열정/정열

Pflicht

Pflicht : 의무, Verbindlichkeit : 책무/구속성, Verantwortung : 책임, Schuld : 채무/탓, Obliegenheit : 임무

Position

Position : 설정, Setzen : 정립

Prädikat

Prädikat : 술어, Prädikament : 주〔主〕 술어, Prädikabilie : 준술어

problematisch

problematisch : 문제(성) 있는/미정〔未定〕적, wahrscheinlich : 개연적

Qualität

Qualität〔qualitas〕 : 질〔質〕, Eigenschaft : 속성/특성, Beschaffenheit : 성질

Quantität

Quantität〔quantitas〕 : 양〔量〕, Größe : 크기, Quantum〔quantum〕 : 양적〔量的〕인 것, Menge : 분량/많음, Masse : 총량/다량

Ratschlag

Ratschlag : 충고, Ratgebung : 충언

Realität

Realität : 실재(성)/실질(성)/실질실재(성), Wirklichkeit : 현실(성), realisiern : 실재화하다, verwirklichen : 현실화하다/실현하다

rein

rein : 순수한, bloß : 순전한, einfach : 단순한, lauter : 순정〔純正〕한, echt : 진정한

Rezeptivität

Rezeptivität : 수용성, Empfänglichkeit : 감수성/수취(가능)성/수취력/수용성/얻을 수 있음/받을 수 있음, Affektibilität : 감응성

Schema

Schema : 도식〔圖式〕, Bild : 도상〔圖像〕/상〔像〕/형상〔形像〕/그림, Figur : 도형〔圖形〕/모양/모습/형상〔形象〕, Gestalt : 형태

Schöne(das)

Schöne(das) : 미적인 것/아름다운 것, Schönheit : 미/아름다움

※ästhetisch : 감성(학)적/미감적/미학적

Sein

Sein : 존재/임〔함〕/있음, Dasein : 현존(재), Existenz : 실존(재), Wesen : 존재자/본질

Selbstliebe

Selbstliebe : 자기 사랑, philautia : 自愛, Eigenliebe : 사애〔私愛〕

selbstsüchtig

selbstsüchtig : 이기적, eigennützig : 사리〔私利〕적, uneigennützig : 공평무사한

sich

an sich : 자체(적으)로, an sich selbst : 그 자체(적으)로, für sich : 그것 자체(적으)로/독자적으로

sinnlich

sinnlich : 감성적/감각적, Sinnlichkeit : 감성, Sinn : 감(각기)관/감각기능/감

각, sensibel : 감성적/감수적, sensitiv : 감수적/감각적, Empfindung : 감각, Gefühl : 감정

sogenannt

sogenannt : 이른바, vermeintlich : 소위, angeblich : 세칭〔世稱〕/자칭, vorgeblich : 소위/사칭적

Spiel

Spiel : 유희/작동/놀이

Spontaneität

Spontaneität : 자발성, Selbsttätigkeit : 자기 활동성, Rezeptivität : 수용성, Empfänglichkeit : 감수성

Substanz

Substanz(substantia) : 실체(實體), Subsistenz : 자존〔自存〕성, bleiben : (불변)존속하다/머무르다, bleibend : (불변)존속적〔/하는〕, bestehen : 상존하다, beständig : 항존적, Dauer : 지속, beharrlich : 고정(불변)적, Beharrlichkeit : 고정(불변)성

Synthesis

Synthesis : 종합, Assoziation : 연합, Einheit : 통일(성)/단일(성)/하나, ※ Vereinigung : 합일/통합/통일

transzendental

transzendental : 초월적〔아주 드물게 초험적/초월론적〕, transzendent : 초험적, immanent : 내재적, überschwenglich : 초절적, überfliegend : 비월적〔飛越的〕

trennen

trennen : 분리하다, abtrennen : 분리시키다, absondern : 떼어내다/격리하다, isolieren : 격리하다/고립시키다

Trieb

Trieb : 추동〔推動〕/충동, Antrieb : 충동, Triebfeder : (내적) 동기, Motiv : 동기

Trug

Trug : 속임(수)/기만, Betrug : 사기, Täuschung : 속임/기만/사기, Blendwerk : 기만/환영〔幻影〕, Vorspiegelung : 현혹, Erschleichung : 사취, Subreption : 절취

Übereinstimmung

Übereinstimmung : 합치, Einstimmung : 일치/찬동, Stimmung : 조율/정조〔情調〕/기분/분위기, Zusammenstimmung : 부합/합치/화합, Übereinkommen : 일치, Angemessenheit : (알)맞음/적합/부합, Harmonie : 조화, Einhelligkeit : 일치/이구동성, Verträglichkeit : 화합/조화, Entsprechung : 상응/대응, Kongruenz : 합동/합치, korrespondieren : 대응하다, adaequat : 일치하는/부합하는/대응하는/부응하는/충전한

Unterschied

Unterschied : 차이, Unterscheidung : 구별, unterscheiden : 구별하다/판별하다, Verschiedenheit : 상이(성)/서로 다름

Ursprung

Ursprung : 근원/기원, Quelle : 원천, Ursache : 원인/이유, Kausalität : 원인(성)/인과성, Grund : 기초/근거/이유

Urteil

Urteil : 판단, Beurteilung : 판정/평가/가치판단/판단

Veränderung

Veränderung : 변화, Verwandlung : 변환, Abänderung : 변이〔變移〕, Änderung : 변경, Wechsel : 바뀜〔變轉〕, Wandeln : 변모〔轉變〕, Umwandlung : 전환/변이

Verbindung

Verbindung(conjunctio) : 결합(結合), Verknüpfung(nexus) : 연결(連結), Zusammensetzung(compositio) : 합성(合成), Zusammengesetztes (compositum) : 합성된 것/합성체(合成體), Zusammenhang : 연관(성), Zusammenhalt : 결부/결속, Zusammenkommen : 모임, Zusammenstellung : 모음/편성, Zusammenfassung(comprehensio) : 총괄(總括)/요약/개괄, Zusammennehmung : 통괄/총괄

Vereinigung

Vereinigung : 통일/통합, Vereinbarung : 합일/합의/협정

Vergnügen

Vergnügen : 즐거움/쾌락, Unterhaltung : 즐거움/오락, Wollust : 희열/환락/쾌락, Komplazenz : 흐뭇함, Ergötzlichkeit : 오락/기쁨을 누림, ergötzen : 기쁨을 누리다/흥겨워하다/즐거워하다, ergötzend : 흥겨운/즐겁게 하는

Verhältnis

Verhältnis : 관계, Beziehung : 관계(맺음), Relation : 관계

Verstand

Verstand : 지성〔아주 드물게 오성〕, verständig : 지성적/오성적, intellektuell : 지성적, intelligibel : 예지〔叡智〕적

vollkommen

vollkommen : 완전한, vollständig : 완벽한, völlig : 온전히, vollendet : 완결된/완성된, ganz/gänzlich : 전적으로

Vorschrift

Vorschrift : 지시규정/지정/규정〔規程〕/훈계, vorschreiben : 지시규정하다/지정하다

wahr

wahr : 참인〔된〕/진리의, Wahrheit : 진리/참임, wahrhaftig : 진실한, Wahrhaftigkeit : 진실성

weil

weil : 왜냐하면, denn : 왜냐하면/무릇, da : ~이므로/~이기 때문에

Widerspruch

Widerspruch : 모순, Widerstreit : 상충

Wille

Wille : 의지, Wollen : 의욕(함), Willkür(arbitrium) : 의사(意思)/자의(恣意), willkürlich : 자의적인/의사에 따른/의사대로, Willensmeinung : 의향, beliebig : 임의적

Wirkung

Wirkung : 작용결과/결과, Folge : 결과, Erfolg : 성과, Ausgang : 결말

Wissen

Wissen : 앎/지〔知〕/지식, Wissenschaft : 학문/학〔學〕/지식, Erkenntnis : 인식, Kenntnis : 지식/인지/앎

Wohl

Wohl : 복/안녕, Wohlsein : 복 /안녕함, Wohlbefinden : 안녕/평안, Wohlbehagen : 유쾌(함), Wohlergehen : 번영, Wohlfahrt : 복지, Wohlstand : 유복

Wohlgefallen

Wohlgefallen(complacentia) : 흡족(洽足), ※Komplazenz : 흐뭇함, gefallen : 적의〔適意〕하다, Gefälligkeit : 호의, Mißfallen : 부적의〔不適意〕/불만, mißfallen : 적의하지 않다/부적의〔不適意〕하다

Wunder

Wunder : 놀라움/기적, Bewunderung : 경탄, Verwunderung : 감탄, Erstauen : 경이, Ehrfurcht : 외경, Schauer : 경외

Zufriedenheit

Zufriedenheit : 만족, unzufrieden : 불만족한〔스러운〕, Befriedigung : 충족 ※Erfüllung : 충만/충족

Zwang

Zwang : 강제, Nötigung : 강요

Zweck

Endzweck : 궁극목적, letzter Zweck : 최종 목적, Ziel : 목표, Ende : 종점/끝

Critik der practischen Vernunft

von

Immanuel Kant.

Riga,
bey Johann Friedrich Hartknoch
1788.

실천이성비판

임마누엘 칸트[1)]

리가[2)],
요한 프리드리히 하르트크노호 출판사
1788

1) 칸트는 '신(神)이 우리와 함께 (있다)'는 의미를 가진 자신의 이름 'Immanuel'(『신약성서』, 「마태오복음」, 1:23 참조)에 대해서 만족해했다 한다.
2) 칸트가 80평생을 거주한 당시 동(東)프로이센의 도시 Königsberg는 현재 러시아의 Kaliningrad이고, 출판사가 소재했던 도시 Riga는 현재 Latvija의 수도이다.

차례

머리말

A3 V3

이 비판에는 '**순수** 실천 이성 비판'이 아니라, 단적으로 일반 '실천 이성 비판'이라는 이름이 붙는다. 실천 이성과 사변 이성을 병렬시킴은 저런 이름을 요구하는 듯이 보임에도 말이다. 그 까닭은 이 논고가 충분히 해명해줄 것이다.[1] 이 논고는 순전히 **순수 실천이성이 있다**는 것을 밝혀내야 하고, 이 의도에서 그것의 전 **실천적 능력**을 비판한다. 만약 이 일이 성공을 거둔다면, 이 논고가 (사변 이성에서 능히 일어나는 바와 같이) 혹시 순전히 월권적으로 이성이 그러한 순수 능력을 가지고서 자기 분수를 **넘어서지나** 않을까를 알기 위해, **순수 능력 자체**를 비판할 필요는 없다. 왜냐하면, 이성이 순수 이성으로서 실제로 실천적이라면, 이성은 자기의 실재성과 자기 개념들의 실재성을 행위를 통하여 증명할 것이고, 그런 가능성에 반대되는 일체의 궤변은 헛될 것이기 때문이다.

A4

이 능력[2]과 더불어 초월적 **자유**[3]도 바야흐로 확립된다. 다름 아닌, 사변 이성이 인과 결합의 계열에서 **무조건〔제약〕자**를 생각하고자 할 때 불

---

1) 앞서 '해제'에서에도 인용하였던 『윤리형이상학 정초』, 머리말: BXIII=IV391 이하 참조.

2) 곧, 순수 실천이성 능력.

3) 『순수이성비판』에서 칸트는 도덕 행위는 '초월적 이념으로서의 자유'에 기초한다고 표현했다.(특히 A533=B561 참조)

가피하게 빠지는 이율배반[4]에 대항하여 자신을 구출하기 위하여, 인과성 개념의 사용에서 필요로 했던 바로 그 절대적 의미에서의 초월적 자유가 말이다. 그러나 순수 이성은 이 개념을 단지 문제 있는[5] 것, 곧 생각하는 것이 불가능하지는 않은 것으로 제시할 수 있었을 뿐, 이 개념의 객관적 실재성을 보장해주지는 않는다. 그럼에도 그것은 적어도 생각할 수는 있는 것으로 인정하지 않을 수 없는 것을 쓸데없이 불가능하다고 함으로써 그 본질이 공격을 받고 회의주의의 심연에 빠지는 것을 피하기 위한 것이었다.

무릇 자유 개념은, 그것의 실재성이 실천이성의 명증적인 법칙에 의해 증명되는 한에 있어서, 순수 이성의, 그러니까 사변 이성까지를 포함한, 체계 전체 건물의 **마룻돌**〔宗石〕[6]을 이룬다. 그리고 아무런 받침대도 없이 순전한 이념들로 사변 이성에 남아 있는 (신이니 〔영혼의〕 불사성이니 하는 등의) 여타의 모든 개념들은 이제 이 개념에 연결되어, 이 개념과 함께 그리고 이 개념을 통하여 존립하고 객관적 실재성을 얻는다. 다시 말해, 이 개념들의 **가능성**은 자유가 현실적으로 있다는 사실에 의거해 **증명된다**. 무릇 이〔자유의〕 이념이 도덕법칙에 의해 개시〔開示〕되니 말이다.

V4

A5

자유는 게다가 또 사변 이성의 모든 이념들 가운데서 우리가 그 가능

---

4) 『순수이성비판』, A444=B472 이하의 '순수 이성의 제3 이율배반'과 그에 대한 칸트의 해설 참조.

5) 원어: problematisch. 칸트에서 'problematisch'가 사태나 사물에 대하여 쓰일 때는 이 대목에서처럼 그것의 객관적 실재성이 아직 확증되지 않았다는 점에서는 '문제(Problem)가 있'지만, 그러나 논리적으로는 '생각하는 것이 불가능하지 않은'이라는 뜻을 갖는다. 반면에 이 말이 판단에 대해서 쓰일 때는 사람들이 "그것을 긍정하든 부정하든 순전히 가능한(임의적인) 것으로 받아들이는 그러한 판단"(*KrV*, A74=B100)을 지칭하는 것으로 '확정적(assertorisch)' · '명증적(apodiktisch)'과 함께 판단의 양태들 중 한 가지를 일컫는다. 그래서 우리는 이 말을 또한 자주 쓰는 번역어 '개연적'—이 말은 '확률적'과 더불어 'wahrscheinlich'에 대응시켜 사용하기로 하고—대신에, 앞의 경우에는 '문제(성) 있는', 뒤의 경우에는 '미정적〔未定的〕'으로 옮기기로 한다. 그것은 이 말이 파생된 원어인 Problem, Problematik과의 연관성을 살려내기 위함이다.

6) 아치(arch)형의 건물에서 좌우 호(弧)를 연결하여 서로 맞물리게 하는 꼭대기 가운데 돌.

성을, 통찰함이 없이도, 선험적으로 **아는** 유일한 것이다. 왜냐하면, 자유는 우리가 알고 있는 도덕법칙의 조건※이니 말이다. 그러나 **신**과 〔영혼〕 **불사성**의 이념들은 도덕법칙의 조건들이 아니고, 단지 이 법칙에 의해 규정되는 의지의 필연적인 객관[8]의 조건들, 다시 말해 우리 순수 이성의 순전히 실천적인 사용의 조건들일 따름이다. 그러므로 우리는 저 〔두〕 이념들[9]에 대해서는 또한, 그 현실성은 말할 것도 없고, **인식하고 통찰할** 가능성조차도 주장할 수가 없다. 그럼에도 불구하고 그것들은 도덕적으로 규정된 의지를 그에게 선험적으로 주어진 객관(즉 최고선)에 적용하는 조건들이다. 따라서 이 두 이념의 가능성은, 그것을 이론적으로 인식하고 통찰하지는 못해도, 이 실천적 관계에서 **받아들일** 수 있고 또 **받아들일** 수밖에 없다. 이 후자의 요구와 관련해서 실천적 관점에서는 그 이념들이 아무런 내적 불가능성(즉 모순)도 포함하고 있지 않다는 것으로 충분하다. 사변적 이성과 비교해볼 때 여기서, 마찬가지로 순수하면서도 그러나 실천적인 이성에게는 **객관적**으로 타당한, 그런 견해[10]를 갖는 순

A6

※ 여기서 사람들은, 내가 지금은 자유를 도덕법칙의 조건이라고 일컫고, 이 논고의 뒤에 가서는 도덕법칙이야말로 그 아래서 우리가 비로소 자유를 **의식할** 수 있는 조건이라고 주장하면, **일관성이 없다**고 잘못 생각할지도 모르겠다.[7] 그래서 나는, 자유는 물론 도덕법칙의 *存在* 根據이나, 도덕법칙은 자유의 認識 根據라는 것만을 상기시키고자 한다. 왜냐하면, 만약 도덕법칙이 우리의 이성에서 먼저 분명하게 생각되지 않는다면, 우리는 결코 우리가 자유와 같은 어떤 것이 있다는 것을, (이것이 비록 자기 모순적이지는 않더라도), **받아들일** 권리를 가지고 있다고 여기지 못할 터이니 말이다. 그런 반면에 자유가 없다면, 도덕법칙은 우리 안에서 결코 **마주칠 수 없을** 터이다.

---

7) 『윤리형이상학 정초』(1785)가 출간된 후 이러한 칸트의 논변은 일관성이 없고 심지어 오류추리이며, 그렇기에 "칸트적 이성의 이율배반"으로 볼 수밖에 없다는 서평이 있었다. *Tübingische gelehrte Anzeigen*, 14. St., (1786. 2. 16 자), S. 105~112 참조.

8) 곧, 최고선.

9) 곧, 신과 영혼의 불사성.

10) 원어: Fürwahrhalten.

전히 **주관적**인 근거가 있다. 그 때문에 신과 〔영혼〕 불사성의 이념들에게 자유 개념을 매개로 해서 객관적 실재성과 그것들을 받아들여야만 할 권한, 말하자면 주관적 필연성(즉 순수 이성의 필요요구)이 부여된다. 그러나 그로써 이성이 이론적인 인식에서 확장되는 것은 아니고, 단지 이전
V5
A7
에는 오직 **문제**〔未定〕이던 것이, 여기서는 **확정**으로 되는 가능성이 주어지는 것뿐이며, 그렇게 해서 이성의 실천적 사용은 이론적 사용의 요소들과 연결된다. 그리고 이러한 필요요구는, 사람들이 사변에서 이성 사용의 완성에까지 올라가**고자 할** 때 무엇인가를 받아들여만 하는, 사변의 **임의적** 의도에서 나오는, 이를테면 가언적인 것이 아니라, 그것 없이는 사람들이 행동거지를 위해 반드시 정립**해야만 하는** 것이 발생할 수가 없는, 무엇인가를 받아들여야만 하는 **법칙적** 필요요구이다.

물론 우리의 사변 이성에게는 이런 우회 없이 저 과제들을 독자적으로 해결하고 그것들을 실천적 사용을 위한 통찰로서 보존하는 것이 더 만족스러운 일이겠다. 그러나 우리의 사변 능력은 결코 그렇게 좋은 처지에 놓여 있지 않다. 그러한 높은 경지의 지식을 뽐내는 이들이 있다면, 그네들은 뒤에 물러나 있지 말고 그것들을 공개하여 검토하고 평가할 수 있도록 내놓아야 할 것이다. 그네들은 **증명하고자** 할 것이다. 좋다! 그렇다면 증명해볼 일이다. 비판은 승리자인 그네들의 발아래 모든 무기를 내려놓을 것이다. "너희는 무엇을 기다리고 있느냐? 그네들은 하려 하지 않는구나. 그렇지만 〔해낸다면〕 그네들은 幸福할 터인데."[11] —요는
A8
그네들은 실제로는 하려 하지 않으니까, 짐작컨대 그네들은 할 수 없을 것이다. 그래서 사변 이성으로서는 그 **가능성**을 충분히 확보할 수 없는 **신 · 자유 · 〔영혼〕 불사성** 개념을 이성의 도덕적 사용에서 찾고, 그 위에서 정초하기 위해 우리는 다시금 저 〔비판의〕 무기를 손에 들지 않을 수 없다.

---

11) 로마 시인 호라티우스(Quintus Horatius Flaccus, BC 65~8)의 「풍자시〔대화(*Sermones*)〕」, I 1, 19.

여기서 또한 비로소 비판의 수수께끼, 곧 어떻게 우리가 사변에서는 **범주들의** 초감성적 **사용**의 객관적 **실재성을 부인**하고서도 순수 실천이성의 대상들과 관련해서는 이 **실재성을 인정**할 수 있는가 하는 수수께끼가 풀린다. 왜냐하면, 그러한 실천적 사용을 단지 이름으로만 알고 있는 한에서는 우선 이런 일은 틀림없이 **일관성이 없는** 것으로 보일 것이니 말이다. 그러나 이제 그러한 실천적 사용의 완전한 분석을 통해, 여기서 말하는 실재성은 **범주들의** 이론적인 **규정**이나 인식을 초감성적인 것에까지 확장하는 데에 이르는 것이 아니라 단지 사념된 것뿐이라는 것을, 즉 범주들은 필연적인 의지 규정에 선험적으로 포함되어 있거나 의지 규정의 대상과 불가분적으로 결합되어 있는 것이기 때문에, 단지 이런 관계에서 범주들에는 어디서나 **하나의 객관**이 귀속함을 뜻한다는 것을, 사람들이 알아채게 되면, 저 일관성 없음은 소멸할 것이다. 우리는 저 개념들을 사변 이성이 필요로 하는 것과는 다르게 사용하는 것이니 말이다. 이에 반해 이제 다음과 같은 점에서 이전에는 거의 기대할 수 없었던 매우 만족스러운, 사변적 비판[12]의 **일관성 있는 사유방식**의 확인이 시작된다. 곧, 사변적 비판은 경험의 대상들 그 자체와 그 가운데 있는 우리 자신의 주관을 단지 **현상들**로 보지만, 그럼에도 현상들의 근거에 사물들 그 자체를 두도록, 그래서 모든 초감성적인 것을 가공적인 것으로 그리고 그것의 개념을 내용에 있어서 공허한 것으로 여기지 않도록 가르쳤는데, 실천이성은 이제 독자적으로, 다시 말해 사변 이성과 협의함이 없이, 인과성 범주의 초감성적 대상, 곧 **자유**에다 실재성을 부여한다. (비록 이 자유가 오로지 실천적 사용을 위한 실천적 개념이긴 하지만 말이다.) 그러므로 저 사변 이성에서는 한낱 **생각될** 수 있던 것이 〔실천이성에서는〕 사실로서 확인되는 것이다. 여기서 이제 동시에, **사고하는 주관〔주체〕조차도 내적 직관에서 그 자신에게는 한낱 현상일 뿐**이라는, 이론의 여지가 없지

A9

V6

12) 순수 사변 이성 비판, 곧 『순수이성비판』에서 수행한 작업.

만 기이한 사변적 비판의 주장[13] 또한 실천 이성 비판에서 완전한 확인 A10 을 받는다. 그래서 전자[14]가 이 명제를 결코 증명한 것은 아닐지라도※, 우리는 이런 확인에 이르지 않을 수가 없다.

이것으로써 나는 또한 지금까지 내가 겪은 비판에 대한 현저한 반박들[16]이 왜 바로 이 두 축을 중심으로 도는가를 양해하는 바이다. 〔문제가 되는 두 중심 축이란 말하자면〕 곧, **한편으로는** 예지체[17]에 적용된 범주들의 객관적 실재성을 이론적 인식에서는 부인하고 실천적 인식에서는 주장하는 것과, **다른 한편으로는** 자유의 주체로서 자기는 예지체로 만들지만 그러나 동시에 자연과 관련한 자기는 그 자신의 경험적 의식의 현상으로 만들어야 한다는 배리〔背理〕적인 요구이다. 사람들이 아직 윤리 A11 성과 자유에 대한 아무런 확정된 개념도 갖지 않은 동안에는, 그들은 한

※ 자유 원인성과 자연 기계성으로서의 원인성—이 가운데 전자는 윤리 법칙을 통해, 후자는 자연법칙을 통해 하나의 동일한 주체 안에서 곧 인간 안에서 확실하다—의 합일은, 인간을 전자와 관련해서는 존재자[15] 그 자체로, 그러나 후자와 관련해서는 현상으로, 전자는 **순수** 의식에서 후자는 **경험적** 의식에서 표상하지 않는다면 불가능한 것이다. 이렇게 하지 않고서는 이성의 자기 자신과의 모순은 불가피한 것이다.

13) 『순수이성비판』, 특히 A378~379, B427~430 참조.

14) 곧, 사변적 (이성) 비판.

15) 칸트에서 많은 경우 'Wesen'은 '본질'이라기보다는 '존재자'로 이해하는 것이 좋다. '이성적 존재자(Vernunftwesen, ens rationis)'의 예에서 보듯 칸트는 'ens'를 아직 'Seiendes'로 옮기지 않고 있다.

16) 앞서 든 『윤리형이상학 정초』에 대한 서평(*Tübingische gelehrte Anzeigen*, 14. St., 1786. 2. 16 자) 및 J. G. H. Feder와 Ch. Garve의 『순수이성비판』에 대한 비판적 서평(*Zugabe zu den Göttingischen Anzeigen von gelehrten Sachen*, 3. St. 1782. 1. 19 자, S. 40~48 등을 염두에 둔 것으로 보인다.

17) 원어: Noumen. Noumen 또는 Noumenon은 '예지체〔叡智體, 예지적인 것〕'라고 옮긴다. Noumenon을 '가상체(可想體)'로 옮기는 이들도 있으나, '가상체'는 또 다른 '가상〔假想, 假象, 假像〕'과 혼동의 우려도 있고, '가상(可想)'은 '생각 가능함' 또는 '상상 가능함' 일반을 뜻하지만, 칸트에서 Noumenon은 단지 '예지〔오성〕적으로 생각 가능한(intelligibel)' 것을 지칭하기 때문이다.

편으로는 소위 현상의 근거로 무엇을 예지체로 두려하는지를, 그리고 다른 한편으로는, 순수 지성의 모든 개념들을 앞서 그 이론적 사용에서 이미 오로지 순전한 현상들에게만 쓰기로 했다면, 예지체에 대한 개념을 형성하는 것 자체가 과연 가능하기라도 한 일인지 어떤지를 알 수가 없었다. 오직 실천이성의 상세한 비판만이 이 모든 오해를 제거하고, 바로 비판의 가장 큰 장점을 이루는 일관성 있는 사유방식을 명백히 할 수 있다. V7

이미 특별한 비판을 받은 바 있는 순수 사변 이성의 개념들과 원칙들이 왜 이 저작에서 거듭해서 검토에 부쳐지는지에 대한 변명은 이 정도로 해둔다. 이〔같이 재검토에 부치는〕 일은 세워질 학문의 체계적인 진척에는 보통은 적절한 일이 아닐 것이나,—판결된 사건은 적절하게 인용만 할 것이지 다시금 문제 삼아서는 안 되는 것이니 말이다—**여기서는** 허용되었고, 또 필요한 일이기도 했다. 왜냐하면, 이성은 저 개념들[18]을 **저기**[19]**에서** 했던 것과는 전혀 다른 용도로 옮겨 고찰하기 때문이다. 그러나 이러한 옮김은 새로운 길과 종전의 길을 충분히 구별하고 또한 동시에 양자의 연관을 인지하도록 하기 위해서 옛 용도와 새 용도의 비교를 필수적인 일로 만든다. 그러므로 사람들은 이런 유의 고찰들을, 그러나 순수 이성의 실천적 사용에서 특히 다시금 자유의 개념을 다루는 고찰을, 가령 서둘러 지은 건축물에서 흔히 나중에야 받침목과 버팀 기둥을 갖다 대듯이, 사변 이성의 비판 체계의 틈을 메우는 데나 쓸모가 있을 일종의 삽입물로 보지 말고,—왜냐하면, 사변 이성의 체계는 그의 의도로 보아서는 완전한 것이니 말이다—저기서는 단지 문제 있는 것으로 표상될 수 있었던 개념들을 이제 그것들의 실재적인 표현에서 통찰하도록 하기 위해 체계의 연관을 뚜렷하게 해주는 참된 구성분으로 볼 일이다. 이 주의점은 특히 자유 개념과 관련이 있다. 사람들은 자유 개념에 대해서는 놀라운 마음으로 다음의 사실에 주목하지 않을 수 없다. 아 A12

18) 곧, 자유 · 영혼의 불사성 · 신.

19) 곧, 순수 사변 이성 비판.

직도 그렇게나 많은 사람들이 이 개념을 한낱 심리학적으로 고찰함으로써, 이 개념을 충분히 잘 통찰할 수 있고, 그 가능성을 설명할 수 있다고 자부한다는 사실, 그러나 만약 그들이 이 개념을 초월적인 관계에서 정확히 고찰했더라면, 그들은 사변 이성의 온전한 사용에서는 문제 있는 개념으로서 이 개념이 **불가결**하면서도 그 개념이 전적으로 **불가해**〔不可解〕하다는 것을 인식했을 것이라는 사실, 그리고 그들이 나중에 이 개념을 가지고 실천적 사용으로 넘어갔다면, 그들이 다른 곳에서는 이해하기를 그토록 꺼려할, 그러한 실천 사용의 원칙들에 관한 바로 그 규정에 저절로 이르지 않을 수 없었을 것이라는 사실 말이다. 자유 개념은 모든 **경험주의자들**에게는 걸림돌이지만, **비판적** 도덕론자들에게는 가장 숭고한 실천 원칙들을 위한 열쇠이기도 하다. 이들은 자유 개념을 통해 그들이 반드시 **이성적으로** 수행하지 않을 수 없음을 통찰한다. 이 때문에 나는 독자에게 분석학의 결론부[20]에서 이 개념에 관해 말하는 바를 가볍게 지나쳐보지 않기를 바란다.

A13 V8

여기에서 순수 실천이성에 관해 이에 대한 비판으로부터 발전된 체계가, 무엇보다도 그 전모를 올바르게 표현할 수 있는 정당한 관점을 잃지 않기 위해, 과연 상당한 노고를 기울였는가 어떤가에 대해서 나는 그 평가를 이런 유의 작업을 잘 아는 이에게 맡길 수밖에 없다. 이 체계는 『윤리형이상학 정초』를 전제하는 것이기는 하지만, 그러나 그것은 단지, 이 『정초』가 의무의 원리를 미리 알도록 해주고 일정한 의무의 정식〔定式〕[21]을 제시하고 정당성을 입증해주는 한에서 그러하다.※ 그 외에는 이

A14

※ 이 책[22]에는 아무런 새로운 도덕원리도 실려 있지 않고, 다만 **새로운 정식**

20) 아래 A185=V103 이하 참조.

21) 칸트는 『윤리형이상학 정초』에서 이런 정식(Formel)을 '명령(Imperativ)'이라고 규정하고(*GMS*, B37=IV413 참조), "의무의 보편적 명령"을 "마치 너의 행위의 준칙이 너의 의지에 의해 보편적 자연법칙이 되어야 하는 것처럼, 그렇게 행위하라."(*GMS*, B52=IV421)고 정식화하는 등 의무 내용을 정식화하고 있다.

체계는 자체로 성립한다. 모든 실천적 학문의 **분류**가, 사변 이성의 비판이 했던 것처럼 그렇게 **완벽하게** 덧붙여져 있지 않음은 이 실천이성 능력의 성질에서 그 합당한 이유를 발견할 수 있을 것이다. 왜냐하면, 그것을 분류하기 위해서 의무들을 인간의 의무로서 특수하게 규정하는 일은 오직, 먼저 이 규정의 주체가 (곧, 인간이) 그가 실제로 가지고 있는 성질대로, 비록 의무 일반과 관련하여 필요한 범위 내에서일지라도, 알려져 있을 때에만 가능하기 때문이다. 그러나 이것을 규정하는 일은 실천 이성 비판 일반에 속하는 일이 아니다. 실천 이성 비판은 단지 실천이성의 가능성 · 범위 · 한계를 인간의 자연본성과 특수하게 관계시킴 없이 완벽하게 제시해야 하는 것이니 말이다. 그러므로 〔의무의〕 분류는 여기서 학문의 체계에 속하는 일이지 비판의 체계에 속하는 일이 아니다.[24)] A15

진리를 사랑하는 예리한, 그러므로 응당 언제나 존경을 표해야 할 한 서평자[25)]의 비난, 곧 『**윤리형이상학 정초**』**에는 도덕원리에 앞서 선의 개** V9

만이 실려 있을 뿐이라고 말함으로써 이 책에 대해 무언가 비난하고자 한 서평자[23)]가 있었는데, 그는 그로써 아마도 그 자신이 생각했음 직한 것보다 더 잘 들어맞는 말을 했다. 그런데 대체 누가 모든 윤리성의 새로운 원칙을 이끌어와, 마치 그에 앞선 세상은 의무가 무엇인지도 몰랐고 완전히 착오에 빠져있었던 것처럼 윤리를 처음으로 발견한 것인 양 하려 했는가? 그러나 과제를 해결하기 위해 문제가 되는 것을 아주 정확히 규정하여 잘못이 생기지 않도록 해주는 하나의 **정식**〔**公式**〕이 수학자에게 의미하는 바를 아는 사람은 모든 의무 일반과 관련하여 이 같은 일을 하는 하나의 정식이 무의미한 것이라거나 없어도 되는 것이라고 보지는 않을 것이다.

---

22) 곧, 『윤리형이상학 정초』.

23) 아마도 *Tübingische gelehrte Anzeigen*(1786. 5. 13 자)에 서평을 쓴 J. Fr. Flatt를 지칭하는 것으로 보인다. 칸트는 후에 『윤리형이상학』 머리말에서 이 사람을 "튀빙겐의 서평자"(*MS:* VI, 207)라고 다시금 거론한다. 또는 같은 논조의 *Ueber Herrn Kants Moralreform*(Frankfurt und Leipzig 1786)을 쓴 G. A. Tittel을 지칭할 수도 있다.

24) 의무의 분류와 구체적 사항은 비로소 『윤리형이상학』(1797)의 「덕 이론의 형이상학적 기초원리」에서 제시된다. 뒤의 제2부 제4장 참조.

25) *Allgemeine deutsche Bibliothek*(1786, S. 448~449)에 익명으로 서평을 쓴 H. A.

념이 정초돼 있지 않다※는—그의 생각에 의하면 이것은 꼭 필요한 것인
A16 데—비난에 대해서는 분석학 제2장에서[26] 충분히 응답했기를 바라마지
않는다. 또한 진리를 찾는 일을 심중에 두고 있다는 뜻을 보인 인사들이

V9 A16 ※ 또한 사람들은 내가 왜 **욕구 능력**이나 **쾌의 감정**과 같은 개념을 미리 설명하지 않았는가에 대해 비난할지도 모르겠다. 그러나 이러한 비난은 부당하다 해야 할 것이다. 마땅히 이〔런 개념들에 대한〕 설명은 심리학에서 〔이미〕 주어져 있는 것으로 전제할 수 있는 것이니 말이다. 그러나 물론 거기에서는 쾌의 감정이 욕구 능력을 규정하는 근거에 놓여 있는 방식으로 (실제로 흔히 보통 그런 식으로 이루어지듯이) 정의돼 있을 수도 있겠다. 그러나 그렇게 되면 실천철학의 최상의 원리는 필연적으로 **경험적인 것**으로 귀착될 수밖에 없는 일이겠다. 그러나 이 문제는 우선적으로 결정되어야 할 것이고 이 비판에서 전적으로 반박될 것이다. 그래서 나는 이 자리에서, 논쟁점을 초두에 구별되도록 하는 데에 적합한 정도만큼은, 이에 대해 설명하고자 한다.—**생〔生〕**이란 한 존재자의, 욕구 능력의 법칙에 따라 행위하는 능력이다. **욕구 능력이란 자기의 표상들을 통해 이 표상들의 대상들의 현실성의 원인이 되는** 한 존재자의 **능력**이다. **쾌**는 **대상 또는 행위가 생의 주관적 조건들과 합치함의 표상**, 다시 말해 **객관의 현실성과 관련해서** (또는 주관의 힘들을 객관을 산출하는 행위로 규정함과 관련해서) **한 표상의 원인성**의 능력과 합치함의 표상이다. 심리학에서 빌려온 개념들을 비판하기 위해서 나는 이 이상의 것을 할 필요
A17 가 없다. 나머지 일들은 비판 자체가 수행할 것이다. 쾌가 언제나 욕구 능력의 기초에 놓여 있어야만 하는가 하는 물음이나 또는 쾌가 일정한 조건 아래에서 오로지 욕구 능력의 규정에 뒤따르는 것이냐 아니냐 하는 물음은 이 설명으로는 미결로 남는다는 것을 사람들은 쉽게 알 것이다. 왜냐하면, 이 설명은 경험적인 것이라고는 아무것도 포함하고 있지 않은 순수 지성의 순정한 징표들, 곧 범주들로만 이루어져 있기 때문이다. 그러한 조심성은, 곧 흔히 오로지 아주 뒤에야 이르게 되는 개념의 완벽한 분해에 앞서 대담한 정의를 통해 미리 판단을 내리지 않는 것은 전 철학에서 매우 추장할 만한 것이나, 그럼에도 흔히 소홀히 되는 것이다. 사람들은 또한 (이론이성과 실천이성) 비판의 전 도정을 거치면서, 거기에는 옛날의 교조적인 철학의 방식을 보완하고, **이성 전체에 상관하는** 이성 사용에 대한 이해가 이루어지기 전에는 인지할 수 없는 잘못들을 수정할 많은 계기가 있음을 인지하게 될 것이다.

Pistorius를 지칭하는 것으로 보인다.(1787. 5. 14 자 D. Jenisch의 편지: AA X, 486 참조)
26) 아래 A100=V57 이하 참조.

나에게 직접 했던 여러 가지 다른 비난들도 고려하였다. (왜냐하면, 그토록 오직 그들의 옛 체계만을 염두에 두고 있는 사람들은, 그리고 무엇이 시인되어야 하고 부인되어야 하느냐가 이미 앞서 결정돼 있는 사람들에게 있어서는, 그들의 사적 의도에 방해가 될 수도 있는 어떠한 해설도 원하지 않기 때문이다.) 나는 앞으로도 또한 이와 같은 입장을 견지할 것이다. A17 A18 V10

인간 영혼의 특수한 능력을 그것의 원천 · 내용 · 한계의 면에서 규정하는 것이 문제가 될 때, 사람들은 인간 인식의 본성상 바로 그 인식의 **부분들**로부터, 즉 그것의 엄밀한 그리고 (우리가 이미 얻은 요소들의 현재 상태에서 가능한 한) 완벽한 서술로부터 시작할 수가 있기는 하다. 그러나 두 번째로 주목해야 할 점이 또 있는데, 그것은 보다 더 철학적이고 **건축술적**인 것이다. 곧, **전체의 이념**을 올바르게 파악하고, 이로부터 그 모든 부분들을 그 상호 관계 속에서, 저 전체의 개념으로부터 그 부분들을 도출해냄으로써, 하나의 순수한 이성 능력에서 포착하는 일 말이다. 이러한 검사와 보증은 오직 체계와 밀접하게 친숙함으로써만 가능하며, 첫째의 탐구에서 짜증이 나버려 이러한 친숙함을 얻는 데 노고를 기울일 가치가 없다고 생각한 사람은 두 번째 단계, 곧 앞서 분석적으로 주어졌던 것에 종합적으로 되돌아가는 개관에 이르지 못한다. 그리고 일관성 없음을 짐작하게 하는 틈들은 체계 자체에서가 아니라, 순전히 그들 자신의 연관성 없는 사고 과정에서 발견될 수 있는 것임에도 불구하고, 만약 그들이 여기저기에서 일관성 없음을 발견한다면, 그것은 놀랄 일이 아니다. A19

나는 이 논고에서 **새로운 언어**를 끌어들이려 한다는 비난[27]에 대해서는 전혀 염려하지 않는다. 여기서의 인식 방식은 그 자체로 대중성에 접근해 있기 때문이다. 제1비판과 관련해서도, 단지 책장만을 넘긴 것이 아니라 앞뒤를 가려 생각했다면 어느 누구도 이런 비난을 하게 되지는

27) 『윤리형이상학 정초』에 대해 G. A. Tittel은 "이미 익히 알려져 있는 사안을 뜻을 알 수 없는 언어로 싸서 새로운 것으로 전도한다"(*Ueber Herrn Kants Moralreform*, Frankfurt · Leipzig 1786, S. 25)고 비난한 바 있다.

A20 않았을 것이다. 언어가 이미 주어진 개념들을 표현하는 데 아무런 부족함이 없는데도 새로운 낱말들을 만들어내는 일은, 새롭고 참된 사상이 못 되면서도, 낡은 옷에다 새 헝겊 조각을 붙임으로써, 군중 속에서 자신을 눈에 띄게 하려는 유치한 노력이다. 그래서 만일 독자들이 저 저술[28]에서 나에게 그러한 것으로 보인 것과 똑같이 사상을 표현하는 데에 적합한 표현들을 알고 있다면, 또는 이 사상 자체가 무의미하다는 것을, 그와 함께 이 사상을 그려낸 표현들 또한 무의미하다는 것을 들춰낼 수 있다면, 앞의 경우에 대해서 나는 그들에게 대단히 감사해야 할 터이다. 왜냐하면, 나는 오로지 이해되기를 바라기 때문이다. 반면에 뒤의 경우와 관련해서는 그들은 철학을 위해 큰 공을 세우게 될 터이다. 그러나 저 〔나의〕 사상이 성립하는 한, 나는 저 〔나의〕 사상에 적합하면서도 훨씬 더 비근한 표현들이 발견될 수 있을 것이라는 것에 대해 매우 회의적이다.※

V11

V11 ※ (저 〔제1비판에서의〕 난해성보다도) 더 여기〔제2비판〕에서 나는, 내가 그 표현들이 지시하는 개념이 오해되지 않도록 매우 세심하게 선택한 몇몇 표현들이 이곳저곳에서 오해되지 않을까 걱정하는 바이다. 이를테면 **실천** 이성의 범주들의 표[29], 양태의 항에서 **허용된 것**과 **허용되지 않은 것**(실천적-객관적으로 가능한 것과 불가능한 것)은 그 다음의 범주 **의무**와 **의무에 어긋나는 것**과 일상적인 언어 사용에서는 거의 동일한 의미를 갖는다. 그러나 여기서 **전자**는 (가령 기하학과 역학의 모든 문제 풀이처럼) 순전히 **가능한** 실천적 규정과 일치하거나 상반되는 것을 의미해야 하는 것이며, **후자**는 이성 일반에 **실제로** 놓여 있는 법칙과 그러한 관계를 맺고 있는 것을 의미해야 하는 것이다. 이런 의미 구별은 일상적인 언어 사용에서도 비록 흔히 있는 것은 아니지만 전혀 낯선 것도 아니다. 예컨대 새로운 낱말들과 어구를 지어내는 일이 연설가 자신에게는 **허용되지 않지**만, 시인에게는 어느 정도 **허용된다**. 그러나 여기서 양자 중 어느 누구에게도 의무가 문제되지는 않는다. 스스로 연설가로서의 명성을 잃고자 하는 자를 누구도 막을 수는 없는 일이니 말이다. 여기서 문제가 되는 것은 단지 **미정적·확정적·명증적**인 규정 근거 아래서의 **명령**의 구별일 뿐이다. 마찬가지로 나는 여러 철학파의 실천적 완전성에 대한 도

A21

A22

---

28) 곧, 제1비판=『순수이성비판』.

29) 아래 A117=V66 참조.

이렇게 해서 이제야 마음의 두 능력, 곧 인식능력과 욕구능력의 선험적 원리들을 찾았고, 그것들의 사용 조건들 · 범위 · 한계를 규정했으며, 이로써 학문으로서 체계적인 이론철학과 실천철학을 위한 확실한 기초를 놓았다. A21 V12 A22 A23

그러나 이런 노력들에 있어서, 만약 누군가[34]가 선험적인 인식이란 도대체가 있지 않으며, 있을 수도 없다는 뜻밖의 발견을 한다면, 이보다도

덕적 이념들을 대조시킨 주석에서 **지혜**의 이념과 **신성성**의 이념을 구별하였다.[30] 나 자신 그것들이 근본적으로는 그리고 객체적으로는 한가지라고 설명하면서도 말이다. 그러나 나는 이 대목에서 지혜라는 말로 인간이 (**스토아**학파 사람이) 참칭한, 그러니까 **주관적으로** 인간의 성질이라고 꾸며낸 그런 지혜만을 뜻한 것이다. (어쩌면 **스토아**학파 사람이 역시 매우 과장하여 다루었던 **덕**이라는 표현이 이 학파의 특성을 보다 잘 표시해주는지도 모르겠다.) 그러나 순수 실천이성의 **요청**〔公準〕[31]이라는 표현은, 만약 사람들이 이 말을 순수 수학의 요청〔公理〕들이 갖는, 그래서 명증적인 확실성을 갖추고 있다는 의미로 혼동한다면, 가장 큰 오해를 불러일으킬 소지가 있겠다. 그러나 후자[32]는 우리가 그 대상을 선험적으로 이론적으로 완전한 확실성을 가지고 미리 인식한 그런 **행위의 가능성**을 요청한다. 그러나 전자[33]는 (신 · 영혼 불사성이라는) **대상의** 가능성 자체를 명증적인 **실천적** 법칙으로부터, 그러므로 오로지 실천이성을 위하여 요청한다. 그러므로 요청된 가능성의 이 확실성은 전혀 이론적인 것이 아니고, 그러니까 또한 명증적이지도 않다. 다시 말해 대상과 관련해 인식된 필연성이 아니라, 주관과 관련해 실천이성의 객관적인, 그러나 실천적인 법칙들을 따르기 위하여 필연적으로 가정한, 그러니까 한낱 필연적인 가설이다. 나는 이 주관적인, 그럼에도 참된 무조건〔제약〕적인 이성 필연성을 위한 더 좋은 표현을 찾을 수가 없었다. A23

---

30) 아래 A230=V127 참조.

31) 아래 A238=V132 참조.

32) 곧, 수학의 요청들.

33) 곧, 순수 실천이성의 요청.

34) *Über Raum und Caussalität zur Prüfung der Kantischen Philosphie*(Göttingen 1787)를 쓴 J. G. Feder를 지칭한 것으로 보인다.(Chr. G. Schütz에게 보낸 1787. 6. 25자 칸트의 편지: AA X, 490 참조) 이 글에서 Feder는 “우리는 필연성을 감각한다”(S. 35)고 말하고 있는데, 이는 아마도 흄을 좇은 것으로 보인다.

더 나쁜 것을 만날 수는 없을 것이다. 그렇지만 이로 인한 곤란한 일은 아무것도 없다. 그것은 누군가가 이성이 없다는 것을 이성을 통해 증명하고자 하는 것과 똑같은 것이겠다. 왜냐하면, 무엇인가가 우리에게 경험 중에 나타나지 않을지라도, 우리가 그것을 알 수 있다고 의식할 때에만, 우리는 이성에 의해서 무엇인가를 인식한다고 말하기 때문이다. 그러니까 이성 인식과 선험적 인식은 한가지다. 경험 명제에서 필연성을 (속돌에서 물을[35]) 짜내고자 하는 것은, 이와 함께 또한 참된 보편성을,—이것이 없으면 이성 추리란 없고, 그러니까 또한 유추에 의한 추리도 없다. 유추는 적어도 추정된 보편성이자 객관적 필연성이며, 그러므로 이것을 언제나 전제한다—한 판단에 부여하고자 하는 것은 정말로 모순이다. 오직 선험적 판단들에만 있는 객관적 필연성 대신에 주관적 필연성, 다시 말해 습관을 슬쩍 바꿔놓는 것은 이성에서 대상에 관해서 판단하는 능력, 다시 말해 대상 및 이에 속하는 것을 인식하는 능력을 빼앗는 것을 뜻한다. 예컨대 어떤 선행하는 상태에 빈번히 그리고 항상 뒤따라온 것에 대해서, 우리는 전자로부터 후자를 **추리**할 수 있다고 말하는 것이 아니라,—왜냐하면, 그것은 객관적 필연성과 선험적 결합의 개념을 의미할 것이기 때문이다—단지 비슷한 경우들을 (동물들이 그 비슷하게 하듯이) 기대할 수 있음을 말하는 것이다. 다시 말해, 이것은 원인의 개념을 근본적으로 거짓이라고 그리고 한낱 사고의 속임이라고 내던져버리는 것을 뜻한다. 이 객관적인 그리고 이로부터 뒤따라오는 보편적인 타당성의 결합을, 우리가 여타의 이성적 존재자들에게 다른 표상 방식을 부여할 근거를 보지 못한다는 이유로 제거하고자 하는 것은, 만약 이것이 타당한 추론이 된다면, 우리의 무지가 다른 어떤 숙고보다도 우리 인식을 확장하는 데 더 많은 기여를 하는 것이겠다. 왜냐하면, 우리가 인간 외에 다른 이성적 존재자들을 알지 못한다는 단지 그 이유로 우리는 다

A24 A25

35) 원문: ex pumice aquam. Plautus의 원문은 "aquam a pumice".(*Persa*, I, 1, 41)

른 이성적 존재자들이 우리가 우리 자신을 인식하는 것과 똑같은 성질을 가진 것이라고 받아들일 권리를 가지는 셈이 되니 말이다. 다시 말해, 우리가 다른 이성적 존재자를 〔우리 인간과 똑같은 것이라고〕 실제로 아는 셈이 되니 말이다. 의견의 보편성이 판단의 객관적 타당성을 (다시 말해, 인식으로서의 판단의 타당성을) 증명하지 않는다는 것, 오히려, 비록 의견의 보편성이 우연히 생긴다 하더라도, 이것이 객관과의 합치를 증명해줄 수는 없다는 것, 오히려 객관적 타당성만이 필연적이고 보편적인 일치의 근거를 이룬다는 것은 내가 여기서 언급할 필요조차 없다. V13

흄은 이런 **보편적 경험주의의 체계**에 원칙상으로는 또한 매우 만족했을 것이다. 왜냐하면, 그는 주지하다시피, 신 · 자유 · 〔영혼의〕 불사성에 대해 내리는 이성의 모든 판단을 부정하기 위해서 원인 개념에서의 필연성의 모든 객관적 의미 대신에 한낱 주관적인 의미, 곧 습관이 받아들여지는 것 이상의 아무것도 요구하지 않았으니 말이다. 그리고 그는 확실히 사람들이 일단 〔경험주의〕 원리들에 동의한 한 〔어떻게 해야〕 이로부터 논리적으로 설득력 있게 추리하는 것인가를 매우 잘 알고 있었다. 그러나 **흄**조차도 수학마저 경험주의 안에 포함시킬 만큼 그렇게 경험주의를 보편화하지는 않았다. 그는 수학의 명제들을 분석적인 것으로 간주했고[36], 만약 이런 생각이 옳다면, 수학의 명제들은 사실 명증적인 것일 터이다. 그러나 그럼에도 이로부터, 철학에서도 명증적인 판단들을, 곧 (인과율과 같은) 그런 종합적일 것인 판단들을 내리는 이성 능력이 있음을 추론할 수는 없다. 그러나 우리가 원리들의 경험주의를 **보편적으로** 받아들인다면, 수학도 이와 엮이게 될 터이다. A26

그런데 만약에 수학이 경험적 원칙들만을 허용하는 이성과 모순에 빠 A27

---

36) 흄은 *An Enquiry concerning Human Understanding*, Sect. IV에서 수학의 명제들은, 칸트 용어법대로 말하자면, 분석적이라고 주장한 바 있으나, 그 전에 *A Treatise of Human Nature*, Bk. I, Pt. III, Sect. I에서는 기하학의 명제들을 종합적이고 경험적인 것으로 생각하기도 했었다. 칸트는 *Treatise*에서의 이 같은 흄의 생각은 고려하고 있지 않은 것으로 보인다.

진다면, —이런 일이 이율배반[37]에서는, 수학은 공간의 무한 분할 가능성을 모순 없이 증명하는데, 경험주의는 그것을 허락할 수 없음으로써, 불가피하듯이 말이다—최대로 가능한 증명의 명증성은 경험 원리들에 의한 명목상의 추리들과는 명백히 모순된다. 그래서 우리는 **체셀든**[38]의 장님처럼, "무엇이 나를 속이는가, 시각인가 촉각인가?" 하고 묻지 않을 수 없다. (왜냐하면, 경험주의는 **느껴진**〔감정적〕 필연성에, 그러나 이성주의는 **통찰된**〔지성적〕 필연성에 근거하고 있으니 말이다.) 이렇게 해서 보편적 경험주의는 순정한 **회의주의**로 나타난다. 〔그러나〕 사람들[39]이 이 회의주의에 **흄**을 그렇게까지 무제한적인 의미로 귀속시키는 것은 잘못된 것이다.※ 왜

※ 종파를 표시하는 명칭들은 언제나 많은 왜곡을 수반했다. 가령 누가 '**아무개는 관념론자다**'[40]라고 말했을 때처럼 말이다. 왜냐하면, 그가 비록 우리의 외적 사물들의 표상들에는 외적 사물들의 현실적 대상들이 대응한다는 것을 시종일관 인정할 뿐만 아니라 끝까지 주장하기까지 한다 하더라도, 그럼에도 그는 외적 사물들에 대한 직관의 형식은 외적 사물들에게가 아니라 인간의 마음에 매여 있다고 주장하려 하니 말이다.

V14 A28

37) 『순수이성비판』, '순수 이성의 첫 번째 이율배반'(*KrV*, A426=B454 이하) 참조.

38) W. Cheselden(1688~1752): 영국의 해부학자. 그의 저술 『인간 신체 해부학(*Anatomy of the Human Body*)』(1713)은 1790년에야 Göttingen에서 독일어(*Anatomie des Menschlichen Körpers*)로 번역 출판되었다. 그러니까 칸트에게는 이 번역본에 앞선 다른 어떤 요약본 등을 통해 이 책의 내용이 부분적으로 알려져 있었을 것으로 추정된다.

39) 누구보다도 스코틀랜드 상식학파 사람들을 예로 들 수 있다. 이와 관련해 칸트는 『형이상학서설』(1783)에서도 Thomas Reid(1710~1796), James Oswald(1710~1779), James Beattie(1735~1803), Joseph Priestley(1733~1804) 등이 흄을 오해하고 있음을 지적했다.(*Prol*, 머리말: IV, 258 참조) Reid의 *An Inquiry into the Human Mind, on the Principles of Common Sense*(Edinburgh 1764) 독일어 번역판은 1782년(Leipzig)에 출간되었다.

40) 칸트에 대한 이러한 최초의 비난은 J. G. H. Feder와 Ch. Garve의 『순수이성비판』(1781)에 대한 비판적 서평에 등장했다: "이 저작은 〔…〕 고차적 또는 저자가 부르는 바대로 하면 초월적 관념론의 한 체계이다. 관념론이란 정신과 물질을 똑같은 방식으로 포괄하고, 세계와 우리 자신을 표상〔관념〕들로 변환시키며, 객관들은 현상들로부터 발생하게 하는데, 지성이 그것들을 하나의 경험계열로 연결시키고〔자……〕, 시도함으

냐하면, 그는 적어도 경험이라는 확실한 시금석을 수학에 남겼기 때문이 A28 V14
다. 순정한 회의주의는 절대로 어떠한 경험의 〔확실한〕 시금석—이것은 언제나 오직 선험적 원리들에서만 발견될 수 있는 것이다—도 허락하지 않는다. 비록 이 경험이 순전한 감정〔감각〕으로써가 아니라, 판단들로써 성립돼 있다 해도 말이다.

그럼에도 이 철학적 비판적 시대에 있어서 저 경험주의를 진지하게 받아들이기란 거의 어려운 일이다. 경험주의는 아마도 오로지 판단력의 훈련을 위해서 그리고 대조함으로써 선험적인 이성적 원리들의 필연성을 보다 더 명료하게 밝히기 위해서 제안된 것일 것이다. 그래서 우리는 이밖에는 아무런 것도 가르쳐주는 바 없는 이런 일에 노고를 쏟는 인사들에게 그래도 이 점에서는 감사해도 좋을 것이다.

로써 그렇게 하는 것이다."(*Zugabe zu den Göttingischen Anzeigen von gelehrten Sachen*, 3. St., 1782. 1. 19 자, S. 40) 이러한 오해 때문에 칸트는 후에 『형이상학 서설』(1783)에서 자기의 "초월적 관념론"(*KrV*, A369 · A491=B519)은 "보통의 관념론을 전복시키는"(*Prol*, A207=IV375) "관념론과는 정반대"(*Prol*, A206=IV374)의 것으로서 "형식적, 좀 더 적절하게 표현해 비판적 관념론"(*Prol*, A208=IV375)이라 일컬으면 차라리 낫겠다고 말한다. 그러나 Feder는 그의 저술 *Über Raum und Caußalität zur Prüfung der Kantischen Philosphie*(Göttingen 1787)에서도 같은 비난을 반복했다.

A29 V15

서론

실천 이성 비판의 이념에 대하여

이성의 이론적 사용은 순전한 인식 능력의 대상들에 종사하였고, 이런 사용과 관련한 이성 비판은 본래 단지 **순수한** 인식 능력만을 대상으로 삼았다. 왜냐하면, 이 인식 능력은 후에 가서 입증된바, 쉽사리 자기의 한계를 넘어서 혹은 도달할 수 없는 대상들 사이에서 혹은 심지어 서로 모순되는 개념들 사이에서 자신을 잃어버렸다는 혐의를 불러일으켰으니 말이다. 이성의 실천적 사용에 있어서는 사정이 이미 전혀 다르다. 실천적 사용에서 이성은 의지의 규정 근거들에 종사하는바, 의지란 표상들에 대응하는 대상들을 만들어내거나 이런 대상들을 낳도록 ([그 자신의] 자연적 능력이 충분하든 그렇지 못하든) 자기 자신을, 다시 말해 자기의 원인성을 규정하는 능력이다. 왜냐하면, 여기서 적어도 이성은 의지를 규정하기에는 충분하고, 의욕만이 문제가 되는 한에서 그것은 언제나 객관적 실재성을 갖기 때문이다. 그러므로 여기서 제기되는 첫 번째 물음은, 과연 순수한 이성이 그 자신만으로 의지를 규정하기에 충분하냐, 아니면 그것은 단지 경험적으로-조건 지어진 이성으로서 의지의[1] 규정 근거일 수 있느냐 하는 것이다. 그래서 여기서 순수 이성 비판에서 정당화

A30

1) 원문은 'derselben'이나 'desselben'으로 고쳐서 "의지(Wille)"를 지시하게 읽는다.

되긴 했지만, 그러나 어떠한 경험적 서술도 가능치 않은 원인성 개념, 곧 **자유** 개념이 등장한다. 이제 만약 우리가 이 〔자유 원인성의〕 성질이 인간의 의지에 (그래서 또한 모든 이성적 존재자의 의지에) 실제로 속한다는 것을 입증하는 근거들을 발견할 수 있다면, 그로써 순수한 이성이 실천적일 수 있다는 것뿐만 아니라, 순수한 이성만이—경험적으로-제한된 이성은 그렇지 못하고—무조건〔무제약〕적으로 실천적이라는 것이 밝혀진다. 따라서 우리는 **순수 실천** 이성 비판이 아니라, 단지 **실천** 이성 일반의 비판 작업을 해야만 할 것이다. 무릇 만약 애당초 순수 이성이 있다는 것이 밝혀진다면, 순수 이성은 아무런 비판도 필요로 하지 않는다. 순수 이성이란 그 자신이 그 모든 사용의 비판을 위한 먹줄〔표준〕을 함유하고 있는 그런 것이다. 그러므로 실천이성 일반의 비판은 경험적으로 조건 지어진 이성이 자기만이 전적으로 의지의 규정 근거를 제공하려고 하는 월권을 방지해야 할 의무를 갖는다. 순수 이성의 사용은, 만약 순수 이성과 같은 것이 있다는 것이 확정만 된다면, 유일하게 내재적이다. 이에 반해 월권적으로 전제〔專制〕를 행하는 경험적으로-조건 지어진 〔이성〕 사용은 초험적인 것으로, 순수 이성 영역을 넘어서는 부당한 요구와 지시 명령으로써 표출된다. 이것은 순수 이성의 사변적 사용에서 말할 수 있었던 것과는 정반대의 관계이다.

V16

A31

그러나 그에 대한 인식이 여기 실천적 사용의 기초에 놓여 있는 것은 여전히 순수 이성이므로, 실천이성 비판의 부문을 나누는 것은 개략적으로 볼 때 사변 이성 비판의 것을 좇아 배열될 수밖에 없다. 그래서 우리는 실천 이성 비판의 **요소론**과 **방법론**을 가지며, 제1부문인 전자에서 진리의 규칙인 **분석학**과 실천이성의 판단들에서 가상〔假像〕을 서술하고 해결하는 **변증학**을 갖지 않을 수 없다. 그러나 분석학의 하위 부문의 순서는 다시금 순수 사변 이성 비판에서의 것과는 뒤바뀐 것이 될 것이다. 왜냐하면, 이 실천 이성 비판에서는 우리는 **원칙들**에서 시작해서 **개념들**로 나가고, 이 개념들로부터 비로소, 가능한 한, 감관〔감각기능〕[2]들로

A32

나아갈 것이기 때문이다. 반면에 우리는 사변 이성의 경우에는 감관〔감각기능〕들에서 시작해서 원칙들에서 끝맺어야만 했다. 일이 이렇게 되는 까닭은 이제 또 다음과 같은 점에 있다. 우리가 지금 문제 삼는 것은 의지이며, 우리는 이성을 대상들과의 관계에서가 아니라 이 의지와 의지의 인과성과의 관계에서 고찰해야만 한다. 그렇기에 여기서는 경험적으로 무조건〔무제약〕적인 인과성의 원칙들이 시작을 이루어야 하며, 그 다음에 그러한 의지의 규정 근거에 대한 우리의 개념들을, 그리고 대상들에 대한 그 개념들의 적용과, 마지막으로 주관 및 주관의 감성에 대한 적용을 확립하는 일이 시도될 수 있다. 자유에 의한 인과성의 법칙, 다시 말해 일종의 순수 실천 원칙이 여기서 불가피하게 시작을 이루며, 그 원칙만이 관련될 수 있는 대상들을 규정하는 바이다.

2) 원어: Sinn. '감관〔感覺器官〕'이라고 옮기더라도, 여기에서뿐만 아니라 아래에서도 많은 경우에 감관의 작용, 곧 '감각기능'이나 감관의 작용 능력, 곧 감성, 또는 드물게는 그 작용의 결과로서의 '감(感)'을 함께 지시하는 말로 새겨야 한다.

실천 이성 비판

A33 V17

제1편
순수 실천 이성의 요소론

제1권
순수 실천 이성의 분석학

A35 V19

제1장
순수 실천 이성의 원칙들에 대하여

§1
설명

실천 **원칙들**은 의지의 보편적인 규정을 함유하는 명제들로서, 그 아래에 다수의 실천 규칙들을 갖는다. 이 원칙들은, 그 조건이 주관에 의해서 단지 주관의 의지에 대해서만 타당한 것으로 간주될 때는, 주관적이다. 즉 **준칙들**이다. 그러나 그것들은, 그 조건이 객관적인 것으로, 다시 말해 모든 이성적 존재자의 의지에 타당한 것으로 인식되면, 객관적이다. 즉 실천 **법칙들**이다.[1]

---

1) 『윤리형이상학 정초』에서는 '준칙'이란 '행위의 주관적 원리'로서, "이성이 주관의 조건들에 알맞게 (흔히 주관의 무지나 경향성들에 따라) 규정하는 실천 규칙을 포함하며, 그러므로 그것이 그에 따라 주관이 행위하는 원칙"(*GMS*, B51=IV420 이하, 주)이고, 반면에 실천 '법칙'이란 '객관적 원리'로서 "모든 이성적 존재자에게 타당하며, 그에 따라 모든 이성적 존재자가 행위해야만 하는 원칙, 다시 말해 명령"(*GMS*, B53=IV421, 주)이라고 규정했다.

주해

만약 우리가 **순수** 이성이 실천적으로, 다시 말해 의지 규정을 위해 충분한 근거를 자기 내에 함유할 수 있음을 받아들인다면, 실천 법칙들은 있는 것이고, 그렇지 않은 경우에는 모든 실천 원칙들은 한낱 준칙들일 따름일 것이다. 이성적 존재자의 정념적으로 촉발된 의지에서는 그 자신에 의해 인식된 실천 법칙들에 대해 준칙들의 상충〔相衝〕이 생길 수 있다. 예를 들어, 누군가가 "어떤 모욕에 대해서도 보복 없이 참고 지내지 않는다"는 것을 준칙으로 삼으면서도, 그는 그러나 동시에 이것은 실천 법칙이 아니라 단지 하나의 준칙일 뿐이며, 반면에 모든 이성적 존재자의 의지를 위한 규칙으로서는 동일한 준칙 안에서 자기 자신과 부합하지 않을 수 있다는 것을 통찰할 수 있을 것이다. 자연 인식에서는 발생하는 것의 원리들이 (예컨대, 운동의 전달에서 작용과 반작용의 같음의 원리가) 동시에 자연의 법칙들이다. 왜냐하면, 이성의 사용이 거기서는 이론적이고, 객관의 성질에 의해 규정되기 때문이다. 실천적 인식, 다시 말해 한낱 의지의 규정 근거들만을 문제 삼는 인식에서는 사람들이 스스로 만드는 원칙들은 바로 다음과 같은 이유에서 아직 사람들이 불가피하게 그 지배를 받는 법칙들이 아니다. 즉 실천적인 것에서 이성은 주관과, 곧 욕구 능력과 관계하고, 규칙은 이것의 특수한 성질에 다양하게 따를 수 있기 때문이다.—실천 규칙은 행위를 의도하는 결과를 위한 수단으로서 지시규정하는 것이므로, 그것은 항상 이성의 산물이다. 그러나 이성만이 전적으로 의지의 규정 근거가 아닌 존재자에게 있어서 이 규칙은 **명령**이다. 다시 말해, 그것은 행위의 객관적 강제를 표현하는 당위에 의해 표시되는 규칙으로서, 만약 이성이 의지를 전적으로 규정한다면, 행위는 반드시 이 규칙에 따라서 일어날 것임을 의미한다. 그러므로 명령들은 객관적으로 타당하고, 그래서 주관적 원칙들인 준칙들과는 전적으로 구별된다. 그런데 명령들은 작용하는 원인으로서 이성적 존재자의 원인성의

A36 V20 A37

조건들을 순전히 결과의 관점에서만, 그리고 결과를 위해 충분함의 관점에서만 규정하거나, 또는 의지가 결과를 낳기에 충분하든 말든 단지 의지만을 규정한다. 전자는 가언적 명령들이겠고, 숙련성〔노련함〕의 순전한 훈계〔지시규정〕들을 포함하겠다. 반면에 후자는 정언적이겠고, 이것만이 실천 법칙들이겠다. 준칙들은 그러므로 **원칙들**이기는 하지만, 〔엄밀한 의미에서〕 **명령들**은 아니다. 그러나 명령들 자신도 만약 그것들이 조건적이면, 다시 말해 의지를 의지로서 절대적으로 규정하는 것이 아니라, 단지 욕구된 결과의 관점에서만 규정한다면, 다시 말해 가언적 명령들이라면, 실천적 **지시규정〔훈계〕들**이긴 하겠으나 **법칙들**은 아니다. 후자들은, 내가 과연 욕구된 결과를 위해 필요한 능력을 가지고 있는가, 또는 그런 결과를 낳기 위해 내가 할 일은 무엇인가를 묻기 전에, 의지 자체를 충분히 규정해야만 한다. 곧 그것들은 정언적이어야만 한다. 그렇지 않으면 그것은 법칙들이 아니다. 왜냐하면, 그런 것들에는 필연성이 결여돼 있으니 말이다. 필연성은, 만약 그것이 실천적인 것이어야 한다면, 정념적인 그러니까 의지에 우연히 부착해 있는 조건들에 독립적이어야 한다. 예컨대, 여러분이 누군가에게 늙어서 궁핍하지 않기 위해서는 젊어서 일하고 절약해야 한다고 말한다면, 이것은 올바르고 또한 동시에 중요한 의지의 실천적 지시규정〔훈계〕이다. 그러나 여기서 의지가 사람들이 그 의지가 욕구하고 있다고 전제하는 어떤 **다른** 것에 의해 지시되어 있음은 쉽게 알 수 있는 바이며, 이 욕구는 그 행위자 자신에게 맡겨질 수밖에 없는 것이다. 그가 그 자신이 획득한 재산 외에 다른 원조를 예상하거나, 또는 아예 늙지 않기를 바라거나, 또는 장차 궁핍에 처하는 경우 어떻게든 근근이 꾸려갈 수 있으리라고 생각하거나 간에 말이다. 필연성을 가져야 하는 모든 규칙이 오로지 그로부터만 생길 수 있는 이성은 이 자기의 지시규정〔훈계〕에다가도 필연성을 부여하긴 하지만,— 이것이 없으면 지시규정〔훈계〕은 〔아예〕 명령이 아닐 터이다—그러나 이 필연성은 단지 주관적인 조건으로, 우리는 그 〔지시규정의〕 필연성을

A38

모든 주관에서 같은 정도로 전제할 수 없다. 그러나 이성의 법칙 수립을 위해 요구되는 것은, 이성이 순전히 **자기 자신**만을 전제하는 것이 필요하다는 점이다. 왜냐하면, 규칙이란 그것이 우연적인 주관적 조건들—이것이 이성적 존재자를 다른 존재자와 구별 짓는 것인데—없이 타당할 때만 객관적으로 그리고 보편적으로 타당하기 때문이다. 이제 여러분이 누군가에게 "너는 결코 거짓말로 약속해서는 안 된다"고 말한다면, 이것은 순전히 그의 의지에 관계하는 하나의 규칙이다. 물론 사람이 가질 수 있는 의도들은 그에 의해 달성될 수도 있고 그렇지 못할 수도 있다. 그러나 순전한 의욕함이란 저 규칙에 의해 완전히 선험적으로 규정되어야만 하는 것이다. 만약 이 규칙이 실천적으로 올바르다는 것이 밝혀지면, 그것은 법칙이다. 왜냐하면 그것은 정언적 명령이기 때문이다. 그러므로 실천 법칙들만이 의지의 원인성에 의해 무엇이 벌어지는가에 개의치 않고 오로지 의지에 관계한다. 그래서 우리는 실천 법칙들을 순수하게 갖기 위해서 (감각 세계에 속하는 것인) 의지의 원인성은 도외시할 수 있다.

V21

§2
정리 I

욕구 능력의 **객관**(질료)을 의지의 규정 근거로 전제하는 모든 실천 원리들은 모두가 경험적인 것이며, 어떠한 실천 법칙도 제공할 수가 없다.

나는 욕구 능력의 질료라는 말로써 그것의 현실성〔실재〕이 욕구되는 대상을 뜻한다. 그런데 이 대상에 대한 욕구가 실천 규칙에 선행하고, 실천 규칙을 원리로 삼는 데에 조건인 경우에는, 나는 (**첫째로**) 이 원리는 언제나 경험적인 것이라고 말한다. 왜냐하면, 의사의 규정 근거는 이 경우 객관의 표상과 이 표상의 주관과의 관계이며, 이에 의해 욕구 능력은 객관을 실현하도록 규정되어 있기 때문이다. 그런데 주관과의 그러한 관계란 대상의 현실성〔실재〕에 대한 **쾌**〔快〕를 말한다. 그러므로 이 쾌가

A39

의사를 규정할 수 있는 조건으로 전제되지 않을 수 없겠다. 그러나 어떠한 대상의 표상이고 간에, 그것이 **쾌**와 결합돼 있는지 또는 **불쾌**와 결합돼 있는지, 아니면 **무차별적**인 것인지는 선험적으로 인식될 수가 없다. 그러므로 이런 경우에 의사의 규정 근거는 언제나 경험적일 수밖에 없으며, 그러니까 그 규정 근거를 조건으로 전제할 터인 실천적인 질료적 원리도 그러할 수밖에 없다.

그런데 (**둘째로**) 쾌 또는 불쾌—이것은 언제나 단지 경험적으로 인식되며, 모든 이성적 존재자에게 같은 방식으로 타당할 수는 없는 것인데—라는 수용성의 주관적인 조건에만 근거하는 원리는 그러한 수용성을 지닌 주관에게 있어서는 충분히 **준칙**으로 쓰일 수 있겠지만, 그러나 그[2] 자신만으로는 (이 원리에는 선험적으로 인식되어야 할 객관적 필연성이 결여되어 있으므로) **법칙**으로 쓰일 수가 없기 때문에, 그러한 원리는 결코 실천 법칙을 제공할 수가 없다. V22 A40

§3
정리 II

모든 질료적 실천 원리들은 그 자체로 모두 동일한 종류의 것이며, 자기 사랑과 자기 행복이라는 보편적 원리에 속한다.

사상〔事象〕의 실존 표상에서 유래하는 쾌는, 그것이 이 사상에 대한 욕구를 규정하는 근거가 되는 한에서, 주관의 **수용성**에 기초하고 있다. 왜냐하면, 쾌는 대상의 현존에 **의존해 있고**, 그러니까 그것은 감관(감정)에 속하는 것이지 지성에 속하는 것이 아니니 말이다. 지성은 개념들에 의거해 표상의 **객관과의** 관계를 표현하는 것이지, 감정에 의거해 주관과의 관계를 표현하는 것이 아니다. 그러므로 쾌는 주관이 대상의 현실에

2) 원문 'für diese selbst'에서 'diese'가 지시하는 바가 무엇인지는 명확하지 않다.

서 기대하는 쾌적감이 욕구 능력을 규정하는 한에서만 실천적이다. 그런데 이성적 존재자의 자기의 전 현존에 부단히 수반하는 쾌적한 삶에 대
A41 한 의식이 **행복**이다. 그리고 이것을 의사의 최고 규정 근거로 삼는 원리는 자기 사랑의 원리이다. 그러므로 의사의 규정 근거를 어떤 대상의 현실성으로부터 느끼는 쾌 또는 불쾌에다 두는 모든 질료적 원리들은, 그것들 모두가 자기 사랑 또는 자기 행복의 원리에 속한다는 점에서 전적으로 매**한가지 종류**의 것이다.

계[系]

모든 **질료적**인 실천적 규칙들은 의지의 규정 근거를 **하위의 욕구 능력**에 둔다. 그리고 의지를 충분하게 규정하는 **순전히 형식적**인 법칙이 전혀 없다면, **어떠한 상위의 욕구 능력**도 인정될 수 **없을** 것이다.

주해 I

V23 어찌하여 다른 경우에는 명민한 인사들[3]이, 쾌의 감정과 결합되어 있는 **표상들**이 그 근원을 **감관들**에 갖느냐 또는 **지성**에 갖느냐 하는 점에서 **하위 욕구 능력**과 **상위 욕구 능력**의 구별을 발견한다고 믿을 수 있는지 놀라지 않을 수 없다. 왜냐하면, 우리가 욕구의 규정 근거들을 캐물으면서 그것들을 어떤 것에 대해 기대된 쾌적함에 둘 때, 중요한 점은 결코 이 즐거움을 주는 대상의 **표상**이 어디서 유래하는가가 아니고, 단지 그것이 얼마나 많이 **즐거움을** 주는가이니 말이다. 만약 한 표상이 지성에 그 자리와 근원을 갖는 경우일지라도, 그 표상이 주관에 쾌의 감정을 전

3) 예컨대 Ch. Wolff(1679~1754), *Psychologia Empirica*, Frankfurt · Leipzig 1738, §§580, 584, 880, 887~890; A. G. Baumgarten(1714~1762), *Metaphysica*, Editio VII, Halle 1779, §§676, 689 참조.

제함으로써만 의사를 규정할 수 있다면, 그것이 의사의 규정 근거인 것은 전적으로 내감의 성질에, 곧 내감이 그 표상에 의해 쾌적하게 촉발될 수 있다는 점에 달려 있다. 대상들의 표상들은 종류가 서로 다를 수가 있다. 그것들은 감관의 표상들과는 다른 지성의 표상일 수도 있고, 이성의 표상일 수조차 있다. 그럼에도 그로 인하여 저 표상들이 본래적으로 오직 의지의 규정 근거가 되는 그 쾌의 감정은(쾌적함, 즉 대상을 만들어내게끔 행동을 추동하는, 그로부터 기대되는 즐거움은), 그것이 언제나 단지 경험적으로만 인식될 수 있다는 점에서, 매한가지 종류일 뿐만 아니라, 그것이 욕구 능력에서 표현되는 동일한 생명력을 촉발하고, 이런 점에서 다른 모든 규정 근거와 오직 정도만의 차이가 있다는 점에서 또한 매한가지 종류이다. 그렇지 않다면, 우리가 어떻게, 욕구 능력을 가장 많이 촉발하는 규정 근거를 선택하기 위해, 표상의 종류가 완전히 다른 두 규정 근거들을 **양**적으로 비교할 수 있겠는가? 동일한 사람이, 사냥하는 기회를 잃지 않기 위하여 다시는 얻기가 불가능한 배울 것 많은 책을 읽지 않은 채 돌려줄 수도 있고, 식사 시간에 늦지 않기 위하여 근사한 강연을 도중에서 떠날 수도 있고, 도박대〔臺〕에 앉기 위하여 보통 때에는 매우 높이 평가하던 이성적인 대화의 즐거움을 포기할 수도 있고, 심지어는, 희극 입장권을 살 돈 이상이 수중에 없기 때문에, 평소에는 기꺼이 적선하던 가난한 사람을 물리칠 수도 있다. 만약 의지 규정이 그가 어떤 이유에서든 기대하는 쾌적함 또는 불쾌적함의 감정에 의거해 있다면, 그가 어떤 종류의 표상에 의해 촉발되었든 그에게는 전적으로 마찬가지이다. 그가 선택을 결심하는 데는 오로지 그 쾌적함이 얼마나 강하고, 얼마나 길며, 얼마나 쉽게 얻어지며, 얼마나 자주 반복되는가만이 문제가 된다. 지출을 위해 돈이 필요한 사람에게는, 만약 그것이 동일한 값으로 받아들여지기만 하면, 그 돈의 질료 곧 금이 산에서 파낸 것이든 모래밭에서 골라낸 것이든 마찬가지이듯이, 그에게 단지 삶의 쾌적함이 문제가 된다면, 어느 누구도 지성의 표상들이냐 감관의 표상들이냐는 묻지 않으며,

A42

A43

그는 오직 그것들이 가능한 한 오랫동안 **얼마나 많이, 얼마나 큰 즐거움**을 가져다줄 것인가만을 묻는다. 어떠한 감정도 전제하지 않고 의지를 V24 규정하는 능력을 순수 이성으로부터 제거하고 싶어 하는 사람들만이 그들 자신이 처음에는 동일한 원리에 귀착시켰던 것을 나중에는 전혀 이종〔異種〕적인 것이라고 설명할 만큼 그렇게 그 자신의 설명에서 혼란에 빠질 수 있다. 예컨대, 사람들이 한낱 **힘을 씀**에서나, 우리의 기획을 가로막는 장애를 극복하는 데 있어 자기의 정신력을 의식함에서나, 그리고 정신적 재능의 개발 등에서도 즐거움을 찾을 수 있는 경우가 있다. 그리고 우리가 이것을 여느 것보다 **품위 있는** 기쁨이며 흥겨움이라고 칭하는 것은 옳을 것이다. 왜냐하면, 그것들은 여느 것들보다 더 우리의 통제력 안에 있고, 소진되지 않으며, 그것들을 더 많이 향유할수록 오히려 강화되고, 즐기면서 동시에 개발하는 것들이니 말이다. 그러나 그렇다고 그것들을 한낱 감관에 의해 의지를 규정하는 것과는 다른 종류의 것이라고 말하는 것은,—그것들은 일단 즐거움을 가능하게 하기 위해서 이 흡족함의 첫째 조건으로 우리 안의 그것들에 대한 감정을 전제하므로—마치 형이상학에서 무턱대고 참견하고 싶어 하는 무식쟁이들이 물질은 너무나 섬세하고 섬세해서 그것을 보면 그들 자신이 어지러워진다고 생각하고서는, 이런 식으로 물질이 **정신적**이면서도 연장적인 것임을 알아냈다 A44 고 믿는 것이나 마찬가지이다. 만약 우리가 **에피쿠로스**와 같이 덕을 즐거움〔쾌락〕에 내맡겨, 덕은 의지를 규정하기 위해 즐거움〔쾌락〕을 약속하는 것이라고 한다면, 우리는 나중에 **에피쿠로스**가 즐거움을 비천한 감관의 즐거움과 완전히 똑같은 것으로 간주하고 있다고 비난할 수가 없을 것이다. 왜냐하면, 우리는 **에피쿠로스**가 이런 감정을 우리 안에 불러일으키는 표상들을 한낱 육체적인 감관에만 귀속시켰다고 탓할 아무런 근거도 가지고 있지 못하니 말이다. 우리가 알아낼 수 있는바, **에피쿠로스**는 많은 즐거움의 원천을 또한 고급 인식 능력의 사용에서도 찾았다. 그러나 이런 일이 **에피쿠로스**가 앞서 말한 원리에 따라 저 어쨌든 지성적인 표상들이 제공하는, 그리고 그 때문에 저 지성적 표상들만이 의지의 규정 근거일 수 있는, 그 즐거움 자체를 전적으로 같은 종류의 것이라고 간주하는 것을 방해하지 않았고, 방해할 수도 없었다. **일관성** 있음은 철학자의 최대 의무이지만, 아주 드물게만 발견되는 일이다. 고대 그리스의 학파들은 그런 사례들을 우리가 **절충주의적**인 우리의 시대에서 발견하는 것보다 더 많이 보여준다. 이런 우리 시대에서는 불성실과 천박함이 가득찬, 서로 모순되는 원칙들의 일종의 **연립체제**가 고안되고 있다. 모든 것에 대해서 조금씩은 알지만 전체적으로는 아무것도 모르면서도, 온갖 것에 만능이고자 하는 대중한테 그런 것이 보다 잘 받아들여지기 때문이다. 자기 행복의 원리는, 지성과 이성이 제아무리 많이 여기에서 사용되고 있다 할지라도, 의지에 대해서는 **하위** 욕구 능력에 적합한 규정 근거 외의 다른 규정 근거들을 포함하지 않을 터이다. 그러므로 도대체가 상위[4] 욕구 능력이란 없는 것이거나, 아니면 **순수 이성**이 독자적으로 실천적인 것이어야만 한다. 다시 말해, 순수 이성은 어떠한 감정의 전제 없이도, 그러니까 항상 원리들의 경험적인 조건인 욕구 능력의 질료인바 쾌적함과 불쾌적함의 표상들 없이도, 실천 규칙의 순전한 형식을 통해 의지를 규정할 수 있는 것이어야만 한다. 그러나 그렇다면 이성은, 순전히 독자적으로 (경향성의 작용 없이) 의지를 규정하는 바로 그런 한에서, 정념적으로 규정되는 욕구 능력이 그에 종속하는 진정한 **상위** 욕구 능력이고, 참으로, 그러니까 **종〔種〕적으로 특수하게** 이 정념적 욕구 능력과는 구별되는 것이다. 그래서 이 후자의 충동이 최소한만 섞여도 그것은 이성의 강점과 우수성을 해치는 것이다. 수학의 증명에서 최소한의 경험적인 것이 조건이 되면 그것이 그 증명의 권위와 확고성을 저하시키고 파기하듯이 말이다. 이성은 실천 법칙 안에서 직접적으로 의지를 규정하는바, 그 사이에 등장하는 쾌와 불쾌의 감정에 의거해서 그러는 것

A45
V25

4) AA에 따라 삽입해서 읽음.

이 아니고, 심지어는 이 법칙의 도움을 빌려서 그러는 것도 아니다. 이성이 순수한 이성으로서 실천적일 수 있다는 것〔사실〕만이 이성이 **법칙 수립적**〔**입법적**〕임을 가능하게 한다.

주해 II

행복함은 이성적이면서 유한한 모든 존재자가 필연적으로 구하는 바이며, 그러므로 그런 존재자의 욕구 능력을 불가피하게 규정하는 근거이다. 왜냐하면, 자기의 전 현존에 만족하는 것은 〔저런 유한한 존재자가〕 원래 가지고 있는 바가 아니며, 독자적 자기 충족 의식을 전제로 하는 정복〔淨福〕이 아니라, 그의 유한한 자연본성 자체로 인해 그에게 짐 지워진 문제이기 때문이다. 유한한 존재자는 무엇인가를 필요로 하는 존재이니 말이다. 이 필요는 그의 욕구 능력의 질료에 관계한다. 다시 말해, 주관적으로 기초에 놓여 있는 쾌 또는 불쾌의 감정과 관계 맺고 있는 어떤 것에 관계하며, 그를 통해 유한한 존재자가 자신의 상태에 만족하는 데에 필요로 하는 것이 규정된다. 그러나 바로 그 질료적 규정 근거는 주관에 의해 오로지 경험적으로만 인식될 수 있는 것이기 때문에 이 과제를 법칙으로 보는 것은 불가능하다. 법칙이란 객관적인 것으로서 모든 경우에 모든 이성적 존재자에 대해서 의지의 **동일한 규정 근거**를 가져야 할 것이기 때문이다. 무릇 행복 개념이 **객관들**의 욕구 능력에 대한 실천적 관계의 기초에 **두루** 놓여 있다 해도, 그것은 단지 주관적 규정 근거들의 일반 명칭에 불과하며, 아무것도 종적으로 특수하게 규정하는 바가 없기 때문이다. 그럼에도 실천적 과제에서는 종적으로 특수하게 규정하는 것만이 문제가 되는 것이고, 그러한 규정 없이는 그런 과제는 전혀 해결될 수가 없다. 요컨대, 각자가 그의 행복을 어디에 두어야 할 것인가는 각자의 쾌와 불쾌에 대한 특수한 감정에 달려 있으며, 동일한 주관에 있어서도 이 감정의 변화에 따른 필요의 상이함에 달려 있다. (자연법칙으로서)

A46

주관적으로 필연적인 한 법칙은 이처럼 **객관적으로는** 아주 매우 **우연적인** 실천적 원리이다. 이것은 서로 다른 주관들에 있어서 아주 서로 다를 수 있고, 다를 수밖에 없으며, 그러니까 결코 어떤 법칙을 제공할 수 있는 것이 아니다. 왜냐하면, 행복을 향한 욕구에서는 합법칙성의 형식이 아니라, 오로지 질료가 문제가 되기 때문이다. 즉 내가 법칙을 준수함에 있어서 과연 그리고 얼마만큼이나 즐거움을 기대할 것인가가 문제가 되기 때문이다. 자기 사랑의 원리들은 (의도들을 위한 수단을 발견해내는) 숙련의 보편적 규칙들을 포함할 수는 있다. 그러나 이 경우에 그것은 한낱 이론적인 원리들※이다. (예컨대, 빵을 먹고 싶은 사람이 제분기를 고안해내야 하는 것처럼 말이다.) 그러나 이론적인 원리들에 근거한 실천적 지시규정〔훈계〕들은 결코 보편적일 수가 없다. 왜냐하면, 욕구 능력의 규정 근거는 결코 보편적으로 동일한 대상들을 향해 있는 것으로 받아들일 수 없는 쾌와 불쾌의 감정에 기초해 있기 때문이다.

V26

A47

그러나 유한한 이성적 존재자들이 그들의 즐거움이나 고통 감정의 대상들로 받아들여야 할 것과 관련해서, 그리고 또한 동시에 심지어는 즐거움을 얻고 고통을 방지하기 위해 그들이 쓸 수밖에 없는 수단과 관련해서조차 예외 없이 일치한다고 생각한다 해도, 그래도 **자기 사랑의 원리**가 그들에 의해 **실천 법칙**이라고는 결코 주장될 수 **없을** 것이다. 왜냐하면, 이런 일치 자체가 단지 우연적인 것에 불과하기 때문이다. 이런 규정 근거는 아무래도 언제나 주관적으로만 타당하고, 한낱 경험적인 것으로, 모든 법칙에서 생각되는 그런 필연성, 곧 선험적 근거들에 의한 객관

※ 수학이나 자연 이론에서 **실천적**이라고 일컬어지는 명제들은 본래 **기술적**이라고 일컬어져야 할 것이다. 왜냐하면, 이런 이론들에서는 의지 규정은 전혀 문젯거리가 아니니 말이다. 그것들은 단지 어떤 결과를 산출하는 데 충분한 가능한 행위의 여러 가지를 지시할 뿐이며, 그러므로 원인과 결과의 연결을 언표하는 모든 명제들과 똑같이 이론적이다. 무릇 결과를 승인하고 싶은 사람은 원인 또한 승인하지 않을 수 없는 것이다.

적 필연성을 갖지 못할 것이다. 도대체가 이런 필연성은 도무지 실천적인 것이라고 내세워서는 안 되고, 한낱 물리적인 것이라 해야 할 것이다. 곧, 다른 사람이 하품하는 것을 보면 〔따라서〕 하품하는 것과 같은, 우리의 경향성이 우리를 어쩔 수 없도록 강제하는 그런 것 말이다. 한낱 주관적인 원리들이 실천 법칙의 지위에 오르게 하는 것보다는 차라리, 실천 법칙이란 없는 것이며 기껏해야 우리의 욕구들을 위한 **충고들**이 있을 뿐이라고 주장할 수 있겠다. 실천 법칙이란 철저하게 객관적 필연성을 갖는 것이지 한낱 주관적 필연성을 갖는 것이 아니며, 반드시 이성에 의해 선험적으로 인식되지, 경험에 의해—이 경험이 비록 감각경험적으로[5] 제아무리 보편적이라 하더라도—인식되는 것이 아니다. 일치하는 현상들의 규칙들조차도, 우리가 그것들을 실제로 선험적으로 인식할 때나 또는 적어도 (화학 법칙들에서처럼), 우리들의 통찰이 더 깊어지면, 그것들이 선험적으로 객관적 근거들에 의해 인식된다고 가정할 때만 자연법칙들(예컨대, 역학의 자연법칙들)이라고 일컬어진다. 그러나 한낱 주관적인 실천 원리들에서는 분명히, 그것들의 기초에는 자의〔의사〕의, 객관적이 아니라 주관적인 조건들이 놓일 수밖에는 없다는 것이, 그러니까 그것들은 언제나 단지 순전한 준칙으로만 표상될 수 있고, 그러나 결코 실천 법칙으로 표상되어서는 안 된다는 것이 조건이 된다. 이 주해는 언뜻 보기에는 순전한 낱말 풀이인 것처럼 보인다. 그러나 그것은 오로지 실천적 탐구에서만 고려할 수 있는 가장 중요한 구별의 낱말 규정이다.

A48

V27

§4
정리 III

만약 이성적 존재자가 그의 준칙들을 실천적인 보편적 법칙들로 생각

5) 원어: empirisch. 앞의 "경험(Erfahrung)"과 구별되게 하기 위해서 이 대목에서는 "감각경험적"이라고 옮긴다.

해야 한다면, 그는 이 준칙들을 질료 면에서가 아니라 한낱 형식 면에서 의지의 규정 근거를 가지는 그런 원리들로서만 생각할 수 있다.

실천 원리의 질료는 의지의 대상이다. 이 대상은 의지의 규정 근거이거나 아니거나이다. 만약 그것이 의지의 규정 근거이면, 의지의 규칙은 경험적 조건에 (즉 규정하는 표상의 쾌 또는 불쾌의 감정에 대한 관계에) 종속할 터이고, 따라서 아무런 실천 법칙도 아닐 것이다. 그런데 우리가 법칙에서 모든 질료를, 다시 말해 의지의 (규정 근거로서) 일체 대상을 떼어내고 나면, 보편적 법칙 수립의 순전한 **형식** 외에 법칙에 남는 것은 아무것도 없다. 그러므로 이성적 존재자는 **그의** 주관적-실천적 원리들, 다시 말해 준칙들을 동시에 보편적인 법칙들로 전혀 생각할 수 없거나, 그렇지 않으면 그에 따라 저 준칙들이 **보편적 법칙 수립에 적합하게 되는** 그 순전한 형식이 준칙들을 그것만으로 실천 법칙으로 만든다고 받아들이지 않을 수 없다. A49

주해

준칙에서 어떠한 형식이 보편적 법칙 수립에 적합하고, 어떠한 형식이 적합하지 않은가를 보통의 지성〔상식을 가진 사람〕은 배우지 않고서도 구별할 줄 안다. 예컨대 나는 모든 안전한 수단을 통해 내 재산을 키우는 것을 나의 준칙으로 삼았다. 지금 내 손안에는 하나의 **위탁품**이 있는데, 그 원소유자는 죽었고, 위탁에 관한 아무런 문서도 남아 있지 않다. 두말할 것도 없이 이것은 나의 준칙을 적용할 경우이다. 이제 나는 다만 저 준칙이 보편적 실천 법칙으로도 타당할 수 있는가를 알고자 한다. 그래서 나는 저 준칙을 현재의 경우에 적용하여, 저 준칙이 과연 법칙의 형식을 취할 수 있겠는가 어떤가를, 그러니까 나는 나의 준칙에 의거해 동시에, 사람은 누구나 위탁품 맡긴 것을 아무도 증명할 수 없는 위탁품에 대해서는 그 위탁을 부정해도 좋다는 그러한 법칙을 수립할 수 있겠는가 어떤가를 묻는다. 그리고 나는 이내, 법칙으로서 그러한 원리는 도대체가 위탁물이라는 것을 없게 만들 터이므로 자기 자신을 파기시키는 것임을 안다. 내가 그러한 것으로 인식하는바, 무릇 실천 법칙은 보편적 법칙 수립을 위한 자격을 갖추어야 한다. 이것은 동일성 명제이고 그러므로 그 자체로 분명하다. 이제 내가, 나의 의지는 실천 **법칙** 아래 있다고 말한다면, 나는 나의 경향성을 (예컨대, 지금의 경우 나의 탐욕을) V28 A50 보편적 실천 법칙에 적합한 의지의 규정 근거로 끌어댈 수가 없다. 왜냐하면, 이것은 보편적 법칙 수립에 알맞기는커녕, 오히려 이것이 보편적 법칙의 형식을 취하면 자기 자신을 분쇄해버릴 수밖에는 없기 때문이다.

그래서, 행복에 대한 욕구는, 그러니까 또한 사람들 각자가 행복을 그의 의지의 규정 근거로 삼는 **준칙**은 보편적인 것이므로, 사려 깊은 사람들[6]이 어떻게 그것[7]을 보편적인 **실천 법칙**이라고 내세울 생각을 할 수 있었는지 놀라운 일이다. 왜냐하면, 보통 보편적 자연법칙은 모든 것을 일치시키므로, 만약 사람들이 준칙에다 법칙의 보편성을 부여하고자 한다면, 이 경우 일치의 극단적인 반례, 준칙 자신과 그 의도 사이의 최악의 상충 및 준칙 자신과 그 의도의 완전한 절멸이 뒤따를 터이니 말이다. 그 경우 모든 사람의 의지는 동일한 객관을 갖는 것이 아니라, 각자 자기

6) 예컨대 Ch. Wolff는 행복과 완전성과 자연법칙의 내밀한 연관성을 강조하였다. "지속적인 기쁨의 상태는 행복을 형성한다. 무릇 최고선 내지 정복〔淨福〕이 지속적인 기쁨과 연결되므로"(Wolff, *Vernünfftige Gedancken Von der Menschen Thun und Lassen, Zu Beförderung ihrer Glückseeligkeit, den Liebhabern der Wahrheit mitgetheilt*〔1720〕, Franckfurt · Leipzig [4]1733, §51), "그것을 소유한 사람은 지속적인 기쁨의 상태에 있다. 그렇기에 최고선은 행복과 결합되어 있는 것이다."(같은 책, §53) "그런데 최고선〔최고로 좋음〕은 자연법칙의 이행에 의해 얻어지므로"(같은 책, §45) "이 법칙을 준수함은 또한 사람들이 행복을 얻는 수단이기도 하다."(같은 책, §52) "자연의 법칙을 준수함으로써 사람들은 자기의 자연본성 및 외적 상태의 완전성을 얻는 것이기 때문에"(같은 책, §19), "자연의 법칙은 〔사람들이〕 행복을 얻는 수단인 것이다."(같은 책, §57)

7) 원문의 'es'는 'sie'를 대신하는 말로 보아 "행복을 그의 의지의 규정 근거로 삼는 **준칙**(Maxime)"을 지시하는 것으로 봐야 할 것 같다.

것(자기 자신의 안녕)을 갖기 때문이다. 이 각자 자기 것은 비록 우연히, 한결같이 자기 자신을 지향하고 있는 타인들의 의도들과 합치할 수 있기는 하지만, 그러나 법칙이 되기에는 턱없이 불충분하다. 왜냐하면, 사람들이 시시때때로 만들 수 있는 예외들은 끝이 없어서, 하나의 보편적인 규칙 안에서 전혀 일정하게 포괄될 수가 없으니 말이다. 그래서 이런 종류의 조화는 서로 파괴[8]를 지향하고 있는 부부 두 사람의 마음의 일치에 대한 조소의 시: "**오, 놀라운 조화여/ 그 남자가 하려 하는 것을/ 그 여자도 하려 하는구나**"에 묘사된 조화나, 또는 **프란츠 1세** 왕이 **카알 5세** 황제[9]에게 한 서약: "나의 형제 카알이 갖고자 하는 것(즉 밀라노)을 나 또한 갖고자 한다"에서 거론된 것과 유사하다는 결론이 나온다. 경험적 규정 근거들은 어떠한 보편적인 외적 법칙 수립에도 쓸모가 없고, 또한 마찬가지로 내적 법칙 수립에도 쓸모가 없다. 왜냐하면, 각자는 그의 주관을, 그러나 다른 사람은 다른 주관을 경향성의 기초에 두고, 또한 각자의 주관에 있어서도 어떤 때는 이런 경향성이, 다른 때는 저런 경향성이 우선적 영향을 미치는 것이기 때문이다. 이런 경향성 모두를 이 조건 아래서, 곧 전면적으로 합치하게 지배하는 법칙을 발견한다는 것은 절대로 불가능하다. A51

§5
과제 I

준칙들의 순전한 법칙 수립적 형식만이 의지의 충분한 규정 근거라는 것을 전제하고, 그것에 의해서만 규정될 수 있는 의지의 성질을 발견하는 일.

---

8) 결별, 곧 이혼.

9) 프랑스 왕 Franz〔François〕 I(1494~1547, 재위: 1515~1547)와 신성로마제국의 황제 Karl V(1500~1558, 스페인 왕 재위: 1516~1556, 로마 왕 재위: 1519~1556, 황제 재위: 1530~1556)는 이탈리아 지역 통치권을 두고 네 차례(1521~26, 1527~29, 1534~36, 1542~44)에 걸쳐 전쟁을 벌였으며, 결국 프란츠〔프랑수아〕 1세가 굴복하였다.

법칙의 순전한 형식은 오로지 이성에 의해서만 표상될 수 있고, 그러니까 감관의 대상이 아니며, 따라서 또한 현상들에 속하는 것이 아니므로, 의지의 규정 근거로서 법칙의 순전한 형식이라는 표상은 자연에서 V29 인과법칙에 따르는 사건들의 모든 규정 근거들과는 구별된다. 왜냐하면, 이 사건들에서는 규정하는 근거들 자신이 현상들일 수밖에 없기 때문이다. 그러나 또한 오직 저 보편적인 법칙 수립적 형식 이외에는 이 의지에 대해 어떠한 다른 의지 규정 근거도 법칙으로 쓰일 수 없다면, 그러한 의지는 현상들의 자연법칙, 곧 현상들 상호 간의 인과법칙과는 전적으로 독립적인 것으로 생각되어야 한다. 그러한 독립성은 그러나 가장 엄밀한, A52 다시 말해 초월적 의미에서 **자유**라 일컫는다. 그러므로 준칙의 순전한 법칙 수립적 형식이 오로지 법칙으로 쓰일 수 있는 의지는 자유의지이다.

§6
과제 II

의지가 자유롭다는 것을 전제하고서, 이 의지를 오로지 필연적으로 규정하는 데 쓸모 있는 법칙을 발견하는 일.

실천 법칙의 질료, 다시 말해 준칙의 객관은 결단코 경험적으로밖에는 주어질 수 없고, 그러나 자유의지는 경험적인 (다시 말해, 감성 세계에 속하는) 조건들에 대해 독립적으로 규정될 수 있어야만 하는 것이므로, 자유의지는 법칙의 **질료**에 대해 독립적으로, 그러면서도 법칙 안에서 규정 근거를 발견해야만 한다. 그런데 법칙의 질료를 제외하면 법칙 안에는 법칙 수립적 형식 외에는 다른 아무것도 함유되어 있지 않다. 그러므로 법칙 수립적 형식은, 그것이 준칙 안에 함유되어 있는 한에서, 의지의 규정 근거를 이룰 수 있는 유일한 것이다.

주해

그러므로 자유와 무조건적인 실천 법칙은 상호 의거한다. 나는 여기서 지금, 이 양자가 실제로도 서로 다른 것인가, 오히려 무조건적인 법칙은 단지 순수 실천이성의 자기의식이 아닌가, 그러나 순수 실천이성이라는 것은 자유의 적극적 개념과 완전히 같은 것인가를 묻는 것이 아니라, 무조건적으로-실천적인 것에 대한 우리의 **인식**은 어디서 **출발**하는가, 자유에서 출발하는 것인가 실천 법칙에서 출발하는 것인가를 묻는다. 그런데 그것은 자유로부터 출발할 수가 없다. 무릇 자유의 최초의 개념은 소극[부정]적인 것이기 때문에, 우리는 자유를 직접적으로 의식할 수가 없고, 또한 경험은 우리로 하여금 현상들의 법칙만을, 그러니까 자유와는 정반대되는 자연의 기계성만을 인식하게 하는 것이므로, 우리는 경험으로부터 자유를 추리할 수가 없다. 그래서 우리에게 직접적으로 (우리가 의지의 준칙을 개략적으로 그리자마자) 의식되는 것은 **도덕법칙**이다. 도덕법칙은 우리에게 **맨 처음에** 주어지는 것이다. 이성은 도덕법칙이 어떠한 감성적 조건에 의해서도 압도되지 않는, 도대체가 그런 것에 대해서는 전적으로 독립적인 규정 근거임을 보여줌으로써, 바로 자유의 개념에 이른다. 그런데 저 도덕법칙에 대한 의식은 어떻게 가능한가? 우리가 순수한 이론적 원칙들을 의식하는 것과 꼭 마찬가지로, 우리는 순수한 실천 법칙들을 의식할 수 있다. 곧 이성이 우리에게 그것들[10]을 지정해주는 필연성과, 또 이성이 우리에게 지시해주는바, 모든 경험적 조건들의 격리에 주목함으로써 말이다. 순수 지성에 대한 의식이 순수한 이론적 원칙들[11]에서 생기듯이, 순수 의지에 대한 개념은 순수한 실천 법칙들로부터 생긴다. 이것이 우리 개념들의 참된 소속이라는 것, 그리고 윤리성이

A53

V30

10) 곧, 순수한 실천 법칙들.

11) 원문의 'aus dem letzteren'에서 'dem'은 'den'으로 고쳐 읽어 앞의 'aus den ersteren'과 상응하게 하는 것이 좋을 것 같다.

우리로 하여금 처음으로 자유의 개념을 발견하게 하며, 그러니까 **실천 이성**이 처음으로 사변 이성에게 이 개념을 둘러싼 해결되지 않는 문제를 제기하고, 이 개념으로써 사변 이성을 최대의 곤경에 처하게 한다는 것은 이미 다음의 사실로부터 명백하다. 즉 자유 개념에 의해서는 현상들 안의 어떤 것도 설명될 수 없고, 오히려 현상들에서는 항상 자연 기계성이 실마리를 이룰 수밖에는 없으며, 더 나아가, 순수 이성이 원인 계열들에서 무조건[무제약]자에까지 소급해 올라가려 할 때, 순수 이성의 이율배반은 이 경우[12]에나 저 경우[13]에나 불가해[不可解]의 난관에 얽혀 들며[14], 그럼에도 후자는 (즉 기계성은) 적어도 현상들을 설명하는 데는 쓸모가 있으므로, 만약 도덕법칙이 그리고 도덕법칙과 함께 실천이성이 자유에 이르지 못했고, 우리에게 이 개념을 강요하지 않았더라면, 우리는 결코 자유를 학문 안에 끌어들이는 모험을 하지 않았을 터라는 사실 말이다. 그러나 또한 경험이 우리 안의 개념들의 이러한 질서를 입증한다. 누군가가 그의 성적 쾌락의 경향성에 대해, 사랑스런 대상과 그것을 취할 기회가 그에게 온다면, 그로서는 그의 경향성에 도저히 저항할 수가 없다고 그럴듯하게 둘러댄다고 가정해 보자. 그러나 그가 이런 기회를 만난 그 집 앞에, 그러한 향락을 누린 직후에, 그를 달아매기 위한 교수대가 설치되어 있다면, 그래도 과연 그가 그의 경향성을 이겨내지 못할까? 그가 어떤 대답을 할지는 오래 궁리할 필요도 없다. 그러나 그에게, 그의 군주가 그를 지체 없이 사형에 처하겠다고 위협하면서, 그 군주가 기꺼이 그럴듯한 거짓 구실을 대 파멸시키고 싶어 하는 한 정직한 사람에 대하여 위증할 것을 부당하게 요구할 때, 목숨에 대한 그의 사랑이 제아무리 크다 하더라도, 그때 과연 그가 그런 사랑을 능히 극복할 수 있다고 생각하는지 어떤지를 물어보라. 그가 그런 일을 할지 못할지를 어

A54

12) 곧, 자유의 원인성.

13) 곧, 기계적 인과성.

14) 아래 A204=V113~A215=V119 참조.

쩌면 그는 감히 확정하지는 않을 것이다. 그러나 그런 일이 그에게 가능하다는 것을 그는 주저 없이 인정할 것임에 틀림없다. 그래서 그는, 무엇을 해야 한다고 의식하기 때문에 자기는 무엇을 할 수 있다고 판단하며, 도덕법칙이 아니었더라면 그에게 알려지지 않은 채로 있었을 자유를 자신 안에서 인식한다.[15)]

§7
순수 실천 이성의 원칙

너의 의지의 준칙이 항상 동시에 보편적 법칙 수립의 원리로서 타당할 수 있도록, 그렇게 행위하라.[16)]

주해

A55 V31

순수 기하학은 실천 명제들인 공리〔요청〕들을 갖는 바이다. 그러나 〔무릇〕 이 실천 명제들은 사람들이 무엇인가를 **해야 한다**는 것이 요구될 때, 사람들은 그것을 **할 수 있다**는 전제 이상을 포함하고 있지 않다. 그리고 이것들은 순수 기하학의, 현존하는 것에 관계하는 유일한 명제들이다. 그러므로 그것은 의지의 미정〔未定〕적[17)] 조건 아래에 있는 실천 규칙들이다. 그러나 여기서 이 규칙은, 사람들은 단적으로 어떤 일정한 방식으로 수행해야 한다고 말한다. 그러므로 실천 규칙은 무조건적이다. 그

15) 이런 칸트의 생각을 F. Schiller는 "이론적 영역에서는 더 이상 아무것도 발견되지 않는다네./ 그럼에도 실천 명제는 타당하다네: 너는 할 수 있다. 왜냐하면, 너는 해야 하니까"(*Die Philosophen*, Achter)라고 표현했다.

16) 『윤리형이상학 정초』에서는 "유일한" "정언 명령"이라는 명칭 아래 "그 준칙이 보편적 법칙이 될 것을, 그 준칙을 통해 네가 동시에 의욕할 수 있는, 오직 그런 준칙에 따라서만 행위하라."(*GMS*, B52=IV421)고 정식화되어 있다. 또 *MS*, *TL*, A30=V395; *MS*, *RL*, AB34=VI231 참조.

17) 원어: problematisch.

러니까 정언적인 선험적 실천 명제로 표상된다. 이에 의해서 의지는 단적으로 그리고 직접적으로 (그러므로 여기서 법칙인 실천 규칙 자체에 의해) 객관적으로 규정된다. 왜냐하면, 순수한, **그 자체로 실천적인 이성**은 여기서 직접적으로 법칙 수립적이기 때문이다. 의지는 경험 조건들에 독립적인 것으로, 그러니까 순수한 의지로, **법칙의 순전한 형식에 의해** 규정되는 것으로 생각되며, 이 규정 근거는 모든 준칙들의 최상의 조건으로 간주된다. 이 사태는 충분히 진기한 일이며, 이 같은 것은 여타 실천 인식에서는 전혀 없는 일이다. 왜냐하면, 가능한 보편적인 법칙 수립에 대한, 그러므로 한낱 미정적인, 선험적 사유는 경험이나 또는 어떤 외적인 의지로부터 무엇인가를 빌려옴 없이 법칙으로서 무조건적으로 지시명령되는 것이기 때문이다. 그럼에도 그것은 그에 따라서 욕구하는 어떤 결과가 있을 수 있도록 하는 행위를 발생시키는 지시규정이 아니라,—그럴 경우에는 규칙은 언제나 물리적으로 조건 지어질 터이기 때문이다—순전히 의지를 그것의 준칙들의 형식에 관해서 선험적으로 규정하는 규칙이다. 그리고 이 경우에, 순전히 원칙들의 **주관적** 형식을 위해서 쓰이는 법칙이 법칙 일반의 **객관적** 형식에 의한 규정 근거로 최소한 생각될 A56 수 있다는 것은 불가능하지 않다. 이 근본 법칙에 대한 의식을 우리는 이성의 사실이라고 부를 수 있다. 왜냐하면, 우리는 이 근본 법칙을 이성의 선행하는 자료로부터, 예컨대 자유의 의식—이것은 우리에게 미리 주어지는 것이 아니니까—으로부터 추론적으로 도출해낼 수 없고, 오히려 그것이 그 자체로서, 순수하든 경험적이든 어떠한 직관에도 의거하는 바 없는 선험적 종합 명제로 우리에게 닥쳐오기 때문이다. 사람들이 의지의 자유를 전제한다면, 이 명제는 분석적일지도 모르겠지만 말이다. 그러나 적극적 개념으로서 이것[18]을 위해서는 일종의 지성적 직관이 요구될 것일 터인데, 여기서 우리는 그런 것을 가정해서는 안 된다. 그럼에도 이

18) 곧, 의지의 자유.

법칙을 **주어진 것**으로 오해 없이 보기 위해서는 우리는, 그것이 경험적 사실이 아니라, 이 법칙을 통해 자신이 근원적으로 법칙 수립적임—내가 意慾하는 것을 나는 命令한다[19]—을 고지하는, 순수 이성의 유일한 사실임을 명심해야 한다.

계[系]

순수 이성은 그 자체만으로 실천적이고, 우리가 **윤리 법칙**이라고 부르는 보편적 법칙을 (인간에게) 준다.

주해

V32

앞서 언급한 사실은 부인될 수 없는 것이다. 사람들이 그들 행위의 합법칙성에 대해서 내리는 판단을 분해해보기만 해도 좋다. 그러면 언제나, 경향성이 무어라 참견할지라도 이성은 절조 있게 그리고 자기 자신에 의해 강제되어, 행위에서 의지의 준칙을 항상 순수한 의지에 묶는다는 것을, 다시 말해 이성은 자신을 선험적으로 실천적인 것으로 여기면서 의지의 준칙을 자기 자신에 묶는다는 것을 발견할 것이다. 이제 의지의 일체의 주관적인 차이를 괘념치 않고 그것을 의지의 형식적인 최상 규정 근거로 삼는 바로 그 법칙 수립의 보편성을 위해서, 이성은 윤리성의 이 원리를 동시에 모든 이성적 존재자의 법칙을 위한 것이라고 설명한다. 물론 이것은, 모든 이성적 존재자가 도대체가 의지를, 다시 말해 법칙들의 표상에 의해 그들의 인과성을 규정하는 능력을, 가지고 있는

A57

19) 원문: sic volo, sic iubeo. 이 구절은 로마의 풍자 시인 유베날(Decimus Iunius Iuvenalis, ca. 58~127)의 시구 "hoc volo, sic iubeo, sit pro ratione voluntas."〔이것을 나는 의욕하고, 그것을 나는 명령한다. 이성 앞에 의지가 있느니.〕(*Sat. VI*, 223)를 따온 것으로 보인다.

한에서, 그러니까 그들이 원칙들을 좇아, 따라서 또한 선험적인 실천 원리들을 좇아—왜냐하면, 이것들만이 이성이 원칙에게 요구하는 필연성을 가지고 있기 때문에—행위할 수 있는 한에서이다. 그러므로 이 원리는 한낱 인간에게만 국한된 것이 아니라, 이성과 의지를 가진 모든 유한한 존재자들에게도, 아니 더 나아가서 최상의 예지자로서 무한한 존재자에게도 함께 유효하다. 그러나 전자의 경우에[20] 법칙은 명령의 형식을 갖는다. 왜냐하면, 이성적 존재자로서의 인간에게 있어서는 비록 **순수한** 의지를 전제할 수 있기는 하지만, 그러나 온갖 필요욕구들과 감성적 동인들에 의해 촉발되는 존재자로서의 인간에게 있어서는 어떤 **신성한** 의지를, 다시 말해 도덕법칙에 거역하는 어떤 준칙도 가질 수 없는 그러한 의지를 전제할 수 없기 때문이다. 그래서 도덕법칙은 인간들에게는 정언적으로 지시명령하는 **명령**이다. 왜냐하면, 그 법칙은 무조건적인 것이니 말이다. 그러한 의지가 이 법칙에 대해 가지는 관계는 책무라는 명칭 아래의 **종속성**이다. 책무는, 순전한 이성과 그것의 객관적 법칙에 의한 것이기는 하지만, 한 행위를 지시하는 **강요**이다. 그렇기 때문에 그것은 **의무**라고 일컬어진다. 왜냐하면, 정념적으로 촉발되는 (그럼에도 그에 의해 확정되는 것은 아닌, 그러니까 또한 항상 자유로운) 의사는 소망을 수반하는바, 이 소망은 **주관적**인 원인들에서 생기고, 따라서 또한 순수한 객관적 규정 근거에 자주 맞설 수 있고, 그러므로 도덕적 강요로서, 일종의 내적인, 그러나 지성적인 강제라고 부를 수 있는 실천이성의 저항을 필요로 하는 것이기 때문이다. 완전 자족적인 예지자에게 있어서는 의사가, 동시에 객관적으로 법칙이 될 수 없을 터인[21] 어떠한 준칙도 가질 수 없다고 표상되는 것은 당연하며, 그 때문에 그에게 부가되는 **신성성**의 개념은 예지자를 일체의 실천 법칙 너머로 떼어놓지는 않지만, 그러나 모든 실천적으로-제한적인 법칙들, 그러니까 책임과 의무 너머로는 떼어놓

A58

20) 곧, 인간에게 있어서.
21) AA에 따름. 칸트 원문대로 읽으면 "될 수 없었던".

는다. 그럼에도 의지의 이 신성성은 필연적으로 **원형**으로 쓰일 수밖에 없는 실천 이념이다. 이 원형에 무한히 접근해가는 것이 모든 유한한 이성적 존재자가 할 수 있는 유일한 것이다. 그리고 그 때문에 그 자신 신성하다고 일컬어지는 순수한 윤리 법칙은 이 실천 이념을 지속적으로 그리고 정당하게 이성적 존재자들의 눈앞에 둔다. 이 원형으로 무한히 나아가는 의지의 준칙의 진행과 지속적인 전진을 향한 이성적 존재자들의 불변성을 확실하게 하는 것, 다시 말해 덕이야말로 유한한 실천이성이 이룩할 수 있는 최고의 것이다. 이 덕 자체는 다시금 적어도 자연적으로 얻어진 능력으로서는 결코 완성될 수가 없다. 왜냐하면, 그러한 것의 경우에 확실성은 결코 명증적 확실성이 되지 못하고, 〔단지〕 신조로서의 확실성은 매우 위태로운 것이기 때문이다. V33

§8
정리 IV

의지의 **자율**은 모든 도덕법칙들과 그에 따르는 의무들의 유일한 원리이다. 이에 반해 의사의 모든 **타율**은 전혀 책무를 정초하지 못할 뿐만 아니라, 오히려 책무 및 의지의 윤리성 원리에 맞서 있다. 즉 법칙의 일체의 질료(곧, 욕구된 객관들)로부터의 독립성과 동시에 준칙이 그에 부합해야 하는 순전히 보편적인 법칙 수립적 형식에 의한 의사의 규정에서 윤리성의 유일한 원리가 성립한다. 그러나 저 **독립성**은 **소극적** 의미에서 A59 자유이고, 이 순수한 그 자체로서 실천적인 이성 **자신의 법칙 수립**은 **적극적** 의미에서 자유이다. 그러므로 도덕법칙은 다름 아니라 순수 실천 이성의, 다시 말해 자유의 **자율**[22]을 표현한다. 그리고 이 자유는 그 자체가, 그 아래에서만 준칙들이 최상의 실천 법칙에 부합할 수 있는, 모

22) 원문의 'der Freiheit'를 'die Freiheit'로 고쳐 읽자고 제안하는 이도 있는데, 그에 따르면 이 대목은 "순수 실천이성의 **자율**, 다시 말해 자유"가 된다.

든 준칙들의 형식적 조건이다. 그렇기에, 법칙과 결합되면서, 욕구의 바로 그 객관일 수도 있는, 의욕의 질료가 **실천 법칙의 가능성의 조건으로서** 실천 법칙 안에 끼어든다면, 이로부터 자의의 타율, 곧 어떤 충동이나 경향성에 따르는, 자연법칙에 대한 종속성이 나타난다. 그러면 의지는 스스로 법칙을 수립하지 못하고, 단지 정념적인 법칙들을 합리적〔이해타산적〕으로 준수하기 위한 지시규정〔훈계〕을 줄 뿐이다. 그러나 그런 식으로 보편적-법칙 수립적 형식을 결코 자기 안에 가질 수 없는 준칙은 이런 식으로는 아무런 책무도 세우지 못할 뿐만 아니라, **순수한** 실천이성의 원리에, 그러므로 이로써 또한 윤리적인 마음씨에 어긋나기조차 한다. 설령 그런 준칙에서 나온 행위가 법칙에 맞다고 하더라도 말이다.

V34

주해 I

그러므로 질료적인 (그러니까 경험적인) 조건을 수반하는 실천적 지시

A60

규정〔훈계〕을 결코 실천 법칙의 하나로 여겨서는 안 된다. 왜냐하면, 자유로운 순수 의지의 법칙은 이 순수 의지를 경험적인 영역과는 전혀 다른 영역에 위치시키며, 이 법칙이 표현하는 필연성은—그것은 자연 필연성일 수는 없으므로—순전히 법칙 일반을 가능하게 하는 형식적 조건들 안에서만 성립할 수 있는 것이기 때문이다. 실천 규칙들의 모든 질료는 항상 주관적인 조건들에 의존하는바, 이 주관적 조건들은 그것에게 순전히 (내가 이것 또는 저것을 **욕구할** 경우에는 나는 그것을 실현하기 위해서 무엇을 행해야만 한다는 식의) 조건적인 보편성 외에 이성적 존재자들을 위한 아무런 보편성도 주지 못하는 것이고, 이런 실천 규칙들은 모두 **자기 행복**의 원리의 주위를 맴돈다. 그런데 모든 의욕도 역시 대상, 그러니까 질료를 가질 수밖에 없음은 물론 부인할 수 없다. 그러나 그렇다고 해서 이 질료가 곧 준칙의 규정 근거 및 조건인 것은 아니다. 만약 그것이 그런 것이라면, 이 준칙은 보편적인 법칙 수립 형식에서 나타내질 수가 없

으니 말이다. 왜냐하면, 그럴 경우에는 대상의 실존에 대한 기대가 의사를 규정하는 원인일 터이고, 욕구 능력의 어떤 사물의 실존에 대한 의존성이 의욕의 기초에 놓일 수밖에 없을 터인데, 이 의존성은 언제나 오로지 경험적인 조건들 내에서만 찾아질 수 있을 것이고, 따라서 결코 필연적이고 보편적인 규칙을 위한 기초를 줄 수 없을 것이기 때문이다. 타자의 행복이 이성적 존재자의 의지의 객관일 수가 있다. 그러나 그것이 준칙의 규정 근거라면, 우리는 우리가 타자의 복락에서 자연스런 즐거움뿐만 아니라, 인간에게 있는 동정적 마음씨가 일으키는 필요 또한 발견한다는 것을 전제하지 않을 수 없을 것이다. 그러나 이런 필요를 나는 어느 이성적 존재자에게서도 (더구나 신에게서는 전혀) 전제할 수가 없다. 그러므로 준칙의 질료가 있을 수는 있겠지만, 그러나 그것이 준칙의 조건이어서는 안 된다. 왜냐하면, 그렇지 않으면 이 준칙이 법칙으로 쓰일 수는 없을 터이니 말이다. 그러므로 질료를 제한하는 법칙의 순전한 형식은 동시에 이 질료를 의지에 덧붙이되, 그러나 전제하지는 않는 근거여야만 한다. 예를 들어, 그 질료가 나 자신의 행복이라 하자. 이것은, 내가 그것을 (실제로 유한한 존재자에게는 그렇게 해도 좋듯이) 모든 사람에게 부가한다면, 내가 타인의 행복을 이 질료에 포함시킬 때만, **객관적** 실천 법칙이 될 수 있다. 그러므로 타인의 행복을 촉진하라는 법칙은 이것이 모든 사람의 의사의 객관이라는 전제로부터 생긴 것이 아니라, 오히려 순전히, 자기 사랑의 준칙에 법칙의 객관적 타당성을 부여하는 조건으로 이성이 필요로 하는 보편성의 형식이 의지의 규정 근거가 되는 데서 생긴다. 그러니까 (타인의 행복이라는) 객관은 순수 의지의 규정 근거가 아니었고, 순전한 법칙적 형식만이 그에 의해 내가 나의 경향성에 기초한 준칙을, 그것에 법칙의 보편성을 부여하고, 그것을 순수 실천이성에게 그렇게 적합토록 하기 위해서, 제한하는 것이며, 이 제한으로부터만, ―외적 동기의 추가에서가 아니라―나의 자기 사랑의 준칙을 타인의 행복에도 확장해야만 한다는 **책무**의 개념이 생길 수 있었다.[23]

A61

V35

주해 II

자기 행복의 원리가 의지의 규정 근거가 된다면, 그것은 윤리성의 원리와 정반대이다. 내가 위에서 지적했듯이, 법칙으로 쓰이는 규정 근거를 준칙의 법칙 수립적 형식 이외의 다른 곳에 두는 모든 것은 이런 경우로 볼 수밖에 없다. 그러나 이 상충은, 사람들이 필연적인 인식 원리로까지 올리고자 하는 경험적으로-조건 지어진 규칙들 사이의 상충처럼, 논리적일 뿐만 아니라 실천적이다. 그리고 만약 이성의 목소리가 의지와 관계 맺음에서 그토록 또렷하고, 그토록 흘려들을 수 없고, 가장 평범한 사람들조차 사뭇 들을 수 있는 것이 아니라면, 이 상충은 윤리를 전적으로 궤멸시킬 것이다. 그렇기에 자기 행복은, 고심할 가치 없는 이론을 보존하기 위해, 저 이성의 고귀한 목소리에 대해 귀 막을 만큼 대담한 학파의 혼란한 사변 속에나 간직돼 있을 뿐이다.

A62

가령 다른 점에서는 네 마음에 드는 너의 친한 친구가 거짓 증언과 관련해서 다음과 같이 자신을 정당화하려 한다고 해보자. 그가 우선 자기 행복이란 신성한 의무라고 짐짓 둘러대고, 그 다음에 이를 통해 얻게 된 이득들을 열거하고, 모든 발각으로부터 안전하기 위하여, 심지어 너 자신에게 발각되는 것으로부터조차 안전하기 위하여, 그가 다만 언제든 부인할 수 있도록 그 비밀을 너에게 발설하고는, 그가 좇은 영리함을 적시하고, 그러고는 진심으로 그는 참된 인간의 의무를 수행했다고 자부한다고 해보자. 그러면 너는 직접 면전에서 그를 조소하거나 혐오스러워 그를 피할 것이다. 비록, 누군가가 그의 원칙들을 자기 이익에 맞춰 세울 때, 네가 이 척도에 대해 전혀 반박하지 못한다 할지라도 말이다. 또는 누군가가 여러분에게 여러분의 모든 일들을 무조건 믿고 맡길 수 있는 사람을 집사로 추천하면서, 여러분에게 신뢰감을 불어넣기 위해 그를 칭

23) AA에 따름. 칸트 원문은 "있겠다".

찬하기를, 그는 자기 자신의 이익을 완벽하게 챙기는 영리한 사람이고, 자기 이익을 얻을 수 있는 어떠한 기회도 이용치 않고 흘려버리는 일이 없는 휴식을 모르는 활동가라고 하면서, 마지막으로 또한 그의 비루한 사리사욕으로 인한 우려가 장애물이 되지 않게 하기 위해서, 그가 얼마나 고상하게 살 줄 아는가를 칭찬하여, 그는 돈 모으기나 야비한 풍요에서 즐거움을 찾지 않고, 오히려 지식을 넓히고 잘 선택된 배움 있는 교제에서, 그리고 심지어는 가난한 사람들에 대한 자선에서 즐거움을 찾는다고 칭찬하고, 그러나 그 밖에 그는 수단—이것의 가치 유무는 오로지 목적에서 얻는 것인데—에 대해서는 개의치 않으며, 그래서 그는 그가 하는 일이 발각되지 않고 방해받지 않는다는 것을 알자마자, 목적을 위해서는 남의 돈과 재산을 마치 자기 것인 양 쓴다고 칭찬했다 가정해보자. 그러면 여러분은 그 추천인이 여러분을 조롱하고 있거나, 아니면 그가 지성을 잃어버린 사람이라고 믿을 것이다.—윤리성과 자기 사랑의 경계는 이처럼 분명하고 뚜렷해서, 아주 평범한 사람의 눈으로도 어떤 것이 전자에 속하는가 후자에 속하는가의 구별을 결코 잘못할 수 없을 정도이다. 이토록 명백한 진리이기에 다음에 하는 몇몇 주의는 불필요한 것으로 보일 수 있겠지만, 그러나 그것들은 적어도 보통의 인간 이성의 판단에 얼마만큼 더 명료성을 더해주는 데 기여할 것이다.

A63

V36

행복의 원리가 준칙들을 제공할 수 있기는 하지만, 제아무리 사람들이 **보편적인** 행복을 객체로 삼는다 할지라도, 결코 의지의 법칙들로 쓰일 그런 준칙들을 제공할 수는 없다. 왜냐하면, 이 행복에 대한 인식은 순전히 경험 자료에 의거하고, 이에 대한 각자의 판단은 전적으로 각자의 생각에 달려 있는바, 이 각자의 생각이라는 것도 변화무쌍한 것이므로, 행복의 원리는 **일반적**[24] 규칙들은 줄 수 있으나, 결코 **보편적**[25] 규칙들은 줄 수가 없기 때문이다. 다시 말해, 대체적으로 아주 흔하게 들어맞

24) 원어: generell.

25) 원어: universell.

는 그런 규칙들은 줄 수 있으나, 항상 그리고 필연적으로 타당해야만 하는 그런 규칙들은 줄 수가 없기 때문이다. 그러니까 어떠한 실천 **법칙**도 거기에[26] 기초할 수는 없다. 이때 의사의 객관은 의사의 규칙의 기초에 A64 놓이고, 그러므로 이 규칙에 선행할 수밖에는 없는 것이기 때문에, 이 규칙은 다름 아니라 사람들이 추천하는[27] 것, 따라서 경험과 관계 맺고 거기에 기초할 수 있으며, 그 경우 판단의 상이함은 끝이 없을 수밖에 없다. 그러므로 이 원리는 모든 이성적 존재자들에게 동일한 실천 규칙들을 지정하지 않는다. 비록 이 규칙들이 하나의 공통의 이름, 곧 행복이라는 이름 아래 놓여 있다 할지라도 말이다. 그러나 도덕법칙은 이성과 의지를 가진 사람 누구에게나 타당해야 하는 것이므로, 바로 오로지 그 때문에 객관적으로 필연적인 것으로 생각된다.

자기 사랑(즉 영리함)의 준칙은 한낱 **충고하고**, 윤리의 법칙은 **지시명령한다**. 그러나 사람들이 우리에게 **충고한** 것과 우리가 그에게 **책무를 갖는** 것 사이에는 큰 차이가 있다.

의사의 자율 원리에 따라서 무엇이 행해져야 하는가는 평범한 사람들에게도 아주 쉽게 아무 주저 없이 통찰될 수 있다. 그러나 의사의 타율의 전제 아래서 무엇이 행해져야 하는가를 통찰하는 것은 어려운 일이며, 세상사에 대한 지식을 필요로 한다. 다시 말해, 무엇이 **의무**인가는 누구에게나 자명하게 드러나지만, 그러나 무엇이 진정 지속적으로 이익을 가져다줄 것인가는, 이 이익이 전 생애에 걸쳐 있을 경우에는, 언제나 파헤칠 수 없는 애매함에 싸여 있어서, 실제로 이익에 맞춰진 규칙을 적절히 예외를 인정하면서도 알맞은 방식으로 생의 목적에 적중시키기 위해서는 많은 영리함을 필요로 한다. 그럼에도 불구하고 윤리 법칙은 누구에게나 지시명령하며 그것도 엄격한 준수를 지시명령한다. 그러므로 윤리 법칙에 따라서 무엇이 행해져야 하는가에 대해 판정하기 위해서는 그다

26) 곧, 행복의 원리.

27) 원어: empfiehlt. AA에 따르면 "empfindet"〔느끼는〕.

지 어려움이 없어서, 가장 평범하며 아무런 훈련을 받지 않은 지성이라도 세상사에 대한 영리함 없이도 그것을 처리하는 것을 모르지 않을 정도이다.

윤리의 정언 명령을 충족시키는 일은 어떤 권세 안에서도 언제 누구에게나 가능하며, 경험적으로-조건 지어진 행복의 훈계〔지시규정〕를 충족시키는 일은 누구에게나 단지 드물게만 가능하고, 오로지 어떤 유일한 의도에서 그것을 충족시키는 일은 더더욱 가능하지 않다. 그 이유는, 전자의 경우에는 단지 순정하고 순수해야만 하는 준칙만이 문제가 되나, 후자의 경우에는 욕구하는 대상을 실현시킬 힘과 자연적 능력이 또한 문제가 되기 때문이다. 사람은 누구나 행복하기를 추구해야 한다는 지시명령은 어리석은 것이겠다. 왜냐하면, 사람들은 누군가 이미 불가불 스스로 하고자 하는 것을 결코 지시명령하지는 않기 때문이다. 사람들은 그에게 단지 그 방책을 지시명령하거나 아니면 제공해야만 할 것이다. 그는 그가 하고자 하는 것을 모두 할 수는 없을 테니 말이다. 그러나 의무의 이름으로 윤리를 지시명령하는 것은 전적으로 합리적이다. 윤리의 훈계〔지시규정〕가 경향성과 충돌할 때에, 누구나 처음에는 윤리의 지시규정〔훈계〕을 기꺼이 따르려 하지 않으나, 그가 이 법칙을 어떻게 준수할 수 있을까 하는 방책에 대해 말할 것 같으면, 그는 여기서 이 방책은 배울 필요가 없으니 말이다. 왜냐하면, 이와 관련해서는 그는 그가 **행하고자 하는**[28] 것을 또한 할 수 있기 때문이다.

V37 A65

노름에서 돈을 **잃은** 사람은 아마 자기 자신과 자신이 영리하지 못한 것에 대해서 **화를 낼** 것이다. 그러나 만약 그가 노름에서 **속임수를 썼음**을—비록 그렇게 해서 돈을 땄다 하더라도—스스로 알 경우에, 그는 자신을 윤리 법칙에 비추어보자마자 자기 자신을 **경멸**하지 않을 수 없을 것이다. 그러므로 이 윤리 법칙은 어디까지나 자기 행복의 원리와는 다

28) B판에 따라 원문을 "tun will"로 읽음. A판대로 원문을 "will"로 읽는다면, 이 대목은 **"그가 의욕하는"**.

른 어떤 것일 수밖에 없다. 무릇 "내가 비록 내 지갑을 채우기는 했지만, 나는 **비열한 자**이다"라고 자기 자신에게 말해야만 하는 것은 "내 금고를 이렇게 가득 채웠으니 나는 **영리한** 인간이야"라고 자기 자신을 찬양해 말하는 것과는 전혀 다른 판단의 척도를 가진 것임에 틀림없으니 말이다.

A66 끝으로 우리의 실천 이성의 이념 중에는 윤리 법칙의 위반에 수반하는 어떤 것, 곧 **형벌성**〔刑罰性〕도 있다. 그런데 형벌 그 자체의 개념과 행복을 누림은 전혀 결합될 수가 없다. 왜냐하면, 형벌을 주는 사람이 아무리 동시에 이 형벌을 이 목적에 맞추려는 호의적인 의도를 가지고 있을 수 있다고 하더라도, 형벌은 우선 형벌로서, 다시 말해 순전한 화〔禍〕로서 그 자체로 정당화될 수밖에 없고, 그래서 형벌 받은 사람은, 그 화〔禍〕가 화로서 그치고, 그가 비록 이 가혹함의 배후에 숨겨져 있는 호의를 내다보지 못한다 할지라도, 그 화〔禍〕는 그에게 정당하게 일어난 것이고, 그의 신세는 그가 한 행실에 완전히 알맞은 것이라고 스스로 인정하지 않을 수가 없기 때문이다. 모든 형벌 자체에는 필경 첫째로 정의가 내재하는 것이고, 이것이 이 개념의 본질을 이룬다. 정의에는 물론 호의도 결합될 수 있으나, 그러나 형벌 받는 것이 마땅한 자는 그가 한 짓으로 인해 이것을 기대할 최소한의 이유도 갖지 못한다. 그러므로 형벌은 일종의 신체적인 화〔禍〕이고, 그것이 비록 **자연적**인 결과로서는[29] 도덕적-악과 결합돼 있지는 않다 하더라도, 그럼에도 그것은 윤리적인 법칙 수립의 원리들에 따른 결과로서는 그것과 결합될 수밖에 없는 것이겠다. 무릇 모든 범법이라는 것이, 그 행위자의 신체적 결과들은 생각지 않는다 하더라도, 그 자체로 형벌을 받을 수 있는 것이라면, 다시 말해 행복이 (적어도 부분적으로) 상실되는 것이라면, 범법이란 행위자가 자기 자신
V38 의 행복을 깨뜨리면서 스스로 형벌을 끌어들인 데에서 성립한다—자기

29) 곧, 자연적으로 뒤따라오는 것으로서는.

사랑의 원리에 의거하면 이것이 모든 범법의 본래 개념일 것이다—고 말하는 것은 분명 불합리할 것이다. 이런 식이라면 형벌은 무엇을 범법이라 일컫는 근거일 것이고, 정의는 필경 오히려 모든 처벌을 중지하고 자연적인 처벌조차 못하게 하는 데에서 성립할 것이다. 그러면 행위에 더 이상 악은 없을 테니 말이다. 왜냐하면, 행위에 뒤따라오고, 바로 그 때문에 오로지 그 행위를 악하다고 일컫는 화〔禍〕들을 바야흐로 막을 수 있기 때문이다. 그러나 모든 형벌과 포상을 단지 보다 상위 권력의 수중 A67 에 있는, 그러니까 이를 통해 모든 이성적 존재자들을 (행복이라는) 그들의 궁극 의도를 향해 행동하도록 하는 데만 쓰일 기관으로만 간주하는 것은 이성적 존재자들의 의지의 일체 자유를 폐기하는 기계주의임이 너무나 분명해서, 우리가 이런 견해에 머무를 필요는 없겠다.

마찬가지로 참이 아님에도 불구하고 더욱 교묘한 그럴듯한 변설이 있다. 그것을 늘어놓는 사람들은 어떤 특수한 도덕 감(각)을 받아들이는데, 이성이 아니라 이 감각이 도덕법칙을 규정한다는 것이다. 이에 따르면 덕의 의식은 직접적으로 만족 및 즐거움〔쾌락〕과 결합돼 있는 반면, 패악〔悖惡〕의 의식은 마음의 불안 및 고통과 결합돼 있을 것이며, 그래서 결국 모든 것은 자기 행복에 대한 갈망에 내맡겨질 것이다. 내가 위에서 한 말을 여기에 끌어들일 것도 없이, 나는 이 자리에서는 이런 변설이 범하고 있는 착오만을 지적하려 한다. 패악을 저지른 자가 그의 범죄에 대한 의식으로 인해 마음의 불안에 시달리는 것으로 생각하기 위해서는, 그들[30]은 이미 앞서서 그[31]의 성격의 가장 고귀한 바탕은, 적어도 어느 정도는, 도덕적으로 선하다고 생각해야만 하며, 또한 의무에 맞는 행위에 대한 의식에서 기쁨을 느끼는 자는 애초에 덕성을 가진 자로 생각해야만 한다. 그러므로 도덕성과 의무의 개념은 틀림없이 이 만족에 대한 일체의 고려에 앞서 있었던 것이고, 이 만족으로부터 도출될 수 있는 것

30) 곧, 도덕 감각 이론가들.
31) 곧, 패악을 저지른 자.

은 결코 아니다. 무릇 사람은, 그가 도덕법칙에[32] 맞게 했다는 의식에서 저러한 만족을 느끼고, 도덕법칙을 어겼음을 자책할 수 있을 때 쓰라린 꾸짖음을 느끼기 위해서는, 우리가 의무라고 일컫는 것의 중요함과 도덕법칙의 위엄, 그리고 도덕법칙의 준수가 인격 자신의 눈앞에 제시하는 직접적인 가치를 먼저 소중히 여겨야 한다. 그러므로 우리는 이 만족 또는 마음의 **불안**[33]을 책임 인식에 앞서서 느낄 수 없고, 그것을 책임의 기초로 삼을 수는 없는 것이다. 저런 감각들에 대한 표상이라도 가질 수 있기 위해서는 우리는 적어도 절반은 이미 진실한 사람이어야만 한다. 그것은 그렇고, 자유 덕택에 인간의 의지가 도덕법칙에 의해 직접적으로 규정될 수 있듯이, 또한 이 규정 근거에 따르는 보다 잦은 실행이 주관적으로는 궁극적으로 자기 자신에 대한 만족감을 낳을 수 있다는 것을 나는 전혀 부정하지 않는다. 오히려, 본래 유일하게 도덕 감정이라고 일컬어질 만한 이 감정을 정초하고 개발하는 것이야말로 바로 의무에 속하는 것이다. 그러나 의무의 개념이 이[34]로부터 도출될 수는 없다. 그렇지 않으면 우리는 법칙 자신에 대한 감정을 생각하지 않을 수 없겠고, 오로지 이성에 의해 생각될 수 있는 것을 감각의 대상으로 삼지 않을 수 없을 것이다. 〔그러나〕 이런 일은 명백한 모순이 되지 않는다면, 그것은 의무 개념 일체를 폐기할 것이고, 그 자리에 조야한 경향성들과 때때로 충돌에 빠지는 좀 더 세련된 경향성들의 한낱 기계적인 유희를 세워놓을 것이다.

A68

V39

이제 우리가 우리의 (의지의 자율로서의) 순수한 실천이성의 **형식적인** 최상 원칙을 종래의 모든 **질료적인** 윤리 원리들과 비교해볼 때, 단 하나의 형식적 원리를 빼고는 나머지 모든 가능한 경우들을 망라해서 실제로 동시에 하나의 표에 표시할 수 있고, 그렇게 함으로써 지금 진술한 것과는 다른 원리를 찾는다는 것이 헛된 일임을 분명하게 증명할 수 있다.—

32) 원문의 'derselben'을 'demselben'으로 고쳐 읽음. 원문대로 읽으면 아마도 "의무에".
33) B판: "**안정**".
34) 곧, 도덕 감정.

의지의 모든 가능한 규정 근거들은 말하자면 순전히 **주관적**이고 그러므로 경험적이거나, 또는 **객관적**이며 이성적이거나이다. 그리고 이 양자는 또한 **외면적**이거나 **내면적**이다.

A69 V40

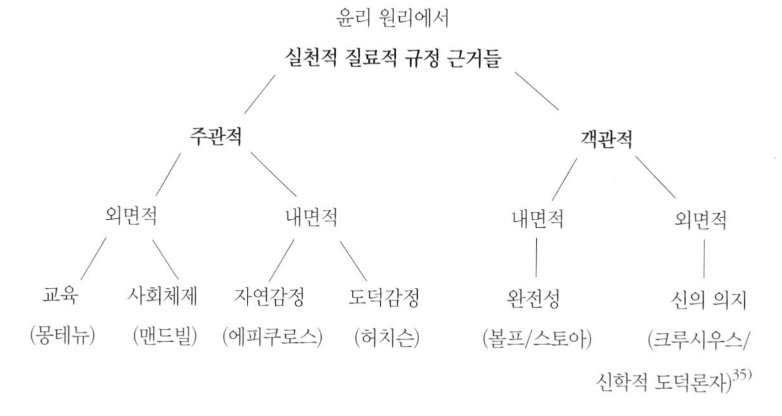

35) Michel de Montaigne(1533~1592)는 프랑스의 철학자, 문 가, 도덕론의 대변자로 그의 『수상록(*Les Essais*)』(1572~92)은 현대 포스트모더니즘에까지도 큰 영향을 미치고 있다. 칸트는 「인간학 강의」에서도 그를 자주 언급하고 있다.(XXV, 1679~1680〔찾아보기〕 참조)

Bernard Mandeville(1670~1733)은 네덜란드와 영국에서 활동한 철학자, 의사, 문필가로, 그의 『꿀벌의 우화(*The Fable of the Bees or, Private Vices, Publick Benefits*)』(1714/1729)는 공리주의 윤리학 형성에도 큰 영향을 미쳤다. 18세기 당시 격렬한 논쟁의 대상이었던 맨드빌에 대해 칸트는 단 한 번 여기서 언급하고 있다.

Epikuros(BC 341~ca. 270)는 감각주의자의 대표로 자주 언급되는바, 칸트는 그가 "인간에게서 모든 쾌락은 신체적이다"(「인간학 강의」 Collins: XXV, 202)라고 말했다고 강론한다.

Francis Hutcheson(1694~1746)은 이른바 스코틀랜드 도덕철학파, 곧 '도덕감(정)' 이론의 창시자이다. 대표적 저술은 *An Essay on the Nature and Conduct of the Passions and Affections / Illustrations upon the Moral Sense*(1728). 이 책은 Lessing에 의한 독일어 번역판이 Leipzig에서 1760년에 출간되었다.

Ch. Wolff를 칸트는 교조적 이성주의의 대표로 꼽는다. 볼프에 따르면, "다양의 조화가 사물들의 완전성을 이룬다. 〔…〕 인간의 품행은 수많은 행위들로 이루어지는바, 이 수많은 행위들이 모두 서로 조화하여, 마침내 다 함께 하나의 보편적 의도에 정초되어

A70 V41 왼편에 있는 규정 근거들은 모두 경험적이고, 보편적인 윤리 원리로 쓰이는 것이 분명히 전혀 아니다. 그러나 오른편에 있는 규정 근거들은 이성에 기초하고 있는 것이다. (왜냐하면, 사물의 **성질**로서 완전성과 **실체**에서 표상되는 최고 완전성, 다시 말해 신, 이 둘 모두는 오로지 이성 개념들에 의해서 생각될 수 있기 때문이다.) 그런데 앞의 개념, 곧 **완전성**이라는 개념은 **이론적** 의미에서 취해질 수도 있으며, 이때 이것은 다름 아니라 바로 각 사물의 자기 방식대로의 (초월적) 완벽함을 의미하거나, 순전히 사물 일반으로서의 사물의 (형이상학적) 완벽함을 의미할 것인데, 이것은 여기서 논제가 될 수 없다. 그러나 **실천적** 의미에서 완전성 개념은 한 사물의 모든 목적에서의 유용함 내지는 충분함을 의미한다. 이 완전성은 인간의 **품성**으로서, 따라서 내적인 것이고, 다름 아니라 바로 **재능**이며, 이 재능을 강화 또는 보완한 것이 **숙련성**이다. **실체**, 다시 말해 신에서 최고의 완전성은, 따라서 (실천적 관점에서 보아) 외적인 것으로, 이 존재자의 모든 목적들 일반에 대한 충분함이다. 그러므로 무릇 목적들이 우리에게

있게 된다면, 인간의 품행은 완전한 것이다. 〔…〕〔그러니까〕 곧 불완전성은 다양한 것들이 서로 어긋나는 데에 있다"(Wolff, *Vernünfftige Gedancken Von Gott, Der Welt und der Seele des Menschen, Auch allen Dingen überhaupt*〔1720〕, Halle [11]1751, §152). 이로부터 "우리는 우리의 지배력 아래에 있는 우리 행위들이 따라야 할 규칙을 갖는다. 곧 '너를 그리고 너와 타인의 상태를 보다 완전하게 할 것을 행하라. 그리고 그것을 보다 불완전하게 할 것은 그만두어라.'"(Wolff, *Vernünfftige Gedancken Von der Menschen Thun und Lassen, Zu Beförderung ihrer Glückseeligkeit, den Liebhabern der Wahrheit mitgetheilt*〔1720〕, Franckfurt · Leipzig [4]1733, §12)

이와 같은 이성주의와 함께 18세기 유럽 사회에 큰 영향력이 있던 것이 Cicero(BC 106~43)의 *De officiis*로 대변되는 스토아 윤리였다. 칸트는 Cicero, Shaftesbury(1671~1713), Hutcheson, Hume 등의 저술이 당시 인기를 끌고 있는 것으로 보았다.(IX, 47; XXV, 988 참조)

Christian August Crusius(1715~1775)는 경건주의 신학자로 볼프 철학 비판가. Leipzig 대학의 신학 교수로서 그는 결정론의 체계를 공박하고 자유의지론을 옹호하면서 적극적인 계시와 이성의 통일을 주장하였다. 대표작은 *Entwurf der nothwendigen Vernunft-Wahrheiten, wiefern sie den zufälligen entgegen gesetzet werden*, Leipzig 1745.

먼저 주어야만 하고, 이것들과 관련해서만 (우리 자신에게 있는 내적인 것이든 신에게 있는 외적인 것이든) **완전성** 개념이 의지의 규정 근거가 될 수 있다면, 그러나 그 목적은 실천 규칙에 의한 의지의 규정에 선행하여 그러한 실천 규칙의 가능 근거를 내용으로 가지고 있어야만 하는 **객관**으로서, 그러니까 의지의 규정 근거로 받아들여진 의지의 **질료**는 언제나 경험적이고, 그러니까 **에피쿠로스**의 행복설의 원리가 될 수 있고, 그러나 결코 윤리 이론과 의무의 순수한 이성 원리가 될 수는 없다면,—도대체가 재능들과 그것들의 촉진은 오로지 인생의 이익에 기여하기 때문에 의지의 동인이 될 수 있고, 또 신의 의지는 선행하는, 신의 이념에 독립적인 실천 원리 없이 그 신의 의지에 합치함이 의지의 객관으로 받아들여졌을 때, 오로지 우리가 그것에서 기대하는 **행복**에 의해서만 의지의 동인이 될 수 있듯이 말이다—다음과 같은 결론이 나온다. **첫째로**, 여기서 열거된 원리들은 모두 **질료적**이다. **둘째로**, 그것들은 가능한 모든 질료적 원리들을 포괄하고 있다. 이로부터 **마지막** 결론이 나온다: (증명된 바처럼) 질료적 원리들은 최상의 도덕법칙으로는 아주 부적합하기 때문에, 그에 준거해서 우리의 준칙들에 의한 가능한 보편적 법칙 수립의 순전한 형식이 의지의 최상의 직접적인 규정 근거를 이뤄야만 하는 순수 이성의 **형식적 실천 원리**가 **유일하게 가능한** 원리이며, 이것은 정언 명령들, 다시 말해 (행위들을 의무로 만드는) 실천 법칙들로 적합하고, 판정할 때나 인간 의지를 규정함에 있어서 그에 적용할 때 윤리성의 원리로 적합하다. A71

A72 V42

I.
순수 실천 이성 원칙들의 연역에 대하여

이 분석학이 밝히는 바는, 순수 이성은 실천적일 수 있다는 것, 다시 말해 독자적으로, 곧 일체의 경험적인 것으로부터 독립해서 의지를 규정할 수 있다는 것이다.—그것도, 우리에게 있어서 순수 이성이 실천적임을 입증하는 사실〔事實〕에 의거해서, 즉 의지를 행위로 규정하는 윤리성의 원칙 안에 있는 자율에 의거해서 말이다.—또 분석학이 동시에 제시하는 바는, 이 사실은 의지의 자유와 불가분리적으로 결합되어 있고, 아니 의지의 자유와 한가지이며, 그럼으로써 이성적 존재자의 의지는, 감성 세계에 속하는 것으로서는, 다른 작용하는 원인들과 같이 반드시 인과법칙에 종속함을 인식하되, 그럼에도 실천적인 일에 있어서는 동시에 다른 한편으로, 곧 존재자 그 자체로서는, 사물들의 예지적 질서에서 규정되는 그의 현존재를 의식하고, 그것도 자기 자신에 대한 특수한 직관에 의거해서가 아니라, 오히려 그의 인과성을 감성 세계에서 규정할 수 있는 역학적 법칙들에 의거해 그러하다는 것이다. 왜냐하면, 자유가 우리에게 부여되면, 그것이 우리를 사물들의 예지적 질서 안에 옮겨놓는다는 사실이 이미 다른 곳[36]에서 충분히 증명되었기 때문이다.

A73 이제 우리가 이 분석학을 순수 사변 이성 비판의 분석학 부문과 비교해보면, 양자 상호 간에 뚜렷한 대조가 드러난다. 저기에서[37]는 원칙들이 아니라, 순수 감성적 **직관**(즉 공간과 시간)이 선험적 인식을, 그것도 감관의 대상들에 대해서만, 가능하게 하는 제일의 여건이었다.—직관 없이 순전한 개념들로부터는 종합적 원칙들이 불가능했고, 오히려 종합적 원칙들은 감성적인 저 직관과 관련해서만, 그러니까 또한 가능한 경험의 대상들과 관련해서만 생길 수 있었다. 지성의 개념들은 이 직관과 결합해서만 우리가 경험이라고 부르는 그런 인식을 가능하게 하는 것이니 말이다.—경험 대상들을 넘어서, 그러니까 예지체로서의 사물들에 대해서 사변 이성이 일체의 적극적인 **인식**을 거절한 것은 완전히 정당한 일이었다.—그럼에도 사변 이성은 예지체의 개념을, 다시 말해 그러한 것을 생

36) 『순수이성비판』, A532~558=B560~586; 『윤리형이상학 정초』, 제3절, 특히 B109=IV453 이하 참조.
37) 곧, 순수 사변 이성 비판, 다시 말해 『순수이성비판』의 분석학에서.

각할 수 있는 가능성을, 아니 필연성을 확실하게 정립했고, 그래서 예컨대 소극적으로 생각된 자유를 가정하는 일을 순수 이론이성의 저 원칙들 및 그 제한들과 전적으로 화해 가능한 것으로서 모든 반박에 대항하여 구출했으며, 그러면서도 그러한 대상들[38]에 대해 어떤 특정한, 확장적인 것을 인식하도록 한 것이 아니라, 오히려 그러한 것에 대한 전망〔가망성〕을 완전히 제거해버린 정도의 작업은 해놓았다. V43

이에 반해 도덕법칙은, 비록 어떠한 **전망**을 주는 것은 아니지만, 그럼에도 불구하고 감성 세계의 일체의 여건과 우리의 이론적 이성 사용의 전 범위로부터는 절대로 설명될 수 없는 사실을 제공한다. 이 사실은 순수한 예지〔오성〕 세계[39]를 고지하며, 더 나아가서는 이 세계를 **적극적으로 규정하고**, 우리로 하여금 이 세계에 관하여 무엇인가를, 즉 하나의 법칙을 인식하도록 한다. A74

이 법칙은 마땅히 (이성적 존재자들과 관련되는 한에서) **감성적 자연**인 감성 세계에다, 감성 세계의 기계성을 깨뜨림이 없이, **초감성적 자연**인 오성 세계의 형식을 부여한다. 그런데 가장 일반적인 의미에서 자연이란

---

38) 곧, '자유'와 같은 예지체들.

39) 원어: Verstandeswelt. 칸트는 Verstand(intellectus)에서 파생한 형용사인 'intellektuell'과 'intelligibel'를 곳에 따라 구별하여 사용하는데, 전자는 '지성적', 후자는 '예지적(叡智的)'이라 옮긴다. '지성적'이라는 형용사는 '인식'을 수식해주는 말로, 따라서 '지성적 인식'이란 '지성에 의한 인식'을 뜻하고, 칸트에게서 모든 경험적 인식은 감각 인상을 재료로 한 지성에 의한 인식이므로, '지성적' 인식에는 그러니까 감각 세계에 관한 것도 포함된다. 반면에 '예지적'은 '대상'을 수식해주는 말이며, 그러므로 예컨대 '예지적 대상'이란 '지성에 의해서만 표상 가능한 것'으로서, 그것은 인간의 감각적 직관을 통해서는 결코 표상될 수 없는 것, 감각을 매개로 하지 않는 직관 능력이 있다면—가령 신적(神的)인—그런 직관에 의해서나 포착될 수 있는 것을 말한다.(『형이상학 서설』, §34, 주: A107=IV316 참조) 그런데 우리 인간에게는 그런 직관 능력이 없으므로 '예지적인 것/예지체(noumenon)'는 오로지 지성을 통해 생각 가능한 것일 따름이다. '예지 세계'란 바로 그런 것을 지시한다. 이것을 '지성 세계'라고 일컬으면 흔히 사용되는 '지성계'와 개념상 혼란을 불러일으킬 가능성이 있으므로, '예지 세계' 또는 '오성 세계'—그러니까 '오성적'은 '지성적'이 아니라 '예지적'을 뜻하는 말로는 때로 사용해도 무방할 것 같다—라고 부르는 것이 좋겠다.

법칙들 아래에 있는 사물들의 실존이다. 이성적 존재자들 일반의 감성적 자연은 경험적으로 조건 지어진 법칙들 아래에 있는 사물들의 실존을 말하고, 그러니까 그것은 이성에 대해서 **타율**이다. 반면에 동일한 이성적 존재자들의 초감성적 자연이란 일체의 경험적 조건에서 독립적인, 그러니까 순수 이성의 **자율**에 속하는 법칙들에 따르는 사물들의 실존을 말한다. 그리고 그에 따라 사물들의 현존이 인식에 의존하는 그런 법칙들은 실천적인 것이므로, 초감성적 자연은, 우리가 그것을 이해할 수 있는 한에서, 다름 아니라 **순수한 실천이성의 자율 아래 있는 자연**이다. 그런데,

A75 이 자율의 법칙은 초감성적 자연 및 순수한 오성 세계의 근본 법칙〔원칙〕이고, 그것의 사본[40]이 감성 세계에, 그럼에도 동시에 감성 세계의 법칙들을 깨뜨림 없이, 실존해야 할 도덕법칙이다. 우리는 전자를 우리가 순전히 이성에서만 인식하는 **원본** 자연(原形 自然)이라고 부를 수 있겠고, 반면에 후자는, 의지의 규정 근거로서 전자의 이념의 가능한 결과를 내용으로 갖는 것이므로, 모상 자연(派生 自然)이라고 부를 수 있겠다. 왜냐하면, 사실상 도덕법칙은 그 이념에 따라 우리를, 순수 이성이, 자기에 알맞은 물리적 능력을 동반하고 있다면, 최고선을 만들어냈을 그런 자연 안에 옮겨놓고, 우리의 의지를 이성적 존재자들의 전체인 감성 세계에 그 형식을 나누어주도록 규정하는 것이니 말이다.

이 이념이 실제로 우리의 의지 규정들에 마치 견본을 위한 도안인 양 놓여 있다는 사실은 자기 자신에 대해 아주 조금만 주목해도 입증되는 바이다.

V44 만약 내가 증거를 제시할 때 따르기로 생각했던 준칙이 실천이성에 의해 검토될 경우, 나는 언제나, 만약 그 준칙이 보편적 자연법칙으로 타당하다면, 그것이 어떻게 될 것인가를 살필 것이다. 이런 경우 누구나 진실성을 강요받게 된다는 것은 명백하다. 왜냐하면, 진술을 증명 자료로

40) 원어: Gegenbild.

삼고자 하면서 의도적으로 거짓되게 하는 일은 자연법칙의 보편성과 양립할 수 없으니 말이다. 마찬가지로, 나의 생명에 대한 자유로운 처분[41] 에 관해 내가 취하는 준칙은, 내가 자연이 자연의 법칙에 따라서 보존되게 하기 위해서는 그 준칙이 어떠해야만 하는가를 물을 때, 곧바로 결정된다. 분명 어느 누구도 그러한 자연에서 자기 생명을 **자의로**〔**의사대로**〕 끝낼 수는 없을 것이다. 왜냐하면, 그런 제도는 영속적인 자연 질서가 될 수 없을 터이기 때문이다. 그리고 나머지 다른 경우들에서도 그러하다. 그런데 경험의 대상인 현실의 자연 안에서 자유의지는 그 스스로 하나의 자연을 보편적인 법칙들에 따라 정초할 수 있을 터인, 또는 보편적인 법칙들에 따라 질서지어졌을 그러한 자연에 저절로 맞는 그러한 준칙들에 저절로 〔따르도록〕 결정돼 있지 않다. 오히려, 순수한 실천적 법칙들에 따라 우리 의지에 의해 가능할 하나의 자연이 아니라, 자연 전체를 정념의(즉 물리적) 법칙들에 따라 결정하는 것은 개인의 경향성들이다. 그럼에도 우리는 이성에 의해, 자연 질서가 동시에 우리 의지에 의해 생겨야만 하는 것인 양, 우리의 모든 준칙들이 종속해 있는 법칙을 의식한다. 그러므로 이것은, 우리가 적어도 실천적 관계에서는 객관적 실재성을 부여하는, 경험적으로-주어지지는 않는, 그럼에도 자유에 의해 가능한, 그러니까 초감성적 자연의 이념일 수밖에 없다. 왜냐하면, 우리는 그것을 순수한 이성적 존재자인 우리들의 의지의 객관으로 보기 때문이다.

A76

그러므로 **의지가 종속해 있는** 자연의 법칙들과 (의지와 그 자유로운 행위들과의 관계에 관련해서) **의지에** 종속해 있는 **자연**의 법칙들 사이의 차이는 다음의 점에 있다. 곧, 전자에 있어서는 객관들이 의지를 규정하는 표상들의 원인일 수밖에 없는 반면에 후자에 있어서는 의지가 객관들의 원인이어야만 하며, 그래서 객관들의 인과성은 그 규정 근거를 단적으로 순수 이성 능력 중에 갖고 있다. 그 때문에 이 순수 이성 능력은 또한 순

A77

41) 예컨대, 자살 같은 것.

수 실천이성이라고 일컬어질 수 있다.

그러므로 어떻게 순수 이성이 **한편으로는** 객관들을 선험적으로 **인식**

V45 **할** 수 있으며, **다른 한편으로는** 어떻게 순수 이성이 직접적으로 의지의 규정 근거가 될 수 있느냐, 다시 말해 (한낱 법칙으로서의 이성 자신의 준칙의 보편타당성이라는 사상에 의해) 객관들의 현실과 관련하여 이성적 존재자의 원인성의 규정 근거가 될 수 있느냐 하는 두 과제는 서로 아주 다른 것이다.

첫 번째 과제는 순수 사변 이성 비판에 속하는 것으로서, 그것이 없으면 우리에게는 도무지 아무런 객관도 주어질 수가 없고, 그러므로 또한 아무런 것도 종합적으로 인식될 수 없는 직관들이 선험적으로 가능한가가 무엇보다도 먼저 설명될 것을 요구한다. 그리고 그 해답인즉, 직관들은 모두 오로지 감성적이며, 따라서 가능한 경험이 미치는 것보다 더 멀

A78 리 가는 어떠한 사변적 인식도 가능하지 못하게 하고, 따라서 저 순수 사변[42] 이성의 모든 원칙들은, 주어진 대상들에 대한 경험이나 또는 무한히 주어질 수는 있으되 결코 완벽하게 주어지지는 않는 그런 대상들에 대한 경험을 가능하게 하는 것 이상은 아무것도 하지 못한다는 것이다.

두 번째 과제는 실천이성 비판에 속하는 것으로서, 욕구 능력의 객관들이 어떻게 가능한가에 대한 설명은 요구하지 않는다. 왜냐하면, 그런 일은 이론적 자연 인식의 과제로서 사변 이성 비판이 맡고 있기 때문이다. 설명이 요구되는 것은 오히려 오로지, 어떻게 이성이 의지의 준칙을 규정할 수 있는가, 과연 그런 일이 단지 규정 근거들로서의 경험적 표상들[43]에 의거해서만 생기는가, 또는 과연 순수 이성이 또한 실천적이고, 가능한, 전혀 경험적으로 인식될 수 없는 자연 질서의 법칙이겠는가이다. 그 개념이 동시에 우리의 자유의지에 의해 그것의 현실성의 근거일 수 있는 그러한 초감성적 자연의 가능성은 (예지의 세계에 대한) 아무런 선

---

42) AA에 따름. 칸트 원문은 "실천".

43) AA에 따름. 칸트 원문은 "표상".

험적 직관도 필요로 하지 않는다. 그리고 이 경우에 선험적 직관은 초감성적인 것으로서 우리에게는 또한 불가능한 것임에 틀림없겠다. 왜냐하면, 의욕의 준칙들에서 문제가 되는 것은 오로지 그 의욕의 규정 근거에 관한 것, 곧 그것이 경험적인 것이냐, 아니면 (순수 이성 일반의 합법칙성에 관한) 순수 이성의 개념이냐, 그리고 어떻게 그것이 후자일 수 있느냐이기 때문이다. 의지의 원인성이 객관들의 실현을 위해 충분한가 어떤가의 문제는, 의욕의 객관들의 가능성에 대한 연구로서, 평가하는 이성의 이론적 원리들에 맡겨져 있다. 그러므로 의욕의 대상들에 대한 직관은 실천적 과제에서는 전혀 아무런 요소도 되지 못한다. 여기서 문제가 되는 것은 오직 의지의 규정 및 자유의지로서 이 의지의 준칙의 규정 근거일 뿐, 그 성공이 아니다. 왜냐하면, 만약 **의지**가 오로지 순수 이성에 대해서만 합법칙적이라면, 수행함에서 의지의 **능력**이 어떠한가는 아무래도 좋기 때문이다. 이런 가능한 자연의 법칙 수립의 준칙들에 따라서 그러한 자연이 그로부터 생기느냐 않느냐는 아무래도 좋다. 순수 이성이 과연 그리고 어떻게 실천적일 수 있느냐, 다시 말해 직접적으로 의지 규정적일 수 있느냐를 탐구하는 비판은 이런 문제에 대해서는 전혀 관심을 두지 않는다.

A79

V46

그러므로 이 작업에서 비판은 아무런 흠 없이 순수한 실천 법칙들 및 그것들의 현실성[44]으로부터 시작할 수 있고, 시작해야만 한다. 그런데 비판이 이 법칙들의 기초에 두는 것은 직관 대신에 예지 세계에서의 이 법칙들의 현존 개념, 곧 자유의 개념이다. 왜냐하면, 이 자유의 개념이 의미하는 바는 다른 것이 아니라, 저 법칙들은 의지의 자유와 관련해서만 가능하며, 그러나 의지의 자유의 전제 아래에서는 필연적이고, 또는 뒤집어 말한다면, 저 법칙들은 실천적 요청들로서 필연적이기 때문에, 의지의 자유는 필연적이라는 것이다. 도덕법칙들에 대한 이 의식이, 또

44) 곧, 순수한 실천 법칙들이 있다는 사실.

A80 는 같은 말이지만, 자유에 대한 의식이 어떻게 가능한가는 더 이상 설명될 수가 없고, 다만 자유가 허용될 수 있음은 이론적 비판에서 충분히 변호되어 있다.

실천이성의 최상 원칙에 대한 **해설**[45]은 기왕에 했다. 다시 말해, 첫째로, 그것이 무엇을 내용으로 갖는가와, 그것은 전적으로 선험적이고 또 경험적 원리들로부터 독립해 독자적으로 성립한다는 것, 그리고 이어서 그것이 어느 점에서 나머지 다른 모든 실천 원칙들과 구별되는가를 밝혔다. **연역**과 관련해서는, 다시 말해 그것의 객관적 보편적 타당성에 대한 정당화 및 그러한 선험적 종합 명제의 가능성에 대한 통찰[46]과 관련해서는 우리는 순수 이론적 지성의 원칙들을 가지고 접근했던 것만큼 전진할 수 있을 것으로 기대해서는 안 된다. 왜냐하면, 이것들[47]은 가능한 경험의 대상들, 곧 현상들과 관계했고, 그래서 우리는, 이 현상들이 저 법칙들에 준거해서 범주들 아래로 보내짐으로써만 경험의 대상들로 **인식**될 수 있으며, 따라서 모든 가능한 경험은 이 법칙들에 알맞을 수밖에 없다는 것을 증명[48]할 수 있었기 때문이다. 그러나 나는 도덕법칙의 연역에서는 그러한 경로를 취할 수가 없다. 왜냐하면, 그것은 어떻게든 외부로

45) 『순수이성비판』에서도 그렇게 사용했듯이, 칸트는 여기서도 '해설(Exposition/Erörterung)'과 '연역(Deduktion)'을 사실상 같은 의미로 쓴다. 제1 비판의 감성학에서 칸트는 '형이상학적 해설'이라는 이름 밑에서 공간 · 시간 표상의 선험적 원천 해명을, '초월적 해설'이라는 이름 밑에서 이 두 선험적 표상의 객관적 타당성 해명을 수행한 반면에, 논리학에서는 '형이상학적 연역'(*KrV*, B159 참조)이라는 이름 밑에서 순수 지성 개념들의 선험적 원천 해명을, '초월적 연역'이라는 이름 밑에서는 마찬가지로 이것들의 객관적 타당성 해명을 했다. 이제 『실천이성비판』의 이 대목에서 칸트는 '해설'은 실천이성의 최고 원칙의 선험성 해명에, '연역'은 이것의 객관적 타당성 해명에 대하여 쓰고 있는 것이다.

46) 문맥상 어느 대목까지 '연역'과 동격으로 볼 것인가가 분명하지는 않지만, 이렇게 옮기는 것이 무난할 것 같다. 제1 비판의 순수 지성 개념들의 연역에 견주어보자면, '정당화'는 '초월적 연역'에, '통찰'은 '형이상학적 연역'에 상응한다.

47) 곧, 순수 이론적 지성의 원칙들.

48) 곧, 『순수이성비판』의 '순수 지성 개념의 연역'에서.(*KrV*, A84=B116 이하)

부터 이성에게 주어질 수 있는 대상들의 성질에 대한 인식에 관계하는 것이 아니라, 오히려 그 인식이 대상들 자체의 실존 근거가 될 수 있는, 그러니까 이성이 이 인식을 통해 이성적 존재자에 있어서 원인성을 갖는 한의, 다시 말해 이성이 직접적으로 의지를 규정하는 능력으로 간주될 수 있는 순수 이성인 한의, 그런 인식에 관계하는 것이기 때문이다. A81

그러나 무릇 인간의 모든 통찰은 우리가 근본 역량들 내지 근본 능력들에 이르자마자 끝난다. 왜냐하면, 그런 능력들의 가능성은 무엇에 의해서도 파악될 수 없고, 그러나 또한 임의로 꾸며내지거나 가정돼서도 안 되기 때문이다. 따라서 이성의 이론적 사용에서 우리로 하여금 그러한 능력들을 가정할 권리를 줄 수 있는 것은 경험뿐이다. 그러나 여기 순수 실천이성 능력과 관련해서는 선험적 인식 원천들로부터의 연역 대신에 경험적 증명들을 끌어대는 이런 임시변통의 수단이 우리에게 없다. 왜냐하면, 자기의 현실성의 증명 근거를 경험으로부터 이끌어올 필요가 있는 것은 그 가능성의 근거들로 볼 때 경험원리들에 의존할 수밖에 없는데, 그러나 순수하고도 실천적인 이성은 그것의 개념상 그러한 것으로 본다는 것이 불가능하니 말이다. 또한 도덕법칙은 흡사, 우리가 선험적으로 의식하고, 그리고 명증적으로 확실한, 순수 이성의 사실처럼 주어져 있다. 설령 우리가 경험에서 그것이 정확하게 준수되는 실례를 찾아내지 못한다고 하더라도 말이다. 그러므로 도덕법칙의 객관적 실재성은 어떠한 연역에 의해서도, 어떠한 이론적, 사변적 혹은 경험적으로 뒷받침된 이성의 노력에 의해서도 증명될 수가 없고, 그러므로 사람들이 그것의 명증적 확실성을 포기하고자 한다 할지라도, 어떠한 경험에 의해서도 확인될 수가 없고, 그래서 후험적으로 증명될 수가 없으며[49], 그럼에도 그 자체로 확고하다. V47 A82

도덕원리에 대한 연역의 추구가 허사로 끝난 대신에 그러나 다른 어

49) 원문에는 부정(否定)사가 없으나, 앞의 "어떠한 연역에서도 〔…〕 수가 없고"의 맥락으로 보아 부정사 'keine'를 넣어 해석해야 할 것 같다.

떤, 전혀 상식 밖의 일이 등장한다. 곧, 거꾸로 도덕원리 자체가 하나의 이루 다 탐색해낼 수 없는 능력의 연역 원리로 쓰이는 일이 등장하는 것이다. 어떠한 경험도 이 능력을 증명할 수는 없지만, 그러나 사변 이성은 (자기모순에 빠지지 않고자, 그의 우주론적 이념들 중에서 인과성에 따라 무조건〔무제약〕자를 발견하기 위해) 이 능력, 곧 자유의 능력을 적어도 가능한 것으로 가정할 수밖에 없었다. 그 자신 아무런 정당화해주는 근거들을 필요로 하지 않는 도덕법칙은 이 자유의 가능성뿐만 아니라 현실성을 이 법칙이 자신들을 구속하는 것으로 인식하는 존재자들[50]에서 증명한다. 도덕법칙은 사실상 자유에 의한 인과의 법칙이고, 그러므로 초감성적 자연을 가능하게 하는 법칙이다. 감성 세계 안의 사건들의 형이상학적 법칙이 감성적 자연의 인과법칙이었던 것처럼 말이다. 그러므로 저 도덕법칙은 사변철학이 무규정적으로 남겨둘 수밖에 없었던 것, 곧 그것의 개념이 사변철학에서는 단지 소극적이었던 그런 인과성의 법칙을 규정하고, 그래서 이 법칙에다 비로소 객관적 실재성을 부여한다.

A83 V48 도덕법칙이라는 이런 종류의 신임장은, 이론이성이 적어도 자유의 가능성을 **상정하지** 않을 수 없었기 때문에, 도덕법칙 자체가 순수 이성의 원인성으로서의 자유의 연역 원리로 제시된 것이므로, 모든 선험적인 정당화 대신에 그러한 이론이성의 필요를 충족시키기에 온전히 충분하다. 왜냐하면, 도덕법칙은 그 실재성을 다음의 사실을 통해 사변 이성 비판까지도 만족시킬 만큼 증명하고 있으니 말이다. 즉 도덕법칙은 사변 이성에게는 그 가능성이 이해될 수 없었으나, 그럼에도 그것을 받아들이지 않을 수 없었던, 한낱 소극적으로 생각된 〔자유의〕 원인성에다가 적극적 규정, 곧 의지를 직접적으로 (의지의 준칙들의 보편적인 법칙적 형식이라는 조건에 의해) 규정하는 이성 개념을 덧붙이고, 그렇게 해서, 이념들을 가지고서 사변적으로 일을 처리하고자 했을 때는 언제나 경계를 넘어서게

50) 곧, 사람들.

되었던 이성에게 처음으로 객관적인—단지 실천적인 것이기는 하지만—실재성을 줄 수 있으며, 이성의 **초험적** 사용을 **내재적** 사용으로 (경험의 영역에서 이념들 자신에 의해 작용하는 원인[51]이도록) 전환시킨다.

감성 세계의 존재자들의 원인성 그 자체의 규정은 결코 무조건적일 수 없었다. 그럼에도 조건들의 모든 계열에 대해 반드시 무조건적인 어떤 것, 그러니까 또한 자기를 전적으로 스스로 규정하는 원인성은 있어야만 한다. 따라서 절대적 자발성의 능력으로서 자유의 이념은 순수 사변 이성의 필요가 아니라, 오히려, **그것의 가능성에 관한 한**, 순수 사변 이성의 분석적 원칙이었다. 그러나 현상들로서 사물들의 원인들 가운데서 절대적으로 무조건적인 원인성 규정은 발견될 수 없으므로, 자유 이념에 알맞은 실례를 어떤 경험 중에서라도 제시한다는 것은 절대적으로 불가능하기 때문에, 우리는 자유롭게 행위하는 원인이라는 **사상**〔생각된 것〕만을, 우리가 이 사상을 다른 한편으로는 예지체로도 고찰되는 한의 감성 세계의 한 존재자[52]에게 적용할 때에, **변호**할 수 있었다. 즉 이 존재자의 모든 행위들이 현상인 한에서 모두 물리적으로 조건 지어진 것이라고, 그러면서도 동시에 그 행위들의 원인성은, 이 행위하는 존재자가 예지적 존재자인 한에서, 무조건적인 것이라 간주한다는 것이, 그래서 자유 개념을 이성의 규제적 원리로 삼는 것이 모순되지 않음을 지적함으로써 말이다. 나는 비록 이 규제적 원리를 가지고서 그 같은 원인성이 부가되는 대상이 무엇인가 전혀 인식하지는 못하지만, 그럼에도 장애는 제거한 것이다. 한편으로는 세계 사건들을 설명함에 있어서, 그러니까 물론 이성적 존재자들의 행위들을 설명함에 있어서 조건 지어진 것으로부터 조건으로 무한히 소급해가는 자연 필연성의 기계성을 공정하게 다루면서도, 그러나 다른 한편으로는 사변 이성에게 그것에게는 빈 자리를 비워둠으로써 말이다. 곧 예지적인 것을, 거기에 무조건〔무제약〕자를

A84

V49

A85

51) 칸트 원문대로 읽으면 "원인들".

52) 곧, 사람.

옮겨놓기 위해, 비워둠으로써 말이다. 그러나 나는 이 **사상**〔생각된 것〕을 **실재화**할 수가 없었다. 다시 말해, 이 사상을 그렇게[53] 행위하는 존재자의 **인식**으로—순전히 그것의 가능성의 면에서도—전환시킬 수 없었다. 이제 순수 실천이성은 이 공허한 자리를 (자유에 의한) 예지 세계에서의 일정한 인과성의 법칙, 곧 도덕법칙으로써 메운다. 이를 통해 사변 이성에게는 비록 통찰과 관련해서는 아무것도 얻어지는 바가 없지만, 그럼에도 자유라는 문제 있는 개념의 **안전**과 관련해서는 얻어지는 바가 있다. 여기에서 이 자유의 개념에 **객관적**인, 비록 단지 실천적이기는 하지만, 그럼에도 의심할 여지없는 **실재성**이 부여되는 것이다. (순수 이성 비판이 증명한 바와 같이) 그것의 적용, 그러니까 그것의 의미가 본래, 현상들을 경험으로 결합하기 위해, 현상들과의 관계에서만 생기는 인과성 개념조차를 사변 이성은 정해진 한계**들을**[54] 넘어서까지 확장할 만큼 그 정도로 확대하지는 않는다. 왜냐하면, 만약 이성이 거기에까지 미쳤다면, 이성은 어떻게 근거와 귀결의 논리적 관계가 감성적 직관과는 다른 종류의 직관에서 종합적으로 사용될 수 있는가를, 다시 말해 어떻게 叡智體原因[55]이 가능한가를 제시하려 했어야만 할 것이었으니 말이다. 그러나 이성은 이런 일은 도무지 할 수가 없고, 실천이성으로서도 이 같은 일은 전혀 고려하지 않는다. 이성은 감성적 존재자로서의 인간의 (주어져 있는) 인과성의 **규정 근거**만을 **순수 이성**—그렇기에 실천적이라고 일컬어지는—**에** 둘 따름이다. 그러므로 이성은 원인 개념 자체를—이론적 인식을 위한 이 원인 개념의 객관들에 대한 적용을 이성은 여기서는 완전히 도외시할 수 있다(왜냐하면, 이 개념은 언제나 지성 중에서, 일체의 직관으로부터 독립해서도, 선험적으로 발견되니까 말이다)—대상들을 인식하기 위해

A86

53) 곧, 자유롭게.

54) B판: "한계를".

55) 원어: causa noumenon. 이와 관련하여 causa phaenomenon은 '現象體 原因', Phaenomenon은 '현상(체)', Noumenon은 '예지체〔叡智體, 예지적인 것〕'라고 옮긴다.

서가 아니라, 대상들 일반과 관련해서 인과성을 규정하기 위해서, 그러므로 다름 아니라 오로지 실천적 관점에서만 사용하고, 따라서 의지의 규정 근거를 사물들의 예지적 질서에 옮겨놓을 수가 있다. 이성 자신이 동시에, 이러한 사물들을 인식하기 위해서 이 원인 개념이 어떤 종류의 규정을 가질 수 있는가에 대해서는 전혀 이해하지 못함을 기꺼이 고백하면서도 말이다. 감성 세계에서의 의지의 행위들과 관련한 인과성을 이성은 물론 어떤 방식으로든 인식해야만 한다. 그렇지 않으면 실천이성이 실제로 아무런 행동을 낳을 수 없을 테니 말이다. 그러나 이성이 예지체로서 그의 고유한 원인성에 관해 만든 이 개념을 이성은 그것의 초감성적 실존을 인식하기 위하여 이론적으로 규정하는 데 쓰지 않고, 그러므로 그런 한에서 그 개념에다 의미를 줄 수 있는 데 쓰지 않는다. 왜냐하면, 이 개념은 그렇지 않아도, 비록 단지 실천적 사용을 위해서이기는 하지만, 곧 도덕법칙을 통해 의미를 얻으니 말이다. 또한 이론적으로 고찰하자면, 이 개념은 언제나 순수한, 선험적으로 주어진 지성 개념으로 남아 있어, 그것은 대상들이 감성적으로 주어지든 비감성적으로 주어지든 대상들에 적용될 수가 있다. 비록 이 개념이 후자의 경우에는 아무런 일정한 이론적 의미나 적용을 갖지 않고, 한낱 객관 일반에 대한 지성의 형식적인, 그럼에도 본질적인 사상이긴 하지만 말이다. 이성이 도덕법칙을 통해 이 개념에게 부여하는 의미는 단적으로 실천적이다. 곧 (의지의) 인과성의 법칙이라는 이념은 그 자신 인과성을 가지며, 또는 그 인과성의 규정 근거이기 때문이다.

V50

A87

II.
사변적 사용에서는 그 자체로 가능하지 않은 순수 이성의 확장을 위한 실천적 사용에서의 순수 이성의 권한에 대하여

우리는 도덕의 원리에 그 규정 근거를 감성 세계의 모든 조건들 너머에 두는 하나의 인과성 법칙을 세웠다. 그리고 우리는 의지를 마치 그것이 예지의 세계에 속하는 것으로 규정될 수 있는 것인 양, 그러니까 이 의지의 주체(즉 인간)를 단지 순수한 예지 세계에 속한다고—비록 이런 A88 점에서 (순수 사변 이성 비판에 의해 일어날 수 있었던 바대로) 우리에게 알려지지 않은 것이긴 하지만—**생각**했을 뿐만 아니라, 그 의지를 또한 전혀 감성 세계의 자연법칙의 하나로 볼 수 없는 한 법칙에 의거하는 인과성과 관련하여 **규정**하였고, 그래서 우리 인식을, 순수 이성 비판이 모든 사변에서의 그러한 월권을 무의미한 것이라고 설명한 바 있던, 감성 세계의 한계들 너머에까지 **확장**하였다. 그러면 여기서 어떻게 순수 이성의 실천적 사용은 그것의 이론적 사용과 그 능력의 한계 규정과 관련하여 합일할 수 있는가?

순수 이성에 대한 철저한 연구를 불가피하게 만든, 순수 이성의 권리들에 대한 전면적 공격을 진정으로 시작했다고 말할 수 있는 **데이비드** V51 **흄**은 다음과 같이 결론지었다[56]: **원인** 개념은 서로 다른 것의 실존의 연결의 **필연성**을, 그것도 그것이 서로 다른 것인 한에서, 함유한다. 그래서, 만약 A가 세워지면, 이것과는 전혀 다른 어떤 것, B 또한 필연적으로 실존해야 함을 나는 인식한다. 그러나 필연성은 선험적으로 인식되는 한에서만 그 연결에 부가될 수 있는 것이다. 왜냐하면, 경험은 어떤 결합에 대하여 그것이 있다는 것을 인식하게는 하지만, 그것이 그와 같이 필연

56) 특히 D. Hume, *A Treatise of Human Nature*, bk I, part III, sect. XIV; *An Enquiry concerning Human Understanding*, sect. VII 참조.

적으로 있어야 한다는 것을 인식하게 하지는 않으니 말이다. 그런데 **흄**은, 한 사물과 **또 다른** 사물 (내지는 한 규정과 이와는 전혀 다른 또 하나의 규정) 사이의 결합은, 만약 그것들[57]이 지각에 주어지지 않는다면, 선험적으로 그리고 필연적인 것으로 인식한다는 것은 불가능하다고 말한다. 그러므로 원인이라는 개념 자체가 거짓되고 기만적인 것이며, 가장 온건하게 표현해, 죄책 없는 사기라는 것이다. 왜냐하면, 빈번하게 서로 곁하여 그리고 서로 잇따라 있는 어떤 사물들 내지 그것들의 규정들을 그것들이 실존상 서로 동반하는 것으로 지각하는 **습관**(즉 하나의 **주관적** 필연성)은 부지불식간에 대상들 자체 안에다 이러한 결합을 두는 **객관적** 필연성으로 받아들여지고, 그렇게 해서 원인이라는 개념이 정당성 없이 사취되지만, 그러나 정말이지 〔이것은〕 결코 〔정당하게는〕 얻어지거나 용인될 수 없는 것이기 때문이다. 이 원인 개념은 어떠한 객관도 그에 상응하는 바 없는, 그 자체로 아무것도 아닌, 환영〔幻影〕의, 어떠한 이성으로부터도 지지 받을 수 없는 연결을 요구하니 말이다.—이로써 처음으로 사물들의 실존과 관련한 모든 인식에 대해, (그러므로 수학은 여기서 제외되었거니와,) **경험주의**가 원리들의 유일한 원천으로 도입되었고, 그러나 이와 함께 동시에 전체 자연과학과 관련해서조차도 매우 강한 (철학으로서의) **회의론**이 등장했다. 왜냐하면, 그러한 원칙들에 따르면 우리는 결코 사물들의 주어진 규정들로부터 실존상의 결과를 **추리해**낼 수는 없고,—이를 위해서는 그러한 연결의 필연성을 함유하는 원인 개념이 요구될 것이기 때문이다—단지 상상력의 규칙에 따라 보통 그러하듯이 유사한 경우들을 기대할 수 있을 뿐이니 말이다. 그러나 그러한 기대는, 설령 자주 들어맞는다 하더라도, 결코 확실한 것이 아니다. 정말이지 어떠한 사건에 있어서도 사람들은, 이 사건에 대해 이 사건이 **필연적으로** 그에 후속하는 어떤 것이 선행**해야만 한다**고, 다시 말해 그 사건은 **원인**을 가져

A89

A90

57) 곧, 그 사물들 (내지 규정들).

야만 한다고 말할 수는 없을 것이다. 그러므로 설령 그로부터 하나의 규칙이 도출될 수 있을 정도로 그와 같은 것이 선행하는 더욱 빈번한 경우들을 안다 할지라도, 그렇다 해서 그것이 항상 그리고 필연적으로 그와 같은 방식으로 생긴다고 받아들일 수는 없을 것이고, 그래서 일체의 이

V52 성 사용이 멈춰서는 맹목적 우연에도 그 권리를 인정하지 않을 수 없을 것이다. 이런 사태야말로 결과들로부터 원인들로 소급해가는 추리들과 관련해서 회의론을 확립하고 거부할 수 없도록 만드는 것이다.

그런 중에도 수학은 여전히 화를 잘 피했다. 왜냐하면, **흄**은 수학의 명제들은 모두 분석적이라고, 다시 말해, 한 규정으로부터 다른 규정으로 그 동일성으로 말미암아, 그러니까 모순율에 따라서 전진한다고 생각했기 때문이다. (그러나 이런 생각은 잘못된 것이다. 수학의 명제들은 모두가 오히려 종합적이니 말이다. 예컨대 기하학은 사물들의 실존이 아니라, 단지 가능한 직관에서의 사물들의 선험적 규정만을 다루지만, 그럼에도 마치 인과 개념들에 의한 것과 똑같이 A라는 규정으로부터 이와는 전혀 다른 B라는 규정으로,

A91 그러면서도 필연적으로 연결되어 넘어간다.) 그러나 그 명증적 확실성으로 인해 그렇게나 높게 칭송받던 저 학문도, **흄**이 원인의 개념에다 객관적 필연성 대신에 습관을 놓았던 바로 그 근거에서 결국은 **원칙상의 경험주의**에 굴복할 수밖에 없고, 그 자신의 온갖 자부에도 불구하고 그의 대담한, 선험적으로 규정을 명하는 요구들을 기각하는 데 동의할 수밖에 없으며, 기하학자가 원칙들로 제시하는 것을 그들 또한 언제나 그렇게 지각하며, 그래서 그것이 비록 필연적이지는 않지만, 그럼에도 필연적인 것이라 기대해도 좋다고 허용할 것이라 고백하기를 서슴지 않는 증인으로서 관찰자들의 호의에 그 명제들의 보편타당성에 대한 찬사를 기대할 수밖에 없다. 이렇게 해서 **흄**의 원칙상의 경험주의는 수학에 관해서조차도, 따라서 이성의 일체 **학문적** 이론적 사용에 있어서 불가피하게 회의론에 이른다. (이성의 이론적 사용은 철학에 속하거나 수학에 속하니 말이다.) (사람들이 인식의 중요 부문들에서 마주쳐보게 되는 바와 같은 처참한 전복에

서) 보통의 이성 사용이 과연 더 좋은 성공을 거둘 것인지, 아니면 오히려 이 같은 모든 지식의 파괴에 돌이킬 수 없이 빠져들게 될 것인지, 그러니까 동일한 원칙들로부터 하나의 **보편적** 회의론이 나올 수밖에 없지 않는지, (물론 이 회의론은 학자들에게만 들어맞겠지만), 이 문제를 나는[58] 각자에게 스스로 판정하도록 맡겨 두는 바이다. A92

그런데 순수 이성 비판에서의 나의 작업에 대해 말할 것 같으면, 그것은 저런 **흄**의 회의론에 자극받은 것이기는 했다.[59] 그럼에도 그것은 훨씬 더 나아가 종합적으로 사용되는 순수 이론이성의 전 분야, 그러니까 일반적으로 형이상학이라고 일컬어지는 것의 전 분야도 포괄하는 것이었다. 그래서 나는 인과성 개념에 대한 저 스코틀랜드 철학자의 회의와 관련하여 다음과 같은 태도를 취했다. 만약 **흄**이 (거의 어디서나 일어나는 바처럼) 경험의 대상들을 **사물들 그 자체**로 여겼다면, 그가 원인 개념을 기만적이고 헛된 환영〔幻影〕이라고 설명한 그 점에서 그는 전적으로 옳았다. 왜냐하면, 사물들 그 자체와 그것들의 규정들 자체에 관해서는, 어떤 것 A가 세워진다 해서 바로 그 때문에 다른 어떤 것 B가 또한 어떻게 필연적으로 세워져야 하는가가 통찰될 수 없고, 그러므로 그는 사물들 그 자체에 대한 그러한 선험적 인식을 결코 인정할 수가 없었을 것이기 때문이다. 더욱이 이 명민한 사람[60]은 이 개념[61]의 경험적 근원을 허용할 수가 없었다. 왜냐하면, 이 개념은 인과성 개념의 본질을 이루는 연결의 필연성과 정면으로 배치되었기 때문이다. 그래서 이 개념은 추방되었고, 그 자리에 지각들의 과정을 관찰하는 데 있어서의 습관이 등장하였다. V53

58) AA에 따라 삽입하여 읽음.

59) 이에 대해 칸트는 이미 『형이상학 서설』(1783)에서도 말했다. "나는 솔직히 고백하거니와, 데이비드 흄의 환기야말로 수년 전에 처음으로 나의 교조적 선잠을 중단시키고, 사변 철학의 분야에서 나의 연구들에 전혀 다른 방향을 제시했던 것이다."(*Prol*, A13=IV260)

60) 곧, 흄.

61) 곧, '사물 그 자체'라는 개념.

A93 그러나 나의 연구로부터 얻은 결론은, 우리가 경험 중에서 관계하는 대상들은 결코 사물들 그 자체가 아니라, 한낱 현상들일 뿐이요, 또 비록 사물들 그 자체에 있어서는, A가 세워지면 이 A와는 전혀 다른 B를 세우지 않는 일이 어떻게 **모순적**이어야 하는가가 (즉 원인 A와 결과 B 사이의 연결의 필연성이)[62] 전혀 간취될 수 없으며, 정말 통찰 불가능하다 할지라도, 그럼에도 현상들로서 그것들[63]은 **하나의 경험 중에서** 일정한 방식으로 (예컨대, 시간 관계에서) 필연적으로 결합되어 있어야만 하며, 그에 의거해 이 경험이 가능하고 이 경험 중에서만 그것들이 대상들이며 우리에게 인식될 수 있는 이 결합에 **모순**되지 않고서는 그것들을 분리할 수 없다는 것이 충분히 생각될 수 있다는 것이었다. 그리고 실제로 그 일은 성취되었다. 그리하여 나는 원인 개념을 현상의 대상들과 관련하여 그 객관적 실재성을 증명할 수 있었을 뿐만 아니라, 그 개념이 수반하는 연결의 필연성으로 인해 그 개념을 또한 선험적 개념으로 **연역**할 수가 있었다. 다시 말해 그것의 가능성을 경험적 원천 없이도 순수 지성으로부터 밝힐 수 있었다. 그래서 나는 그것[64]의 기원에 관한 경험주의를 제거한 후에, 이 경험주의의 불가피한 귀결인 회의론을, 가능한 경험의 대상들과 관계하는 두 학문 중에서 먼저 자연과학과 관련하여, 그리고 다음에 A94 는 전적으로 똑같은 근거에서 나오는 귀결인 까닭에 또한 수학과 관련해 V54 서도 제거할 수 있었고, 이로써 이론이성이 통찰한다고 주장하는 모든 것에 대한 전체적인 회의를 근본적으로 제거할 수 있었다.

그러나 어떻게 이 인과성 범주가 (그리고 또한 여타의 모든 범주가,—이 범주들 없이는 실존하는 것에 대한 어떠한 인식도 성립되지 않으므로—) 가능한 경험의 대상들이 아닌, 오히려 이 경험의 한계를 벗어나 있는 사물들에 적용되겠는가? 나는 이 개념들의 객관적 실재성을 오로지 **가능한 경**

62) 모순 불가능성은 필연성이므로.

63) 곧, A와 B.

64) 곧, 원인 개념.

험의 대상들과 관련해서만 연역할 수 있었으니 말이다. 그러나 바로, 내가 이 개념들을 이 경우에서도 구출했던 일, 즉 내가 그로써 객관들이 비록 선험적으로 규정되지는 않지만 **생각**될 수는 있음을 지적했던 일, 이 일은 범주들에게 순수 지성 안에 자리를 만들어주는 일이다. 이 지성에 의해 범주들은 객관들 일반—감성적인 것이든 비감성적인 것이든—과 관계를 맺는다. 무엇인가 아직 결여된 것이 있다면, 그것은 이 범주들, 특히 인과성 범주를 대상들에 대해 **적용**하는 조건, 곧 직관이다. 직관은, 그것이 주어지지 않는 곳에서는, 예지체로서의 대상에 대한 **이론적 인식을 위한** 그 적용을 불가능하게 만들며, 그래서 그런 적용은, 만약 누군가가 그런 일을 감행한다면(순수 이성 비판에서 일어났던 바와 같이), 전적으로 거부당한다. 그럼에도 그 개념[65]의 객관적 실재성은 여전히 남아 예지체에 대해서도 사용될 수 있다. 이 개념을 이론적으로 조금도 규정하지 못하고, 그럼으로써 아무런 인식을 낳을 수 없으면서도 말이다. 왜냐하면, 이 개념이 한 객관과 관계 맺는 데에 불가능함이 없다는 것은 이 개념이 감관의 대상들에 적용되는 모든 경우들에 있어서도 그것의 자리는 순수 지성 안에서 확보되었다는 사실로써 증명되었기 때문이다. 이로써 이 개념이 가령, (경험의 대상들일 수 없는) 사물들 그 자체와 관계 맺어질 때, 이론적 인식을 위한 **한 일정한 대상** 표상을 위해 아무런 규정도 할 수 없을지라도, 그럼에도 이 개념은 언제나 다른 어떤 (아마도 실천적인) 목적을 위해서는 그것을 적용하기 위한 규정을 할 수 있겠다. 〔그러나〕 만약 **흄**이 본 것처럼 이 인과성 개념이 도무지 생각 불가능한 무엇인가를 함유하고 있다면, 이런 일은 있을 수 없을 터이다.

A95

이제 문제가 되고 있는 이 개념을 예지체에 적용하는 조건을 발견하기 위해서는 우리는 단지, **왜 우리가 이 개념을 경험 대상들에 적용하는 것에 만족하지 않고**, 이 개념을 또한 기꺼이 사물들 그 자체에 대해서도

65) 곧, 인과성 개념.

사용하고 싶어 하는가만을 되돌아볼 필요가 있다. 그러면 그때 우리에게 이를 필연적으로 만드는 것은 이론적 의도가 아니라 실천적 의도임이 이내 드러난다. 사변을 위해서는, 설령 그런 일이 성취된다 해도, 자연 인식에서 그리고 도대체가 어떻게든 우리에게 주어지는 대상들과 관련해서는 진정으로 얻는 것이라고는 아무것도 없을 터이고, 오히려 근거들 쪽에 대한 우리 인식을 완성하고 한계 짓기 위해서 어찌됐든 감성적으로 조건 지어진 것—이에 머물러 원인들의 연쇄를 끝까지 둘러보기 위한 것만으로도 우리는 이미 충분한 일거리를 가지고 있다—으로부터 우리는 초감성적인 것으로 큰 걸음을 내딛는 터이다. 그러나 저 한계와 우리가 알고 있는 것 사이의 끝없는 간극은 언제나 메워지지 않은 채로 남아 있고, 그래서 우리는 철저한 지식욕보다는 오히려 허황된 호기심에 귀 기울이는 터이다.

V55 A96

그러나 **지성**은 (이론적 인식에서) 대상들과 맺고 있는 관계 외에 또한 욕구 능력과의 관계를 가지고 있고, 이 때문에 욕구 능력은 의지라고 일컬어지며, 순수 지성이—이런 경우에는 이성이라고 일컬어지는바—순전한 법칙 표상에 의해 실천적인 한에서는, 순수 의지라고 일컬어진다. 순수 의지의 또는, 같은 말이지만, 순수 실천이성의 객관적 실재성은 도덕법칙 안에 선험적으로 마치 하나의 사실에 의해서인 양 주어져 있다. 왜냐하면, 우리는 〔그것을〕 불가피한 의지 규정이라고 부를 수 있기 때문이다. 비록 그 의지 규정은 경험적 원리들에 의존돼 있지 않음에도 불구하고 말이다. 그런데 의지라는 개념 안에는 원인성의 개념이 이미 함유되어 있고, 그러니까 순수 의지라는 개념 안에는 자유와 함께하는 원인성 개념이 함유되어 있다. 다시 말해, 이 원인성은 자연법칙들에 따라 규정될 수 없는 것이며, 그것[66]의 실재성을 증명하는 것으로 경험적 직관을 끌어댈 수 없는 것이다. 그럼에도 이 원인성은 순수한 실천 법칙에

A97

66) 곧, 순수한 (자유) 의지.

서 선험적으로 그 객관적 실재성을, (쉽게 통찰되는 바처럼) 이성의 이론적 사용을 위해서가 아니라 순전히 실천적 사용을 위해서 완전하게 정당화한다. 무릇 자유의지를 가진 존재자 개념은 叡智體 原因이라는 개념이다. 그리고 이 개념이 자기 모순적이 아님은[67] 이미 원인이라는 개념은 전적으로 순수 지성으로부터 생겨난 것으로서, 대상들 일반과 관련하여 그것의 객관적 실재성 개념 또한 연역을 통해 확인된다는 사실에 의해 확인된다. 이때 원인 개념은 그것의 근원상 일체의 감성적 조건들로부터 독립적이며, 그러므로 스스로 현상들에 국한되지 않고, (이것이 이론적으로 규정적으로 사용되지만 않는다면[68]) 물론 순수 예지 존재자로서 사물들에게 적용될 수 있을 것이다. 그러나 이러한 적용의 바탕에는 언제나 감성적으로만 주어질 수 있는 것인 직관이 놓여 있을 수 없으므로, 叡智體 原因은 이성의 이론적 사용과 관련하여, 비록 가능한, 생각할 수 있는 개념이긴 하지만, 그럼에도 공허한 개념이다. 그런데 이제 나는 또한 그렇기에, 한 존재자가 **순수 의지**를 갖는 **한에서**, 그 존재자의 성질을 **이론적으로 알기**를 요구하지 않는다. 나에게는, 그 존재자를 그로써 단지 그러한 존재자라고 표시하고, 그러니까 단지 원인성 개념을 자유 개념과 (그리고 이와 분리시킬 수 없는 일이겠지만, 이 자유의 규정 근거인 도덕법칙과) 결합하는 일만으로 충분하다. 그런데 원인 개념의 순수한, 비경험적인 근원으로 말미암아 물론 그러한 권한이 나에게 허여〔許與〕된다. 나는 그 개념을 그 개념의 실재성을 규정하는 도덕법칙과 관련해서만 사용할, 다시 말해 실천적으로만 사용할 권한을 보유하고 있기 때문이다.

V56

A98

만약 내가 **흄**처럼 인과성 개념에서 이론적[69] 사용에서의 객관적 실재성을 사상〔事象〕들 그 자체(즉 초감성적인 것)와 관련해서뿐만 아니라, 감관의 대상들과 관련해서도 빼앗는다면, 이 개념은 모든 의의를 상실할

67) 그러니까 문제가 있기는 하지만, 얼마든지 생각할 수 있음은.

68) 원문의 'wollte'는 'sollte'로 읽어야 할 것 같다.

69) AA에 따라 읽음. 칸트 원문은 "실천적".

것이고, 이론적으로 불가능한 개념으로서 전혀 사용할 수 없는 것이라고 선언되겠다. 그리고 도대체가 아무것도 아닌 것은 사용될 수가 없는 것이므로, **이론적으로-아무것도 아닌** 개념을 실천적으로 사용한다는 것은 전혀 이치에 맞지 않은 일일 것이다. 그러나 무릇 경험적으로 무조건적인 원인성 개념이 공허하기는(즉 그에 알맞은 직관이 없기는) 하지만, 그럼에도 언제나 가능하고 어떤 무규정적 객관과 관계 맺으며, 그러나 그 대신에 그 개념에게는 도덕법칙에서, 따라서 실천적 관계에서 의미가 주어진다. 그래서 나는 이 개념에게 객관적인 이론적 실재성을 규정한 아무

A99 런 직관도 가지고 있지 않지만, 그럼에도 이 개념은 구체적으로 마음씨나 준칙들에서 보여주는바, 현실적 적용, 다시 말해 제시될 수 있는 실천적 실재성을 가지고 있다. 이런 사실은 이 개념이 예지체와 관련해서도 그 권리를 가짐을 말하기에 충분하다.

그러나 초감성적인 것의 분야에서 일단 이렇게 도입된 한 순수 지성개념의 객관적 실재성은 이제 나머지 모든 범주들에게도,—비록 언제나 다만 그것들이 순수 의지의 규정 근거(즉 도덕법칙)와 **필연적**으로 결합되어 있는 한에서이기는 하지만—또한 객관적인, 오로지 순전히 실천적으로-적용될 수 있는 실재성을 준다. 그럼에도 이 객관적 실재성이 이 대상들의 이론적 인식에, 즉 순수 이성에 의한 이 대상들의 본성에 대한 통찰에, 그를 확장하기 위해서, 조금이라도 영향을 미치는 것은 아니다. 그래서 우리가 아래에서도 발견하게 되듯이, 이 범주들은 언제나 오직

V57 **예지자**로서의 존재자들과만, 그리고 이 존재자들에 있어서도 **이성**의 **의지**에 대한 관계와만, 그러니까 항상 **실천적인 것**과만 관계하며, 그 이상으로 이것들을 인식한다고 참칭하지는 않는다. 이 범주들과 결합하여 그 밖에 그러한 초감성적 사물들의 이론적 표상 방식에 속하는 어떤 성질이 이끌어와진다 할지라도, 이것들은 그때 모두 지식으로 헤아려지는 것이 아니라, 단지 그런 성질들을 상정하고 전제하는 권한으로 (그러나 실천적

A100 의도에서는 심지어 필연성으로) 헤아려진다. 사람들이 (신과 같은) 초감성적

존재자를 유추에 의해, 다시 말해 우리가 감성적인 것과 관련하여 실천적으로 이용하는 순수한 이성 관계에 의해, 상정하는[70] 경우에서조차도 그러하다. 그래서 이 경우에 단지 실천적 의미에서나마 순수 이론이성을 초감성적인 것에 적용함으로써 초절적인 것에 열광하도록 조금이라도 후원하는 바는 없다.

70) 원문에는 동사가 없으나, 문맥을 고려하여 삽입하여 읽는다.

실천 이성의 분석학
제2장
순수 실천 이성의 대상 개념에 대하여

실천이성의 대상[1]이라는 개념으로써 나는 자유에 의해 가능한 결과로서의 객관이라는 표상을 의미한다. 그러므로 실천적 인식 그 자체의 대상이라는 것은 단지 의지의 그것에 의해 그 대상이나 그 반대의 것이 현실화될 터인 그 행위와의 관계 맺음을 의미한다. 그리고 어떤 것이 **순수** 실천이성의 대상인가 아닌가를 판정하는 일은 단지, 그것을 통해, 만약 우리가 그에 필요한 능력을 가지고 있다면,—이에 관해서는 경험이 판단할 수밖에 없다—어떤 객관이 현실화할 터인 그런 행위를 **의욕**할 가능성 혹은 불가능성을 판별하는 일이다. 만약 객관이 우리 욕구 능력의 규정 근거로서 받아들여진다면, 우리 힘〔능력〕들의 자유로운 사용에 의한 그것의 **물리적**〔자연적〕 **가능성**은 그것이 실천이성의 대상이냐 아니냐에 대한 판정에 선행해야 한다. 이에 반해 만약 선험적 법칙이 행위의 규정 근거로, 그러니까 이 행위가 순수 실천이성에 의해 규정되는 것으로 간주될 수 있다면, 어떤 것이 순수 실천이성의 대상이냐 아니냐의 판단은 우리의 물리적〔자연적〕 능력을 견주어보는 일과는 전적으로 독립적인 일이며, 문제는 오로지, 한 객관이 우리의 지배 아래 있을 때, 우리

A101 V58

1) AA에 따라 삽입하여 읽음. 칸트 원문은 "실천 이성이라는".

가 그 객관의 실존을 지향하는 행위를 **의욕**해도 좋은가 어떤가일 따름이다. 그러니까 행위의 **도덕적 가능성**이 선행해야 한다. 왜냐하면, 이 경우에는 대상이 아니라, 의지의 법칙이 행위의 규정 근거이니 말이다.

그러므로 실천이성의 유일한 객관들은 **선 · 악**의 객관들뿐이다. 왜냐하면, 전자는 욕구 능력의 필연적 대상을 뜻하고, 후자는 혐오 능력의 필연적 대상을 뜻하되, 양자 모두 이성의 원리에 따르는 것이기 때문이다.

만약 선이라는 개념이 선행하는 실천 법칙에서 도출되는 것이 아니라, 오히려 이 법칙의 기초가 되어야만 한다면, 선 개념은 단지, 그것의 실존이 쾌[감]를 약속하고, 그렇게 해서 그 쾌[감]를 만들어내기 위해 주관의 원인성, 다시 말해 욕구 능력을 규정하는 그런 어떤 것의 개념일 수 있을 뿐이다. 무릇, 어떤 표상이 **쾌**를 수반하고, 반면에 어떤 표상이 **불쾌**를 수반하는가를 선험적으로 통찰하는 것은 불가능하므로, 무엇이 직접적으로 선하냐 악하냐를 결정하는 일은 단적으로 경험에 의존하겠다. 이 경험은 주관과 관계 맺음으로써만 이루어질 수 있거니와, 이 주관의 속성은 내감에 속하는 수용성인 쾌 · 불쾌의 **감정**이다. 그래서 직접적으로 선한 것의 개념은 오로지 **즐거움**[**쾌락**]의 감각이 직접적으로 결합되어 있는 것과만 관계할 터이고, 단적으로-악한 것의 개념은 직접적으로 **고통**을 불러일으키는 것과만 관계 맺을 수밖에 없을 터이다. 그러나 이런 일은 이미, **쾌적한 것**과 **선한 것**, **불편한 것**과 **악한 것**을 구별하는 언어 사용에 어긋나며, 선과 악이 항상 이성에 의해,—개별적인 주관들[2]과 이것들의 감수성에 국한되어 있는 순전한 감각에 의해서가 아니라—그러니까 보편적으로 알려지는 개념들에 의해 판정될 것을 요구하는바, 그럼에도 그 자체로는 어떠한 객관 표상과도 선험적으로 쾌 혹은 불쾌가 직접 결합될 수 없기 때문에, 쾌의 감정을 그의 실천적 판정의 기초에 두지 않을 수 없다고 믿을 터인 철학자는 쾌적한 것을 위한 **수단**인

A102 A103

2) AA에 따라 읽음. 칸트 원문은 "객관들".

것은 **선**하다고, 그리고 불편함이나 고통의 원인인 것은 **악**이라고 일컬을 것이다. 왜냐하면, 수단들의 목적들과의 관계를 판정하는 일은 두말할 것도 없이 이성에 속하는 것이니 말이다. 그러나 이성만이 수단들과 그 V59 의도들의 연결을 통찰할 능력이 있다 해도,—그래서 사람들은 의지를 목적들의 능력이라고 정의할 수 있겠다. 목적들이란 항상 원리들에 따르는 욕구 능력의 규정 근거들이니 말이다—위에서 말한 선의 개념으로부터 한낱 수단으로서 생겨난 실천 준칙들은 결코 무엇인가 그것만으로 좋은 것이 아니라, 언제나 단지 **무엇인가를 위해** 좋은〔선한〕 것을 의지의 대상으로 함유할 것이다. 이렇게 되면, 좋은〔선한〕 것은 항상 한낱 유용한 것일 것이고, 무엇인가를 위해 유용한 것은 어느 경우에나 의지의 바깥 감각 중에 놓여 있을 수밖에 없을 것이다. 만약 이 감각이 이제 쾌적한 감각으로서 좋은〔선한〕 것이라는 개념과 구별되어야 하는 것이라면, 도대체가 직접적으로 좋은〔선한〕 것이란 있지 않을 것이고, 좋음〔선〕이란 오로지 다른 무엇인가를 위한, 곧 무엇인가 쾌적함을 위한 수단들 중에서 찾아야만 할 것이다.

"'보눔(bonum)'의 理由〔根據〕에서가 아니면 우리는 아무것도 欲求하지 않고, '말룸(malum)'의 理由〔根據〕에서가 아니면 우리는 아무것도 回避하지 않는다."[3]—이것은 학파들의 오래된 정식〔定式〕들 중 하나이다.[4] 이 정식은 흔히 올바르게 사용되지만, 그러나 철학에서는 자주 매우 해 A104 롭게도 사용된다. 그것은 '보눔'과 '말룸'이라는 표현이 애매모호성을 가지고 있기 때문이다. 이것은 언어의 제한성 탓인데, 이로 인해 이 표현

3) 원문: nihil appetimus nisi sub ratione boni, nihil aversamur nisi sub ratione mali.

4) 학파들'이 지시하는 바가 분명하지는 않다. 그러나 우리는 Wolff에서도 비슷한 어구를 읽을 수 있다. "오랫동안 옛사람들이 주목해왔던바, 우리는 우리가 좋〔선하〕다고 간주하는 것 이외에는 아무것도 의욕하지 않고, 우리가 나쁘〔악하〕다고 여기는 것 이외에는 아무것도 의욕하지 않지 않는다."(Wolff, *Vernünfftige Gedancken Von Gott, Der Welt und der Seele des Menschen, Auch allen Dingen überhaupt*〔1720〕, Halle [11]1751, § 506).

들은 이중의 의미를 가질 수 있고, 따라서 실천 법칙들은 애매함에 싸이고, 이 표현들을 사용함에 있어서 같은 낱말에서 개념의 상이함마저 인지하면서도 그러나 그것을 대신할 아무런 특별한 표현도 발견할 수 없는 철학으로 하여금 나중에는 사람들이 서로 합일할 수도 없는 미묘한 구별들을 하도록 강요한다. 그것은 그 구별이 어떠한 적절한 표현에 의해서도 직접 표시될 수 없었기 때문이다.※

독일어는 다행히도 이 상이함을 간과하지 않게 하는 표현들을 가지고 있다. 라틴어를 사용하는 사람들이 '보눔(bonum)'이라는 한 낱말로 지칭하는 것에 대해 독일어는 매우 서로 다른 두 개념과 이에 알맞은 서로 다른 표현을 가지고 있다. 곧, '보눔(bonum)'에 대해서는 **선**(das Gute)과 **복**(Wohl)이라는, '말룸(malum)'에 대해서는 **악**(das Böse)과 **해악**(Übel)—또는 **화**(Weh)—이라는 표현이 있는 것이다. 그래서 우리가 한 행위에서 그 행위의 **선·악**을 고찰하느냐, 우리의 **복·화**(해악)를 고찰하느냐는 두 가지 전혀 별개의 판정의 문제이다. 이로부터 이미 다음의 결론이 나온다. 곧, 앞의 심리적 명제는 적어도, 만약 그것이 "우리는 우리의 **복**이나 **화**를 고려해서가 아니면 아무것도 욕구하지 않는다"로 번역되면, 매우 불확실하다. 반면에 이 명제를 "우리는 이성의 지시에 따라, 오로지 우리가 무엇인가를 선하거나 악하다고 간주하는 한이 아니면 아무것도

V60 A105

※ 이 밖에도 "'보눔'의 理由〔根據〕에서"라는 표현 또한 애매모호하다. 왜냐하면, 이 표현은 "만약 우리가 무엇인가를 **욕구**(의욕)한다면, 그리고 **욕구**(의욕)하기 **때문에**, 우리는 그것을 좋다〔선하다〕고 표상한다"라고 말하는 것일 수도 있으되, 그러나 또한 "우리는, 우리가 무엇인가를 **좋다〔선하다〕고 표상하기 때문에**, 바로 그 때문에 그것을 욕구한다"라고 말하는 것일 수도 있다. 그래서 욕구가 좋은〔선한〕 것이라는 객관 개념의 규정 근거이거나, 또는 좋음〔선〕이라는 개념이 욕구(의욕)의 규정 근거이거나이다. 이때 "'보눔'의 理由〔根據〕에서"란 첫째의 경우에는 "우리는 좋음〔선〕의 **이념 아래서** 무엇인가를 의욕한다"를, 둘째의 경우에는 의욕의 규정 근거로서 의욕에 선행해야만 하는 "**이 이념에 따라서** 무엇인가를 의욕한다"를 의미하겠다.

의욕하지 않는다"고 새긴다면, 이 명제는 의심할 바 없이 확실하고 동시에 아주 명료하게 표현된다.

복이나 **화**는 언제나 우리의 **쾌적함**이나 **불편함**, 즉 즐거움〔쾌락〕과 괴로움〔고통〕의 상태에 대한 관계만을 의미한다. 그렇기 때문에 우리가 만약 한 객관을 욕구하거나 혐오한다면, 그것은 오로지 그 객관이 우리 감성과 그것이 야기한 쾌 · 불쾌의 감정과 관계 맺어지는 한에서만 일어나는 일이다. 그러나 **선**이나 **악**은 항상, 의지가 **이성 법칙**에 의해 어떤 것을 그의 객관으로 삼게끔 규정되는 한에서의 이 **의지**와의 관계를 의미한다. 의지란 도대체가 객관 및 객관의 표상에 의해 결코 직접적으로 규정되는 것이 아니라, 이성의 규칙을 행위의 운동인—이에 의해 한 객관은 실현될 수 있다—으로 삼는 능력이다. 그러므로 선이나 악은 본래 인격의 행위들과 관계되는 것이지, 인격의 감정 상태와 관계되는 것이 아니다. 그리고 무엇인가가 단적으로 (또 모든 관점에서 그리고 더 이상의 조건 없이) 선하거나 악하다면, 또는 그렇다고 간주된다면, 그것은 단지 행위 방식과 의지의 준칙 및 그러니까 선하거나 악한 사람으로서의 그 행위하는 인격 자체일 것이고, 그러나 그러한[5] 것이라고 일컬어질 수 있을 터인 물건은 아닐 것이다.

A106

그러므로 사람들은 언제나, 몹시 심한 통풍의 고통을 당하여 "고통아, 네가 제아무리 나를 괴롭혀도, 나는 네가 무슨 악한 것(惡[6])이라고 인정하지는 않을 것이다!"[7]고 외친 **스토아**학파 사람을 비웃을 수도 있겠으나, 그러나 **스토아**학파 사람이 옳았다.[8] 그가 느꼈던 것은 해악이었고,

5) 곧, 선하거나 악한.

6) 원어: malum.

7) Cicero에서 비슷한 어구를 읽을 수 있다. "고통아, 너는 아무것도 얻지 못할 것이다. 네가 제아무리 성가시게 해도, 나는 네가 악한〔malum〕 것이라고는 결코 인정하지 않을 것이다."(Cicero, *Tusculnae disputationes*, II, 61)

8) 이와 관련해 칸트는 「인간학 강의」에서도 간간이 스토아학파에 대해 언급하고 있다. "스토아학파 사람들은 현자란, 결코 불행한 일이 없는 사람, 영혼 중에서 온갖 고통을

그것이 그로 하여금 소리치게 했던 것이다. 그러나 그는 그로 인해 그에게 악이 붙어 있다는 것을 인정할 원인을 전혀 가진 바 없었다. 왜냐하면, 고통은 그의 인격 가치를 조금이라도 깎는 것이 아니고, 단지 그의 상태의 가치를 깎는 것일 뿐이니 말이다. 만약 그가 단 하나의 거짓말이라도 의식했더라면, 틀림없이 그것은 그의 용기를 꺾었을 것이다. 그러나 만약 그가, 어떠한 부정한 행위에 의해서도 그 고통[9]에 책임질 바가 없고, 그 때문에 벌받을 만하지 않다고 의식했을 적에는, 그 고통만이 그 **스토아**학파 사람을 고함치게 하는 계기가 되었던 것이다.

우리가 선하다고 일컬어야만 할 것은 모든 이성적 인간의 판단에 있어서 욕구 능력의 대상일 수밖에 없고, 악이란 모든 사람의 눈에 혐오의 대상일 수밖에 없다. 그러니까 이를 판정하기 위해서는 감관 이외에 이성이 필요하다. 거짓말과 반대되는 진실성, 폭력성과 반대되는 정의 등등에 있어서도 사정은 마찬가지이다. 그러나 우리는 어떤 것을 해악〔禍〕이라고 일컬을 수 있는 바, 그럼에도 그것을 사람들은 동시에, 때로는 간접적으로 또 때로는 직접적으로[10], 선〔좋음〕이라고 설명할 것이 틀림없다. 외과 수술을 받게 된 사람은 의심할 바 없이 그것을 해악〔禍〕이라고 느낄 것이나, 그러나 이성에 의거해서는 그도 다른 모든 사람들도 그것을 선하다〔좋다〕고 설명할 것이다. 그러나 만약 평화를 사랑하는 사람들을 즐겨 우롱하고 불안하게 하는 어떤 자가 마침내 날뛰다가 흠씬 두들겨 맞게 된다면, 이것은 물론 해악〔禍〕이지만, 그러나 모든 사람들은 이 일을 잘한 것이라 찬동을 표할 것이고, 설령 이로부터 그 이상 아무것도 생기지 않는다 하더라도, 그것 자체로 선하다〔좋다〕고 여길 것이다. 아

V61

A107

느끼면서도 결코 그것이 마음을 흔들게 하지 않는 사람이라고 이해했다."(V-Anth, Collins: XXV, 16); "스토아학파 사람〔곧, Zenon〕이 말하는 바는, 인간 안에는 참된 가치가 있으며, 고통 중에는 아무런 나쁜〔악한〕 것도 없다는 것이다."(V-Anth, Menschenkunde: XXV, 1078)

9) AA에 따라 'sie'를 'ihn'으로 고쳐 읽음.

10) AA에 따라 읽음. 칸트 원문대로 읽으면 "직접적인 것이라고".

니, 그 해악〔禍〕을 입은 자조차도 그 자신의 이성에서는 그에게 일어난 일이 당연하다고 인식하지 않을 수 없을 것이다. 그는 여기서, 이성이 그의 앞에 불가불 제시하는, 안녕함과 바른 처신 사이의 비례가 정확히 실행되고 있음을 볼 것이니 말이다.

물론 우리의 실천이성의 평가에 있어서 **매우 많은** 문제는 우리의 복과 화에 달려 있고, 감성적 존재자인 우리의 자연본성과 관련해보자면, **모든 것**이 우리의 **행복**에 달려 있다. 만약 이 행복이, 이성이 특히 그것을 요구하듯이, 일시적인 감각에 따라서가 아니라, 이 우연성이 우리의 전체 실존에 대해 그리고 이에 대한 만족에 대해 미치는 영향에 따라서 평가된다면 말이다. 그럼에도 **모든 것 일반**이 행복에 달려 있는 것은 아니다. 인간은 감성 세계에 속하는 한에서 필요를 느끼는 존재자이다. 그런 한에서 인간의 이성은 물론 감성 쪽으로부터, 감성의 이해관심사를 보살피고, 이승 생활 및 가능하면 또한 저승 생활의 행복을 지향하여 실천 준칙을 만들라는, 거절할 수 없는 주문을 받는다. 그러나 인간은 역시, 이성이 그 자신을 위해 말하는 모든 것에 대해 무관심하고, 그래서 이성을 한낱 감성적 존재자로서의 그의 필요욕구를 충족시키는 도구로만 사용할 만큼, 그렇게나 전적으로 동물이지는 않다. 왜냐하면, 이성이 인간에게 있어서 단지 본능이 동물들에 있어서 하는 것과 같은 것만을 위해 종사하는 것이라면, 인간이 이성을 가지고 있다는 사실이 인간을 가치 면에서 순전히 동물인 것보다 조금이나마 더 높여주지 않을 것이니 말이다. 그런 경우라면 이성이란, 인간을 좀 더 높은 목적을 향해 규정함이 없이, 동물들에게 정해주었던 것과 똑같은 목적을 인간에게도 갖춰주기 위해 자연이 이용한 특별한 수법일 따름이겠다. 그러므로 인간은 두말할 것도 없이, 이미 그에게 갖춰져 있는 자연 장치에 따라서, 항상 복과 화를 고찰하기 위해 이성을 필요로 한다. 그러나 그 위에 인간은 이보다 높은 직분을 위해 이성을 갖는다. 곧, 그 자체로 선하거나 악한 것—이에 관해서는 순수한, 감성적인 것에는 전혀 이해관심이 없는 이성

A108 V62

만이 판단을 내릴 수 있다—을 함께 고려할 뿐만 아니라, 이런 가치 평가를 저런[11] 고찰과 완전히 구별하고 이것을 후자[12]의 최상 조건으로 삼기 위해서 말이다. A109

복 또는 해악〔화〕과 관련해서만 선〔좋은 것〕 또는 악〔나쁜 것〕이라 일컬어질 수 있는 것과 구별해서 그 자체로 선한 것과 악한 것에 대한 이런 판정에서는 다음과 같은 점들이 중요하다. 즉 하나는, 이성 원리가 욕구 능력의 가능한 객관들을 고려함이 없이 (그러므로 순전히 준칙들의 법칙적 형식에 의해) 이미 그 자체로 의지의 규정 근거로 생각되는 경우이다. 이 경우 저 원리[13]는 선험적인 실천 법칙이며, 순수 이성은 그 자체로 실천적인 것으로 받아들여진다. 이 경우 이 법칙이 **직접적으로** 의지를 규정하고, 이 법칙에 적합한 행위는 **그 자체로 선**하며, 그것의 준칙이 항상 이 법칙에 적합한 의지는 **단적으로, 모든 관점에서 선**하고, **모든 선한 것의 최상의 조건**이다. 또 다른 하나는, 욕구 능력의 규정 근거가 의지의 준칙에 선행하는 경우이다. 이때 의지는 쾌 · 불쾌의 객관, 그러니까 **즐거움**〔**쾌락**〕이나 **고통**을 주는 어떤 것을 전제하고, 전자는 촉진하고 후자는 회피하게 하는 이성의 준칙은, 행위들이 우리의 경향성과 관련하여, 그러니까 오직 간접적으로 (따로 있는 목적을 고려하여, 그 목적을 위한 수단으로서) 선한〔좋은〕 방식으로 행위들을 규정한다. 이 경우 이 준칙들은 결코 법칙들이라고 일컬을 수 없는 반면에, 이성적인 실천적 지시규정〔훈계〕들이라고 일컬을 수는 있다. 후자의 경우 목적 자체는, 곧 우리가 추구하는 즐거움은 **선**이 아니라 **복**이며, 그것은 이성의 개념이 아니라 감각의 대상에 대한 경험적 개념이다. 그러나 이를 위한 수단의 사용, 다시 말해 행위는 (이것을 위해서는 이성적인 사려가 요구되므로) 그럼에도 선 A110

11) 곧, 복과 화에 관한 (고찰).
12) 원문 'des letzteren'을 AA에 따라 'der letzteren'으로 읽음. 그러니까 '후자'란 곧, 복과 화에 관한 고찰.
13) 곧, 이성 원리.

하다〔좋다〕고 일컬어지는데, 그렇지만 단적으로 그러한 것이 아니라, 단지 쾌 · 불쾌의 감정과 관계되는 우리의 감성과의 관련에서 그러한 것이다. 그러나 그 준칙이 그러한 것에 의해 촉발되는 의지는 순수 의지가 아니다. 순수 의지는 오로지 순수 이성이 거기서 그 자체만으로 실천적일 수 있는 것과만 관계한다.

V63 이제 여기가, **선악의 개념은 도덕법칙에 앞서서가 아니라,** (얼핏 보면 심지어 이 개념[14]이 도덕법칙의 기초에 놓여야 할 법하지만), **오히려** (여기서 보이는 바대로) **도덕법칙에〔의〕 따라서〔뒤에〕 그리고 도덕법칙에 의해서 규정될 수밖에 없다**는 실천 이성 비판에서의 방법의 역설을 설명할 자리이다. 우리가 곧, 윤리성의 원리가 순수한, 선험적으로 의지를 규정하는 법칙임을 알지 못한다 하더라도, 전혀 아무런 근거 없이(無料로) 원칙들을 받아들이지 않기 위해서는, 과연 의지가 순전히 경험적인 규정 근거만을 갖는 것인가, 아니면 선험적인 순수한 규정 근거들도 갖는 것인가를 처음에는 적어도 **미결로** 남겨두어야 할 것이다. 왜냐하면, 그에 대해 A111 비로소 결정해야 할 바를 이미 앞서 결정돼 있는 것으로 받아들임은 모든 철학적 방법 절차의 기본 규칙에 어긋나는 것이니 말이다. 만약 이제 우리가 그로부터 의지의 법칙들을 도출하기 위해 선의 개념에서 출발하려 한다고 가정한다면, (선한 것으로서의) 한 대상에 대한 이 개념이 동시에 이 개념을 의지의 유일한 규정 근거로 제시하겠다. 그런데 이 개념은 어떠한 선험적인 실천 법칙도 기준으로 갖고 있지 않으므로, 선 또는 악의 시금석은 다름 아니라 그 대상과 우리의 쾌 또는 불쾌의 감정과의 합치에 놓일[15] 수 있을 뿐일 것이다. 그리고 이성의 사용은 단지, 부분적으로는 이 쾌 또는 불쾌를 나의 현존의 모든 감각들의 전체 연관에서 규정하는 점에, 또 부분적으로는 쾌 · 불쾌의 대상을 나에게 만들어주는 수단들을 규정하는 점에 있을 수 있을 것이다. 무릇 무엇이 쾌감에 적합한 것

---

14) 원문의 'es'는 AA처럼 'er'로 새겨 읽어야 할 것 같다.
15) AA에 따라 읽음. 칸트 원문대로 읽으면 "놓여 있을".

인가는 오로지 경험에 의해서만 결정될 수 있고, 그러나 실천 법칙은 이 말대로라면 이것을 조건으로 이 위에 정초되어야 할 것이므로, 선험적 실천 법칙들의 가능성은 곧바로 배제될 것이다. 왜냐하면 사람들은 먼저, 선한 것으로서 그것에 대한 개념이 의지의 보편적인—경험적이기는 하더라도—규정 근거를 형성해야만 할, 의지를 위한 어떤 대상을 발견하는 일이 필요하다고 생각할 것이니 말이다. 그러나 무릇 먼저 필요한 것은, 과연 또한 선험적인 의지의 규정 근거가 있는가를—이 의지의 규정 근거는 결코 순수한 실천 법칙 외의 다른 어디에서도, (그것도 이 법칙이 순전한 법칙적 형식을 대상을 고려함 없이 준칙들에게 지정하는 한에서) 발견되지 못할 것이다—탐구하는 일이었다. 그러나 사람들은 이미 선악의 개념에 따라 대상을 모든 실천 법칙의 기초에 두었고, 대상은 선행하는 법칙 없이 단지 경험적 개념들에 따라 생각될 수 있었으므로, 사람들은 순수 실천 법칙을 생각만이라도 할 가능성을 이미 미리 빼앗겼다. 그러나 반대로 사람들은, 만약 그들이 후자[16]를 먼저 분석적으로 천착했더라면, 대상으로서의 선의 개념이 도덕법칙을 규정하고 가능하게 하는 것이 아니라, 오히려 거꾸로 도덕법칙이 비로소 선의 개념을, 그것이 이런 명칭을 단적으로 가질 만한 한에서, 규정하고 가능하게 한다는 사실을 발견했을 것이다.

A112

V64

순전히 최상의 도덕적 탐구 방법에 관련한 이상의 주석은 중요하다. 이 주석은 도덕의 최상의 원리와 관련해 철학자들[17]의 모든 혼란을 야기한 근거를 일거에 설명해준다. 왜냐하면, 그들 철학자들은 대상을 법칙의 질료이자 기초로 삼기 위해 의지의 대상을 찾았으니 말이다. (이런 경우에 법칙은 직접적으로가 아니라, 쾌 또는 불쾌의 감정에 이끌려온 저 대상을 매개로 해서 의지의 규정 근거가 될 터이다.) 그러나 그 대신에 그들은 우선, 선험적으로 그리고 직접적으로 의지를 규정하고 이에 적합하게 비로소

A113

16) 곧, 실천 법칙.

17) 앞의 A69=V40 참조.

대상을 규정하는 법칙에 관해 탐구해야만 했다. 그런데 그들은 선의 최상 개념을 제공할 터인 쾌의 대상을 행복, 완전성, 도덕 감정[18] 또는 신의 의지에 두고 싶어 했다. 그래서 그들의 원칙은 어느 경우에나 타율이었고, 그들은 불가피하게 도덕법칙을 위한 경험적 조건들에 부딪치지 않을 수 없었다. 왜냐하면, 그들은 의지의 직접적인 규정 근거인 그들의 대상을 오로지 어느 경우에나 경험적인 감정에 대한 그들의 직접적인 태도에 따라서 선하다 또는 악하다고 일컬을 수 있었으니 말이다. 오로지 형식적인 법칙만이, 다시 말해 이성에게 그 이상의 다른 것이 아니라 준칙들의 최상 조건을 위한 보편적인 법칙 수립의 형식만을 지정해주는 그러한 법칙만이 선험적으로 실천이성의 규정 근거일 수 있는 것이다. 그런데 옛사람들[19]은 그 잘못을 숨김없이 드러냈다. 그들의 도덕 연구를 전적으로 **최고선** 개념을 규정하는 데에, 그러니까 그들이 나중에 도덕법칙에서의 의지의 규정 근거로 삼으려 생각했던 대상을 규정하는 데에 둠으로써 말이다. 이 객관은 훨씬 뒤에, 도덕법칙이 비로소 그 자체로 입증되고 의지의 직접적인 규정 근거로 확증되는 때에, 이제 형식적인 면에서 A114 선험적으로 규정된 의지에서 대상으로 표상될 수 있는바, 그것을 우리는 순수 실천 이성의 변증학에서 시도하고자 한다. 근래의 사람들에게는 최고선의 문제는 쓸모가 없어졌고, 적어도 부차적인 사항이 돼버린 것으로 보이는데, 그들은 위에서 말한 잘못을 (다른 많은 경우에서와 마찬가지로)

18) AA에 따름. 칸트 원문은 "법칙".

19) 예컨대, Aristoteles는 "최고선(ἄριστον)"이란 "그 자체 때문에 바라고, 다른 것들은 이것 때문에 바라는 것"(*Ethica Nicomachea*, 1094a 19)이라 규정하고, "대중들과 교양있는 사 람들 모두 그것을 '행복(εὐδαιμονία)이라고 말한다"(같은 책, 1095a 18/19)고 한다. Cicero 또한 "그 밖의 모든 것이 그것 때문에 추구되고, 그것만은 그 자체로 추구되는 것, 이것이 바로 우리의 선의 끝(finis boni. 곧 최고선)"(*De finibus bonorum et malorum*, 1.12.42)이라고 말한다. Augustinus가 인용하는 Marcus Varro의 조사에 따르면 최고선에 관한 고대 학파들의 견해는 "무려 288개"나 있다.(*De civitate dei*, XIX, 1.1 참조)

불명확한 말 뒤에 숨기고 있다. 그럼에도 우리는 그들의 〔이론〕 체계에 V65
서 그 잘못을 들여다보는 바이다. 그때 그 잘못은 도처에서 실천이성의 타율을 폭로하는바, 이로부터는 선험적으로 보편적으로 지시명령하는 도덕법칙은 결코 생겨날 수가 없으니 말이다.

무릇 선악의 개념들은 선험적 의지 규정의 결과들로서 또한 순수한 실천 원리를, 그러니까 순수 이성의 원인성을 전제하므로, 이 개념들은 원래, (가령 한 의식에서 주어진 잡다한 직관들을 종합적으로 통일하는 규정들로서) 순수 지성 개념들 내지 이론적으로 사용된 이성의 범주들처럼, 객관들과는 관계하지 않는다. 선악의 개념들은 오히려 이 객관들을 주어진 것으로 전제한다. 선악의 개념들은 모두 단 하나의 범주, 곧 인과성 범주의 양태들이다. 인과성의 규정 근거가 인과법칙이라는 이성 표상 안에서 성립하는 한에서 말이다. 이 인과법칙은 자유의 법칙으로서 이성이 자기 자신에게 주는 것이고, 그로써 자기 자신이 선험적으로 실천적임을 증명하는 바이다. 그렇게 해서 행위들은 **한편으로는** 자연법칙이 아니라 자유 A115
의 법칙인 하나의 법칙 아래 있고, 따라서 예지적 존재자들의 태도에 속하긴 하지만, 그러면서도 또한 **다른 한편으로는** 감성 세계 안의 사건들로서 현상들에 속하는 것이므로, 실천이성의 규정들은 후자[20]와 관련해서만, 따라서 지성의 범주들에 의거해서이기는 하지만, 지성의 이론적 사용의 관점에서 (감성적) **직관**의 잡다를 선험적인 한 의식 아래 보내기 위해서가 아니라, 단지 잡다한 **욕구들**을 도덕법칙에 의해 지시명령하는 실천이성 내지는 선험적 순수 의지의 통일 의식에 종속시키기 위해서, 생길 수 있는 것이다.

이 **자유의 범주들**은,—그것들을 우리는 자연의 범주들인 저 이론적 개념들[21] 대신에 그렇게 부르고자 하는데—후자[22]에 비해 명백한 특장

20) 곧, 현상들.
21) 곧, 순수 지성 개념들.
22) 곧, 자연의 범주들.

을 갖는다. 즉 후자는 단지 무규정적으로 객관들 일반을 우리에게 가능한 모든 직관에 대하여 보편적인 개념들에 의해 표시하는 한낱 사고 형식들일 뿐인 반면에, 전자[23]는, **자유로운 의사**의 규정에 관계하므로, —이 자유로운 의사에 비록 어떠한 직관도 온전히 대응하여 주어질 수가 없긴 하지만, 그러나 이 자유로운 의사는, 이런 일이 우리 인식 능력의 이론적으로 사용되는 개념들에서는 일어나지 않는바, 선험적인 순수 실천 법칙을 기초에 두고 있다—실천적 요소 개념들로서, 이성 자체 내에 놓여 있는 것이 아니라 다른 곳에서, 곧 감성으로부터 취해진 것일 수밖에 없는 직관의 형식 (즉 공간 · 시간) 대신에, 이성 중에 있는 그러니까 사고 능력 자체 안에 있는 **순수 의지의 형식**을, 주어진 것으로, 기초에 두고 있다. 이로부터 일어나는 일은, 순수 실천이성의 모든 지시 규정들에서는 **의도를 실행하는** (실천 능력의) 자연 조건들이 아니라 단지 **의지 규정**만이 문제가 되므로, 선험적인 실천적 개념들은 자유의 최상 원리와 관계 맺음으로써 곧바로 인식이 되고, 의미를 얻기 위해 직관들을 기다릴 필요가 없다는 것이다. 그것도 이 개념들은 그것들이 관계 맺는 것(즉 의지의 성향)의 현실성을 스스로 산출해낸다는, —이론적 개념들의 사안은 전혀 아닌바—주목할 만한 근거에서 말이다. 그래서 충분히 유념하지 않으면 안 될 것은 오로지, 이 〔자유의〕 범주들은 단지 실천이성 일반에만 관계하며, 그것들은 도덕적으로 아직 무규정적이고 감성적으로-조건 지어진 것들로부터 감성적으로-무조건적이면서 순전히 도덕법칙에 의해 규정된 것들까지로의 순서로 진행된다는 사실이다.

A116 V66

23) 원문의 'diese'는 'jene'로 고쳐 읽어, 곧 '자유의 범주들'을 지시하는 것으로 보아야겠다.

선 및 악의 개념과 관련한 **자유의 범주들 표**

A117

1. 양의 범주들

주관적, 준칙들(개인의 **의향들**)〔에 따름〕[24]

객관적, 원리들(**훈계들**)〔에 따름〕[25]

자유의 선험적인, 객관적이면서도 주관적인

원리들(**법칙들**)〔에 따름〕.[26]

2. 질의 범주들

하기(勸告)의 실천 규칙들[27]

안 하기(禁止)의 실천 규칙들[28]

예외(例外)의 실천 규칙들.[29]

3. 관계의 범주들

인격성과의 〔관계〕

인격의 **상태**와의 〔관계〕

한 인격과 다른 인격들의 상태와의

상호적 〔관계〕.

4. 양태의 범주들

허용된 것과 **허용되지 않은** 것

의무와 **의무에 어긋나는** 것

완전한 의무와 **불완전한 의무**.

A118 V67

여기서 사람들은 이내 다음과 같은 점을 인지할 것이다. 즉 이 표에서 자유는 경험적인 규정 근거들에 종속하지 않는, 일종의 원인성으로서 그

24) 곧, 홀로.
25) 곧, 여럿이.
26) 곧, 모두.
27) 곧, 욕구대로.
28) 곧, 욕구와 반대로.
29) 곧, 제한된 욕구대로.

에 의해 가능한 행위들—감성 세계 안의 현상들인바—과 관련하여 고찰되고, 따라서 그 자연 가능성의 범주들과 관계를 맺는다는 점 말이다. 그럼에도 각각의 범주는, 저 원인성의 규정 근거가 또한 감성 세계의 밖 예지적 존재자의 성질인 자유 안에서 가정될 수도 있을 만큼 그토록 보편적으로 사용된다. 그래서 마침내 양태의 범주들은 실천 원리들 일반으로부터 윤리성의 실천 원리들로의 이행을—단지 **문제 있는**[30] 방식으로 이기는 하지만—이끈다. 이 윤리성의 실천 원리들은 나중에 도덕법칙을 통해 비로소 **교의적으로**[31] 서술될 수 있다.

나는 현재의 이 표를 설명하기 위해 이 자리에서 더 이상 덧붙일 말이 없는데, 왜냐하면 이 표는 그 자체로 충분히 이해되기 때문이다. 이와 같은 원리들에 따라 이루어진 분류는 그것의 철저성과 이해하기 쉬운 성질 때문에 모든 학문에 매우 유용한 것이다. 그래서 사람들은 예컨대 위의 표 및 이 표의 1번 숫자로부터 곧바로, 실천적 고찰에서는 무엇에서부터 출발해야만 하는가를 안다. 즉 각자 자기의 경향성에 기초하고 있는 준칙들로부터 출발해서, 이성적 존재자들이 어떤 경향성들에서 합치하는 한에서 동류의 이성적 존재자들에게 타당한 지시규정들에 이르고, 마침 A119 내 그런 일체의 경향성들과는 상관없이 모든 이에게 타당한 법칙에 이르는 것 등등 말이다. 이런 식으로 우리는 우리가 수행해야 할 것의 전체 계획과, 나아가 대답해야 할 실천철학의 모든 문제, 그리고 동시에 준수해야 할 순서를 개관한 바이다.

순수한 실천적 판단력의 범형성〔範型性〕[32]에 대하여

선과 악의 개념들은 의지에게 처음으로 대상을 정해준다. 그러나 그

30) 원어: problematisch.
31) 원어: dogmatisch.

것들은 그 자신이 이성의 실천 규칙 아래에 있으며, 만약 이성이 순수 이성이면, 이 실천 규칙은 의지를 그 대상과 관련하여 선험적으로 규정한다. 그런데 감성 세계에서 우리에게 가능한 하나의 행위가 그 규칙 아래에 있는 경우인가 아닌가를 판별하는 것은 실천적 판단력의 소관사이다. 규칙에서 일반적으로(抽象的으로) 말해진 것이 이 실천적 판단력에 의해 한 행위에 具體的으로 적용되는 것이다. 그러나 순수 이성의 실천 규칙은 **첫째로, 실천적**인 것으로서 객관의 실존에 관한 것이고, **둘째로**, 순수 이성의 **실천 규칙**으로서 행위의 현존과 관련하여 필연성을 수반하는, 그러니까 실천 법칙이며, 그것도 경험적 규정 근거들에 의한 자연법칙이 V68 아니라, 그에 따라서 의지가 모든 경험적인 것으로부터 독립해 (순전히 법칙 일반의 표상 및 이 법칙의 형식에 의하여) 규정되어야 하는 자유의 법칙 A120 이고, 그러면서도 가능한 행위로 나타나는 모든 경우는 오로지 경험적일 수 있으므로, 다시 말해 경험 및 자연에 속할 수 있다. 바로 그렇기 때문에 감성 세계 안에 있는 한에서 언제나 오직 자연법칙 아래에 있는 것이면서도 자유의 법칙을 자신에게 적용하는 것을 허락하는 경우를, 즉 감성 세계에서 具體的으로 개진되어야 할 윤리적-선의 초감성적 이념이 적용될 수 있는 경우를 감성 세계에서 발견하고자 하는 것은 배리〔背理〕적인 일로 보인다. 그러므로 순수 실천이성의 판단력은 순수 이론이성의 판단력과 똑같은 어려움에 처한다. 그렇지만 후자[33]는 이 어려움에서 벗어날 수단을 가지고 있었다. 곧, 이론적 사용에 있어서 문제가 되는 것은 순수 지성 개념들이 적용될 수 있는 직관들이었던바, 그러한 직관들은 (비록 단지 감관의 대상들에 관한 것이긴 하지만) 어쨌든 선험적으로, 그러니까 직관들에서의 잡다의 연결과 관련하여, 선험적인 순수 지성 개념들에 준거해서 (**도식들**로) 주어질 수 있는 바이다. 이에 반하여, 윤리적-선은 객관적으로는 초감성적인 어떤 것이고, 그러므로 어떠한 감성적 직관에

32) 원어: Typik.

33) 곧, 순수 이론 이성의 판단력.

서도 그에 대응하는 어떤 것이 발견될 수 없다. 따라서 순수 실천이성의 법칙들 아래에 있는 판단력은 특수한 어려움에 처해 있는 것으로 보인다. 이 어려움은, 자유의 법칙이 감성 세계에서 일어나고 그러므로 그런 A121 한에서 자연에 속하는 사건들인 행위들에 적용되어야만 하는 것에서 기인한다.

그러나 여기에서 그럼에도 순수 실천적 판단력에 유리한 전망이 다시금 열린다. 감성 세계에서 나에게 가능한 행위를 하나의 **순수한 실천 법칙** 아래 포섭함에 있어서 감성 세계 내의 하나의 사건으로서의 **행위**의 가능성은 문제가 되지 않는다. 왜냐하면, 그것은 순수 지성 개념의 하나인 인과성의 법칙에 따르는 이성—이 이성은 순수 지성 개념을 위해 감성적 직관에서 **도식**을 갖는다—의 이론적 사용의 판정에 속하는 것이기 때문이다. 자연적 인과성 또는 그 아래에서 자연적 인과성이 생기는 조건은 자연 개념들에 속하고, 이 자연 개념들의 도식은 초월적 상상력이 설계한다. 그러나 여기서는 법칙들에 따르는 한 경우의 도식이 문제가 되는 것이 아니라, 한 법칙 자체의 도식이—만약 이 말이 여기서 적절하 V69 다면—문제가 된다. 왜냐하면, 법칙에 의한 **의지 규정**은 (그것의 성과와 관련한 행위가 아니라)[34] 오로지, 다른 규정 근거 없이, 인과성 개념을 자연의 연결을 이루는 조건들과는 전혀 다른 조건들과 묶기 때문이다.

거기에 감성적 직관의 대상들이 그 자체로 종속해 있는 법칙으로서의 A122 자연법칙에는 (법칙이 규정하는 순수 지성 개념을 감관들에서 선험적으로 그려내는) 도식, 다시 말해 상상력의 보편적인 수행방식이 부응한다. 그러나 (전혀 감각적으로 조건 지어져 있지 않은 원인성인) 자유 법칙의 기초에는, 그러니까 또한 무조건적 선의 개념의 기초에는 어떠한 직관이, 그러니까 그 개념을 적용하기 위한 어떠한 도식이 具體的으로 놓여 있을 수 없다. 따라서 도덕법칙은 지성—상상력이 아니다—이외에 도덕법칙의 자

34) AA에 따름. 이 대목을 칸트 원문대로 읽으면 "(그 성과와 관련한 행위가 아닌) **의지 규정**은 법칙에 의해".

연 대상들에 대한 적용을 매개하는 다른 어떤 인식 능력도 갖지 않는다. 지성은 이성의 이념의 기초에 감성의 **도식**이 아니라, 법칙을, 그것도 감관의 대상들에서 具體的으로 그려질 수 있는 그러한 법칙을, 그러니까 자연법칙을, 그러나 단지 그것의 형식의 면에서, 판단력을 위한 법칙으로서 근저에 놓을 수 있고, 이것을 우리는 그래서 윤리 법칙의 **범형**〔範型〕[35]이라고 부를 수 있다.

순수 실천이성의 법칙들 중 판단력의 규칙은 "네가 의도하고 있는 행위가 너 자신도 그 일부일 자연의 법칙에 따라서 일어나는 것이라면, 그 행위를 네 의지에 의해 가능한 것이라고 과연 볼 수 있겠는가를 네 자신에게 물어보라"는 것이다. 실제로 이 규칙에 따라서 누구나 행동들이 과연 선한가 악한가를 판정하고 있다. 그래서 사람들은 말한다: 만약 **모두**가, 자기에게 이익이 된다고 믿는 경우 사기치는 것을 스스로 허용한다면, 또는 생에 대한 완전한 권태에 빠지자마자 스스로 생을 마감할 권리가 있다고 생각한다면, 또는 타인의 곤궁을 전혀 무관심하게 본다면, 그리고 너 또한 그러한 사물들의 질서에 속해 있다면, 어떻게 네가 너의 의지와 일치하면서 그러한 질서 안에 머물러 있겠는가? 그러나 사람들은 누구나, 그가 몰래 사기칠 것을 스스로 허용한다 해도, 그렇다고 해서 바로 그 때문에 모든 사람이 그렇게 행하지는 않는다는 것을 잘 아는 바이며, 또는 그가 남의 눈에 띄지 않게 인정머리가 없다 해도, 곧바로 모든 사람이 또한 그에 대하여 그렇지는 않을 것임을 잘 아는 바이다. 그러므로 자기 행위들의 준칙과 보편적인 자연법칙의 이런 대조가 또한 그의 의지의 규정 근거는 아니다. 그럼에도 자연법칙은 윤리적 원리들에 따라 행위의 준칙을 판정하는 **범형**이다. 만약 행위의 준칙이 자연법칙 일반의 형식에서 검사받을 수 있는 그런 성질의 것이 아니라면, 준칙은 윤리적으로 불가능하다. 가장 평범한 지성〔상식〕조차도 그렇게 판단한다. 왜냐

A123

V70

35) 원어: Typus.

하면, 자연법칙은 언제나 상식의 모든 극히 일상적인 판단들, 경험판단들의 기초에까지도 놓여 있기 때문이다. 상식은 그래서 자연법칙을 항상 수중에 가지고 있고, 다만 그것은 자유로부터의 인과성이 판정되어야 할 경우들에 있어서 저 **자연법칙**을 순전히 **자유의 법칙**의 범형으로 삼는다. 왜냐하면, 상식은 경험의 경우에 본보기로 삼을 수 있는 무엇인가를 수중에 가지지 않고서는 순수 실천이성의 법칙을 적용하여 사용할 수가 없겠기 때문이다.

A124 그러므로 **감성 세계의 자연**을 **예지적 자연의 범형으로** 사용하는 것도 허용되는데, 그것은 단지 내가 직관들 및 이에 의존돼 있는 것을 이 예지적 자연에 옮겨놓지 않고, 한낱 **합법칙성의 형식** 일반—이 개념은 일상적인[36] 이성 사용 중에도 있지만, 그러나 순전히 이성의 순수한 실천적 사용을 위한 것 외에 어떤 다른 의도에서는 선험적으로 확정적으로 인식될 수가 없다—만을 이 예지적 자연에 관계시키는 한에서 그렇다. 왜냐하면, 법칙들 그 자체는 그러한 한에서, 그것들이 그것들의 규정 근거들을 어디서 취해오든, 매한가지이니 말이다.

이 밖에, 모든 예지적인 것들 중에서도 단적으로 오로지 (도덕법칙을 매개로 한) 자유는, 그리고 또한 이것만은, 그것도 이것[37]이 저것[38]과 분리될 수 없는 전제인 한에서, 더 나아가 이성이 저 법칙의 안내를 받아 우리를 기꺼이 그리로 이끌고가려 하는 모든 예지적 대상들은, 다시금 우리에게 있어서는 도덕법칙 및 순수 실천이성의 사용을 위한 것 외에 더 이상 아무런 실재성도 갖지 않는다. 그런데 순수 실천이성은 자연을 (그것의 순수한 지성 형식의 면에서) 판단력의 범형으로 사용할 권리가 있으며, 또한 그렇게 할 수밖에 없다. 그러므로 방금 말한 주의는 단지 개념들의 **범형성**에 속하는 것이 개념들 자신에 속하는 것으로 계산되지 않도록

---

36) AA에 따름. 칸트 원문대로 읽으면 "가장 순수한".
37) 곧, 자유.
38) 곧, 도덕법칙.

방지하는 데 기여한다. 그래서 판단력의 범형성으로서 이 개념들의 범형성은 선 · 악의 실천적 개념들을 한낱 (이른바 행복이라는) 경험 결과에 위치시키는 실천이성의 **경험주의**를 예방한다. 이 행복 및 자조〔自助〕에 의해 규정된 의지의 무한히 유용한 결과들은, 만약 이 의지가 동시에 자기 자신을 보편적 자연법칙으로 삼았다면, 물론 윤리적-선을 위한 아주 적절한 범형이 될 수는 있지만 말이다. 그러나 이것이 윤리적-선과 한가지인 것은 아니다. 이 같은 범형성은 또한, 단지 **상징**으로만 쓰이는 것을 **도식**으로 삼는[39], 다시 말해 (보이지 않는 신의 나라에 대한) 현실적인, 그럼에도 비감성적인 직관들을 도덕 개념들의 적용 기초에 두고, 초절적인 것으로 넘어 들어가 헤매는, 실천이성의 **신비주의**를 예방한다.[40] 도덕 개념들의 사용에는 단지 판단력의 **이성주의**[41]만이 적합하다. 이성주의는 감성적 자연으로부터 순수 이성 자신이 스스로 생각할 수 있는 것, 다시 말해 합법칙성 이상을 취하지 않으며, 반대로 행위들을 통해 감성 세계에서 자연법칙 일반의 형식적 규칙에 따라 현실적으로 드러날 수 있는 것 이외에는 아무것도 초감성적 자연에다 옮겨넣지 않는다. 그런 중에서도 실천이성의 **경험주의**에 대한 예방은 훨씬 더 중요하고 권유할 만한

A125

V71

39) '삼는'의 주어가 칸트 원문('welche')에 따르면 '실천이성'이나 AA('welcher')에 따르면 '신비주의'이다.

40) 칸트가 말하는 '순수한 의무'라는 것이 다름 아닌 "신비한 의미에서 신의 사랑이었던 것의 대용물"이라면서 칸트의 도덕철학이 오히려 신비주의라는 Tittel의 비난이 있었다.(*Frankfurter gelehrte Anzeigen*, 1786. 5. 30 자 참조).

41) 'Rationalism'은 보통은 '이성주의'로 옮기는 것이 적절하기에 통일성을 위해 이 자리에서도 이렇게 옮긴다. 그러나 이 대목에서는 오히려 '합리주의' 또는 '합리성'으로 이해하는 편이 더 적합한 것처럼 보이기도 한다.
이 번역어에는 여전히 학계에 혼선이 있어 주의를 환기한다. 애당초 '이성주의' · '경험주의'의 구별은 진리의 원천 내지 준거가, 또는 합리성의 척도가 이성에 있는가 아니면 (감각) 경험에 있는가의 다툼에서 비롯한 것이다. 그러니까 '이성주의'든 '경험주의'든 모두 자기편에 합리성이 있다고 다투는 마당에서 한편을 '합리주의'라고 일컫는 것은 내용상으로도 옳지 않으며, 또한 'Rationalismus'의 어원을 살필 때도 이를 '합리주의'라고 옮기는 것보다는 '이성주의'로 하는 것이 더 적절하다.

A126

것이다. 왜냐하면[42], **신비주의**는 그래도 도덕법칙의 순수성 및 숭고성과 서로 어울리는데다가, 그 밖에 상상력을 초감성적 직관들에 이르기까지 긴장시키는 일은 자연스러운 일도 아니고 보통의 사고방식에 걸맞지도 않아서, 이 신비주의 쪽의 위험은 그다지 보편적이지 않기 때문이다. 이에 반해 경험주의는 마음씨 안에서—인간성이 행위들을 통해 자신에게 부여할 수 있고 부여해야만 하는 높은 가치는 벌써 여기에 성립하는 것이지 한낱 행위들 중에서 성립하는 것이 아니다[43]—윤리성을 뿌리째 뽑아버리고, 그것에다 전혀 다른 어떤 것, 곧 경험적 관심을 의무 대신에 밀어넣는다. 이와 함께 경향성들 일반이 서로 간에 왕래한다. 그 밖에도 바로 이 때문에, 〔경험주의는〕 (그것들이 어떤 모습을 가지든), 그것들이 최상 실천 원리의 존엄한 위상으로 올려질 때에는 인간성을 타락시키는 모든 경향성들과 함께, 그리고 경향성들은 모든 사람들의 성향에 그토록 우호적이므로, 이런 이유에서 어떠한 광신보다도 훨씬 더 위험하다. 〔여타의〕 모든 광신들은 결코 많은 사람들의 지속적인 상태가 될 수는 없는 것이니 말이다.

42) 칸트 원문 'womit'를 AA에 따라 'weil'로 고쳐 읽음.

43) 곧, 행위들 내지 그 행위들의 결과에가 아니라 행위로 나아가는 선의지라는 마음씨 자체에 이미 도덕적 가치는 있다.

제3장
순수 실천 이성의 동기들에 대하여

행위들의 모든 도덕적 가치의 본질적인 면은 **도덕법칙이 의지를 직접적으로 규정한다**는 점에 있다. 의지 규정이 비록 도덕법칙을 **좇아서** 일어난다고 해도, 그러나 어떤 종류의 것이 됐든 감정—이것은 도덕법칙이 의지의 충분한 규정 근거가 되기 위해서는 전제되어야만 하는바—을 매개로 해서만 일어난다면, 그러니까 **법칙을 위해서**〔**법칙 때문에**〕 일어나는 것이 아니라면, 그 행위는 **적법성**〔**합법성**〕은 포함하겠지만, 그러나 **도덕성**을 포함하지는 않는다.[1] 무릇 **동기**〔動機〕(마음 誘發)라는 말이 그의 이성이 본성상 이미 객관적 법칙을 반드시 좇지는 않는 어떤 존재자의 의지를 주관적으로 규정하는 근거를 뜻한다면, 첫째로 이로부터 다음의 결론이 나올 것이다. 즉 신의 의지에는 전혀 아무런 동기도 부가할 수 없으며, 그러나 인간의 (그리고 창조된 모든 이성적 존재자의) 의지의 동기는 결코 도덕법칙 이외의 다른 어떤 것일 수가 없고, 그러니까, 만약 행위가 법칙의 **정신**※을 함유함이 없이 한낱 법칙의 **문자**만을 채우는 그런 것이 아니라면, 행위의 객관적 규정 근거는 항상 그리고 오로지 동시에

A127

V72

1) 윤리적 가치가 행위의 적법〔합법〕성 즉 '도덕법칙에 맞는 행위'에 있지 않고, 행위의 도덕〔윤리〕성 즉 '도덕법칙으로부터의〔인한〕 행위'에 있다는 동기주의는 이미 선의지 개념에서 출발한다.(『윤리형이상학 정초』, B1=IV393 참조)

그것의 주관적으로 충분한 규정 근거이어야 한다.

그래서 도덕법칙을 위해서, 그리고 도덕법칙이 의지에 대해 영향력을 행사하게 하기 위해서는 도덕법칙이 없어도 되는 어떤 다른 동기를 구해서는 안 된다. 왜냐하면, 그럴 경우에는 갖가지 순전히 위선적인 것들이 영속성 없이 작용할 것이고, 심지어는 도덕법칙과 **나란히** (이익의 동기와 같은) 여타 다른 동기들을 함께 작동시킬 **우려** 또한 있기 때문이다. 그러므로 남은 일은 다름 아니라 오로지, 어떤 방식으로 도덕법칙이 동기가 되는가를, 그리고 그것이 동기가 됨으로써 저 규정 근거의 영향을 받는 것인 인간의 욕구 능력에 무슨 일이 일어나는가를 주의 깊게 규정하는 일이다. 왜냐하면, 어떻게 법칙이 그 자체만으로 그리고 직접적으로 의지의 규정 근거일 수 있는가,—이것이야말로 모든 도덕성의 본질적인 면인데—이것은 인간 이성으로서는 풀 수 없는 문제요, 어떻게 자유의지가 가능한가의 문제와 동일한 것이기 때문이다. 그러므로 우리는, 그로부터 도덕법칙이 자기 안에서 동기를 제공하는 그 근거를 선험적으로 제시해야 하는 것이 아니라, 오히려, 도덕법칙이 그러한 동기인 한에서, 그 동기는 우리 마음에 무슨 영향을 미치는가(좀 더 정확히 말해, 미쳐야만 하는가)를 선험적으로 제시해야만 한다.

윤리 법칙에 의한 모든 의지 규정에서 본질적인 것은, 의지는 자유의지로서, 그러니까 감성적 충동의 병행 작용이 없을 뿐만 아니라, 감성적 충동 일체를 거부하고, 모든 경향성을, 그것이 저 법칙에 반하는 한에서, 단절함으로써 순전히 법칙에 의해 규정된다는 점이다. 그런 한에서 그러므로 동기로서 도덕법칙의 작용은 단지 부정적인 것이고, 그런 것으로서 이 동기는 선험적으로 인식될 수 있다. 왜냐하면, 모든 경향성과 일체의 감성적 충동은 감정에 기초해 있고, (경향성들에서 일어나는 단절에 의한)

A128 A129 V73

※ 합법칙적이기는 하지만, 그러나 법칙을 위해서〔법칙 때문에〕 일어난 것이 아닌 행위에 대해서 우리는, 그 행위가 **문자**적으로는 도덕적으로 선하나, 그러나 **정신**(마음씨)의 면에서는 도덕적으로 선한 것이 아니라고 말할 수 있다.

감정에 대한 부정적 작용 역시 그 자신 감정이니 말이다. 따라서 우리가 선험적으로 통찰할 수 있는 것은, 도덕법칙은 의지의 규정 근거로서 우리의 모든 경향성을 방해함으로써 고통이라고 불릴 수 있는 한 감정을 불러일으킨다는 사실이다. 여기에서 이제 우리는 선험적 개념들로부터 인식—이 경우에는 순수 실천이성의 인식—과 쾌 또는 불쾌의 감정과의 관계를 규정할 수 있을 최초의, 어쩌면 유일하기도 할 경우를 갖는다. 모든 경향성들은 함께—경향성들도 웬만한 정도의 체계로 포괄될 수 있고, 그때 이 경향성들의 충족이 자기 행복이라 일컬어지는 것이다—**이기심**(獨我主義)를 형성한다. 이 이기심은 **자기 사랑**, 곧 모든 것을 능가하는 자기 자신에 대한 **호의**(自愛[2])의 마음이거나, 자기 자신에 대한 **흡족**(自滿[3])의 마음이다. 전자를 특별히 **사애**[4]〔私愛〕, 후자를 **자만**[5]〔自慢〕이라 일컫는다. 순수 실천이성은 사애를 순전히 **단절**시킨다. 자연적으로, 도덕법칙에 앞서 우리 안에서 활발히 작동하는 그러한 사애를 오직 도덕법칙과 일치하는 조건에 국한시킴으로써 말이다. 그때 그것을 **이성적 자기 사랑**이라고 부른다. 그러나 순수 실천이성은 자만은 숫제 **타도한다**. 윤리 법칙과의 합치 이전에 생긴 모든 자존심의 요구들은 허망한 것이고 아무런 권한이 없는 것이니 말이다. 바로 윤리 법칙과 합치하는 마음씨의 확신이 모든 인격 가치의 첫째 조건이고,—우리가 이 점은 곧 좀 더 분명하게 밝히겠지만—이에 앞선 모든 참칭은 잘못된 것이고 법칙에 어긋나는 것이니 말이다. 무릇 자기 존중의 성벽은, 자기 존중이라는 것이 한낱 감성[6]에 의거하는 한에서, 도덕법칙이 해를 입히는 경향성들 가운데 하나이다. 그러므로 도덕법칙은 자만을 타도한다. 그럼에도 도덕법칙은 그 자체로 적극적인 어떤 것, 곧 지성적[7] 원인성의, 다시 말

A130

2) 원어: philautia.
3) 원어: arrogantia.
4) 원어: Eigenliebe.
5) 원어: Eigendünkel.
6) 칸트 원문은 'Sittlichkeit(윤리성)'이지만, AA에 따라 'Sinnlichkeit'로 고쳐 읽음.

해 자유의 형식이므로, 도덕법칙은 우리 안에 있는 주관적인 적〔敵〕, 곧 경향성들에 반대하여 자만을 **약화**시킴으로써 동시에 **존경**의 대상이고, 자만을 **타도**하기까지 함으로써, 다시 말해 겸허토록 함으로써 최고 **존경**의 대상, 그러니까 경험적 근원을 갖지 않고 선험적으로 인식되는 하나의 적극적 감정의 근거이기도 하다. 그러므로 도덕법칙에 대한 존경은 하나의 지성적 근거로 인해 생긴 감정으로, 이 감정은 우리가 완전히 선험적으로 인식하는, 그리고 그것의 필연성을 우리가 통찰할 수 있는 유일한 감정이다.

V74 A131 우리가 앞 장에서 본 바는, 도덕법칙에 **앞서** 의지의 객관으로 나타난 모든 것은, 무조건적-선의 이름 아래서, 실천이성의 최상 조건인 도덕법칙에 의해 의지의 규정 근거에서 배제된다는 것과, 준칙들의 보편적 법칙 수립에의 적합성에서 성립하는 순전히 실천적인 형식은 제일 먼저 그 자체로 그리고 단적으로-선한 것을 규정하며, 순수한 의지의 준칙을 정초하는바, 이 순수한 의지만이 모든 관점에서 선하다는 것이었다. 그런데 우리는 감성적 존재자들인 우리의 자연본성이 다음과 같은 성질을 가지고 있음을 안다. 즉 제일 먼저 우리에게 다가오는 것은 욕구 능력의 질료—희망의 대상이든 공포의 대상이든, 어쨌든 경향성의 대상들—이고, 정념적으로 규정받을 수 있는 우리 자아는,—이런 자아는 그 준칙들로 말미암아 보편적 법칙 수립에 전혀 적합하지 않음에도 불구하고, 그럼에도 마치 우리의 전 자아를 형성하는 양—자기 요구들을 앞장세우고 그리고 제일의 근원적인 것으로 관철시키려고 애쓰는 것이 우리 자연본성의 성질이다. 자기 자신을 그의 자의〔의사〕의 주관적 규정 근거들에 의거해 의지 일반의 객관적 규정 근거로 만들려는 성벽을 우리는 **자기사랑**이라 부를 수 있고, 만약 이것이 자신을 법칙수립자로 그리고 무조

7) 여기서 '지성적(intellektuell)'은 '예지적' 또는 '오성적' 곧 'intelligibel'의 의미로 새겨야 한다. 이런 예에서 보듯, 보통 intellektuell과 intelligibel을 구별하여 쓰는 칸트가 때로는 무차별적으로 사용하기도 한다.

건적인 실천 원리로 삼는다면, 그것은 **자만**이라 일컬어질 수 있다. 무릇 유일하게 진실로 (곧 모든 관점에서) 객관적인 도덕법칙은 최상의 실천 원리에 대한 자기 사랑의 영향을 전적으로 배제하고, 자기 사랑의 주관적 조건들을 법칙들로 지정하는 자만에 부단히 해를 입힌다. 이제 우리 자신의 판단에 있어서 우리의 자만에 해를 입히는 것, 그것은 〔우리를〕 겸허하게 한다. 그러므로 도덕법칙은 불가피하게 모든 사람을, 이들이 자기의 자연본성의 감성적 성벽을 도덕법칙과 비교해봄으로써, 겸허하게 한다. 그 표상이 **우리 의지의 규정 근거로서** 우리의 자기의식 안에서 우리를 겸허하게 하는 것은, 그것이 적극적이고 규정 근거인 한에서, 그 자체로 **존경**을 불러일으킨다. 그러므로 도덕법칙은 주관적으로도 존경의 근거이다. 그런데 자기 사랑에서 만나게 되는 모든 것은 경향성에 속하고, 모든 경향성은 감정에 기인하므로, 그러니까 자기 사랑에서 모든 경향성을 단절시키는 것은 바로 그로써 감정에 반드시 영향을 미친다. 그래서 우리는, 도덕법칙이 경향성들 및 이 경향성들을 최상의 실천적 조건으로 만들려는 성벽, 다시 말해 자기 사랑을 최상의 법칙 수립에 일절 참여치 못하게 함으로써 감정에 대해 작용할 수 있음을 선험적으로 통찰하는 것이 어떻게 가능한가를 이해한다. 감정에 대한 이 작용은 한편으로는 한낱 **부정적**이고, 다른 한편으로는, 그것도 순수 실천이성의 제한하는 근거와 관련해서는, **적극적**이다. 그리고 이를 위해서는 실천적 내지 도덕적 감정이라는 이름의 어떠한 특수한 종류의 감정도 도덕법칙에 선행하는 것으로, 또한 도덕법칙의 기초에 놓여 있는 것으로 상정할 필요가 없다.

A132

V75

감정에 대한 부정적 작용결과(즉 불편함)는 감정에 대한 모든 영향이나 감정 일반과 마찬가지로 **정념적**이다. 그러나 도덕법칙에 대한 의식의 작용결과로서, 따라서 예지적 원인, 곧 최상의 법칙수립자인 순수 실천이성의 주체와 관련하여, 경향성들에 의해 촉발되는 이성적인 주체의 이 감정은 겸허(지성적 비하)라고 일컬어지지만, 그러나 이것의 적극적 근

A133

거, 즉 법칙과 관련해서는 동시에 법칙에 대한 존경이라 일컬어진다. 이런 법칙에 대해서는 도무지 어떠한 감정이 생기는 것이 아니고, 오히려 이성의 판단에서, 법칙이 저항을 치움으로써, 방해물을 제거하는 것은 그 원인성을 적극적으로 촉진하는 것과 동일시되는 것이다. 그 때문에 이 감정은 이제 도덕법칙에 대한 존경의 감정이라고도 일컬어질 수 있고, 그러나 두 근거[8]에서 합쳐서 **도덕 감정**이라고 일컬어질 수 있다.

그러므로 도덕법칙은 실천적인 순수 이성을 매개로 한 행위의 형식적 규정 근거이고, 또한 선 · 악이라는 이름 아래의 행위 대상들의 질료적인, 그러나 단지 객관적인 규정 근거임과 함께, 또한 이 행위를 위한 주관적 규정 근거, 다시 말해 동기이기도 하다. 도덕법칙은 주관의 감성[9]에 A134 영향을 미치고, 의지에 대한 법칙의 영향을 촉진하는 감정을 불러일으키니 말이다. 여기서 도덕성으로 향하게 할 감정이 주관 안에 **선행**하는 것은 아니다. 도대체가 이런 일은 불가능하다. 모든 감정은 감성적인 것인데, 반면에 윤리적 마음씨의 동기는 모든 감성적 조건으로부터 자유로워야 하기 때문이다. 오히려 우리의 모든 경향성의 기초에 놓여 있는 것인 감성적인 감정은 우리가 존경이라고 부르는 그런 감각의 조건이기는 하지만, 이런 감정 규정의 원인은 순수한 실천이성 안에 놓여 있으며, 그래서 이 감각은 그 근원에 있어서 정념적일 수 있는 것이 아니라, **실천적으로 작동된** 것이라 일컬어져야 한다. 도덕법칙의 표상이 자기 사랑에서 영향력을 그리고 자만에서 망상을 빼앗음으로써 순수 실천이성의 장 V76 애가 감소하고, 이성의 판단에서 순수 실천이성의 객관적 법칙이 감성의 충동들보다 우선한다는 표상이, 그러니까 반대쪽의 중요성을 소거함으로써 상대적으로 (감성적 충동에 의해 촉발된 의지에 대해) 도덕법칙의 중요성이 산출되니 말이다. 그렇기에 법칙에 대한 존경은 윤리를 위한 동기가 아니라, 오히려 윤리 자체이며, 주관적으로 동기로 간주되는 것이다.

---

8) 곧, 앞 문장에서 말한 겸허와 존경.

9) 칸트 원문은 'Sittlichkeit(윤리성)'이지만, AA에 따라 'Sinnlichkeit'로 고쳐 읽음.

순수 실천이성은 그와 맞서는 자기 사랑의 모든 요구를 물리침으로써 이제 홀로 영향력을 갖는 법칙에게 권위를 부여하니 말이다. 그런데 여기에서 주의해야 할 점이 있다. 즉 존경이 감정에, 그러니까 이성적 존재자의 감성에 미친 작용결과인 한, 그것은 이 감성, 그러니까 또한 도덕법칙이 존경을 강요하는 그러한 존재자[10)]들의 유한성을 전제한다는 점과, 그리고 최고 존재자[11)]에게나 일체의 감성에서 자유로운 존재자, 그러므로 감성이 실천이성의 아무런 방해도 될 수 없는 그러한 존재자[12)]에게는 **법칙**에 대한 존경이 함께 있을 수 없다는 점 말이다. A135

그러므로 (도덕 감정이라는 이름의) 이 감정은 오로지 이성에 의해 생긴 것이다. 이 감정은 행위들을 판정하기 위해서나 또 객관적 윤리 법칙 자체를 정초하기 위해서는 전혀 쓰이지 않으며, 순전히 윤리 법칙을 자기 안에서 준칙으로 삼기 위한 동기로만 쓰인다. 어떠한 정념적인 감정과도 비교될 수 없는 이 특별한 감정에다 대체 어떤 이름을 붙이는 것이 좀 더 잘 어울릴 수 있겠는가? 그것은 오로지 이성의, 그것도 실천적인 순수 이성의 지시명령 편에만 서 있는 것으로 보이는 매우 독특한 것이다.

존경은 항상 오직 인격들을 향해 있지, 결코 물건들을 향해 있지 않다.[13)] 물건들은 **경향성**을 불러일으킬 수 있고, 만약 그것이 (예컨대, 말, 개 등이라면) **사랑**까지, 또 바다, 화산, 맹수 같은 것은 **공포**까지도 불러일으킬 수 있지만, 그러나 결코 우리 안에 **존경**을 불러일으킬 수는 없다. 이 감정[14)]에 비교적 가까운 것은 **경탄**이다. 감동으로서 경탄, 즉 경이는 물건들과도, 예컨대 하늘 높이 솟은 산악, 천체의 〔광대한〕 크기 · 수량 · 거리, 많은 동물들의 〔굉장한〕 힘셈 · 날램 등등과도 관계가 있을 수 A136

10) 곧, 인간.

11) 가령 신과 같은 존재자.

12) 곧, 천사와 같은 순수한 이성적 존재자.

13) 그런데도, 만약 인격보다 또는 인격이 아니라 물건을 '존경'하는 세태가 있다면, 그것이야말로 물신(物神)주의의 만연이다.

14) 곧, 존경의 감정.

있다. 그러나 이런 모든 것들은 존경은 아니다. 사람 또한 나에게 사랑 · 공포 또는 경탄, 심지어는 경이의 대상일 수는 있어도, 그렇다 해서 존경의 대상일 수는 없다. 사람의 해학적 재기〔才氣〕, 용기와 군셈, 남들 사이에서 갖는 지위로 인한 권력 등은 그 같은 감각들을 나에게 불어넣을 수는 있지만, 그럼에도 언제나 그런 사람에 대한 내적 존경이 있는 것은 아니다. **폰트넬**[15]은 말하고 있다: "**지체 높은 사람 앞에서 나는 몸을 굽히나, 내 정신은 굽히지 않노라**"고. 나는 여기에 덧붙여 말한다: "내가 나 자신에게서 의식하는 것보다도 높은 정도의 방정한 품성을 그에게서 감지하는 지체 낮은 보통 시민 앞에서 **내 정신은 굽힌다**. 내가 하고 싶어 하든 말든, 그리고 그로 하여금 내 우월한 지위를 흘려보지 않도록 내 머리를 제아무리 높이 쳐든다 해도 말이다." 그것은 왜 그러한가? 내가 그의 본보기를 나의 행태와 비교해보고, 하나의 법칙의 준수, 그러니까 그 법칙의 **실행 가능성**이 그의 행실을 통해서 내 앞에서 입증되고 있음을 볼 때, 그의 본보기는 내 앞에 나의 자만을 타도하는 하나의 법칙을 제시하기 때문이다. 이제 또 내가 나에게서 같은 정도의 방정함을 의식한다 해도, 〔그에 대한〕 존경은 여전히 남는다. 왜냐하면, 사람에게 있어서 모든 선은 언제나 결함이 있기 마련이므로, 본보기를 통해 가시화된 법칙은 항상 나의 자부를 타도하고, 나의 자부에 대해 내가 내 눈앞에서 보는 그 사람은 척도를 제시해주기 때문이다. 언제라도 그에게 부착해 있을지도 모르는 그의 불순성은 나의 불순성이 나에게 알려지듯이 그렇게 나에게 알려지는 바 없고, 그래서 그는 나에게 보다 순수한 빛 속에서 나타나니 말이다. **존경**은, 우리가 하고 싶든 하고 싶지 않든, 공적 있는 이에게 〔바치길〕 거부할 수 없는 **공물**〔貢物〕이다. 우리는 경우에 따라 외면적으

V77 A137

15) Bernard Le Bouyer de Fontenelle(1657~1757)은 프랑스의 통속 철학자, 해학 작가로서, 많은 독자를 가졌으며, 계몽주의의 선구자로 평가받았다. 그의 저작 *Nouveaux dialogues des morts*(1683)와 *Entretiens sur la pluralité des mondes*(1686)는 이미 독일어 번역판이 각각(Leipzig 1727; Berlin 1780) 출간되었고, 칸트는 강의 중에도 자주 인용하였다.(XXV, 1669 참조)

로는 존경을 보류할 수 있지만, 그러나 내심으로 그것을 느끼는 것을 막을 수는 없다.

존경은 **쾌**의 감정이 **아니**어서, 사람들은 어떤 사람에 대해서 그것을 단지 마지못해 바친다. 사람들은 우리에게 존경의 짐을 가볍게 해줄 수 있는 무엇인가를, 그러한 본보기로 인해 우리가 감수한 겸허에 대한 보상을 해줄 어떤 흠을 발견하려 한다. 고인〔故人〕조차도, 특히 만약 그의 본보기가 본받을 만한 것이 아닌 듯싶으면, 항상 이런 비판으로부터 안전한 것은 아니다. 심지어는 **장엄한 존엄성**을 갖춘 도덕법칙 자체도 그에 대한 존경을 거절하려는 이 같은 기도에 내맡겨져 있다. 우리 자신의 무가치함을 그토록 엄격하게 꾸짖는 가혹한 존경에서 벗어나고 싶어 하는 것 말고, 사람들이 도덕법칙을 기꺼이 우리에게 친밀한 경향성으로 깎아 내리고 싶어 하는 일을 다른 이유에 돌릴 수 있다고 보는가? 또 〔이것 말고〕 사람들이 도덕법칙을 우리 자신이 잘 터득한 이익의 인기 있는 지시규정〔훈계〕으로 만들기 위해서 그토록 온갖 노력을 하는 또 다른 이유들이 있다고 보는가? 그럼에도 불구하고 존경에는 **불쾌** 또한 **없어서**, 사람들이 일단 자만을 버리고, 저 존경으로 하여금 실천적 영향을 미치도록 한다면, 사람들은 다시금 이 법칙의 훌륭함을 아무리 보아도 싫어할 수가 없고, 영혼은 그 신성한 법칙이 그것 위에, 그것의 연약한 본성 위에 숭고하게 있음을 보는 그만큼 그 자신이 고양되어 있다고 믿는다. 물론 위대한 재능들과 그것들에 알맞은 활동 또한 존경 내지는 그와 유사한 어떤 감정을 낳을 수 있고, 그리고 그것들에다 그것을 바치는 것은 매우 적절하기도 하며, 그때 저런 감각과 경탄은 한가지인 것처럼 보인다. 그러나 〔사태를〕 좀 더 세밀히 들여다보면, 사람들은 이내 다음의 사실을 알아챌 것이다. 즉 타고난 재능이 그리고 자신의 근면에 의한 개발이 숙련성에 얼마만큼의 몫을 차지하는지는 언제나 불확실하기 때문에, 이성은 추측하여 숙련성을 개발의 결실이라고, 그러니까 공적이라고 생각하는바, 이런 일은 우리의 자만을 뚜렷이 가라앉히고, 자만에 대해서

A138

V78

비난하거나 우리에게 적당한 방식으로 그러한 본보기를 따르도록 부과한다. 그러므로 우리가 그러한 인격에서 (본래는 그 본보기를 우리 앞에 보여주는 그 법칙에서) 입증하는 이 존경은 한낱 경탄이 아니다. 이런 점은, A139 보통의 숭배자 무리는 그들이 (가령 **볼테르**와 같은) 그러한 인물의 성격의 단점을 다른 어떤 것으로부터 알게 되었다고 믿을 때 그에 대한 존경을 그만두지만, 그러나 참다운 학자는 여전히 적어도 그 인물의 재능에서는 존경을 느낀다—이것은 학자 자신이 저런 인물을 모방하는 일을 어느 정도 자신의 법칙으로 삼도록 하는 직무와 직분에 얽혀 있기 때문이다—는 사실을 통해서도 확인된다.

그러므로 도덕법칙에 대한 존경은 유일한 그리고 동시에 의심할 바 없는 도덕적 동기이며, 이 감정은 또한 오로지 이 근거 이외에는 어떠한 객관도 지향하고 있지 않다. 무엇보다 먼저 도덕법칙은 이성의 판단에서 객관적으로 그리고 직접적으로 의지를 규정한다. 그러나 그것의 원인성이 순전히 법칙에 의해서만 규정될 수 있는 자유는 바로, 자유가 모든 경향성을, 그러니까 인격 자신의 평가를 자유의 순수한 법칙을 준수하는 조건에 국한시키는 데에서 성립한다. 그런데 이 국한시킴이 감정에 작용하여, 도덕법칙에서 선험적으로 인식될 수 있는 불쾌의 감각을 낳는다. 그러나 이 불쾌의 감각은 순전히 그런 한에서는 **부정적** 작용결과이다. 이 부정적 작용은 순수 실천 이성의 영향에서 생긴 것으로 특히 주관의 활동을, 경향성들이 주관의 규정 근거들인 한에서는, 그러니까 주관의 인격적 가치에 대한 생각을 단절한다. (인격적 가치는 도덕법칙과의 일치 없이는 아무것도 아닌 것이 되고 만다.) A140 이렇기 때문에 이 법칙의 감정에 미친 작용은 순전히 겸허이며, 그러므로 이것을 우리는 선험적으로 통찰할 수 있긴 하지만, 그러나 거기에서 순수한 실천법칙의 힘을 동기로서 인식할 수는 없고, V79 단지 감성의 동기에 대한 저항을 인식할 수 있을 뿐이다. 그러나 동일한 법칙이 또한 객관적이고, 다시 말해 순수 이성의 표상에서 의지의 직접적인 규정 근거이고, 따라서 이 겸허는 법칙의 순수성과 상관적으로만 생기기 때문에, 도덕적 자기 존중의 요구주장들을 낮춤은, 다시 말해 감성적 측면에서의 겸허는 지성적 측면에서의 법칙 자체에 대한 도덕적인, 다시 말해 실천적인 존중의 높임이다. 그러므로 한마디로 말해, 법칙에 대한 존경은 또한 지성적 원인에 따르는 적극적 감정이며, 이 감정은 선험적으로 인식된다. 한 활동의 방해물을 줄이는 일은 무엇이나 이 활동 자체를 촉진시키는 일이니 말이다. 그러나 도덕법칙의 인정은 객관적 근거들에 의한 실천이성의 활동에 대한 의식으로, 이 활동은 주관적인 (정념적인) 원인들이 그것을 방해한다는 한낱 그 이유만으로 그 작용결과를 행위들 중에서 표현하지는 않는다. 그러므로 도덕법칙에 대한 존경은, 도덕법칙이 자만을 겸허하게 함으로써 경향성들의 방해하는 영향을 약화시키는 한에서, 도덕법칙은 감정에 미치는 적극적인, 그러나 간접적인 작용으로도 보아져야 하고, 그러니까 활동의 주관적 근거로, 다시 말해 도덕법칙 준수를 위한 **동기**로, 그리고 도덕법칙에 적합한 품행의 준칙을 위한 근거로 보아져야 한다. 동기라는 개념으로부터 〔이해〕**관심**이라는 개념이 생긴다. 〔이해〕관심은 이성을 가진 존재자 이외의 것에는 결코 덧붙여지지 않는 것으로, 그것은 동기가 **이성을 통해 표상되는** 한에서 의지의 **동기**를 의미한다. 도덕적인 선의지에서는 법칙 자체가 동기일 수밖에 없으므로, **도덕적인 관심**은 순전한 실천적 이성의 순수한, 감성으로부터 자유로운 관심이다. 관심이라는 개념 위에 **준칙**이라는 개념도 기초해 있다. 그러므로 준칙은 그것이 사람들이 법칙의 준수에서 취하는 순전한 관심에 의거할 때만 도덕적으로 진정한 것이다. 그러나 **동기** · 〔이해〕**관심** · **준칙**이라는 세 개념 모두는 오로지 유한한 존재자들에게만 적용될 수 있다. 왜냐하면, 이 세 개념은 모두, 한 존재자의 의사의 주관적 성질이 실천이성의 객관적 법칙과 저절로는 합치하지 않음으로써, 이 존재자의 본성이 국한되어 있음을, 곧 활동의 내적 방해물이 맞서 있어서 무엇인가에 의해 활동하도록 독려될 필요가 있음을 전제하는 것이기 때문이다. 그러므로 이것들은 신의 의지에 대해서는 적용

A141

될 수 없다.

A142 순수한, 일체의 이익에서 벗어나 있는 도덕법칙에 대한 끝없는 존중
V80 에는 특별한 무엇인가가 있다. 그 목소리가 대담한 범죄자들조차 떨게 만들어 그로 하여금 도덕법칙의 시선 앞에서는 몸을 숨기지 않을 수 없게 하는 실천이성이 그것[16]을 준수하도록 우리 앞에 제시하는 것 또한 그러하다. 그래서 한낱 지성적인 이념이 감정에 미치는 이 영향을 사변이성으로써는 이루 다 헤아릴 수 없다는 것에 놀랄 필요는 없으며, 또한 모든 유한한 이성적 존재자에게 있어서는 그러한 감정이 도덕법칙의 표상과 불가분리적임을 선험적으로 통찰할 수 있는 것만으로 만족해야 하는 것에 놀랄 필요가 없다. 이 존경의 감정이 정념적이고, 그래서 내적 **감각기능**〔내**감**〕에 기초하는 일종의 쾌의 감정이라면, 그 감정이 어떤 이념과 결합되어 있음을 선험적으로 발견해내는 일은 허사였을 것이다. 그러나 무릇 존경의 감정은[17] 순전히 실천적인 것에만 관계하고, 그것도 법칙의 어떤 객관 때문이 아니라, 오로지 형식의 면에서 법칙의 표상에 부착해 있는 감정이다. 그러니까 그것은 즐거움〔쾌락〕으로도 고통으로도 간주될 수 없는 것이다. 그럼에도 그것은 우리가 **도덕적** 관심이라고 부르는 법칙 준수에 대한 **관심**을 불러일으키는 것이다. 그리고 도대체가 또한, 법칙에 대한 그러한 관심을 갖는 능력(내지는 도덕법칙 자체에 대한 존경)이야말로 원래가 **도덕적 감정**이다.

A143 의지의 법칙에 대한 **자유로운** 복종의 의식은, 모든 경향성들에게, 오직 자신의 이성에 의해 가해지는, 불가피한 강제와 결합돼 있는 것으로서, 무릇 법칙에 대한 존경이다. 이 존경을 구하고 또 불러일으키기도 하는 법칙은 알다시피 다름 아닌 도덕법칙이다. (왜냐하면, 다른 어떠한 법칙도 일체의 경향성이 의지에 직접적으로 영향을 미치는 것을 배제하지 않으니 말이다.) 이 법칙에 따르는, 일체의 규정 근거에서 경향성을 배제하는, 객관

---

16) 곧, 도덕법칙.

17) AA에 따라 삽입하여 읽음.

적으로 실천적인 행위를 일컬어 **의무**라 하며, 이 배제로 인해 의무는 그 개념상 실천적 **강요**를, 다시 말해 **마지못해서**라도 행위하게 하는 규정을 함유한다. 이런 강요의 의식으로부터 생기는 감정은 감관의 대상들로부터 야기되는 것처럼 그런 정념적인 것이 아니라, 오로지 실천적인 것, 다시 말해 선행하는[18] 의지 규정 및 이성의 원인성에 의해 가능한 것이다. 그러므로 그런 감정은 법칙에의 **복종**으로서, 다시 말해 (감성적으로 촉발되는 주관에 대해 강제를 통보하는) 지시명령으로서, 자기 안에 어떠한 쾌 대신에 그런 한에서 오히려 행위에서의 불쾌를 함유하고 있다. 그러나 그에 반해서 이 강제는 순전히 **자신의** 이성의 법칙 수립에 의해 실행되는 것이므로, 그런 감정은 또한 **고양**〔高揚〕을 함유한다. 그리고 이 감정에 대한 주관적 작용은, 순수 실천이성이 그것의 유일한 원인인 한에서, 이 순수 실천 이성과 관련해서 순전히 **자기 동의**〔同意〕라고 일컬어질 수 있다. 사람들은 이에 대해 자신이 일체의 이해관심 없이 순전히 법칙에 의해서 규정된 것으로 인식하며, 이제야 전혀 다른, 그에 의해 주관적으로 생겨난 관심, 즉 순수하게 실천적이고 **자유로운** 관심을 의식하게 되니 말이다. 의무에 맞는 행위에 대한 관심을 취하는 것은 가령 경향성이 권고하는 바가 아니라, 이성이 실천 법칙을 통해 단적으로 지시명령하는 바이고 또한 실제로 이끌어내는 바이며, 그 때문에 그러나 완전히 고유한 이름, 곧 존경이라는 이름을 갖는 바이다.

V81

A144

그러므로 의무의 개념은 행위에서는 **객관적으로** 법칙과의 합치를 요구하고, 그러나 행위의 준칙에서는 주관적으로 법칙에 의해 의지를 규정하는 유일한 방식인 법칙에 대한 존경을 요구한다. **의무에 맞게** 행위했다는 의식과 **의무로부터**, 다시 말해 법칙에 대한 존경으로 인해 행위했다는 의식 사이의 구별은 바로 이 점에 의거한다. 이 가운데 전자(합법성)는 경향성들이 순전히 의지의 규정 근거들인 때에도 가능하지만, 그러나

18) 곧, 감관의 대상들에 선행하는, 그러니까 선험적인.

후자(**도덕성**, 즉 도덕적 가치)는 오로지, 행위가 의무로부터, 다시 말해 순전히 법칙을 위해〔때문에〕 일어나는 데에만 두어져야 한다.※

A145 행위들의 모든 도덕성이 그 행위들이 만들어낼 것에 대한 애호와 애착으로부터가 아니라, **의무로부터** 그리고 법칙에 대한 존경으로부터 나온 그 행위들의 필연성에 두어지기 위해서는, 모든 준칙들의 주관적 원리를 아주 정확하게 주목하는 일이 모든 도덕적 판정에 있어서 몹시 중요하다. 인간에게 그리고 모든 창조된 이성적 존재자들에게 도덕적 필연성은 강요, 다시 말해 책무이며, 이에 기초한 모든 행위는 의무로 생각되어야 할 것이지, 우리 자신에 의해 이미 선호된 또는 선호될 수 있는 수행방식으로 생각되어서는 안 된다. 그것은 마치 우리가 언젠가는 다음 V82 의 경지에 이를 수나 있는 것처럼 생각된 것이다. 즉 위반에 대한 두려움 내지 적어도 우려와 결합돼 있는 법칙에 대한 존경 없이, 우리는 모든 의존성을 넘어서 있는 신성〔神性〕처럼 스스로, 이를테면 우리의 천성이 된, 결코 흔들림 없는, 의지의 순수 도덕법칙과의 합치에 의해—그러므 A146 로 도덕법칙은 우리가 그것에 불성실하게 되도록 유혹받을 수는 결코 없으므로[19], 마침내 우리에게 지시명령임을 아예 그칠 수도 있겠다—언젠가는 의지의 **신성성**〔神聖性〕을 소유하게 될 수나 있을 것처럼 생각된 것이다.

※ 앞서 제시되었던 바처럼, 인격들에 대한 존경이라는 개념을 정확하게 고찰한다면, 사람들은 다음의 사실을 인지할 것이다. 즉 존경은 우리에게 본보기를 보여주는 의무에 대한 의식에 항상 의거한다는 것, 또 그러므로 존경은 결코 도덕적 근거 이외의 다른 어떤 근거를 가질 수 없다는 것, 그리고 우리가 이 〔존경이라는〕 표현을 사용하는 곳에서는 어디서나, 인간이 가치 평가들에서 도덕법칙에 대해 갖는 은밀하고 놀랄 만한 그러면서도 자주 나타나는 고려에 주목하는 일은 매우 좋을 뿐만 아니라, 심지어 심리학적 관점에서는 인간을 인식하는 데 매우 유용하기도 하다는 것 말이다.

---

19) AA에 따르면 "없을 터이므로".

도덕법칙은 곧 최고 완전 존재자[20]의 의지에 대해서는 **신성성**의 법칙이고, 그러나 모든 유한한 이성적 존재자의 의지에 대해서는 **의무**의 법칙이자, 도덕적 강요의 법칙이며, 법칙에 대한 **존경**을 통해 그리고 자기 의무에 대한 외경에 의해 이성적 존재자의 행위들을 규정하는 법칙이다. 다른 어떤 주관적 원리도 동기로 받아들여져서는 안 된다. 왜냐하면, 그렇지 않을 경우 행위가 법칙이 지시규정하는 바대로 행해질 수 있긴 하겠지만, 그러나 그 행위가 의무에 맞다고 해서, 의무로부터 생긴 것은 아니고, 그렇기에 그에 대한 마음씨가 도덕적인 것은 아니기 때문이다. 이런 법칙 수립에서는 본래 그 마음씨가 관건인데도 말이다.

사람에 대한 사랑과 동정적인 호의에서 그에게 좋은 일을 하거나 질서에 대한 사랑에서 정의로운 것은 매우 아름다운 일이다. 그러나 만약 우리가 마치, 의용군처럼, 의기양양한 상상으로 의무의 사상〔이념〕을 감히 무시하려 하고, 지시명령에서 독립적으로, 순전히 자기 자신의 쾌에서, 우리에게는 아무런 지시명령도 필요 없는 것인 양, 감히 행동하려 한다면, 아직 그것은 **인간으로서** 이성적 존재자에 속하는 우리의 처지에 알맞은 우리 태도의 진정한 도덕적 준칙은 아니다. 우리는 이성의 **훈육** A147 아래에 서 있는바, 우리는 우리의 모든 준칙들에서 이 훈육에서 아무것도 덜지 않도록 이에 복종할 것을 잊어서는 안 된다. 또는 사애〔私愛〕적인 망상으로 인해, 우리 의지의 규정 근거를, 설령 법칙에 알맞기는 하더라도, 법칙 자신과 이 법칙에 대한 존경 이외의 것에 둠으로써 법칙의 위엄을—이것을 우리 자신의 이성이 준다 할지라도—조금이라도 손상시켜서는 안 된다. 의무와 책무는 우리가 도덕법칙에 대한 우리의 관계에 대해서만 부여해야 하는 명칭들이다. 우리는 자유에 의해서 가능한, 실천이성을 통해 우리에게 존경하도록 제시된 윤리 나라의 법칙을 수립하는 일원이기는 하지만, 그러나 우리는 그 나라의 신민이지 군주가 아니

20) 곧, 신(神).

다. 피조물인 우리의 낮은 지위에 대한 오해와 자만이 신성한 법칙의 위 엄을 거부함은 이미, 설령 그 법칙의 문자는 성취된다 하더라도, 정신의 면에서는 그 법칙을 배반한 것이다.

V83

그런데 이에 아주 잘 부합하는 것은 **"무엇보다도 하느님을 사랑하고, 네 이웃을 너 자신처럼 사랑하라"**[21]와 같은 지시명령〔계명〕※의 가능성이다. 왜냐하면, 이것은 지시명령으로서 **사랑을 명하는** 법칙에 대한 존경을 요구하며, 사랑을 원리로 삼는 것을 임의의 선택에 맡기지 않으니 말이다. 그러나 신에 대한 사랑은 경향성(정념적 사랑)으로서는 불가능하다. 신은 감관의 대상이 아니니 말이다. 사람에 대한 사랑은 가능하기는 하지만, 그러나 지시명령될 수는 없다. 한낱 명령에 의하여 누군가를 사랑하는 능력은 어떤 사람에게도 없으니 말이다. 그러므로 모든 법칙들의 저 핵심[22]에서 이해되는 것은 순전히 **실천적 사랑**뿐이다. 신을 사랑한다는 것은 이런 의미에서 신의 지시명령들을 **기꺼이** 행한다는 것을 말하는 것이요, 이웃을 사랑한다는 것은 그에 대한 모든 의무들을 **기꺼이** 실행한다는 것을 말한다. 그러나 이것을 규칙으로 삼는 지시명령은 의무에 맞는 행위들에서 이런 마음씨도 **가지라**고 지시명령할 수는 없고, 한낱 그런 마음씨를 가지려 **애쓰라**고 지시명령할 수 있을 뿐이다. 왜냐하면, 우리가 무엇인가를 기꺼이 행해야만 한다는 지시명령은 그 자체에서 모순적이기 때문이다. 우리가 행할 의무가 있는 것을 우리가 이미 스스로

A148

※ 어떤 사람들이 윤리의 최상 원칙으로 삼고자 하는 자기 행복의 원리는 이 법칙과 묘한 대조를 이룬다. 자기 행복의 원리인즉슨 **"무엇보다도 너 자신을 사랑하라. 그러나 너 자신을 위해서 하느님과 네 이웃을 사랑하라"**일 것이니 말이다.

21) 참조 「루카복음」 10:27: "네 마음을 다하고 네 목숨을 다하고 네 힘을 다하고 네 정신을 다하여 주 너의 하느님을 사랑하고, 네 이웃을 너 자신처럼 사랑해야 한다." (또 「마태오복음」 22:37~39; 「마르코복음」 12:30~31 참조). 그리고 「신명기」 6:5: "너희는 마음을 다하고 목숨을 다하고 힘을 다하여 주 너희 하느님을 사랑해야 한다" 참조.
22) 곧, 지시명령.

알고 있다면, 게다가 그것을 기꺼이 행해야 할 것을 또한 자각하고 있을 터라면, 그에 대한 명령은 전혀 불필요할 것이니 말이다. 그리고 우리가 그것을 행하되, 기꺼이가 아니라 단지 법칙에 대한 존경에서 그렇게 한다면, 이 존경을 바로 준칙의 동기로 삼는 지시명령은 지시명령받은 마음씨에 정반대로 작용할 것이니 말이다. 그러므로 저 모든 법칙들 중의 법칙은 복음서들의 모든 도덕적 지시규정〔훈계〕들과 마찬가지로 윤리적 마음씨를 아주 완전하게 표현한다. 이런 윤리적 마음씨는 신성성의 이상으로서 어떤 피조물도 그에 도달할 수 없는 것이기는 하지만, 그럼에도 우리가 그에 접근해가야 하고, 중단 없는 그러나 무한한 전진 중에서 그와 같이 되고자 애써야 하는 원형〔原形〕이다. 요컨대 어떤 이성적 피조물이 언젠가 모든 도덕법칙들을 온전히 **기꺼이** 행할 수 있는 경지에 이를 수 있게 된다면, 그것은 그 이성적 피조물로 하여금 도덕법칙들을 벗어나도록 자극하는 욕구의 가능성이 그에게 전혀 없다는 정도의 것을 의미하겠다. 왜냐하면, 그러한 욕구의 극복은 주관에게 언제나 희생을 치르게 하고, 그러므로 자기 강제, 다시 말해 사람들이 아주 기꺼이 행하는 것은 아닌 것에 대한 내적 강요를 필요로 하니 말이다. 그러나 주관은 피조물을 도덕적 마음씨의 이런 단계에 결코 이르게 할 수가 없다. 주관은 피조물이고, 그러니까 그의 상태에 전적으로 만족하기 위해 그가 요구하는 것에 대해서 언제나 의존적이므로, 주관은 결코 욕구와 경향성으로부터 전적으로 자유로울 수가 없으니 말이다. 욕구와 경향성들은 물리적〔자연적〕 원인들에 의거해 있어서, 전혀 다른 원천을 가진 도덕법칙과는 애당초부터 맞지 않으므로, 그러니까 이것들[23]과 관련해서는 주관의 준칙들의 마음씨를 도덕적 강요에, 즉 흔쾌한 순종에가 아니라, 비록 억지로 일어나는 일이라 할지라도 법칙의 준수를 **요구하는** 존경에, 즉 법칙에 대한 의지의 내면적 거부를 염려하지 않는 사랑이 아닌 것에 기초하

A149 V84 A150

23) 원문은 'dieselbe'이나 'dieselben'으로 고쳐 읽음. 곧, 욕구와 경향성들.

게 하는 것이 항상 필요하다. 그럼에도 이 마지막의 것, 곧 법칙에 대한 순전한 사랑에—이런 경우에는 법칙은 **지시명령**이기를 중지할 것이고, 이제 주관적으로 신성성으로 이행한 도덕성은 **덕**이기를 중지할 것이다—비록 도달할 수는 없다 해도, 항구적인 노력의 목표로 삼는 것이 항상 필요하다. 왜냐하면, 우리가 존중하면서도 (우리의 연약함의 의식 때문에) 주저하는 것[24]에서 그것을 충족시킴이 많이 쉽게 되면 외경심이 가득찬 주저는 애호로, 존경은 사랑으로 변하는 것이니 말이다.—적어도 법칙에 대한 사랑은, 만약 그에 이르는 것이 언젠가 피조물에게 있어서 가능하다면, 법칙에 바쳐지는 마음씨의 완성〔된 모습〕일 것이다.

이 고찰이 여기서 목표로 두고 있는 바는, 위에서 인용한 복음서의 지시명령〔계명〕을 하느님의 사랑에 관한 **종교적 광신**을 위해 개념적으로 명료화하려는 것이 아니라, 윤리적 마음씨를 직접적으로 인간에 대한 의무들과 관련하여 정확하게 규정하고, 많은 사람들을 감염시키는 **한낱 도덕적**인 광신을 제어 내지는, 가능하다면, 예방하려는 것이다. 인간이 (우리의 모든 통찰에 의하면 또한 이성적 피조물 모두가) 서 있는 윤리적 단계는 도덕법칙에 대한 존경이다. 이를 준수하도록 그를 속박하는 마음씨는 이를 의무에서 준수하는 것이지, 임의적인 애호나 경우에 따라서는 명령받지 않고서도, 저절로 기꺼이 하고 싶게 된 노력에서 준수하는 것이 아니다. 언제든 인간이 놓일 수 있는 도덕적 상태는 **덕**, 다시 말해 **투쟁** 중에 있는 도덕적 마음씨이지, 의지가 온전히 **순수**한 마음씨를 **소유**하고 있다고 잘못 생각된 **신성성**이 아니다. 행위들을 고귀하고, 숭고하고, 고결한 행위로 고무시킴으로써 사람들의 마음에 영합하는 것은 순전히 도덕적 광신과 부추겨진 자만이다. 이로써 사람들의 마음은 망상에 빠진다. 그들 행위들의 규정 근거를 이루고, 그들이 그것을 준수함(그것에 **복종함**)으로써 그들을 항상 겸허토록 하는 것이 마치 의무가 아닌 것 같은, 다시

A151

V85

24) 곧, 도덕법칙.

말해 그들이 그 멍에를—그럼에도 이 멍에는 이성 자신이 우리에게 지워준 것이기 때문에 부드러운 것이지만—마지못해서일지라도 짊어**져야만 하는** 법칙에 대한 존경이 아닌 것 같은 망상 말이다. 오히려 저 행위들은 의무에서가 아니라, 그들의 순전한 공적으로서 기대될 수 있다는 망상 말이다. 이런 일은 그들이 저러한 행실들을 모방함으로써, 곧 저러한 원리에서, (그 원리가 무엇이든지 간에) 행위가 법칙에 맞는 데에 있는 것이 아니라 법칙에 복종하는 마음씨에 있는 것인 법칙의 정신을 조금도 만족시키지 않고, 그리고 동기를 도덕적으로 (즉 법칙에) 두지 않고, **정념적으로** (즉 동정에 또는 자애[25]에) 둠으로써, 이런 식으로 허풍스럽고 고답적이고 환상적인 사유방식〔성정〕을 낳은 데서 연유한다. 이러한 사유방식인즉슨 박차도 고삐도 필요치 않으며, 어떠한 지시명령마저도 전혀 불필요하다고 그들 마음의 임의적인 선량함을 자부하고, 그들이 공적보다도 앞서 생각했어야 할 그들의 책무성을 망각한다. 큰 희생을 치르고, 그것도 순전히 의무를 위해 행했던 타인의 행위들은 **고귀하고 숭고한** 행실이라는 이름으로 칭송받는다. 그러나 그것도 그 행위들이 흥분된 마음에서가 아니라 전적으로 그의 의무에 대한 존경에서 행해졌음을 추측하게 하는 증거가 있는 한에서 말이다. 그것을 누구에게나 본받을 본보기로 앞세우고자 한다면, 어디까지나 (진정으로 도덕적인 유일한 감정인바) 의무에 대한 존경이 동기로 쓰여야 한다. 이것은 진지하고 신성한 지시규정으로서, 이 지시규정은 허영심 많은 자기 사랑이 정념적 충동들—이것들이 도덕성과 유사한 한에서—과 노닐고, **공적의** 가치를 자랑하는 것을 방치하지 않는다. 우리가 충분히 살펴보기만 한다면, 우리는 칭송받을 만한 모든 행위들에 대해서 이미 의무의 법칙을 발견할 것이다. 이 법칙은 **지시명령하며**, 우리의 성벽에 맞을지도 모르는 어떤 것을 우리의 임의에 맡겨두지 않는다. 이것이 마음〔영혼〕을 도덕적으로 도야하는 유

A152

25) 원어: Philautie. 용어 구별에 대해서는 앞에 A129=V73 참조.

일한 현시 방식이다. 이것만이 확고한, 정확히 규정된 원칙들에 따른 것이기 때문이다.

A153 **광신**이라는 것이 가장 일반적인 의미에서 원칙에 따라 꾀해진 인간 이성의 한계로부터의 벗어남이라 한다면, **도덕적 광신**이란 실천적 순수 V86 이성이 인간성에 지정해준 한계를 벗어남을 말한다. 이 한계에 의해 이성은 의무에 맞는 행위들의 주관적 규정 근거를, 다시 말해 그런 행위들의 도덕적 동기를 법칙 자체 외의 다른 어디에 두는 것을 금지하고, 법칙에 의해 준칙들 안에 집어넣어지는 마음씨를 이 법칙에 대한 존경 외의 다른 것에 두는 것을 금지한다. 그러니까 모든 **자만**〔自滿〕과 허영심 많은 **자애**를 굴복시키는 의무 사상을 인간에 있어서 모든 도덕(성)의 최상의 **생활 원리**로 삼을 것을 지시명령한다.

사정이 이러함으로 해서, 소설가나 감상〔感傷〕적인 교육자들—이들이 비록 그토록 열심히 감상적인 것을 반대함에도 불구하고—뿐만 아니라 때로는 철학자들조차도, 심지어는 누구보다도 엄격한 **스토아**학파 사람들까지도, 윤리의 준엄하되 현명한 훈육 대신에 **도덕적 광신**을 끌어들였다. 후자들의 광신이 보다 영웅적인 것이라면, 전자들의 광신은 천박하고 감미로운 성질의 것이기는 했지만 말이다. 사람들은 위선 없이 복음서의 도덕 이론에 대해서 온 진실을 다해 다음과 같이 거듭 말할 수 있다. 즉 복음서는 무엇보다도 먼저 그 도덕원리의 순수성에 의해, 동시에 A154 그러나 이 원리가 유한한 존재자들의 경계〔한계〕에 적합함에 의해 인간의 모든 방정한 처신을 그런 존재자들의 눈앞에 놓인 의무—이것이 그런 존재자들을 몽상적인 도덕적 완전성 아래서 황홀하게 하지 않는다—의 훈도〔薰陶〕 아래 복속시켰고, 자만과 사애〔私愛〕—이 둘은 즐겨 그들의 한계를 잘못 인식하는데—에게 겸허(다시 말해, 자기 인식)의 경계를 정해주었다고.

의무, 너 위대하고 숭고한 이름이여! 너는 환심을 살 만한 사랑받을 아무런 것도 네 안에 갖지 않은 채, 오히려 복종을 요구한다. 너는 아무런 위협도 하지 않으면서—이런 것은 마음 안에 자연스런 거부감을 불러일으키고 겁에 질리게 할 것이다—법칙만을 제시한다. 이 법칙은 저 스스로 마음 안에 들어가 의지에 반하면서까지도 존경을 얻는다. (그렇다고 해서 그 법칙이 언제나 준수되는 것은 아니지만.) 이 법칙 앞에서 모든 경향성은, 은밀히는 그에 반발할지라도, 침묵하고 만다. 너의 그 위엄 있는 근원은 무엇이며, 경향성들과의 혈연을 도도하게도 끊어버리는 너의 고귀한 혈통의 뿌리를 사람들은 어디에서 발견할 것이며, 인간만이 자신에게 스스로 줄 수 있는 그런 가치의 소홀히 할 수 없는 조건은 어떤 뿌리에서 유래할 수 있는가?

그것은 다름 아니라, 인간을 (감성 세계의 일부로서의) 자신을 넘어서게 하는 바로 그것, 오로지 지성만이 생각할 수 있으며, 동시에 전체 감성 세계를, 그와 함께 시간상에서 경험적으로 규정될 수 있는 인간의 현존 및 모든 목적들 전체—이것만이 도덕적인 것으로서 그러한 무조건적인 실천적 법칙들에 적합한 것인데—를 자기 아래에 갖는 사물들의 질서에 인간을 결부시키는 바로 그것일 수 있을 것이다. 그것은 **인격성**으로, 다시 말해 자유 내지 전 자연의 기계성으로부터의 독립성으로, 그러면서도 동시에 고유한, 곧 자기 자신의 이성에 의해 주어진 순수한 실천 법칙들에 복종하고 있는 존재자의 한 능력으로 보아진다. 그러므로 감성 세계에 속하는 것으로서 인격은 그것이 동시에 예지의 세계에 속하는 한에서 그 자신의 인격성에 복종해 있는 것이다. 그래서 두 세계에 속하는 자로서 인간이 그 자신의 두 번째의 최고의 규정과 관련하여 그의 존재를 다름 아닌 숭경〔崇敬〕으로써, 그리고 그런 규정의 법칙들을 최고의 존경으로써 바라보아야 한다면, 그것은 놀랄 일이 아니다.

A155

V87

무릇 이런 근원에 도덕적 이념들에 따라 대상들의 가치를 표시하는 많은 표현들은 기초하고 있다. 도덕법칙은 **신성하다**(불가침이다). 인간은 비록 충분히 신성하지는 못하지만, 그러나 그의 인격에서 인간성은 그에게 신성하지 않을 수 없다. 전체 창조물에 있어서 사람들이 의욕하고, 그

에 대해 무엇인가를 할 수 있는 모든 것은 **한낱 수단으로**도 사용될 수 있

A156 다. 오로지 인간만은, 그리고 그와 더불어 모든 이성적 피조물은 **목적 그 자체**이다. 인간은 곧 그의 자유의 자율의 힘에 의해, 신성한 도덕법칙의 주체이다. 바로 이것[26] 때문에 모든 의지는, 모든 인격 그 자신의, 자기 자신을 지향하고 있는 의지까지도, 이성적 존재자의 **자율**과 일치한다는 조건에 제한되어 있다. 이성적 존재자는 곧 수동적 주관 자신의 의지로부터 생길 수 있는 법칙에 따라 가능한 것이 아닌 어떠한 의도에도 복종하지 않으며, 그러므로 이 자는 결코 한낱 수단으로가 아니라, 오히려 동시에 그 자신 목적으로 사용된다. 이 조건을 우리는 당연히 신의 창조물들인 세계 내의 이성적 존재자들과 관련해 신의 의지에 대해서도 부여한다. 이 조건은 오로지 그로 인해 이성적 존재자들이 목적 그 자체인, 그들의 **인격성**에 근거하는 것이니 말이다.

존경을 불러일으키는 인격성의 이념은, 우리의 행태가 우리 본성의 숭고함에 어울리지 않는 결함이 있음을 주의시키고, 그로써 자만을 타도하면서, 동시에 우리의 본성이 (그 규정상) 숭고함을 눈앞에 제시한다. 이러한 인격성의 이념은 가장 평범한 인간 이성에서도 자연스레 그리고 쉽게 눈에 띈다. 단지 보통 정도의 진실한 사람이면 누구나, 별로 해롭지

V88 않은 거짓말로 그 자신 귀찮은 사건에 연루되지 않거나 또는 심지어는

A157 사랑하는 공 많은 친구에게 이득을 줄 수 있을 때라도, 남몰래 자신의 눈으로 제 자신을 경멸하지 않기 위한 순전히 그런 이유 때문에 그런 거짓말을 하지 않은 적이 종종 있지 않던가? 만약 그가 단지 의무를 무시할 수만 있다면 피할 수 있었을 인생의 최대 불행에 즈음해서 공정한 사람을 그래도 곧추세워주는 것은, 그는 그의 인격에서 인간성을 그래도 존엄하게 유지했고 존중했다는, 그래서 그는 자신 앞에서 부끄러워할 그리고 자기 심사의 내적 시선을 두려워할 아무런 이유를 갖지 않는다는 의

26) 곧, 자유의 자율.

식이 아니겠는가? 이런 위안은 행복이 아니며, 행복의 최소한의 부분도 아니다. 왜냐하면, 누구라도 그러한 기회를 소망하지는 않을 것이고, 아마도 단 한 번이라도 그러한 상황의 삶을 소망하지는 않을 것이니 말이다. 그러나 그는 살고 있고, 그 자신이 보기에 살 가치가 없다는 것을 견딜 수가 없다. 그러므로 이 내적인 안심은 삶을 쾌적하게 해줄 모든 것과 관련해서는 순전히 부정적이다. 곧 그것은 〔그런〕 그의 상태의 가치가 그에 의해 이미 전적으로 포기된 뒤에 그의 인격적 가치에서 추락하는 위험을 막는 것이다. 그것은 〔그저〕 사는 것과는 전혀 다른 어떤 것에 대한 존경의 작용결과로서, 이와 비교하고 대조할 때 〔그저〕 사는 것은 그의 모든 쾌적함과 함께 오히려 아무런 가치도 갖지 못한다. 그는 오로지 의무에〔입각해〕서 사는 것이지, 그가 삶에서 최소한의 취미라도 발견하기 때문에 사는 것이 아니다.

순수 실천이성의 진정한 동기는 이러한 성질을 갖는다. 그것은 다름 아니라 순수한 도덕법칙 자신이다. 도덕법칙이 우리로 하여금 우리 자신의 초감성적 실존의 숭고성을 감지하게 하며, 그리고 주관적으로, 동시에 그 자신의 감성적 현존 및 이와 결합된, 이런 한에서 그 자신의 매우 정념적으로 촉발된 본성에 대한 의존성을 의식하고 있는 인간들 안에, 그들의 더 높은 사명에 대한 존경을 낳는 한에서 말이다. 무릇 이 동기에는 삶의 많은 자극〔매력〕들과 쾌적함들이 결합되어 있어서, 단지 이 때문이라도 이미 합리적이고 인생의 최대의 복을 숙고하는 **에피쿠로스**학파의 가장 영리한 선택이 도덕적인 좋은 태도라고 선언될 것이다. 그리고 또한, 인생의 즐거운 향유에 대한 기대를 저 최상의, 이미 그 자체만으로도 충분히 규정하는 동인〔動因〕과 결합하는 것은 권할 만한 일이기도 하다. 그러나 그것은 다만, 패악〔悖惡〕이 반대편에서 그럴듯하게 보이는 일이 없지 않은 유혹들을 견제하기 위해서이지, 의무를 이야기하는 마당에서 이것에 본래적인 동인력을 최소 부분이라도 인정하기 위함이 아니다. 왜냐하면, 그런 일은 도덕적 마음씨를 그 원천에서 불순하게 만

A158

V89

들려는 것에 다름 아닐 것이기 때문이다. 의무의 숭경성〔崇敬性〕은 인생의 향락과는 아무런 상관이 없다. 그것은 자기 고유의 법칙〔법률〕을 가지고 있으며, 또한 자기 고유의 법정을 갖고 있다. 사람들이 제아무리 양

A159 자[27]를 뒤섞어서 마치 치료약인 양 병든 영혼에게 건네주고자 함께 뒤흔들어놓으려 해도, 양자는 이내 저절로 분리되며, 만약 그렇지 않으면, 전자[28]는 전혀 아무런 작용도 하지 못할 것이다. 이럴 경우에는 물리〔신체〕적 삶은 어느 정도 힘을 얻을지라도, 도덕적 삶은 구제할 길 없이 차츰 사라져버릴 것이다.

순수 실천 이성의 분석학에 대한 비판적 조명

한 학문에 대한 또는 그 자체로 하나의 체계를 이루고 있는 한 학문의 한 절에 대한 비판적 조명이란, 우리가 그 학문을 유사한 인식 능력을 기초에 갖는 다른 체계와 비교할 때, 왜 그 학문이 다른 것이 아닌 바로 이 체계 형식을 가져야만 하는가를 연구하고 정당화함을 말한다. 무릇 실천 이성과 사변 이성은, 양자가 **순수 이성**이라는 점에서, 한가지의 인식 능력을 기초에 갖고 있다. 그러므로 하나와 다른 하나의 체계적 형식의 차이는 양자의 비교를 통해서 규정되고 그 근거가 제시되어야만 할 것이다.

A160 순수 이론 이성의 분석학은 지성에 주어질 수 있는 대상들의 인식을 다루는 것이고, 그러므로 **직관**에서, 그러니까 (이 직관은 항상 감성적이므로) 감성에서 출발해서, 이로부터 비로소 (이 직관의 대상들의) 개념들로 전진해야만 했고, 이 두 가지를 앞세운 연후에야 **원칙들**로써 끝을 맺을 수 있었다. 이에 반해, 실천이성은 대상들을, 그것들을 **인식하기** 위해, 다루는 것이 아니라, 그 자신의 능력을, (대상들의 인식에 맞게) 저 대상들

27) 곧, 의무와 향락.
28) 곧, 의무.

을 **실현하기** 위해, 다룬다. 다시 말해 **의지**를 다룬다. 의지는 이성이 대상들의 규정 근거를 함유하는 한에서 원인성이다. 따라서 이 이성은 직관의 객관이 아니라, 오히려 (원인성의 개념은 언제나 잡다의 실존을 상호 관계에서 규정하는 법칙과의 관계를 함유하므로) 실천이성으로서 **단지** 그것의 **법칙**만을 제시해야만 한다. 그렇기에 실천 이성의 분석학의 비판은, 이성이 실천이성이어야 하는 한에서—이것이 본래적 과제인데—**선험적 실천 원칙들의 가능성**에서 출발하지 않을 수 없다. 이로부터만 비판은 실천이성의 대상들의 **개념들**, 곧 단적인-선 · 악의 개념들로 전진할 수 있었는바, 이것은 이 개념들을 저 원칙들에 맞춰서 비로소 제공하기 위해서였다. (왜냐하면, 이 개념들은 저 원리들에 앞서서는 어떠한 인식 능력에 의해서건 선한 것 또는 악한 것으로 주어질 수 없으니 말이다.) 그런 연후에야 비로소 앞 장, 곧 순수 실천이성의 감성과의 관계에 관한, 그리고 그것이 이 감성에 미치는 필연적인 선험적으로 인식될 수 있는 영향, 다시 말해 **도덕적 감정**에 관한 장이 그 몫을 다할 수 있었다. 이렇게 해서 실천적인 순수 이성의 분석학은 이론적인 이성의 그것에 전적으로 유추해서 이성 사용의 모든 조건들의 전 범위를 나누었으되, 그 순서는 거꾸로가 되었다. 이론적인 순수 이성의 분석학은 초월적 감성학과 초월적 논리학으로 구분되었고[29], (다른 곳에서는 전혀 걸맞지 않을 이 명칭들을 순전히 유추적으로만 이 자리에서 사용하는 것이 허락된다면,) 실천적인 이성의 분석학은 거꾸로 순수 실천이성의 논리학과 감성학으로 구분된다. 논리학은 다시금 저기[30]에서는 개념의 분석학과 원칙의 분석학으로 구분되었고, 여기서

V90

A161

29) 이 대목에서 칸트 자신이 자기 용어를 혼란스럽게 사용하고 있다. 『순수이성비판』에서 분석학이란 '초월적 분석학'으로서 그것은 "우리의 선험적인 전체 인식을 순수 지성 인식의 요소들로 분해하는 작업"(A64=B89)으로, "순수 지성 인식의 요소들과, 그것 없이는 도무지 어떤 대상도 사고될 수 없는 원리들을 서술하는"(A62=B87) 초월 논리학의 한 부문이다. 그러니까 분석학은 오히려 '논리학'의 하위 개념으로서, '변증학'과 더불어 '논리학'의 한 부분인 것이다.

30) 곧, 순수 이성 비판. 그러나 정확히 말하면, 거기서는 '논리학'은 '분석학'과 '변증학'으로 나뉘었고, 이 가운데 '분석학'이 '개념의 분석학'과 '원칙의 분석학'으로 나뉘었다.

는 원칙의 분석학과 개념의 분석학으로 구분된다. 감성학은 저기서는 감성적 직관의 이중적 방식으로 인해 두 부문을 가졌지만, 여기서는 감성은 전혀 직관 능력으로가 아니라, 한낱 (욕구의 주관적 근거일 수 있는) 감정으로 간주되는 것으로, 이 감정에 관해서 순수 실천이성은 더 이상의 세분을 허용하지 않는다.

다시금 세부 구분을 갖는 두 부문으로의 이 구분이 여기서 실제로는 —처음에는 앞의 예에 의해 시도해보도록 충분히 유혹받을 수 있었는데 —기도되지 않은 것에 대한 이유도 충분히 납득될 수 있을 것이다. 왜냐하면, 여기서 그것의 실천적 사용에서, 그러니까 경험적 규정 근거들로부터가 아니라 선험적 원칙들로부터 출발해서 고찰되는 것은 **순수 이성**이므로, 순수 실천 이성의 분석학의 구분은 결과적으로 이성추리[31]와 유사하게 되지 않을 수 없는 것이니 말이다. 곧 그것은 **대전제**(도덕원리)의 보편적인 것에서 출발하여 **소전제**에서 가능한 (선 · 악의) 행위들을 저 대전제 아래에 포섭시킴을 거쳐 **결론**, 곧 주관적인 의지 규정(실천적으로 가능한 선과 이에 기초한 준칙에 대한 관심)으로 나아간다. 분석학에서 보였던 명제들에 대해 확신할 수 있었던 사람에게는 이러한 비교들이 즐거움을 줄 것이다. 이러한 비교들은 당연히, 어쩌면 언젠가는 전체 순수 이성 능력의 (즉 이론적 및 실천적 이성 능력의) 통일의 통찰에 이르고, 한 원리로부터 모든 것을 도출할 수 있다—이것이야말로 자기 인식들의 완벽한 체계적 통일에서만 온전한 만족을 얻는 인간 이성의 불가피한 요구이다 —는 기대를 갖게 하기 때문이다.

그런데 우리가 실천 이성의 분석학이 밝혀주는, 순수 실천 이성에 관해 그리고 이를 통해 우리가 가질 수 있는 인식의 내용에 대해서도 고찰해본다면, 실천이성과 이론이성 사이에는 현저한 유사함도 있지만, 그에 못지 않게 현저한 차이점들도 발견된다. 이론이성과 관련해서 **선험적인**

A162 V91 A163

31) 곧, 삼단논법.

순수 이성 인식 능력은 과학들의 실례들에 의해—과학들은 그 원리들을 매우 다양한 방식으로 방법적 사용에 의해 검증하므로, 이에서 사람들은 일상의 인식에서처럼 그렇게 쉽사리 경험적 인식근거들이 슬쩍 뒤섞이는 것을 우려할 것이 없다—아주 쉽게 그리고 명증적으로 입증될 수 있었다.[32] 그러나 순수 이성이, 다른 어떤 경험적 규정 근거를 섞음 없이, 그 자체만으로도 실천적이라는 것, 이것을 우리는 틀림없이 **아주 평범한 실천적 이성 사용**으로부터 밝혀낼 수 있었다. 우리는 최상의 실천 원칙을 모든 자연적인 인간 이성이 온전히 선험적인 것으로서, 어떠한 감성적 자료에도 의존하지 않는 것으로서, 그의 의지의 최상의 법칙으로 인식하는 그러한 것이라고 확인했으니 말이다. 학문이 원칙을 사용하기 위하여 그것을, 마치 그 가능성에 대한 모든 이성추리와 그로부터 이끌어내질 수 있는 귀결들에 선행하는, 하나의 사실인 양 손에 쥘 수 있기 전에, 사람들은 먼저 그 근원의 순수성의 면에서 원칙을 **이 평범한〔보통〕 이성의 판단에서** 보증하고 정당화해야만 했다. 그러나 이러한 사정은 조금 전에 이야기한 바로부터도 충분히 설명된다. 왜냐하면, 실천적인 순수 이성은 반드시, 그러므로 모든 학문의 기초에 최초의 자료로 놓여야 A164 만 하고, 그로부터 비로소 생길 수 있는 것이 아닌 원칙들로부터 시작해야만 하기 때문이다. 도덕의 원리들을 순수 이성의 원칙들로 이렇게 정당화하는 일은 한낱 보통의 인간 지성의 판단에 의거하는 것만으로도 충분히 그리고 확실하게 할 수 있었다. 왜냐하면, 의지의 규정 근거로서 우리 준칙들에 슬쩍 숨어 들어오고 싶어 하는 모든 경험적인 것은 욕구를 V92 자극하는 것인 한에서 필연적으로 의지에 부착해 있는 쾌락이나 고통의 감정에 의해 즉시 **알려지지**만, 그러나 이에 대해 저 순수 실천이성은 감정을 조건으로 자기 원리 안에 받아들이는 것을 정면으로 **반대하니** 말이다. (경험적인 그리고 이성적인) 규정 근거들의 이종성〔異種性〕은 실천적

32) AA에 따라 읽음. 칸트 원문대로 읽으면 "수 있겠다(könnte)".

법칙 수립적인 이성이 독특한 **방식의 감각**을 통해, ―그런데 이 감각은 실천이성의 법칙 수립에 선행하는 것이 아니라, 오히려 이 실천이성을 통해서만, 그것도 강제에서 생기는 것이다―곧 존경의 감정을 통해― 이런 존경의 감정을 어떤 사람도 어떤 종류의 것이 됐든 경향성에 대해서는 갖지 않으며, 그러나 능히 법칙에 대해서는 갖는다―섞여 들어온 경향성에 대항함으로써 매우 명백해지고 두드러지게 눈에 띈다. 그래서 어느 누구라도, 가장 평범한 지성의 사람〔상식인〕이라도, 의욕의 경험적 인 근거들에 의해 그 부추김에 따르도록 권고받는다 해도, 그러나 순수한 실천적 이성 법칙 이외의 어떤 것에 **복종하도록** 요구될 수는 결코 없음을 눈앞에 제시된 실례에서 단번에 깨닫지 않을 수 없다.

A165

무릇 **행복론**과 **윤리론**을 구별함은, 즉 전자에서는 경험적 원리들이 전체 토대를 이루는 반면에, 후자에서는 그런 것이 조금도 섞여 있지 않음을 구별함은 순수 실천 이성 분석학의 첫째의, 그것에 부과된 가장 중요한 과업이다. 분석학은 이 과업을 아주 **정확하게**, 이를테면, 기하학자가 자기 일을 수행할 때처럼, 그렇게 **주도면밀하게** 하지 않으면 안 된다. 그러나 여기서 철학자는 (개념의 구성 없이, 순전한 개념들에 의한 이성 인식[33]에서 항상 그러하듯이) 〔기하학자〕보다 더 큰 어려움을 안고 싸워야만 한다. 왜냐하면, 그는 (순수 예지체의) 기초에 아무런 직관도 둘 수 없으니 말이다. 그럼에도 철학자에게 이점인 것은, 그는 거의 화학자나 마찬가지로, 도덕적인 (순수한) 규정 근거와 경험적인 규정 근거를 구별하기 위해서 언제든 모든 사람의 실천이성을 가지고서 실험할 수 있다는 점이다. 곧, 그가 (예컨대, 그렇게 하면 무엇인가 득을 볼 수 있기 때문에 기꺼이 거짓말하고 싶어 하는 사람의) 경험적으로-촉발된 의지에다 도덕법칙을 (규정 근거로) 덧붙여놓을 때 그러하다. 그것은 마치 석회토를 분해하는 화

33) "철학적 인식은 개념들에 의한 이성 인식이고, 수학적 인식은 개념들의 구성에 의한 이성 인식이다. 그런데 개념을 구성한다 함은 그 개념에 상응하는 직관을 선험적으로 현시〔서술〕한다는 것을 말한다."(*KrV*, A713=B741)

학자가 염산 **안에**[34] 알칼리를 첨가하는 것과 같다. 그럴 때 염산은 곧바로 석회를 떠나 알칼리와 결합되고, 석회는 바닥에 가라앉는다. 이와 꼭 마찬가지로, 평소에 정직한 사람에게 (혹은 이때 단지 생각 속에서만 정직한 사람의 위치에 서 있는 사람에게) 그가 그것에 비추어 거짓말쟁이의 품격 없음을 인식하는 도덕법칙을 제시해보라. 그러면 즉시 그의 실천이성은 (그에게 마땅히 일어나야 할 것을 판단해서) 이익을 떠나, 그 자신의 인격에 대한 존경을 지켜줄 것(즉 진실성)과 결합한다. 이제 이익은, (오로지 전적으로 의무의 편에 서 있는) 이성의 모든 부속물과 분리되어 씻겨진 뒤에, 누구에게나, 이익이 이성이 결코 그것을 떠나지 않고 오히려 그것과 내밀하게 결합하는 도덕법칙에 배치하게 되는 경우 말고는, 다른 경우에는 이성과 잘 결합할 수 있도록 고려된다.

A166

V93

그러나 행복의 원리와 윤리를 이렇게 **구별**하는 것이 그렇다고 곧 양자를 **대립**시키는 일은 아니다. 순수 실천이성은 행복에 대한 요구를 **포기**하고자 하는 것이 아니라, 단지 의무가 문제가 될 때는 그런 것을 전혀 **고려치 않으**려 하는 것이다. 오히려 어떤 점에서 볼 때는 자기의 행복을 배려하는 것은 의무일 수도 있다. 어떤 면에서 행복—숙련성 · 건강 · 부유함이 이것에 속하는데—은 의무를 완수하기 위한 수단을 포함하고, 어떤 면에서 행복의 결여(예컨대, 가난)는 의무를 벗어나게 하는 유혹을 함유하고 있으니 말이다. 다만 자기 행복만을 촉진하는 일은 직접적으로는 결코 의무일 수가 없고, 더구나 모든 의무의 원리일 수는 없다. 무릇 몇몇 순수 실천이성 법칙(도덕적인 것)을 제외하고는 의지의 모든 규정 근거들은 모두 경험적인 것이고, 그래서 그 자체로서 행복의 원리에 속하므로, 그것들은 모두 최상의 윤리 원칙에서는 분리돼야 하고, 그것에 결코 조건으로서 병합되어서는 안 된다. 왜냐하면, 이렇게 하는 것은, 기하학의 원칙들에 경험을 뒤섞음이 일체의 수학적 명증함, 즉 (**플라톤**이 판단

A167

34) B판: "안에서".

한 대로[35]) 수학이 자신이 가지고 있는 장점이자, 수학의 모든 실용에 앞서는 장점을 없애버리는 것과 마찬가지로, 모든 윤리적 가치를 없애버릴 것이기 때문이다.

순수 실천이성의 최상 원리를 연역하는 대신에, 다시 말해 그러한 선험적 인식의 가능성을 설명하는 대신에 서술될 수 있었던 것은 다름 아니라, 만약 우리가 작용인〔作用因〕의 자유 가능성을 통찰한다면, 우리는 우리가 그 의지의 원인성으로 인정하는 이성적 존재자들의 최상의 실천법칙인 도덕법칙의 한낱 가능성이 아니라 필연성까지도 통찰하게 될 것이라는 사실이었다. 왜냐하면, 이 두 개념[36]은 불가분리적으로 결합되어 있어서, 우리는 실천적 자유를 의지가 도덕법칙 이외의 다른 모든 것에 대한 독립성이라고 정의할 수 있을 정도이니 말이다. 그러나 작용인으로서의 자유는, 특히 감성 세계에서는, 그 가능성이 결코 통찰될 수 없다. 우리가 단지 그것의 불가능성에 대한 증명이 없다는 것을 충분히 확신할 수 있고, 이 자유를 요청하는 도덕법칙에 의해 자유를 상정하는 것이 불가피하고 또 그로써 그것을 정당화하게 되는 것만으로도 다행한 일인저! 여전히 이 자유를 다른 자연 능력처럼 경험적 원리들에 의해서 설명할 수 있다고 믿는 사람, 이 자유를 감성 세계에 속하는 존재자의 인과성의 **초월적** 술어—실은 이것만이 중요한 것이다—로 보지 않고, 그에 대한 설명이 오로지 **마음**〔영혼〕**의 본성** 및 의지의 동기에 대한 보다 정확한 연구에 달려 있을 터인 **심리학적**〔영혼론적〕 속성으로 보는 사람, 그래서 도덕법칙을 매개로 순수 실천이성에 의해 우리에게 일어나는 빛나는 개시〔開示〕를, 곧 다른 경우에는[37]) 초험적인 자유 개념의 실재화에 의한 예지 세계의 개시를 부정하고, 이로써 철두철미 어떠한 경험적 규정 근거도 가정하지 않는 도덕법칙 자체를 부정하는 사람이 아직도 많이 있다.

V94 A168

35) 예컨대, Platon, *Politeia*, 524d~526c 참조.

36) 곧, 도덕법칙과 자유.

37) 곧, 이론이성의 영역에서는.

그래서 여기에서 이런 환영〔幻影〕의 방지를 위해, 그리고 **경험주의**의 천박함의 전모를 백일하에 드러내기 위해 다소간의 설명을 더 하는 것이 필요하겠다.

자유로서의 원인성과 구별되는 **자연 필연성**으로서의 원인성 개념은 **시간상에서 규정될 수 있는** 사물들의 실존에만 관계한다. 따라서 그것은 사물들 그 자체로서의 그것들의 원인성과 반대되는 현상들로서의 사물들의 실존에만 관계한다. 무릇 우리가 시간상의 사물들의 실존의 규정들을 사물들 그 자체의 규정들로 받아들이면,—이것이 가장 일상적인 표상 방식인데—인과관계에서 필연성은 어떤 방식으로라도 자유와는 합일되지 않는다. 오히려 양자는 서로 모순적으로 대립한다. 왜냐하면, 전자로부터 나오는 결론은, 모든 사건은, 따라서 한 시점에서 일어나는 모든 행위 역시, 필연적으로 앞선 시간상에 있던 것의 조건 아래에 있다는 것이기 때문이다. 그런데 지나간 시간은 더 이상 나의 지배 아래 있지 않으므로, 내가 행한 모든 행위는 **나의 지배 아래 있지 않은** 규정 근거들에 의해 필연적일 수밖에 없는 것이다. 다시 말해, 나는 내가 행위하는 그 시점에서 결코 자유롭지 않다. 정말이지, 내가 나의 전 현존을 어떠한 타자 원인(가령, 신)으로부터도 독립적이라고 상정하고, 그래서 나의 원인성을, 더 나아가 나의 전 실존을 규정하는 근거들이 전혀 나의 밖에 있지 않다고 하더라도, 이런 일이 저 자연 필연성을 조금이라도 자유로 바꾸지는 못할 것이다. 왜냐하면, 어느 시점에서나 나는 항상 **나의 지배 아래 있지 않은** 것에 의해 행위하도록 규정되는 필연성 아래에 서 있고, 내가 항상 이미 앞서 정해진 질서에 따라서만 계속시키고, 어디에서도 자신으로부터 시작하지는 못하는 사건들의, 先行하는 한 部分에 한 部分이 이어지는 무한한 계열은 끊임없는 자연 연쇄일 것이며, 그러므로 나의 원인성은 결코 자유가 아닐 것이기 때문이다.

A169

V95

A170

그러므로 우리가 그 현존이 시간상에서 규정되어 있는 한 존재자에게 자유를 속하게 하고자 하면, 우리는 그런 한에서 적어도 그 존재자를 그의 실존에서의 모든 사건들이 속하는, 그러니까 또한 그의 행위들이 속하는 자연 필연성 법칙에서 제외시킬 수는 없다. 그런 일은 그 존재자를 맹목적인 우연에 내맡기는 것밖에는 되지 않으니 말이다. 그러나 이 법칙은 사물들의 **현존이 시간상에서** 규정될 수 있는 한에서 사물들의 모든 인과성에 불가피하게 관계하므로, 이 법칙이 또한 사람들이 그에 따라 **이 사물들 자체의 현존**을 표상할 수밖에 없는 방식이라면, 자유란 헛되고 불가능한 개념이라고 비난받지 않을 수 없을 것이다. 따라서 사람들이 자유를 구출하고자 한다면, 남은 것은 시간상에서 규정될 수 있는 한에서의 사물의 현존을, 따라서 또한 **자연 필연성**의 법칙에 의한 인과성을 **한낱 현상에** 속하게 하고, **그러나 자유는 사물 그 자체로서의 같은 존재자에게** 속하게 하는 길밖에는 없다. 그래서 서로 적대적인 이 두 개념[38]을 동시에 보존하고자 하면, 이렇게 하는 것은 불가피한 것이다. 그러나 실제 적용에서, 이 두 개념을 동일한 행위 안에 통일되어 있는 것으로 설명하고, 그럼으로써 이 통일 자체를 설명하고자 하면, 그러한 통일을 실행 불가능한 것으로 만드는 것처럼 보이는 커다란 난점들이 나타난다.

A171

만약 내가 도둑질을 한 어떤 사람에 대해서, 이런 행동은 인과의 자연법칙에 따라서 앞선 시간의 규정 근거들로부터 필연적으로 나온 결과이고, 그래서 그 행동이 일어나지 않을 수 있었음은 불가능했다고 말한다면, 도대체 어떻게 도덕법칙에 따른 가치 판단이,—〔도덕〕법칙은 그런 행동은 해서는 안 된다고 하므로—이 점에서 사정을 변경시켜 그런 행동은 안 할 수도 있었다고 전제할 수 있는가? 다시 말해, 어떻게 그〔런 행동을 한〕 사람이 같은 시각에 동일한 행위와 관련하여 전적으로 자유롭다고 말할 수 있는가? 그가 그 시각 동일한 행위와 관련하여 불가피한 자연 필연성 아래 서 있으면서도 말이다. 〔이러한 난점으로부터의〕 탈출구를 자연법칙에 따른 그의 〔행동의〕 인과성의 규정 근거들의 **방식**을 **비**

V96

38) 곧, 자연 필연성과 자유.

교적[39]인 자유 개념에 맞추는 데서 찾는 것은 가련한 미봉책이다. (비교적인 자유 개념에 따르면, 규정하는 자연 근거가 활동하는 것의 **내부에** 있는 그런 것을 종종 자유 활동이라고 일컫는다. 일례로 던져진 물체가 자유 운동할 때 수행하는 것을 들 수 있겠는데, 이런 경우 사람들은 자유라는 말을 쓴다. 그 물체는 날고 있는 동안은 외부로부터 무엇에 의해서 작동되고 있지 않다는 이유에서 말이다. 또 다른 예로 우리는 시계의 운동을 또한 자유 운동이라고 부른다. 시계는 자기의 바늘을 스스로 움직이고, 그러므로 시계 바늘은 외부로부터 밀어줄 필요가 없다는 이유에서 말이다. 이와 마찬가지로 사람의 행위들도, 비록 그것들이 시간상 앞서는 그것들의 규정 근거들에 의해 필연적이라 할지라도, 자유롭다고 부른다. 그것은 내적인, 우리 자신의 힘들에서 생긴 표상들이고, 이 표상들에 의해 야기하는 상황에 따라서 생긴 욕구들이고, 그러니까 우리 자신의 임의대로 일으켜진 행위들이라는 이유에서 말이다.) 이 가련한 미봉책에 언제나 여전히 몇몇 사람은 자신을 맡기고, 그래서 저 난문을 사소한 낱말 풀이를 가지고서 해결했다고 생각한다. 이 문제 해결에 수천 년 간의 노고가 헛되이 기울여졌는바, 그런 피상적인 짓에서 해결이 발견되기란 정말 어려운 일이다. 곧, 모든 도덕법칙들과 그것들에 알맞은 귀책〔歸責〕의 기초에 놓여야 하는 그런 자유에 대한 물음에 있어서, 자연법칙에 따라서 규정되는 인과성이 주관 안에 있는 규정 근거들에 의해서 필연적인가 또는 주관 **밖에** 있는 규정 근거들에 의해서 필연적인가 하는 것과 또, 전자의 경우에서 그것이 본능에 의해서 필연적인가 또는 이성적으로 생각된 규정 근거들에 의해서 필연적인가는 전혀 문젯거리가 아니다. 만약 이 규정하는 표상들이 바로 이런 사람들 자신의 고백에 따라서 그것들의 실존 근거를 시간상에, 그것도 **앞선 상태** 안에 가지고 있다면, 그러나 이 상태가 다시금 그보다 더 앞선 상태에 그 근거를 가지고 있다면, —이 규정들이 항상 내적이든, 심리적인 원인성을 갖고 기계적인 인과성을 가지

A172

39) 원어: c〔k〕omparativ. 여기서 이 말은 "그 사람은 '비교적' 착한 편이다"고 말할 때의 그런 의미를 갖는다.

A173 는 것이 아니든, 다시 말해 표상들에 의해서 행위를 낳고, 물체적 운동에 의해 행위를 낳는 것이 아니든—그것들은 언제나, 한 존재자의 현존이 시간상에서 규정될 수 있는 한에서, 그 존재자의 인과성의 **규정 근거들**이고, 그러니까 지나간 시간의 필연적으로 만드는 조건들 아래에 있는 것이다. 그러므로 이 조건들은 주관이 행위해야 할 때, **더 이상 그의 지배 아래에 있지 않은 것**이며, 그것들은 그러므로 심리적 자유—만약 이 말을 사람들이 마음의 표상들의 순전히 내적인 연쇄에 대하여 사용하고자 한다면—를 수반하기는 하지만, 그럼에도 자연 필연성을 수반하는 V97 것으로, 그러니까 아무런 **초월적 자유**도 남겨 두지 않는다. 이 초월적 자유는 일체의 경험적인 것으로부터, 그러므로 자연 일반—이것이 순전히 시간상의 내감의 대상으로[40] 고찰되든, 아니면 공간과 시간상에서 외감의 대상으로 동시에 고찰되든—으로부터 독립적인 것으로 생각될 수밖에 없으며, (후자의 본래적 의미의) 이 자유, 유일하게 선험적으로 실천적인 이 자유 없이는 어떠한 도덕법칙도 가능하지 않으며, 이에 따른 어떠한 귀책도 가능하지가 않다. 바로 이 때문에 우리는 또한 인과의 자연법칙에 따르는 시간상의 사건들의 모든 필연성을 자연의 **기계성**이라고 부를 수 있으나 이 말로써 이에 종속하는 사물들이 실제로 물질적 **기계들**이어야만 하는 것을 의미하지는 않는다. 여기서는 단지, 자연법칙에 따라 A174 라 전개되는바, 시간 계열상의 사건들의 연결의 필연성만이 주목된다. 이 전개 과정이 일어나는 그 주체를 사람들은, 그것은 물질에 의해 움직여지는 기계 존재라 해서, 物質 自動機械라 부를 수도 있겠고, 그것은 표상들에 의해 움직여지는 것이라 해서, **라이프니츠**와 같이 精神 自動機械[41]라 부를 수도 있겠다. 그리고 만약 우리의 의지 자유가 다름 아니라 후자 같은 것(초월적인, 다시 말해 절대적 자유가 아니라, 가령 심리적인 비교적인 자

40) AA에 따라 "~으로"를 삽입하여 읽음.

41) "인간의 영혼은 일종의 정신 자동 기계이다."(Leibniz, *Essai de Théodicée*, premiére partie, 52 참조)

유)이라면, 그것은 근본적으로는 고기 굽는 자전〔自轉〕 기구의 자유보다 나을 게 없을 터이다. 이런 기구도 한번 태엽만 감아주면 스스로 자기 운동을 한다.

이제 예시한 경우의 동일한 행위에서 자연 기계성과 자유 사이의 표면상의 모순을 제거하기 위해서는 『순수이성비판』[42]에서 말했던 것 내지는 거기에서 얻은 결론을 상기해야만 한다. 즉 주체의 자유와 공존할 수 없는 자연 필연성은 한낱 시간 조건들 아래에 있는 사물의 규정들에만, 따라서 현상으로서의 행위 주체의 규정들에[43]만 부착해 있는 것이고, 그러므로 그런 한에서 그의 모든 행위의 규정 근거들은 지나간 시간에 속하고 **더 이상 그의 지배 아래에 있지 않은** 것 안에 있다. (이런 것에는 그가 이미 행한 행동들 및 그것들을 통해 그가 규정받는, 그 자신의 눈에 보이는 현상으로서의 성격 또한 들어 있다.) 그러나 다른 한편에서 자기 자신을 사물 그 자체로 의식하는 동일한 주체는 자신의 현존 또한 **시간 조건들 아래에 있지 않은 한에서** 고찰하고, 자기 자신을 오로지 이성 자신에 의해서 부과되는 법칙들에 의해서만 규정될 수 있는 것으로 고찰한다. 그리고 이런 주체의 현존에서 그에게는 그의 의지 규정에 선행하는 것은 아무것도 없고, 오히려 모든 행위, 도대체가 내감에 맞춰 전변〔轉變〕하는 그의 현존의 모든 규정, 심지어는 감성적 존재자로서 그의 실존의 전 계열 순서까지도 그의 예지적 실존 의식에서는 결코 **예지체**로서의 그의 원인성의 규정 근거로서가 아니라, 다름 아닌 결과로서 보아져야 한다. 이런 고찰에서 이제 이성적 존재자는 그가 저지른 법칙에 어긋나는 모든 행위에 대해서, 비록 그것이 지나간 것의 현상으로 충분히 규정되고 그런 한에서 불가피하게 필연적인 것이라 할지라도, 그[44]는 그런 행위를

A175

V98

---

42) 특히 『순수이성비판』, A542=B570 이하 참조.

43) AA에 따라 읽음.

44) 원문은 'er'이나, 이것이 지시하는 것이 앞의 '이성적 존재자(das vernünftige Wesen)'이니, 'es'라고 썼어야 할 것이다.

하지 않았을 수도 있었다고 정당하게 말할 수 있다. 왜냐하면, 그 행위는 그 행위가 규정한 모든 지나간 것과 함께 그 자신이 만드는 그의 성격의 유일한 현상에 속하고, 이 성격에 의해 그는 모든 감성에 독립적인 원인으로서의 자기에게 저 현상들의 원인성 자신을 돌리기 때문이다.

이런 사태와 완전히 합치하는 것은 우리가 양심이라고 부르는 우리 안의 저 놀라운 능력의 판결들이다. 어떤 사람이든, 그가 되떠올리는 법 A176 칙에 어긋나는 행실을 고의 없는 과실이라고, 사람들이 결코 완전히 피할 수는 없는 한낱 부주의라고, 자연 필연성의 대류에 의해 그가 휩쓸려 들어간 어떤 것이라고 변명하고, 그에 대해서 자신은 무죄라고 선언하기 위해 하고 싶은 만큼 꾸며댈 수가 있다. 그럼에도 그는, 만약 그가 부당한 짓을 저질렀을 당시에 제 정신이었다면, 다시 말해 자기의 자유를 사용했다는 것만 의식한다면, 그의 유리한 점을 이야기하는 변호인도 그의 안에 있는 고발자[45]를 침묵하게 만들 수 없다는 것을 알게 된다. 그럼에도 불구하고 그는 그의 비행이 자신에 대한 주의를 점차 소홀히 함으로써 생긴 일종의 악습으로부터 나온 것으로, 그는 그것을 그 악습에서 비롯한 자연스런 결과로 볼 수 있을 정도라고 **해명한다**. 그럼에도 이런 일은 그가 스스로 하는 자기 책망과 질책에 대해서 그 자신을 확신시킬 수가 없다. 일찍이 저지른 행실에 대해 그것이 떠오를 때마다 하는 후회도 여기에 기초해 있다. 후회는 고통스런, 도덕적 마음씨에서 생긴 감각으로서, 그것이 일어난 일을 안 일어난 것으로 만드는 데에 아무런 소용이 없는 한에서 실천적으로는 공허한 것이고, 불합리한 것이기조차 하겠다. (진정한, 일관성 있는 **운명론자**인 **프리스틀리**[46]가 후회감을 그렇게 설명하듯이 A177 말이다. 솔직성의 면에서 그는, 사실은 의지의 기계성을 주장하면서 말로만 의지의 자유를 주장하고, 게다가 귀책의 가능성을 이해함이 없으면서도 그들이 의

45) 곧, 양심.

46) Joseph Priestley(1733~1804)는 영국의 화학자 겸 심리학자로 *The Doctrine of Philosophical Necessity Illustrated*(London 1777)에서 이런 논지를 폈다.

지의 자유를 그들의 절충적 체계 내에 포섭하는 것으로 여겨지고자 하는 사람들 V99 보다는 더 큰 박수를 받는다.) 그러나 고통으로서 후회감은 아주 정당한 것이다. 우리의 예지적 실존의 법칙(즉 도덕법칙)이 문제가 될 때, 이성은 시간 차이를 인정하지 않고 단지 사건이 나의 행실에 속하느냐 않느냐 만을 물어, 속할 경우에는 그 사건이 지금 일어난 것이든 지난날에 일어난 것이든 상관없이, 언제나 동일한 후회감을 이 사건에 도덕적으로 결합시키니 말이다. 왜냐하면, **감성 생활**은 그 현존에 대한 **예지적** 의식(즉 자유 의식)에 관하여 현상의 절대적 통일성을 갖는바, 이 현상이란 그것이 한낱 도덕법칙에 관계하는 마음씨의(즉 성격의) 현상들만을 포함하는 한에서, 현상으로서의 그것에 속하는 자연 필연성에 따라서가 아니라 자유의 절대적 자발성에 따라서 평가되어야만 하는 것이기 때문이다. 그러므로 내적 외적 행위들을 통해 드러나는 인간의 사유방식〔성향〕에 있어서 이를 일으키는 모든, 최소한의 동기조차도, 그리고 동시에 이에 영향을 미치는 모든 외적 기연〔機緣〕들도 알아내는 깊은 통찰을 갖는 일이 우리에게 가능하다면, 사람들은 인간의 미래에 대한 태도를 월식이나 일식처럼 확실하게 계산할 수 있음을 인정할 수 있으면서도, 또한 이때 인간은 자 A178 유롭다고 주장할 수 있는 것이다. 만약에 우리가 즉 다른 시선을,—물론 이런 시선은 우리에게 전혀 주어져 있지 않고, 그 대신에 우리는 단지 이성 개념만을 가지고 있지만—곧 같은 주체의 지성적 직관을 가질 수 있다면, 우리는 오로지 언제나 도덕법칙에만 관계될 수 있는 것과 관련하여 현상들의 이 전체 연쇄가 사물 그 자체로서의 주체의 자발성에—어떠한 물리적 설명도 이 자발성의 규정을 제공하지는 못하지만—의존돼 있음을 인지할 것이다. 이러한 직관이 결여된 마당에서 도덕법칙은 현상들로서의 우리 행위들과 우리 주체의 감성 존재와의 관계가 그에 의해 이 감성 존재 자신이 우리 안의 예지적 기체〔基體〕와 관계 맺어지는 그 관계와는 구별됨을 보증한다.—비록 설명될 수는 없으나 우리 이성에게는 자연스런 이런 관점에서, 실로 양심적으로 내려진, 그럼에도 처음 보아서는 도저히 찬성을 얻지 못할 것 같아 보이는 판정들도 정당화된다. 사람들은 어려서부터 가족들과 더불어 타인들에게 유익한 교육을 받았음에도 불구하고 일찍부터 악성을 보이고 어른이 되어가면서 점점 더 나빠지는 경우들이 있다. 그래서 우리는 그들을 태생적인 악한으로 간주하고, 사유방식에 있어서 전혀 개선의 여지가 없는 것으로 간주한다. 그럼에도 불구하고 우리는 그들을 그들이 한 일과 하지 않고 내버려둔 일을 가지고 판단하고, 그들의 범행을 죄로 질책하며, 정말이지 그들(어린아이들) 자신도, 마치 그들이, 그들에게 부여된 그들 마음씨의 희망 없는 자연적 성질에도 불구하고, 다른 사람들과 꼭 마찬가지로 책임이 있는 것처럼, 이런 질책이 충분한 근거가 있다고 여긴다. 이런 일은 우리가 사람의 의사로부터 생긴 모든 것은 (의심할 바 없이 모든 의도된 행위가 그러하듯이) 아주 어려서부터 그들의 현상들(즉 행위들) 중에서 그들의 성격에서 표현한 자유의 원인성을 기초에 갖는다는 것을 전제하지 않고서는, 일어날 수 없는 일일 것이다. 그때 그들의 현상들은 태도의 한결같음으로 인해 자연 연관성을 알 수 있도록 해주는 것이지만, 그러나 이 자연 연관성이 의지의 나쁜 성질을 필연적이도록 만드는 것은 아니고, 그것은 오히려 자유의지로 받아들인 악한 불변적 원칙들의 결과이며, 이런 원칙들이 의지를 더욱더 비난받고 벌받아야 할 것으로 만드는 것이다.

V100 A179

그러나 자유가 감성 세계에 속하는 어떤 존재자 안에서 자연 기계성과 결합되어야 한다는 한에서, 자유의 난점은 여전히 면전에 있다. 이제까지 이야기한 모든 것을 인정하고 나서도 여전히 자유의 완전한 몰락을 위협하는 난점 말이다. 그러나 이러한 위험에도 불구하고, 하나의 사정이 동시에 자유의 주장을 위해 운 좋은 결말에 이를 희망을 준다. 곧, 이 같은 난점은 (우리가 이내 보게 되듯이, 실제로는 오로지) 시간 공간상에서 규정될 수 있는 실존을 사물들 그 자체의 실존으로 간주하는 체계(만)를 더욱더 심하게 압박하는 것으로, 그러므로 그것은 우리로 하여금 감성적 직관의 한낱 형식인, 따라서 순전히 감성 세계에 속하는 주관에게 고유

A180

한 표상 방식인 시간의 관념성[47]에 대한 우리의 탁월한 전제를 포기하도록[48] 강요하는 것이 아니라, 그러니까 그것은 단지 시간 관념성의 전제를 이 〔자유의〕 이념과 결합할 것을 요구하는 것뿐이다.

우리가 곧 또한 예지적 주체는 주어진 행위와 관련해서, 그것이 비록 감성 세계에도 속하는 주체로서 이와 관련해 기계적으로 조건 지어져 있다 할지라도, 자유로울 수 있음을 용인한다면, **신은** 보편적인 근원적 존재자로서 **실체의 실존 원인이**기도 하**다**—이 명제는 모든 존재자의 존재자로서의 신 개념 및 신학에서 모든 것이 그에 달려 있는 신의 자족성을 동시에 폐기하지 않고서는 결코 폐기될 수 없는 것이다—는 것을 납득하자마자 다음과 같은 내용 또한 용인하지 않을 수 없는 것으로 보인다. 즉 인간의 행위들은 그 규정 근거를 **전적으로 그의**[49] **지배 밖에 있는 것**에, 곧 그와 구별되는, 그의 현존과 그의 인과성의 전체 규정이 전적으로 그에 의존되어 있는 최고 존재자의 원인성 안에 갖는다는 것을 용인하지 않을 수 없는 것으로 보인다. 사실 인간의 행위들이 시간상의 그의 규정들에 속하는 것으로서, 현상으로서의 그의 한낱 규정들이 아니라, 사물 자체로서의 그의 규정들이라면, 자유는 구출되지 못할 것이다. 인간은 모든 예술품의 최고 명장〔名匠〕에 의해 조립되고 조작되는 꼭두각시거나 **보칸손**[50]의 자동 기계일 것이며, 자〔기〕의식은 그것을 생각하는 자

V101

A181

47) 여기서 시간의 '관념성'이란, 시간은 (물론 공간도 마찬가지로) "우리 〔…〕 직관의 형식 이외의 아무것도 아"(*KrV*, A37=B54)님을 뜻한다. 그리고 이때 '아무것도 아님'은 그 자체로는 한낱 주관적인 것임을 말한다. 좀 더 상세한 설명은 백종현, 『한국 칸트사전』, 아카넷, 2019, 135면 이하 참조.

48) 원문은 'abzugehen'인데 이를 'aufzugeben'으로 고쳐 읽는 사람도 있다.

49) 원문은 'ihrer'로 되어 있는데, 문자대로 읽으면 '행위들'을 지칭할 수밖에 없어 적절치 못한 것으로 보인다. 그래서 'seiner'로 고쳐 읽고 '인간'을 지시하는 것으로 보아야 할 것 같다.

50) Jacques de Vaucanson(1709~1782)은 1738년에 Paris에서 처음으로 자동 기계 전시회를 열었다. Julien Offray de La Mettrie는 *L'homme machine*(1747)에서 이에 대해 언급하고 있고, 물질주의자들은 때때로 이것을 인간이 기계임을 예증한 것이라고 내세웠다.

동 기계로 만들기는 할 것이나, 그러나 거기서 그의 자발성에 대한 의식은, 만약 그것이 자유로 여겨진다면, 한낱 착각이겠다. 이 자발성이란 비교적으로만 그렇게 불릴 만한 것이니 말이다. 왜냐하면, 그의 운동을 가까이서 규정하는 원인들과 이것들을 규정하는 원인들에까지 이르는 원인들의 긴 계열이 내적이기는 하나, 그럼에도 궁극의 최고의 원인은 전적으로 타자의 손안에서 발견되기 때문이다. 그래서 나는 시간과 공간을 사물들 그 자체의 현존에 속하는 규정들로 볼 것을 여전히 고집하는 이들이 여기서 어떻게 행위의 숙명성을 피하려 할 것인지를 알 수가 없다. 또는 그들이 곧바로 (다른 데에서는 명민한 **멘델스존**이 그렇게 했듯이[51]) 시간 공간은 유한하고 파생적인 존재자의 실존에 속하는 것일 뿐, 무한한 근원적 존재자의 실존에 반드시 속하는 조건들은 아님을 용인한다면, 그들이 그러한 구별을 하는 권한을 어디서 얻는가에 대해 어떻게 정당화하려는지를 알 수가 없다. 심지어 나는, 그들이 시간상의 현존재를 유한한 사물들 그 자체에 필연적으로 부착해 있는 규정으로 본다면, 그들이 범한 모순이나마 어떻게 피하려는지를 알 수가 없다. 신은 이 현존재의 원인이기는 하나, 그러나 시간 (및 공간) 자신의 원인일 수는 없고,—왜냐하면, 시간은 사물들의 현존에 선험적인 필연적 조건으로서 전제돼 있을 수밖에 없는 것이기 때문이다—따라서 신의 원인성은 이 사물들의 현존에 관련해서 시간상 제약돼 있을 수밖에 없으며, 이때 무릇 신의 무한성과 독립성 개념에 대한 모든 모순들이 불가피하게 등장할 것임이 틀림없으니 말이다. 이에 반해 우리가 감성 세계 존재자의 규정과는 달리 모든 시간 조건들에 독립적인 신의 실존의 규정을 **존재자 그 자체의 실존**으로서 **현상에서의 사물**의 실존과 구별하는 것은 아주 쉬운 일이다. 그래서 만약 시간과 공간의 저 관념성을 납득하지 않는다면, 남는 것은 **스피노자**주의뿐이다. **스피노자**주의에서 공간과 시간은 근원적 존재자 자

A182

V102

51) Moses Mendelssohn(1729~1786)의 *Morgenstunden oder über das Dasein Gottes*(1786), 11장에서의 신 존재 증명 참조.

신의 본질적 규정들이나, 그러나 이 근원적 존재자에 의존적인 사물들은 (그러므로 우리들 자신 또한) 실체들이 아니라 한낱 그것에 내속해 있는 우유적〔偶有的〕인 것들이다. 왜냐하면, 만약 이 사물들이 한낱 근원적 존재자의 작용결과들로서 그것들의 실존 자체의 조건일 터인 **시간상에서** 실존하는 것이라면, 이 존재자들의 행위들 또한 한낱 근원적 존재자가 어느 곳 어느 때에 행한 행위들일 수밖에 없을 것이기 때문이다. 그래서 A183 **스피노자**주의는 그 기본 사상의 불합리성에도 불구하고 창조설에 따른 것보다는 훨씬 더 설득력 있는 결론에 이른다. 실체로 받아들여진, 그 자체로 **시간상에 실존하는** 존재자들이 최상의 원인의 작용결과들로[52] 보아지면서도, 동시에 그것[53] 내지 그것의 행위에 속하는[54] 것이 아니라 독자적으로 실체들로 보인다면 말이다.

이상에서 고찰한 난점은 아래와 같이 간명하게 해결된다. 즉 **시간상의** 실존재가 세계 내의 사고하는 존재자들의 한낱 감성적인 표상 방식이고, 따라서 사물들 그 자체로서의 존재자와는 상관이 없다면, 이 존재자들의 창조는 사물들 그 자체의 창조이다. 왜냐하면, 창조의 개념은 실존재의 감성적 표상 방식과 인과성에 속하는 것이 아니라, 오로지 예지체와만 관계될 수 있기 때문이다. 따라서 내가 감성 세계 내의 존재자들에 대해서 그것들은 창조된 것이라고 말한다면, 나는 그런 한에서 그것들을 예지체들로 고찰하고 있는 것이다. 그러므로 신이 현상들의 창조자라고 말하는 것이 모순일 터이듯이, 창조자로서 신이 감성 세계 내의 행위들, 그러니까 현상들로서 행위들의 원인이라고 말하는 것 또한 모순이다. 신이 (예지체들로서) 행위하는 존재자들의 현존재의 원인일지라도 말이다. 그런데 (만약 우리가 단지 시간상의 현존재를, 사물들 자체에 대해서가 아니라

---

52) AA에 따라 "~로"를 삽입하여 읽음.

53) 여기서 '그것'은 앞의 '최상의 원인'을 지칭할 터이고, 내용인즉 '신'을 뜻할 터이다. 그러나 원문 'ihm'은 문법적으로는 정확하다고 볼 수 없다.

54) AA에 따라 삽입하여 읽음.

한낱 현상들에 대해서만 타당한 어떤 것으로 받아들여) 현상들로서의 행위들의 자연 기계성을 훼손함 없이 자유를 주장하는 것이 가능하다면, 행위하는 존재자가 피조물들이라는 것은 이 점[55]에 조금의 변화도 일으키지 않는다. 왜냐하면, 창조는 그것들의 예지적 실존에 관한 것이지 감성적 실존에 관한 것이 아니며, 그러므로 현상들의 규정 근거로 볼 수 없기 때문이다. 그러나 세상 만물이 사물들 그 자체로 **시간상에** 실존한다면, 사정은 전혀 달라질 것이다. 그때는 실체의 창조자가 동시에 이 실체에서의 전 기계 구조의 창시자이기도 할 것이니 말이다.

A184

V103

순수 사변 이성 비판에서 이룩한, 시간(및 공간)을 사물들 그 자체의 실존과 분리함은 이토록 중요한 것이다.

그러나 어떤 사람들은, 여기서 개진한바 난점의 해결은 그 안에 여전히 많은 곤란한 점을 지니고 있고, 명료하게 서술함은 거의 불가능하다고 말할 것이다. 그러나 그들이 시도했거나 시도함직한 다른 어떤 서술이 도대체가 더 간편하고, 더 이해하기 쉬울까? 오히려 우리는, 형이상학의 교조적 교사들은 이 난점에 대해 그들이 말하지 않으면, 아마 어느 누구도 그것을 쉽사리 생각해내지 못할 것이라는 희망 아래, 가능한 한 이 난점에서 눈을 뗐다는 점에서 정직함보다는 그들의 교활함을 보였다고 말하고 싶다. 한 학문이 발전하려면, 모든 난점들을 **들춰내고**, 심지어는 아직 남몰래 숨겨져 있는 난점들을 **찾아내야**만 한다. 왜냐하면, 난점들은 어느 것이나 하나의 구제책을 일깨우고, 구제책은 발견되기만 하면 학문의 성장에—외연에서든 내포에서든—반드시 도움을 주고, 그러므로 그로 인해 장애점들조차도 학문의 철저성을 촉진하는 수단이 되니 말이다. 이에 반해, 난점들을 고의로 숨기거나 한낱 진통제〔미봉책〕로써 고쳐놓으면, 그것들은 조만간 불치의 병을 일으키고, 이 병은 그 학문을 철저한 회의주의에 빠뜨려 궤멸시킨다.

A185

55) 곧, 자연 기계성.

☆ ☆ ☆

순수 사변 이성의 모든 이념들 가운데서도, 비록 단지 실천적 인식과 관련해서이기는 하지만, 초감성적인 것의 분야에서 그토록 위대한 확장을 이룩하는 것은 본래 자유 개념뿐이다. 그래서 나는 묻거니와, 그 밖의 개념들[56]은 순수한 가능한 오성[57] 존재자들을 위해 빈자리를 표시하기는 하지만, 그러나 자기들의 개념을 무엇에 의해서도 규정할 수 없는데, **도대체 어디에서 이 개념에게만 독점적으로 그토록 위대한 결실능력이 부여됐는가**? 이내 내가 파악하는 바는, 나는 범주 없이는 아무것도 사고할 수 없으므로, 내가 다루는 자유라는 이성의 이념에서도 이것을 먼저 찾아내야만 하는바, 여기서 이것은 **인과성**의 범주라는 것과, 과도한 개념인 자유라는 **이성 개념**에는 아무런 대응하는 직관도 밑바탕에 놓일 수 없음에도 불구하고, (인과성이라는) **지성 개념**에는—이 개념의 종합을 위해서 **저 개념**은 무조건[무제약]자를 요구한다[58]—앞서 감성적 직관이 주어져야만 하고, 이에 의해 비로소 이 개념에게 객관적 실재성이 확보된다는 점이다. 그런데 모든 범주들은 두 부류로 나뉘어 있다. 객관들의 표상에서 순전히 종합의 통일에만 관계하는 **수학적** 범주들과, 객관들의 실존의 표상에서의 종합의 통일에 관계하는 **역학적** 범주들이 그것이다.[59] 첫 번째 부류의 (즉 크기와 질의) 범주들은 항상 **동종**[同種]**적인 것**의 종합을 포함한다. 이 종합에서는 공간 · 시간상에서 감성적 직관에 주어진 조건 지어진 것[피제약자]에 대한 무조건[무제약]자가[무조건적인 것이], 그 자신이 다시금 공간 시간에 속하고, 그러므로 언제나 다시금

A186

V104

56) 예컨대, 신 · 영혼 (불사성) 등.

57) 원어: Verstand. 여기서는 '지성'이라기보다는 '예지적' 능력을 뜻하므로 '오성'으로 옮긴다.

58) AA에 따라 읽음.

59) 양 · 질의 범주들을 '수학적'으로, 관계 · 양태의 범주들을 '역학적'으로 분류한 것에 관해서는 『순수이성비판』, A160=B199 이하 참조.

조건적일 수밖에 없을 터이므로[60], 전혀 발견될 수가 없다. 그래서 순수 이론 이성의 변증학에서도 이론이성이 무조건〔무제약〕자와 조건〔제약〕들의 총체를 찾는 서로 상반된 방식들[61]은 양자 모두 거짓이었다. 두 번째 부류의 범주들(즉 사물의 인과성과 필연성의 범주들)은 이 같은 (종합에서의 조건 지어진 것〔피제약자〕와 조건〔제약자〕의) 동종성을 전혀 필요로 하지 않았다. 왜냐하면, 여기서는 직관 중의 잡다로부터 합성되는 대로의 직관이 아니라, 어떻게 직관에 대응하는 조건 지어진 대상의 실존이 조건 A187 〔제약자〕의 실존에 (지성 안에서 이와 연결된 것으로서) 덧붙여지는가가 표상되어야만 했기 때문이다. 그리고 이때 (사물들 자신의 인과성 및 우연적 현존과 관련하여) 감성 세계 내의 철저한 조건 지어진 것에 대해서 무조건자—비록 이 이상 규정되지는 않지만—를 예지 세계에 정립하고, 종합을 초험적으로 하는 일이 허용되었다. 그래서 순수 사변 이성의 변증학에서 밝혀진 바는, 조건 지어진 것에 대해 무조건자를 찾는, 다시 말해 감성 세계의 원인 결과 계열 중에 있는 조건 지어진 것에 이르는 인과성의 종합에서 더 이상 감성적으로 조건 지어져 있지 않은 원인성을 생각하는, 얼핏 서로 상반되어 보이는 두 가지 방식들이 실제로는 모순되지 않는다는 것과, 감성 세계에 속하는 것으로서 항상 감성적으로 조건 지어진, 다시 말해 기계적으로 필연적인 바로 그 행위가 또한 동시에, 예지 세계에 속하는 한의, 행위하는 존재자의 원인성에도 속하는 것으로서, 감성적으로 무조건적인 원인성을 기초에 가질 수 있다는, 그러니까 자유롭다고 생각될 수 있다는 것이었다. 그런데 단적으로 중요했던 점은, 이 '〔할〕 **수 있다**'[62]가 '**있다**'[63]로 전환된다는 점, 다시 말해 사람들은 실제

60) AA("wiederum bedingt sein müßte")에 따라 읽음. 칸트 원문("wieder unbedingt sein mußte")대로 읽으면 "다시 무조건적일 수밖에 없었으므로".

61) 곧, 순수 (이론)이성의 이율배반의 정립 · 반정립의 두 항. 『순수이성비판』, A406=B433 이하 참조.

62) 원어: Können.

63) 원어: Sein.

경우에 이를테면 사실〔事實〕에 의해 어떤 행위들은―이것들이 현실적인 것이든, 아니면 단지 지시명령된 것, 다시 말해 객관적으로 실천적으로 필연적인 것이든 간에―그러한 원인성(즉 지성적인, 감성적으로 무조건적인 원인성)을 전제함을 증명할 수 있다는 점이다. 감성 세계의 사건들로서, 실제로 경험에서 주어지는 행위들에서 우리는 이 연결을 발견하는 일을 기대할 수가 없었다. 왜냐하면, 자유에 의한 원인성은 언제나 감성 세계 밖 예지적인 것에서 찾아야만 하는 것이니 말이다. 그런데 감성적인 것들 이외의 사물들은 우리의 지각이나 관찰에 주어지지가 않는다. 그러므로 모든 감성적인 조건을 그 원인 규정에서 배제하는, 말하자면 거역할 수 없는 그러니까 객관적인 인과성의 원칙을 발견하는 일만이 남았다. 다시 말해, 이성이 그 인과성의 규정 근거로서 더 이상 **다른** 어떤 것을 불러들이지 않고, 규정 근거를 그 원칙에 의해서 이미 스스로 함유하며, 그러므로 거기에서 이성은 **순수 이성** 자체로서 실천적인 그러한 원칙을 발견하는 일 말이다. 그러나 이 원칙은 어떠한 탐구나 탐색을 필요로 하지 않는다. 그것은 이미 오래 전부터 모든 인간의 이성 안에 존재했던 것, 이성의 본질과 일체를 이루고 있는 것, 즉 **윤리성**의 원칙이다. 그러므로 저 무조건적인 원인성 및 이것의 능력, 즉 자유는, 그리고 이와 더불어 감성 세계에 속하는 한 존재자(즉 나 자신)는 그럼에도 동시에 예지 세계에도 속하는 것으로 단지 무규정적으로 그리고 문제성 있는 것으로〔미정적으로〕 **생각될** 뿐만 아니라,―이미 사변 이성은 이런 일이 가능함을 알아낼 수 있었다―더 나아가 자유 원인〔인과〕성의 **법칙과 관련하여 규정적으로**〔명확하게〕 그리고 확정적으로 **인식되고**, 그렇게 해서 우리에게 예지적 세계의 현실성이, 그것도 실천적 고려에서 **규정적으로**〔명확하게〕 주어졌다. 이론적 관점에서는 **초험적**(초절적)일 터인 이 규정은 그래서 실천적 관점에서는 **내재적**이다. 그러나 이러한 행보를 우리는 두 번째 역학적 이념, 곧 **필연적 존재자**라는 이념과 관련해서는 할 수가 없었다. 우리는 첫 번째 역학적 이념의 매개 없이는 감성 세계로부터 그

A188 V105

A189

러한 존재자에 이를 수가 없었던 것이다. 왜냐하면, 만약 우리가 그런 것을 시도하고자 했다면, 우리는 우리에게 주어진 모든 것을 버리고, 우리가 그러한 예지적 존재자와 감성 세계의 연결을 매개할 수 있는 아무런 것도 주어지지 않는 것으로 뛰어드는 비약을 감행할 수밖에 없을 터였기 때문이다. (필연적 존재자는 **우리 밖에** 주어진 것으로 인식되어야 할 것이니 말이다.) 그러나 이런 일은 **우리 자신의** 주관〔체〕에 관해서, 주관 스스로 자신을 도덕법칙에 의해 **한편으로는** (자유의 힘을 가진) 예지적 존재자로 규정하고, **다른 한편으로는** 이 규정에 따라서 감성 세계에서 활동하는 것으로 인식하는 한에서, 이제 명백히 드러난 것처럼, 아주 충분히 가능한 일이다. 조건적이고 감성적인 것에 대해 무조건적이고 예지적인 것을 발견하기 위해 우리가 우리 밖으로 나갈 필요가 없도록 해주는 것은 자유라는 단 하나의 개념이다. 왜냐하면, 최고의 무조건적인 실천 법칙을 통해 자신을 인식하고, 이 법칙을 의식하는 존재자(즉 우리 자신의 인격)를 순수 오성 세계에 속하는 것으로, 그것도 이 존재자가 그러한 것으로 활동할 수 있는 방식을 규정하면서, 인식하는 것은 우리 이성 자신이기 때문이다. 이리하여, 왜 전체 이성 능력 가운데서도 **실천적인 것만이** 우리로 하여금 감성 세계를 넘어가도록 해주고, 초감성적 질서와의 연결에 대한 인식들을 제공해주는 것일 수 있는가가 이해되고, 그러나 이 인식들은 바로 그렇기 때문에 순수한 실천적 의도에 필요한 꼭 그만큼의 범위까지만 연장될 수 있다는 것이 이해된다.

V106

A190

이 기회에 한 가지 점만 더 주의해두는 것을 허락하길 바란다. 곧, 사람들이 순수 이성과 함께 내딛는 매 발걸음이 치밀한 사변은 전혀 고려치 않는 실천 분야에서도 아주 정확하게, 그것도 자연스럽게 이론이성 비판의 모든 계기들에, 마치 그 매 발걸음이 순전히 이를 확증하기 위해 사려 깊게 예견하여 생각해둔 것처럼, 딱 들어맞는다는 점 말이다. 그러한, 어떤 방식으로도 추구한 바 없는, 오히려 (사람들이 오로지 도덕의 탐구들을 그것의 원리들에 이르기까지 계속하고자만 하면, 스스로 이를 확신할 수 있듯이) 저절로 발견되는바, 실천이성의 중요한 명제들과 사변 이성 비판의 흔히는 너무 치밀하고도 불필요하게 보이는 주의점들과의 정확한 일치는 뜻밖이고 놀라운 일이며, 그것은 이미 다른 이들에 의해서도 인식되고 칭송된 준칙, 즉 모든 학문적 연구에 있어서는 가능한 한 정확성과 공명함을 다하여 무엇에 방해받음 없이 자기 길을 계속 갈 것이며, 그 분야 밖에서 어쩌면 부딪치게 될지도 모르는 바를 개의할 것 없이, 독자적으로, 할 수 있는 한, 참되고 완벽하게 그 연구를 완수하라는 준칙을 확고하게 해준다. 여러 차례의 관찰이 나로 하여금 확신하게 하였던바, 우리가 이 작업을 완성했을 때, 작업의 도중에서 외부의 다른 이론들에 관해 나에게 때때로 매우 의심스러워 보였던 것이, 내가 이 의심을 그동안 일이 완결될 때까지 접어두고 내 일만을 주목하면, 마침내는 의외로, 저 이론들에 대한 전혀 아무런 고려 없이, 저 이론들에 대한 편견 편애 없이 저절로 발견되었던 것과 완전히 부합했다. 만약 저술가들이 보다 더 큰 공명정대함으로써 저작에 임하려는 결심만 할 수 있다면, 많은 착오와 많은 헛수고를—이것은 환상 위에 세워진 것이니까—덜게 될 것이다. A191

A192 V107

제2권
순수 실천 이성의 변증학

제1장
순수 실천 이성 일반의 변증학에 대하여

우리가 순수 이성을 그 사변적 사용에서 고찰하든 실천적 사용에서 고찰하든, 순수 이성은 언제나 변증학〔변증성〕을 갖는다. 왜냐하면, 순수 이성은 주어진 조건 지어진 것에 대한 조건들의 절대적 총체를 요구하는데, 이것은 단적으로 사물들 그 자체에서만 발견될 수 있기 때문이다. 그러나 사물들의 모든 개념들은 직관들과 관계 맺어야만 하는바, 직관들은 우리 인간들에게는 결코 감성적인 것 이외의 것일 수가 없고, 그러니까 대상들은 사물들 그 자체로서가 아니라 한낱 현상들로서 인식되고, 조건 지어진 것과 조건들의 이 현상 계열에서는 무조건자〔무조건적인 것〕가 결코 발견될 수 없으므로, 조건들의 총체(그러니까 무조건자)라는 이 이성의 이념을 현상들에 적용함에서 현상들이 마치 사상〔事象〕들 그 자체인 것 같은,—경고적인 비판이 결여될 때 현상들은 언제나 그런 것으로 여겨진다—불가피한 가상〔假像〕이 생긴다. 그러나 이 가상은, 만약 그것이 모든 조건 지어진 것에 대해 무조건자를 전제하는 이성의 원칙을 현상들에 적용할 때 이성의 자기와의 **상충**〔相衝〕에 의해 폭로되지 않는다면, 결코 기만적인 것으로 인지되지 못할 터이다. 그러나 이로써 이성은 이 가상에 관해, 그것이 어디서 생겨서, 어떻게 제거될 수 있는가를 탐색하도록 강요되며, 이 작업은 다름 아니라 전체 순수 이성 능

A193

력에 대한 완벽한 비판에 의해서만 이루어질 수 있다. 그래서 그 변증학〔성〕에서 드러나는 순수 이성의 이율배반은 사실은 인간의 이성이 언제라도 빠질 수 있었던 매우 유익한 탈선이다.[1] 이 이율배반은 마침내 이 미로에서 벗어날 열쇠를 찾도록 우리를 독려하고, 이 열쇠는, 만약 발견되고 나면, 사람들이 찾지는 않았지만 필요로 하는 것, 곧 사물들의 보다 높은, 불변의 질서에 대한 조망을 열어주니 말이다. 이미 이 질서 안에 우리는 지금 있으며, 이 질서 안에서 우리의 현존을 최고의 이성 규정에 맞춰 계속해가도록 우리는 일정한 훈계들을 통해 바야흐로 지시받을 수 있는 것이다. V108

순수 이성의 사변적 사용에서 저 자연스런 변증학〔성〕이 어떻게 해결될 수 있고, 보통 있는 자연스런 가상으로부터의 착오가 어떻게 방지될 수 있는가는 저 〔사변적 이성〕 능력의 비판에서 상세히 볼 수 있다. 그러나 실천적 사용에서의 이성에 있어서도 사정이 더 나을 게 없다. 순수 실천이성으로서 이성은 (경향성과 자연적 필요에 기인하는) 실천적으로-조건 지어진 것에 대해서도 마찬가지로 무조건자를 찾는바, 그것도 의지의 규정 근거로서 찾는 것이 아니라, 이것[2]을 설령 (도덕법칙이) 주었다 할지라도, 순수 실천이성의 **대상**의 무조건적 총체를 **최고선**의 이름 아래서 찾는다. A194

이 〔최고선의〕 이념을 실천적으로, 다시 말해 우리의 이성적 태도의 준칙을 위해 충분하게 규정하는 것은 **지혜론**이다. 그리고 **학문**으로서 이 지혜론은 옛 사람들이 낱말을 이해했던 바로 그 의미에서의 **철학**이다[3]. 철학은 옛 사람들에게 있어서 거기에 최고선을 세울 개념에 대한 가르침

---

1) "순수 이성의 초험적 사용에서의 이 산물〔곧 우주론적 이념들〕은 순수 이성의 특기할 만한 현상으로서, 그것은 무엇보다도 강력하게 작용하여, 철학을 그 교조적 선잠에서 깨워서, 이성 자신의 비판이라는 어려운 과업을 수행하도록 결심시킨다."(*Prol*, A142=IV338) 참조.

2) 곧, 의지의 규정 근거.

3) philosophia〔철학〕를 순 독일어로 바꿔 쓰면 Weisheitslehre〔지혜론〕가 될 것이다.

이자, 그를 통해 최고선이 얻어질 수 있는 태도에 대한 가르침이었다. 이성이 거기에서 그것을 학문으로 만들고자 노력하는 한에서, 우리가 **최고선의 이론**이라는 옛적 의미대로 이 낱말을 보존한다면, 그것은 좋은 일이겠다. 왜냐하면, 한편으로 첨부된 이 제한 조건은 (**지혜**에 대한 사랑을
A195 의미하는) 그리스어 표현에 딱 맞겠고, 또한 동시에 **학문**에 대한 사랑, 그러니까 이성의 모든 사변적 인식에 대한 사랑을, 이 학문이 저 〔최고선의〕 개념 및 실천적 규정 근거에 기여하는 바가 있는 한에서, 철학의 이름 아래 함께 포섭하기에 충분하겠고, 바로 그것 때문에 철학만이 지혜론이라고 불릴 수 있는 그 주목적을 시야에서 잃지 않도록 해주겠기 때문이다. 다른 한편으로는 감히 철학자라는 칭호를 스스로 참칭하는 자의 자부를, 정의[4]를 통해 그의 주장을 매우 완화시킬 자기 평가의 척도를 그에게 제시함으로써, 움츠러들게 하는 것도 나쁘지 않을 것이기 때문이다. 왜냐하면, **지혜의 교사**[5]라는 것은, 높은 목적에 대한 확실한 기대를 가지고서도 자기 자신을 이끌기에는, 더구나 다른 사람을 이끌기에는 언제나 훨씬 미치지 못하는 학생 이상의 무엇인가를 의미할 것이니 말이다. 지혜의 교사라는 것은 **지혜의 앎에 있어서의 스승**을 의미하겠다. 그것은 한 겸손한 사람이 스스로 자부하는 것 이상을 말하고자 하는 것이
V109 다. 철학은 지혜 자체와 마찬가지로 언제까지라도 이상일 터이다. 그것은 객관적으로는 이성 안에서만 온전히 표상되는 것이고, 반면에 주관적으로는 인격에 있어서 단지 부단한 노력의 목표일 따름이다. 그리고 (자기 자신을 통제하고 무엇보다도 우선적으로 보편적 선에 기울이는 확실한 관심
A196 에 있어서) 철학의 틀림없는 효과를 자기 인격에서 본보기로 제시할 수 있는—옛 사람들도 저 명예로운 이름을 사용할 수 있기 위해서는 이러

4) 곧, 철학이 본래 무엇인가에 대한 정의.

5) 원어: Weisheitslehrer. 앞의 '지혜론(Weisheitslehre)'에 대응시키자면 '지혜론가'(즉 철학자) 정도로 해야 할 것이나, 우리말 의미 전달상 번역에서의 이런 어긋남은 양해해야 하겠다.

한 것을 요구했다—사람만이 철학자라는 외람된 이름 아래서 저 이상을 가지고 있다고 일컬을 자격이 있다.

순수 실천 이성의 변증학〔성〕에 대해 **최고선의** 개념 규정의 점에서, —이 변증학은 만약, 올바르게 세워진, 숨김없는 순수 실천이성의 자기 자신과의 모순들이 이성 자신의 능력에 대한 완벽한 비판을 강요함으로써, 그 해결이 성공적으로 이루어진다면, 이론이성의 변증학과 꼭 마찬가지로, 매우 유익한 결과를 기대하게 한다—우리는 오직 하나 더 주의를 미리 해두지 않으면 안 된다.

도덕법칙은 순수 의지의 유일한 규정 근거이다. 그러나 도덕법칙은 순전히 형식적이므로 (곧, 준칙의 형식만을 보편적으로 법칙 수립적인 것으로 요구하므로) 그것은 규정 근거로서 모든 질료를, 그러니까 의욕의 모든 객관을 도외시한다. 그러니까 최고선은 항상 순수 실천이성의, 다시 말해 순수 의지의 전 **대상**이겠고, 그렇기 때문에 그것은 순수 의지의 **규정 근거**로 간주될 수는 없다. 도덕법칙만이 저 최고선과 그것의 영향 내지 촉진을 객관으로 삼게 하는 근거로 여겨져야 하는 것이다. 이 주의는 윤리적 원리들을 규정하는 것과 같은 미묘한 경우에는—이런 경우에는 아주 작은 오해조차도 마음씨를 그릇되게 만든다—매우 중대한 것이다. 왜냐하면, 우리가 분석학에서 알아냈던 바는, 만약 우리가 도덕법칙에 앞서 어떤 객관을 선의 이름 아래 의지의 규정 근거로 취하고, 이로부터 최상의 실천 원리를 도출한다면, 그때 이것은 언제나 타율을 불러들여와 도덕원리를 떠밀어내는 것이 될 터라는 것이었으니 말이다. A197

그러나 만약 최고선의 개념 안에 도덕법칙이 최상의 조건으로서 이미 함께 포함되어 있다면, 그때는 최고선이 한낱 **객관**일 뿐만 아니라, 그것의 개념 및 우리의 실천이성에 의해 가능한 그것의 실존에 대한 표상이 동시에 순수 의지의 **규정 근거**이기도 하다는 것은 자명한 일이다. 왜냐하면, 그때는 실제로 다른 어떤 대상이 아니라 이 개념에 이미 포함되어 함께 생각되고 있는 도덕법칙이 자율의 원리에 따라 의지를 규정하기 때 V110

문이다. 의지 규정에 대한 개념들의 이 순서를 시야에서 놓쳐서는 안 된다. 왜냐하면, 그렇지 않으면 사람들은 모든 것이 완전무결한 조화 속에서 서로 병존해 있음에도, 이를 오해하고 서로 모순적이라고 믿기 때문이다.

제2장
최고선의 개념 규정에서
순수 이성의 변증학〔성〕에 대하여

A198

최고라는 개념은 이미 애매함을 가지고 있고, 사람들이 그에 주의하지 않을 경우에 그것은 불필요한 쟁론을 불러일으킬 수 있다. 최고는 최상(最上)을 의미할 수도 있고, 완성(完成)을 의미할 수도 있다. 전자는 자체로 무조건적인, 다시 말해 다른 어떠한 것에 종속되지 않는 그러한 조건(즉 原本)이다. 후자는 같은 종류의 더 큰 전체의 어떤 부분이 아닌 그런 전체(즉 完全)이다. (행복할 만한 품격〔자격〕으로서) **덕**은 우리에게 오로지 소망할 만한 가치가 있는 것으로 보일 수 있는 모든 것의 **최상 조건**이고, 그러니까 또한 행복을 얻으려는 우리의 모든 노력의 **최상 조건**이며, 그러니까 **최상**선이라는 사실은 분석학에서 증명되었던 바이다. 그러나 그렇다 해서 덕은 아직 이성적 유한 존재자의 욕구 능력의 대상으로서의 전체적인 완성된 선은 아니다. 그런 것이기 위해서는 **행복**이 추가로 요구되기 때문이며, 그것도 한낱 자기 자신을 목적으로 삼는 인격의 당파적 안목에서가 아니라, 세계 내의 인격 일반을 목적 자체로 여기는 무당파적 이성의 판단에서 그러하기 때문이다. 왜냐하면, 행복을 필요로 하고, 또한 행복할 만한 품격이 있으나, 그럼에도 행복을 누리지 못하는 것은 이성적 존재자—우리가 시험적으로라도 이러한 존재자를 생각해 본다면, 이러한 존재자는 전권〔全權〕을 가질 터이다—의 완전한 의욕과는

A199

전혀 양립할 수가 없으니 말이다. 무릇 덕과 행복이 함께 한 인격에서 최고선을 소유하고, 이 경우에도 행복이 (인격의 가치이자 인격의 행복할 만한 품격인) 윤리성에 정비례하는 몫을 가지고서 가능한 세계의 **최고선**을 형성하는 한에서, 이 최고선은 전체, 곧 완성된 선을 의미한다. 물론 여기서도 덕은 언제나 조건으로서 최상선이다. 왜냐하면, 최상선은 자신 위에 더 이상의 조건을 가지는 것이 아니기 때문이다. 행복은 항상 그것을 소유한 이에게는 쾌적한 어떤 것이기는 하지만, 그러나 그것 자체만으로 절대적으로 그리고 모든 관점에서 좋은 것이 아니라, 언제나 도덕법칙에 알맞은 처신〔태도〕을 조건으로 전제하는 것이다.

V111

한 개념 안에 **필연적으로** 결합되어 있는 두 규정은 근거와 귀결로서 연결되어 있을 수밖에 없다. 그것도 그 **통일**이 **분석적**(즉 논리적 연결)이거나 **종합적**(즉 실재적 결합)인 것으로, 즉 동일율에 따른 것이거나 인과율에 따른 것으로 보아지는 바대로 말이다. 그러므로 덕과 행복의 연결은 경우에 따라서, 덕 있으려는 노력과 행복을 얻으려는 이성적 노력은 두 가지 서로 다른 행위가 아니라 완전히 동일한 행위이며, 이때 전자의 기초에는 후자의 기초에 놓여 있는 것 외의 다른 어떤 준칙이 놓여 있을 필요가 없다는 식으로 이해될 수 있다. 또 경우에 따라서 저 〔양자의〕 연결은, 원인이 결과를 낳듯이, 덕은 그 자신에 대한 의식과는 다른 어떤 것으로서 행복을 낳는다는 데에 의거한다.

A200

고대 그리스의 학파들 가운데, 최고선의 개념 규정에서 덕과 행복을 최고선의 서로 다른 두 요소로 인정하지 않은, 그러니까 동일성의 규칙을 좇아 원리의 통일을 구한 점에서 같은 방법을 따랐던 학파가 본래 둘이 있었다. 그러나 그들은 다시금, 두 요소 중 기본 개념을 서로 다르게 선택한 점에서 서로 구별된다. **에피쿠로스**학파는 행복으로 인도하는 자기의 준칙을 의식함, 그것을 덕이라 말했고, 반면에 **스토아**학파는 자기의 덕을 의식함이 행복이라 말했다. 전자에게는 **영리함**〔지혜로움〕은 윤리성과 같은 것이었고, 덕에 대해 보다 높은 명칭을 택했던 후자에게는

윤리성만이 참된 지혜였다.

이 학파 사람들의 명민함이—그들이 그토록 일찍이 이미 생각해볼 수 있는 모든 철학적 정복〔征服〕의 길을 걸어보았다는 것에 대해 그들의 명민함은 동시에 경탄하지 않을 수 없는 것이기는 하지만—불행하게도 극도로 이질적인 개념들, 즉 행복의 개념과 덕의 개념 사이의 동일성을 캐내는 데에 사용된 것은 유감스러운 일이 아닐 수 없다. 그러나 본질적으로 결코 통합될 수 없는 원리상의 차이들을 어휘 싸움으로 전환시키고, 그렇게 해서 외견상 단지 서로 다른 명칭을 가진 개념의 통일로 꾸밈으로써 그 차이들을 제거하고자 한 것은 당시의 변증(법)적 정신에게는 어울리는 일이었고, 오늘날에도 때때로 치밀한 사람을 유혹하는 바이다. 그리고 이런 일은 이질적인 근거들의 통합이 아주 깊은 데에 있거나 아주 높은 데에 있는 경우에, 또는 이제까지의 철학 체계에서 받아들인 이론들의 전적인 변혁을 요구해서 사람들이 실재의 차이에 깊이 들어가는 것을 두려워하고, 그 차이를 차라리 한낱 형식상의 불일치로 취급하는 그런 경우에는 보통 있는 일이다.

A201

V112

두 학파가 모두 덕과 행복의 실천 원리가 한가지임을 캐내려 했지만, 그렇다고 그들이 이 동일성을 끄집어내고자 한 방법에서 일치한 것은 아니었고, 오히려 서로 현격한 차이를 보였다. 한쪽은 그 원리를 감성적인 면에, 다른 한쪽은 논리〔이성〕적인 면에, 즉 한쪽은 감각적 요구의 의식에, 다른 한쪽은 실천이성의 모든 감각적 규정 근거들에 대한 독립성에 두었기 때문이다. 덕의 개념은 **에피쿠로스**학파에 따르면 이미 자기 자신의 행복을 촉진하라는 준칙 안에 있었다. 반면에 **스토아**학파에 따르면 행복의 감정은 이미 자기의 덕에 대한 의식에 포함되어 있었다. 그러나 한 다른 개념 안에 포함되어 있는 것은 비록 그 포함하는 것의 일부와 한가지라고 하더라도 그 전체와는 한가지가 아니며, 더구나 두 전체가 설령 동일한 소재로 이루어져 있다 해도, 만약 곧 그 부분들이 전혀 다른 방식으로 결합되어 전체를 형성하고 있다면, 종〔種〕적으로 서로 구별될

A202

수 있다. **스토아**학파는 덕은 **전체 최고선**이며, 행복은 단지 주관의 상태에 속하는 것으로서 덕의 소유 의식일 따름이라고 주장했다. **에피쿠로스**학파는 행복이 **전체 최고선**이며, 덕은 단지 이를 얻기 위한, 곧 이에 이르기 위한 수단들을 이성적으로 사용할 때의 준칙의 형식일 따름이라고 주장했다.

그런데 분석학에서 분명해진바, 덕의 준칙들과 자기 행복의 준칙들은 그 최상의 실천 원리에 있어서 전혀 이질적인 것이고, 일치와는 거리가 아주 멀며, 양자가 비록 최고선을 가능하게 하고자 최고선에 〔함께〕 속하기는 하지만, 동일한 주관 안에서 아주 상호 제한적이며 상호 파괴적이다. 그러므로 **"어떻게 최고선이 실천적으로 가능한가?"**라는 물음은 이제까지의 모든 **연립책**〔聯立策〕[1]들에도 불구하고 여전히 해결되지 않는 과제로 남아 있다. 그러나 이 과제를 해결하기 어려운 과제로 만드는 것이 무엇인가는 분석학에서 제시되었다. 곧, 행복과 윤리성은 최고선의 종적으로 전혀 **다른** 두 **요소들**이고, 그러므로 양자의 결합은 (가령 자기의 행복을 추구하는 사람이 이런 그의 처신〔태도〕에서 순전히 그의 개념들을 분해함으로써 덕 있음을 발견하게 된다거나, 또는 덕을 좇는 사람이 그러한 처신〔태도〕에 대한 의식에서 이미 그 事實 自體만으로 자신이 행복함을 발견하게 되는 것과 같이) **분석적으로** 인식될 수 있는 것이 **아니라**, 오히려 두 개념의 **종합**인 것이다. 그러나 이 결합은 선험적인 것으로, 그러니까 실천적으로 필연적인 것으로, 따라서 경험으로부터 도출되는 것이 아닌 것으로 인식되고, 그러므로 최고선의 가능성은 어떠한 경험적 원리에 의거하는 것이 아니므로, 이 개념의 **연역**은 **초월적**이지 않을 수 없다. **최고선을 의지의 자유로부터 만들어내는 것**, 그것은 선험적으로 (도덕적으로) 필연적이다. 그러므로 최고선의 가능 조건도 오로지 선험적인 인식 근거들에 의거하지 않을 수 없다.

A203

V113

1) 곧, 행복과 도덕성을 최고선 안에 결합시키려는.

I.
실천 이성의 이율배반

A204

최고의, 우리에게 실천적인, 다시 말해 우리 의지에 의해 현실화되는 선에서 덕과 행복은 필연적으로 결합된 것으로 생각된다. 그래서 한쪽이 그에 속하는 일 없이 다른 한쪽이 실천 이성에 의해 받아들여질 수는 없다. 무릇 이 결합은 (모든 결합이 일반적으로 그러하듯이) **분석적**이거나 **종합적**이다. 그런데 이 주어진 결합은 바로 앞서 지적한 것처럼 분석적일 수 없으므로, 종합적일 수밖에 없고, 그것도 원인과 결과의 연결로 생각될 수밖에 없다. 왜냐하면, 그것은 실천적 선, 다시 말해 행위에 의해 가능한 것에 관계하기 때문이다. 그러므로 행복에 대한 욕구가 덕의 준칙들을 위한 동인〔動因〕이거나, 덕의 준칙이 행복을 낳는 원인일 수밖에 없다. 첫째 경우는 **절대로** 불가능하다. 왜냐하면, (분석학에서 입증됐듯이) 의지의 규정 근거를 자기 행복의 추구에 두는 준칙들은 결코 도덕적일 수가 없고, 아무런 덕도 정초할 수 없기 때문이다. 그러나 둘째 경우 **또한 불가능**하다. 왜냐하면, 세계 내에서의 원인들과 결과들의 모든 실천적 연결은 의지 규정의 성과로서 의지의 도덕적 마음씨에 정향〔定向〕되어 있는 것이 아니라, 오히려 자연법칙들에 대한 지식 및 이것을 그의 의도대로 사용하는 자연적 능력에 정향되어 있고, 따라서 어떠한 필연적인, 최고선을 위해 충분한, 덕과 행복의 연결은 세계에서 도덕법칙들을 정확하게 지킴으로써 기대될 수 있는 것이 아니기 때문이다. 무릇 이 연결을 자기 개념 안에 포함하고 있는 최고선의 촉진은 우리 의지의 선험적으로 필연적인 객관이고, 도덕법칙과 불가분리적으로 연관되어 있으므로, 전자[2]의 불가능성은 반드시 후자[3]의 거짓됨을 증명하는 바이다. 그러므로 만약 최고선이 실천 규칙들에 따라서 불가능하다면, 이를 촉진

A205

V114

2) 곧, 최고선.

3) 곧, 도덕법칙.

할 것을 지시명령하는 도덕법칙 또한 환상적이고, 공허한 상상된 목적들 위에 세워진, 그러니까 그 자체로 거짓된 것일 수밖에 없다.

II.
실천 이성의 이율배반의 비판적 지양

순수 사변 이성의 이율배반에는 세계 내의 사건들의 인과성에서 자연 필연성과 자유 사이에서와 비슷한 상충이 보인다. 이 상충은, 우리가 사건들 및 이 사건들이 생기는 세계마저 (당연히 그렇게 보아야 하듯이) 단지 A206 현상들로 본다면, 아무런 진정한 상충도 없다는 것이 입증됨으로써 제거되었다.[4] 동일한 행위자는 **현상으로서** (그 자신의 내감에 대해서조차도) 항상 자연의 기계성에 따르는 감성 세계의 인과성을 가지며, 그러나 같은 사건과 관련하여, 그 행위하는 인격이 자신을 동시에 **예지체**로 (즉 시간상으로 규정될 수 없는 그의 현존에서의 순수 예지자로) 보는 한에서, 자연법칙들에 따르는 저 인과성의 규정 근거를—이 규정 근거 자신은 모든 자연법칙으로부터 자유롭다—포함할 수 있다는 것이었다.

순수 실천이성의 당면의 이율배반에서도 이제 사정은 똑같다. 두 명제들 중 첫째의 것, 즉 행복을 얻으려는 노력이 덕 있는 마음씨의 근거를 만들어낸다는 명제는 **단적으로 거짓**이다. 그러나 둘째의 것, 즉 덕 있는 마음씨는 필연적으로 행복을 만들어낸다는 명제는 **단적으로** 거짓인 것이 **아니라**, 단지 그것이 감성 세계에서의 원인성의 형식으로 보아지는 한에서, 그러니까 내가 감성 세계에서의 현존을 이성적 존재자의 유일한 실존 방식으로 받아들일 때만, 그러므로 오직 **조건적으로**만 거짓이다. 그러나 나는 나의 현존재를 오성 세계 내의 예지체로도 생각할 권한을

4) 『순수이성비판』의 "세계 사건들을 그것들의 원인으로부터 도출함의 전체성에 대한 우주론적 이념들의 해결"(*KrV*, A532=B560 이하) 참조.

가질 뿐만 아니라, 도덕법칙에서 (감성 세계 내의) 나의 원인성의 순수 지성적 규정 근거를 또한 가지므로, 원인으로서 마음씨의 윤리성이 감성 세계에서의 결과로서 행복과 직접적인 것은 아니지만 간접적인 (자연의 예지적 창시자에 의한), 그러면서도 필연적인 연관을 갖는다는 것이 불가능하지는 않다. 〔그러나〕 한낱 감관의 객관인 자연에서의 이러한 결합은 다름 아니라 우연적으로밖에는 일어날 수가 없고, 최고선에 충분할 수가 없다.

V115 A207

그러므로 실천이성의 자기 자신과의 이런 표면상의 상충에도 불구하고, 도덕적으로 규정된 의지의 필연적인 최고 목적인 최고선은 실천이성의 진정한 객관이다. 왜냐하면, 그것은 실천적으로 가능하고, 그리고 질료상 이와 관계를 맺는 저 의지의 준칙들은 객관적 실재성을 갖기 때문이다. 이 객관적 실재성은 처음에는 윤리성이 보편적 법칙에 따르는 행복과 결합하는 데서 보인 저 이율배반에 의해 저촉받았지만, 그것은 순전히 사람들이 현상들 사이의 관계를 사물들 그 자체의 이 현상들과의 관계로 여긴 오해에서 비롯한 것이었다.

우리로서는, 이성에 의해 모든 이성적 존재자들에게 그들의 도덕적 소망의 목표로 세워진 최고선의 가능성을 그토록 먼 곳에서, 곧 예지적 세계와의 연결 속에서 찾을 수밖에 없음을 우리가 안 마당에, 고대와 근대의 철학자들이 아주 적절한 비례로 덕과 결합돼 있는 행복을 이미 **이승의 생활에서** (즉 감성 세계에서) 발견했다거나 의식했다고 설득할 수 있다는 것은 기이한 일이 아닐 수 없다. **에피쿠로스**와 **스토아**학파 사람들은 인생에서 덕의 의식에서 생기는 행복을 무엇보다도 찬양했다. 전자는 그의 실천 훈계들에 있어서 사람들이 그가 행위를 위해서가 아니라 설명을 위해서 사용한 그의 이론의 원리들로부터 추측하는 것만큼 그렇게 저속하지도 않았고, 또 많은 사람들이 그가 만족이라는 표현 대신에 쾌락이라는 표현을 쓴 것에 오도되어 그 훈계들을 해석하는 것 같이 그렇게 저속하지도 않았다. 오히려 그는 사리사욕적이지 않은 선의 실행을 가장

A208

깊은 기쁨을 향유하는 방식이라 보았고, 가장 엄격한 도덕철학자가 요구함직한, 경향성들의 절제와 제어가 그의 즐거움〔쾌락〕—그는 이 말을 항상 기쁜 심정의 뜻으로 썼다—의 기획에 속했다.[5] 여기에서 그는 특히 이 즐거움〔쾌락〕에다 동인〔動因〕을 두었다는 점에서 **스토아**학파 사람들과 어긋났는바, 후자들은 이를 배척하였는데, 그것은 정당한 일이었다. 왜냐하면, 한편으로 그 덕 있는 **에피쿠로스**는, 도덕적으로 선량하기는 하면서도 그 원리들에 대해 충분히 깊게 사려하지 못한 요즈음의 많은 인사들과 마찬가지로, 그가 덕에의 동기를 비로소 마련해주고자 했던 그런 인격들 안에서 덕 있는 **마음씨**를 이미 전제하는 잘못에 빠졌기 때문이다. (사실 정직한 사람은 먼저 자기의 정직함을 자각하지 못하면, 행복함을 발견할 수가 없다. 왜냐하면, 저런 마음씨에서는 그가 위법했을 때에 자기 자신의 사유방식에 의해 불가피하게 자기 자신에게 할 터인 비난과 도덕적인 자기 저주가, 보통의 경우에는 그의 상태가 보유함직한 쾌적함의 향유를 빼앗아버릴 터이니 말이다.) 그러나 문제는, '그의 현존의 가치를 평가하는 그러한 마음씨와 사유방식이 무엇에 의해 비로소 가능한가?'이다. 이러한 물음 이전에는 도대체가 도덕적 가치 일반에 대한 감정이 주관 안에서 마주쳐지지 않을 터인데 말이다. 인간은, 만약 그가 덕이 있다면, 틀림없이, 그의 모든 행위에서 그의 정의로움을 자각함이 없이는, 그의 생이 기쁘지 않을 것이다. 그의 생의 물리적 상태에서 그에게 행운이 있다 할지라도 말이다. 그러나 그가 아직 그의 실존의 도덕적 가치를 그렇게 높게 평가하기 전에, 그를 비로소 덕 있게 만들기 위해서, 우리가 그가 아직 그것에 대한 아무런 감각도 가지고 있지 않은 정의로움에 대한 의식으로부터 생길 그의 영혼의 안정을 칭송할 수 있을까?

V116 A209

그러나 다른 한편, 여기에 항상 사취의 오류(詐取 誤謬), 이를테면 느

5) 칸트는 강의 중에도 "에피쿠로스학파 사람들은 인간이 유덕한 처신에서 최고의 즐거움〔쾌락〕을 향유한다고 주장한 이들로서, 만인 중에서도 가장 올바른 사람들이었다" (V-Anth: XXV, 1078)고 상찬한 바 있다.

끼는 것과는 다른 **행하는** 것에 대한 자기의식에서의 착시—이런 착시는 제아무리 경험이 많은 사람일지라도 온전히 피할 수는 없다—의 근거가 놓여 있다. 도덕적 마음씨는 **직접적으로 법칙에 의해** 의지를 규정한다는 의식과 필연적으로 결합되어 있다. 무릇 욕구 능력을 규정하는 의식은 항상 그에 의해서 산출되는 행위에 대한 흡족함의 근거이기는 하나, 그러나 이 쾌, 이 흡족함 자체가 행위의 규정 근거는 아니고, 오히려 순전히 이성에 의한 직접적인 의지의 규정이 쾌감의 근거이고, 저 규정은 욕구 능력의 순수한 실천적인, 비감성적인 규정으로 남는다. 그런데 이 규정은 내적으로는 활동을 촉진함에 있어서, 욕구된 행위에서 기대되는 쾌적함의 감정이 미치는 효과와 똑같은 효과를 미칠 터이므로, 우리는 쉽게도, 이른바 감관의 (여기서는 내감의) 착각에서 흔히 일어나는 일이듯이, 우리 자신이 행하는 것을 우리가 한낱 수동적으로 느끼는 어떤 것으로 여기고, 도덕적 동기를 감각적 충동으로 받아들인다. 순수한 이성 법칙에 의해 행위들이 직접 규정된다는 것은 인간의 자연본성에 있어서 매우 숭고한 것이며, 이렇게 의지를 지성적으로 규정할 수 있는 주체적인 일을 감성적인 일로, 그리고 특수한 감성적 감정—지성적 감정은 모순일 터이니까 말이다—의 작용결과로 생각하는 것은 사기이기도 하다. 우리의 인격성의 이런 성질에 주목하여 이 감정에 대한 이성의 작용을 최선을 다하여 배양하는 일 또한 매우 중요한 일이다. 그러나 도덕적 규정 근거의 기초에 특수한 기쁨의 감정들을 근거로—이것은 실은 결과들일 따름인데—두면서, 동기로서의 이 도덕적 규정 근거를 불순하게 칭찬함으로써 본래의 진정한 동기를, 즉 법칙 자체를, 이를테면 가짜 박편〔箔片〕[6]을 대어 훼손하고 볼품없이 만드는 것 또한 경계하지 않으면 안 된다. 존경은—즐거움이나 행복의 향유가 아니라—그러므로 이성의 기초에 놓인 어떤 **앞서가는** 감정—이것은 언제나 감성적이고 정념적일 터

A210 V117 A211

6) 원어: Folie.

이다—도 대신할 수 없는 무엇이다. 그것은 법칙에 의해 의지를 직접적으로 강제하는 의식으로서 쾌감 비슷한 것이라 할 수 없다. 이것은 욕구능력과의 관계에서 〔쾌감이 하는 것과〕 똑같은 일을 하지만, 그러나 다른 원천에서 하는 것이니 말이다. 그러나 이런 표상 방식에 의해서만 우리는 우리가 추구하는 것, 곧 행위들이 한낱 (유쾌한 감정을 좇아) 의무에 맞게가 아니라, 의무로부터〔이기 때문에〕 발생하는 일—이것이야말로 모든 도덕적 교양의 참 목적이어야 하는바—에 이를 수 있다.

그러나 우리는, 행복이라는 말처럼 향유를 표시하지는 않으면서도, 자기 실존에 흡족함이라는, 덕의 의식에 필연적으로 수반해야 하는 행복 A212 비슷한 것을 지시하는 말을 갖고 있지 않은가? 그렇다! **자기만족**이 그런 말이다. 이 말은 본래의 의미에 있어서 항상, 아무런 것도 필요함을 의식하지 않는, 자기 실존에 대한 소극적인 흡족함만을 시사한다. 자유 및 결연한 마음씨로 도덕법칙을 준수하는 능력으로서의 자유 의식은 우리의 욕구를 (비록 **촉발하는** 것은 아닐지라도) 적어도 규정하는 운동인인 **경향성들로부터의 독립성**이다. 내가 나의 도덕적 준칙들을 준수함에 있어서 그러한 자유를 의식하는 한에서, 그것은 그와 필연적으로 결합되어 있 V118 는, 어떠한 특수한 감정에도 의존하고 있지 않은, 불변적인 만족의 유일한 원천이고, 이런 만족은 지성적인 것이라 일컬어질 수 있다. 경향성이 제아무리 아름답게 상상될지라도, 경향성들의 충족에 의거하고 있는 감성적 만족—이렇게 일컬어지는 것은 본디 부적절하지만—은 우리가 만족에 대해서 생각하는 것에는 결코 부합할 수가 없다. 왜냐하면, 경향성들은 전변〔轉變〕하며, 사람들이 그것들에 보내는 호의와 함께 자라고, 사람들이 채웠다고 생각하는 것보다 훨씬 더 큰 공허를 언제나 남기기 때문이다. 그렇기에 경향성들은 이성적 존재자에게는 언제나 **무거운 짐이 되는** 것이고, 그가 비록 그것들을 떼어내버릴 수는 없다 해도, 그것들은 그로 하여금 그것들에서 벗어나 있으려는 소망을 갖도록 강요한다. 의무에 맞게 하려는 (예컨대, 선행하려는) 경향성조차도 **도덕적** 준칙들의 효력을 매우 용이하게 할 수는 있어도, 어떤 도덕적 준칙을 만들어낼 수는 없다. 왜냐하면, 만약 행위가 단지 **적법성**〔**합법성**〕뿐만 아니라 **도덕성**도 함유해야 한다면, 도덕적 준칙에서 모든 것은 규정 근거인 법칙 표상에 달려 있는 것이기 때문이다. 경향성은 선량한 것이든 그렇지 않은 것이든 간에 맹목적이고 노예적이다. 윤리가 문제가 될 때는 이성은 단지 경향성의 후견인으로 나타나야 할 뿐만 아니라, 경향성을 고려함 없이 순수 실천이성으로서 그 자신의 관심을 전적으로 독자적으로 돌보아야 한다. 동정심이나 인정 많은 공감조차도 의무가 무엇인가에 대한 숙려에 앞서 〔의지의〕 규정 근거가 된다면, 그것은 올바르게 생각하는 사람들 자신에게도 짐이 되고, 그들의 숙려된 준칙들을 혼란에 빠뜨리는 것이며, 그런 것들에서 벗어나서 오로지 법칙 수립적 이성에 복종하려는 소망을 불러일으키는 것이다. A213

이로부터, 어떻게 순수 실천이성이라는 이 능력에 대한 의식이 행실(즉 덕)을 통하여 자기의 경향성들을 지배한다는 의식을, 그러므로 이로써 경향성들로부터 독립해 있다는 의식을, 따라서 경향성들에 수반하는 불만족의 의식을, 그러므로 그의 상태에 대한 소극〔부정〕적인 흡족을, 다시 말해 그 원천에서 자기 인격에 대한 만족인 그런 **만족**을 만들어낼 수 있는가가 이해된다. 자유 자신은 그러한 방식으로 (곧 간접적으로) 향유를 누릴 수 있을 것이나, 그 향유는 감정의 적극적인 가입에 의거해 있지 않으므로 행복이라고 일컬을 수는 없고, 또한 정확히 말해, 그것은 경향성들과 욕구들로부터 전적인 독립성을 가지고 있지 못하므로 **정복**〔淨福〕이라고 일컬을 수 없다. 그럼에도 그것은 적어도 그 의지 규정이 경향성들 및 욕구의 영향에서 해방되어 자기를 유지할 수 있는 한에서 정복과 비슷한 것이고, 그러므로 적어도 근원상으로는 오로지 최고 존재자에게나 부여할 수 있는 자족〔自足〕과 유사한 것이다. A214

실천적 순수 이성의 이율배반의 이 같은 해결로부터 다음과 같은 결론이 나온다.—실천 원칙들에서는 윤리 의식과 그 윤리의 결과로서 그 V119

에 비례하는 행복에 대한 기대 사이의 자연스럽고 필연적인 결합은 적어도 가능하다고 생각된다. (그러나 그렇다고 물론 그것이 인식되거나 통찰될 수 있는 것은 아니다.) 이와 반대로, 행복 추구의 원칙들이 윤리를 만들어낼 수는 없다. 그러므로, (최고선의 첫째 조건인) **최상선**은 윤리성을 형성하고, 반면에 행복은 최고선의 두 번째 요소를 형성하기는 하지만, 그럼에도 행복은 단지 도덕적으로 조건 지어진, 그러면서도 필연적인 윤리성의 결과이다. 이 〔행복의 윤리성에의〕 종속에서만 **최고선**은 그것을 필연적으로 가능하다고 표상할 수밖에 없는 순수 실천이성의 전 객관이다. 왜냐하면, 최고선을 만들어내기 위해서 가능한 모든 것을 하라는 것이 A215 순수 실천이성의 지시명령이기 때문이다. 그러나 조건 지어진 것[7]과 그것의 조건[8]과의 그러한 결합 가능성은 전적으로 사물들의 초감성적 관계에 속하는 것이고, 그러한 가능성은, 이 이념의 실천적 결과가, 곧 최고선의 실현을 목표로 하는 행위들이 설령 감성 세계에 속한다 할지라도, 감성 세계의 법칙에 따라서는 전혀 주어질 수 없는 것이므로, 우리는 저 가능성의 근거들을, 첫째로 직접적으로 우리의 지배력 안에 있는 것과 관련하여, 그리고 둘째로 이성이 (실천 원리들의 면에서 볼 때 필연적인) 최고선을 가능하게 할 수 없는 우리의 무능력의 보완으로서 우리에게 제시는 하지만, 우리의 지배력 안에 있지 않은 것과 관련하여 서술하고자 한다.

III.
사변 이성과의 결합에서 순수 실천 이성의 우위에 대하여

이성에 의해 결합되는 둘 또는 그 이상의 것 사이에서 우위란 하나가 나머지 것들과의 결합에서 첫 번째 규정 근거가 되는 우선성을 뜻한다.

---

7) 곧, 행복.
8) 곧, 윤리성.

좀 더 좁은, 실천적 의미에서 우위란 (다른 어떤 것의 뒤에 놓일 수 없는) 하나의 관심에 다른 것들의 관심이 종속하는 한에서, 그 하나의 관심의 우선성을 의미한다. 마음의 각 능력에는 각기 하나의 **관심**을, 다시 말해 그 아래에서만 그 능력의 실행이 촉진되는 조건을 함유하는 원리를 부여할 수 있다. 원리들의 능력으로서 이성은 모든 마음 능력들의 관심을 규정하고, 그러나 그 자신의 관심은 스스로 규정한다. 이성의 사변적 사용의 관심은 최고의 선험적 원리들에까지 이르는 객관의 **인식**에 있고, 실천적 사용의 관심은 궁극적인 완전한 목적과 관련하여 **의지**를 규정하는 데에 있다. 이성 사용 일반이 가능하기 위해 요구되는 것, 곧 이성의 원리들 및 주장들이 서로 모순되어서는 안 된다는 것은 조그만큼도 이성의 관심이 되지 못하고, 도대체가 이성을 갖는 조건이다. 한낱 자기 자신과의 부합이 아니라, 오로지 〔자신의〕 확장이 이성의 관심이라고 볼 수 있다. A216 V120

만약 실천이성이 **사변** 이성이 독자적으로 그 자신의 통찰로부터 그에게 건네줄 수 있는 것 이상을 상정해서는 안 되고, 〔그것만을〕 주어진 것으로 생각할 수 있는 것이라면, 사변 이성이 우위를 갖는 것이다. 그러나 만약, 실천이성이 독자적으로 선험적인 근원적 원리들을 갖고, 일정한 이론적인 정립들이 이것들과 불가분리적으로 결합되어 있으되, (그것들이 설령 사변 이성의 통찰과 모순되어서는 안 된다 할지라도) 그것들이 사변 이성의 모든 가능한 통찰에서 벗어나 있다면, 문제는 어느 관심이 최상의 것이냐 하는 것이다. (어느 것이 물러나야만 하는 것이 아니다. 왜냐하면, 하나가 다른 하나와 꼭 모순되는 것은 아니니 말이다.) 즉 과연 실천이성이 받아들여 그에게 제공하는 것에 관해 아무것도 아는 바 없는 사변 이성이 이 명제들을 받아들여야 하고, 또 설령 그것들이 그에게 과도한 것일지라도, 타자로부터 그에게 넘겨진 소유물인 그것들을 그의 개념들과 통합하는 시도를 해보아야만 하느냐 어떠냐 하는 것이다. 또는 과연 사변 이성이 그 자신의 별개의 관심을 고수하고, **에피쿠로스**의 규준학〔規準學〕에 따라 그 객관적 실재성이 명백한, 경험에서 제시될 수 있는 실례에 의 A217

해서 확인될 수 없는 모든 것들은, 비록 그것들이 실천적인 (순수) 사용의 관심과 아주 잘 짜여 있고, 그 자체로는 이론적 이성과 아무런 모순이 없다 하더라도, 그것이 사변 이성 자신이 설정한 한계를 폐기하고, 사변 이성을 상상력의 온갖 터무니없는 짓과 망상에 내맡겨 버리는 한에서, 실제로 사변 이성의 관심을 파괴한다는 순전히 그 이유에서, 공허한 궤변이라고 몰아낼 권리를 가지고 있느냐 어떠냐 하는 것이다.

사실, 실천이성이 정념적으로 조건 지어져 있고, 다시 말해 행복이라는 감성적 원리 아래서 경향성들의 관심만을 돌보면서 기초에 놓여 있는 것인 한에서는, 사변 이성에 대한 이러한 부당한 요구는 전적으로 거부될 것이다. **마호메트**의 낙원, **접신론자**〔接神論者〕와 **신비가들**의 신과의 A218 V121 융합적 합일은 이성에게 그 괴물을 들이밀 것이고, 이런 식으로 이성을 온갖 몽상에 내맡겨버리는 것은 전혀 이성을 갖지 않는 것이나 다름없는 것이겠다. 그러나 만약 순수 이성이 독자적으로 실천적일 수 있고, 도덕법칙에 대한 의식이 입증하듯이, 실제로 그러하다면, 이론적 의도에서건 실천적 의도에서건 선험적 원리들에 따라 판단하는 것은 언제나 오로지 동일한 이성일 뿐이다. 그리고 그때 분명한 바는, 비록 이성 능력이 이론적 의도에서 어떤 명제들을 주장하여 확립하는 데 충분치 않다 해도, 이 명제들이 그와 모순되지 않는다면, 〔이론적 의도는〕 바로 이 명제들을, 이것들이 순수 이성의 **실천적 관심에 불가분리적으로** 속하자마자, 그의 지반 위에서 자라난 것은 아니지만, 그럼에도 충분히 신용할 만한, 밖으로부터 그에게 제안된 것으로 받아들이고, 이 명제들을 사변 이성으로서 그가 그의 권한 안에 가지고 있는 모든 것과 비교하고 연결해보려고 해야만 한다는 것이다. 그럼에도 유념해야 할 것은, 이런 일은 이론이성의 통찰이 아니라, 어떤 다른, 곧 실천적 의도에서 이론이성 사용을 확장하는 것이고, 이것은 사변의 오만을 제한하는 데에 있는 그 관심에 전혀 어긋나지 않는다는 점이다.

그러므로, 순수 사변 이성과 순수 실천 이성이 한 인식으로 결합함에 있어서, 곧 이 결합이 대략 **우연적**이고 임의적인 것이 아니라, 선험적으로 이성 자신에 기초한, 그러니까 **필연적**인 것이라 한다면, 실천이성이 **우위**를 갖는다. 왜냐하면, 이런 상하 관계가 없다면 이성의 자기 자신과의 상충이 생길 것이기 때문이다. 만약 양자가 단지 나란히 놓여(병렬되어) 있다면, 전자는 독자적으로 자기의 한계를 좁다랗게 치고 후자로부터 자기 영역 내에 아무런 것도 받아들이지 않을 것이고, 반면에 후자는 그의 한계를 그럼에도 모든 것 너머에까지 넓혀, 필요가 생길 때에는 전자를 그 자신 안에 포섭하려고 할 것이니 말이다. 우리는 순수 실천이성에 대해 사변 이성에 종속하고 그래서 질서가 거꾸로 될 것을 전혀 요구할 수가 없다. 모든 관심은 궁극적으로는 실천적인 것이고, 사변 이성의 관심조차도 단지 조건적인 것으로 실천적 사용에서만 완벽한 것이니 말이다. A219

IV.
순수 실천 이성의 요청으로서 영혼의 불사성

V122

이 세계에서 최고선의 실현은 도덕법칙에 의해 규정될 수 있는 의지의 필연적 객관이다. 그러나 이 의지에서 마음씨의 도덕법칙과의 **온전한 맞음**[9]은 최고선의 최상 조건이다. 그러므로 이 맞음은 그 객관과 꼭 마찬가지로 가능해야만 한다. 왜냐하면, 그것은 이 객관을 촉진하라는 동일한 지시명령 속에 포함되어 있는 것이기 때문이다. 그러나 의지의 도덕법칙과의 온전한 맞음은 **신성성**, 즉 감성 세계의 어떠한 이성적 존재자도 그의 현존의 어떤 시점에서도 이를 수 없는 완전함이다. 그럼에도 불구하고 그 맞음은 실천상 필연적인 것으로 요구되므로, 그것은 저 온 A220

9) 원어: Angemessenheit. 그러니까 이 대목은 "마음씨가 도덕법칙과 온전히 맞음"이라고 풀어서 쓸 수도 있겠다.

전한 맞음을 향해 **무한히** 나아가는 **전진**〔前進〕 중에서만 만나질 수 있고, 그리고 그러한 실천적 전진을 우리 의지의 실재적 객관으로 받아들이는 것은 순수 실천이성의 원리상 필연적인 일이다.

그러나 이런 무한한 전진은 동일한 이성적 존재자의 **무한히** 지속하는 **실존**과 인격성—이것을 사람들은 영혼의 불사성이라고 부르거니와—을 전제하고서만 가능하다. 그러므로 최고선은 실천적으로 오직 영혼의 불사성을 전제하고서만 가능하다. 그러니까 이 영혼의 불사성은 도덕법칙과 불가분리적으로 결합되어 있는 것으로서 순수 실천이성의 하나의 **요청**이다. (나는 요청이라는 말로써 하나의 **이론적인** 명제, 그러나 그것이 선험적인 무조건적으로 타당한 **실천** 법칙과 불가분리적으로 결부되어 있는 한에서, 그 자체로는 증명될 수는 없는 명제를 뜻한다.)

오로지 무한히 나아가는 진보 중에서만 윤리 법칙과의 온전한 맞음에 A221 이를 수 있다는 우리 본성의 도덕적 규정에 대한 명제는 아주 큰 유용성을 갖는바, 그것은 사변 이성의 무능력을 당장 보완하는 관점에서도 그러하지만, 종교와 관련해서도 그러하다. 이 명제가 없으면 도덕법칙은, 사람들이 그것을 혹은 **너그럽게**(관대하게) 그리고 우리의 편안함에 맞춰 기교적으로 다루거나, 혹은 달성할 수 없는 규정에 대한 그들의 소명〔召命〕과 동시에 기대를, 곧 바라마지 않는 의지의 신성성의 온전한 획득에 V123 까지 연장시켜 열광적인, 자기 인식과는 전혀 모순되는 **접신적**〔接神的〕인 몽상에 빠짐으로써, 그 **신성성**이 전적으로 위엄을 잃는다. 이 두 가지〔행태〕에 의해서는 엄밀하고 엄격한, 그러면서도 관념적이지 않고 참된 이성의 지시명령을 정확하고 일관되게 준수하려는 부단한 **노력**이 방해받을 뿐이다. 이성적이되 유한한 존재자에게는 보다 낮은 단계로부터 보다 높은 단계의 도덕적 완전성에로 무한히 전진해가는 일만이 가능할 뿐이다. 시간 조건에 구애받지 않는 **무한자**는 우리에게는 끝이 없는 이 계열에서 도덕법칙과의 맞음의 전모〔전체〕를 보며, 그리고 그가 각자에게 최고선에서 정해주는 몫에서 그의 정의에 적합하기 위한, 그의 지시명령이 유보 없이 요구하는 신성성은 오로지 이성적 존재자들의 현존에 대한 지성적 직관에서만 온전히 발견될 수 있다. 피조물에게 이 몫에 대한 희망과 관련하여 귀속될 수 있는 것은 그의 마음씨가 시련받고 있다는 의식일 것이다. 그래서 그는 보다 나쁜 것으로부터 도덕적으로 보다 좋은 것으로의 진보와 이 진보를 통해 그에게 알려진 부동의 결의로부터 이를, 그의 실존이 얼마만큼 길든지 간에, 이 생을 넘어서까지라도, 더 멀리 부단하게 계속할 것을 희망※할 수 있다. 그러나 그것도 결코 이승에서나 그의 현존의 가시적인 미래의 어느 시점에서가 아니라 오로지 (신만이 내다볼 수 있는) 그의 지속의 무한성에서만 신의 의지에 (정의에 합당하지 않는 관용이나 면제 없이) 온전하게 합치할 것이라고 말이다.

A222 A223 V124

※ 선으로의 진보에 있어서 그의 마음씨의 불변성에 대한 **확신**은 그럼에도 불구하고 피조물에게는 그것만으로는 불가능한 것처럼 보인다. 그 때문에 기독교의 종교 이론에서는 이 확신이 신성화[神聖化]를, 다시 말해 이 확고한 결의를 그리고 그와 함께 도덕적 전진에서 고정불변성의 의식을 야기하는 성령으로부터만 유래한다고 한다. 그러나 또한 그의 생의 종점에 이를 때까지 그의 생의 긴 부분을 보다 선한 것을 향한 진보 중에서, 그것도 순정한 도덕적 동인들에서 살아왔음을 의식하는 이는 자연스럽게, 그는 이 생을 넘어 계속되는 실존에서도 이 원칙들을 지킬 것이라는, 비록 확실성은 아닐지라도, 위안적인 희망을 가질 수 있을 것이다. 비록 그가 그 자신의 눈으로 볼 때 이승에서 결코 합당한 인정을 받지[10] 못하고, 그의 자연본성의 완전성 및 그의 의무들의 미래의 바라마지 않는 증진에도 불구하고 그런 것을 좀처럼 희망할 수 없다 할지라도, 그럼에도 무한히 먼 목표를 향해 있는 것이긴 하지만 신은 가지고 있다고 볼 수 있는 그런 진보에서 **정복**[淨福]**의** 미래에 대한 전망을 가질 수 있다. 왜냐하면, 이 [정복이라는] 말은 세상의 모든 우연적인 원인들에서 독립적인, 완벽한 **복**을 표시하기 위해 이성이 사용하는 표현이니 말이다. 이런 완벽한 복은 **신성성**과 꼭 마찬가지로 무한한 전진과 그 전체성에만 함유될 수 있는, 그러니까 피조물로서는 결코 온전히 이를 수 없는 그런 하나의 이념이다.

A223

10) 곧, '정복[淨福]에 이르지'.

V.
순수 실천 이성의 요청으로서 신의 현존

앞서의 분석에서 도덕법칙은 감성적 동기들의 전혀 아무런 참여 없이 순전히 순수 이성에 의해 지정되는 실천적 과제, 곧 최고선의 첫째의 가장 고귀한 부분인 **윤리성**의 필연적 완벽성이라는 실천적 과제에 이르렀고, 이때 이 과제는 오로지 영원에서만 온전히 해결될 수 있으므로, 〔영혼〕 **불사성**의 요청에 이르렀다. 바로 이 도덕법칙은 또한 최고선의 둘째 요소, 곧 저 윤리성에 알맞은 **행복**의 가능성에, 앞서와 마찬가지로 사욕 없이 순전히 무당파적인 이성에 의해서, 곧 이 〔행복이라는〕 결과에 일치하는 원인의 현존이라는 전제에 이를 수밖에 없다. 다시 말해 (순수 이성의 도덕법칙의 수립과 필연적으로 결합되어 있는 우리 의지의 객관인) 최고선이 가능하기 위해서 반드시 필요한 것으로서 **신의 실존**을 요청할 수밖에 없다. 이제 이 사태 연관을 확신할 수 있도록 서술하려 한다.

A224

행복이란, 그의 실존의 전체에서 **모든 일이 소망과 의지대로 진행되는**, 이 세상에서의 이성적 존재자의 상태[11]이며, 그러므로 행복은 자연이 그의 전 목적에 합치하는 데에, 또한 자연이 그의 의지의 본질적인 규정 근거와 합치하는 데에 의거한다. 그런데 도덕법칙은 자유의 법칙으로서 자연 및 자연의 (동기로서의) 우리 욕구 능력과의 합치에 전적으로 독립해 있는 규정 근거들에 의해 지시명령한다. 그러나 이 세계 안에서 행위하는 이성적 존재자는 동시에 세계 및 자연 자체의 원인이 아니다. 그러므로 도덕법칙 안에는 윤리성과 이에 비례하는, 세계에 그 일부로서 속하고 따라서 세계에 부속돼 있는 존재자의 행복 사이의 필연적 연관에 대한 최소한의 근거도 없다. 세계에 부속돼 있는 이 존재자는 바로 그렇기 때문에 자기의 의지로써 이 자연의 원인일 수가 없고, 그의 행복과 관

11) 달리 말하면, "행복이란 이 세상에서 이성적 존재자가 그의 실존 전체에서 **모든 것을 자기 소망과 의지대로 하는** 상태"이다.

련하여 그 자신의 힘으로 자연을 그의 실천 원칙들과 일관되게 일치시킬 수가 없다. 그럼에도 불구하고 순수 이성의 실천적 과제, 다시 말해 최고선을 위한 필수적 작업에서는 그러한 연관이 필연적인 것으로 요청된다. 우리는 응당 최고선의 촉진을 추구**해야 한다**. (그러므로 최고선은 역시 가능하지 않으면 안 된다.) 그러므로 또한 이 연관의 근거, 곧 행복과 윤리성 사이의 정확한 합치의 근거를 함유할, 자연과는 구별되는 전체 자연의 원인의 현존이 **요청된다**. 그러나 이 최상 원인은 응당 자연의 한낱 이성적 존재자들의 의지의 법칙과 합치하는 근거뿐만 아니라, 이성적 존재자들이 이 법칙을 **의지의 최상 규정 근거**로 삼는 한에서, 이 **법칙**의 표상과도 합치하는 근거를, 그러므로 단지 형식상으로 윤리와 합치하는 근거뿐만 아니라, 그들의 동인인 그들의 윤리성, 다시 말해 그들의 도덕적 마음씨와 합치하는 근거를 포함해야만 한다. 그러므로 도덕적 마음씨에 적합한 원인성을 갖는, 자연의 최상 원인[12]이 상정되는 한에서만, 이 세계에서 최고선은 가능하다. 무릇 법칙의 표상에 따라 행위할 수 있는 존재자는 **예지자**(이성적 존재자)요, 이 법칙 표상에 따르는 그런 존재자의 원인성은 그 존재자의 **의지**이다. 그러므로 최고선을 위해 전제되어야만 하는 것인 한에서, 자연의 최상 원인은 **지성**과 **의지**에 의해 자연의 원인(따라서 창시자)인 존재자, 다시 말해 신이다. 따라서 **최고의 파생적 선**(즉 최선의 세계)의 가능성의 요청은 동시에 **최고의 근원적 선**의 현실성, 곧 신의 실존의 요청이다. 무릇 최고선을 촉진함은 우리의 의무였다. 그러니까 이 최고선의 가능성을 전제하는 것은 우리의 권한일 뿐만 아니라 요구인 의무와 결합된 필연성이다. 최고선은 오로지 신이 현존한다는 조건 아래서만 생기므로, 그것은 신이 현존한다는 그 전제를 의무와 불가분리적으로 결합한다. 다시 말해 신의 현존을 상정하는 것은 도덕적으로 필연적이다.

A225 V125 A226

12) AA에 따라 삽입하여 읽음.

그런데 여기서 주의해야 할 것은, 이 도덕적 필연성은 **주관적**인 것, 다시 말해 필요요구[13]이지, **객관적**인 것, 다시 말해 그 자체가 의무는 아니라는 점이다. 한 사물의 실존을 상정해야 하는—이런 일은 순전히 이성의 이론적 사용과 관련이 있는 것이므로—의무란 도대체가 있을 수가 없으니 말이다. 그리고 또한 **모든 책무 일반의 근거로서** 신의 현존을 상정하는 일이 필연적임을 뜻하는 것도 아니라는 점이다. (왜냐하면, 충분히 증명되었듯이 모든 책무의 근거는 오로지 이성 자신의 자율에 있는 것이니 말이다.) 여기서 의무에 속하는 것은 이 세계에서 최고선을 제시하고 촉진하는 작업뿐이다. 그러므로 이 최고선의 가능성은 요청될 수 있으되, 그러나 우리 이성은 그 가능성을 최고 예지자를 전제하고서만 생각할 수 있다고 보며, 그래서 그런 존재자의 현존을 상정함은 우리 의무 의식과 결합되어 있다. 비록 이를 상정하는 것 자체는 이론이성에 속하는 일일지라도 말이다. 다만 이를 상정함은 이론이성과 관련해서는 설명 근거로 보아 **가설**이라 일컬을 수 있겠으나, 도덕법칙에 의해 우리에게 부과되는 객관(즉 최고선), 그러니까 실천적 의도에서의 요구에 대한 이해 가능성과 관련해서는 **신앙**〔믿음〕, 그것도 순수한 **이성신앙**이라 일컬을 수 있다. 왜냐하면, 순전히 순수 이성만이 (이론적 사용의 면에서나 실천적 사용의 면에서나) 신앙이 생기는 원천이기 때문이다.

V126 A227

이 **연역**으로부터 이제야 왜 〔고대〕 **그리스**의 학파들이 최고선의 실천적 가능성에 대한 그들의 문제를 해결하는 데 결코 성공할 수 없었던가가 이해된다. 그들은 언제나 다만 인간의 의지가 그의 자유에 대해서 사용하는 규칙만을 자유의 유일한, 그 자체만으로 충분한 근거로 삼았고, 거기에 신의 현존에 대한 생각을 필요로 하지 않았던 것이다. 비록 그들이 윤리의 원리를 이 〔신의 현존에 대한〕 요청과는 독립적으로 그 자체만으로 이성과 의지의 관계로부터만 확립하고, 그러니까 이 원리를 최고

13) 원어: Bedürfnis.

선의 **최상의** 실천 조건으로 삼았다는 점에서 정당했다 할지라도, 그러나 그렇다고 해서 그 원리가 최고선을 가능하게 하는 **전** 조건은 아니었던 것이다. 무릇 **에피쿠로스**학파 사람들은 전혀 잘못된 윤리 원리, 곧 행복의 원리를 최상 원리로 받아들였고, 각자의 경향성에 따르는 임의적인 선택의 준칙을 법칙으로 바꿔쳤지만, 그래도 그들은 그들의 최고선의 권위를 그들의 원칙의 저급함에 비례해 낮추었고, (경향성들의 절제와 억제가 그에 속하는) 인간의 영리함〔지혜〕—주지하다시피 이것은 충분히 보잘것이 없고 상황에 따라서 〔사람마다〕 매우 큰 차이가 날 수밖에 없는 것이다—에 의해 얻을 수 있는 것보다 더 큰 행복은 기대하지 않았다는 점에서 충분히 **일관성 있게** 처신하기는 하였다. 그러나 그들은 그들의 준칙들이 끊임없이 허용할 수밖에 없고, 준칙을 법칙으로 사용할 수 없게 만드는 예외들을 결코 헤아리지 못했다. 이와 반대로, **스토아**학파 사람들은 그들의 최상의 실천 원리, 곧 덕을 최고선의 조건으로 선택했다는 점에서 전적으로 옳았지만, 그러나 그들은 이 덕의 순수한 법칙에 요구되는 덕의 정도를 이승 생활에서 완전히 도달할 수 있는 것으로 생각함으로써, **현자**〔賢者〕의 이름 아래 **인간**의 도덕적 능력을 그의 자연본성의 모든 제한을 넘어 높이 확대하여 모든 인간지〔人間城〕에 모순되는 어떤 것을 상정했을 뿐만 아니라, 특히 최고선을 이루는 두 번째 **구성 요소**, 곧 행복을 인간 욕구 능력의 특수한 대상으로 인정하지 않으려 했고, 대신에 신이나 마찬가지인 그들의 **현자**를 그의 인격의 탁월성을 의식하여 자연에서 (그의 만족의 관점에서) 완전히 독립적인 것으로 만들었다. 즉 그들은 현자를 생의 해악에 노출은 시켰지만, 굴복시키지는 않음으로써, (동시에 또한 현자를 악으로부터 자유로운 자로 서술함으로써), 실제로 최고선의 둘째 요소, 즉 자기 행복을 제거해버렸다. 그들은 행복을 순전히 행위와 그의 인격적 가치에 대한 만족에 두고, 그러므로 윤리적 사유방식의 의식에 포함시켰으니 말이다. 그러나 그들은 이 의식에서 그들 자신의 자연본성의 목소리에 의해 충분히 반박될 수 있었을 터였다.

A228 V127 A229

A230 기독교※의 교설은, 그것을 종교 이론으로 보지 않는다 하더라도, 이

※ 사람들은 보통 기독교의 윤리적 훈계가 그 순수성에 있어서 **스토아**학파의 도덕 개념보다 나을 게 없는 것으로 여긴다. 그러나 양자의 차이는 아주 뚜렷하다. **스토아**학파의 체계는 영혼의 강한 힘을 축으로 삼고, 이 축을 중심으로 모든 윤리적 마음씨들이 돌아야 하는 것이었다. 이 체계의 추종자들은 많은 의무들을 논했고 그것들을 아주 잘 규정했지만, 그럼에도 그들은 의지의 동기와 본래적인 규정 근거를 사유방식〔성정〕이 저급한, 단지 영혼이 약하기 때문에 힘을 쓰는 감각적 동기들을 극복하는 데에 두었다. 그러므로 그들에게 있어서 덕이란 인간의 동물적 자연본성을 극복하는 **현자**의 일종의 영웅성이었다. 이 현자는 그 자신만으로 족하고, 타인들에게 의무들을 설파하기는 A230 하지만 그 자신은 의무들 위에 솟아 있고[14], 윤리적 법칙을 위반하려는 어떠한 유혹에도 굴복하지 않는다. 그러나 만약 그들이 복음서의 훈계가 하는 것처럼 그렇게 순수하고 엄격하게 이 〔도덕〕법칙을 생각했더라면, 그들은 모든 것을 이렇게 할 수는 없었을 것이다. 내가 **이념**이라는 말로 경험 중에서는 그에 일치하는 어떤 것도 주어질 수 없는 완전성을 뜻할 때, 그렇다고 해서 도덕적 이념들은 초절적인 것, 다시 말해 우리가 그에 대해 충분히 개념 규정을 할 수 없는 것, 또는 사변 이성의 이념들처럼, 그것에 도대체가 한 대상이 대응하는지 어떤지가 불확실한 그러한 어떤 것이 아니라, 오히려 도덕적 이념들은 실천적 완전성의 원형〔原型〕으로서 윤리적 태도의 불가결의 규준이자 동시에 **비교의 척도**로 쓰이는 것이다. 이제 **기독교의 도덕**을 그 철학적 측면에서 살펴보자면, 그것은 그리스의 여러 학파들의 이념들과 비교해볼 때 다음과 같이 보인다. 곧 **퀴니코스학파·에피쿠로스학파·스토아학파·기독교도**[15]의 이념들은 각각 **자연의 소박성·영리함·현명함·신성성**인 것이다. 이에 이르는 길에 관해서는 그리스 철학자들도 서로 달라, **퀴니코스**학파 사람들은 평범한 **인간 지성**을, 그 밖의 사람들은 **학문의 길**만을 충분하다고 보았다. 그러므로 이들 양쪽 모두는 순전히 **자연적 힘들의 사용**만으로 그에 이르는 데 충분하다고 보았다. 기독교의 도덕은 (도덕적 지시규정〔훈계〕이 그래야만 하듯이) 그 지시규정이 그토록 순수하고 엄정하게 짜여져 있기 때문에, 인간에게서 적어도 그가 이승의 생활에서는 그것에 온전히 일치한다는 신뢰를 빼앗으나, 그러나 만약 우리가 우리의 **능력**껏 선하게 행위한다면, 우리는, 그것이 어떤 방식으로 이루어지는가를 우리가 알든 모르든, 우리 능력 안에 있지 않

14) AA에 따르면 "숭고하고".
15) AA에 따르면 "**기독교도들**".

문제에 있어서 오로지 실천이성의 엄격한 요구를 충족시키는 최고선의 (즉 신의 나라의) 개념을 제공한다. 도덕법칙은 신성하고 (엄정하며), 윤리의 신성성을 요구한다. 인간이 도달할 수 있는 모든 도덕적 완전성은 언제나 덕일 뿐이고, 다시 말해 법칙에 대한 **존경**에서 오는 합법칙적인 마음씨, 따라서 위반에의 계속적인 성벽에 대한 의식, 적어도 불순성, 다시 말해 법칙 준수를 위한 많은 순정치 못한 (비도덕적인) 동인들의 뒤섞임에 대한 의식, 따라서 겸허와 결합된 자기 존중일 뿐인데도 말이다. 그러므로 도덕적 완전성은 기독교의 법칙이 요구하는 신성성과 관련하여 피조물에게 다름 아닌 무한한 진보를 남기고, 그러나 바로 그 때문에 그것은 피조물에게 그의 무한히 나아가는 지속〔존속〕[17]에 대해 희망을 가질 권리를 준다. 도덕법칙에 **온전히** 맞는 마음씨의 **가치**는 무한하다. 왜냐하면, 현명하고 전능한 행복의 배분자의 판단에 있어서 모든 가능한 행복을 제한하는 것은 이성적 존재자들이 그들의 의무에 알맞지 못한 것 외에는 아무것도 없기 때문이다. 그러나 도덕법칙은 그 자신만으로는 아무런 행복도 **약속하지** 않는다. 왜냐하면, 자연 질서 일반의 개념상 행복은 도덕법칙의 준수와 필연적으로 결합돼 있지 않으니 말이다. 그런데 기독교 윤리설은 이성적 존재자가 전심전력으로 도덕법칙에 헌신하는 세계를 **신의 나라**라고 서술함으로써 이 (최고선의 두 번째 불가결의 구성 요소의) 결여를 보완하고 있다. 신의 나라에서는 자연과 윤리가 파생적인 최고선을 가능하게 하는 성스러운 창시자에 의해 양자 각각이 단독으로는 서로 몰랐던 조화에 이르는 것이다. 윤리의 **신성성**은 이승 생활에서

V128 A231

A232

은 것이 밖으로부터 우리에게 일어난다는 것을 희망할 수 있음에 의해 인간을[16] 다시금 격려〔위로〕한다. **아리스토텔레스**와 **플라톤**은 단지 우리의 윤리 개념들의 **근원**과 관련해서만 서로 달랐다.

---

16) 원문 'es'를 'ihn'으로 고쳐 읽는다. 만약 원문대로 읽으면 이 말 이하의 대목은 "신뢰를 다시금 바로 세운다"로 옮겨야 할 것이다.

17) 곧, 영혼의 불사.

V129 이성적 존재자들에게 이미 표준〔먹줄〕으로 지시되지만, 그러나 이에 비례한 복, 즉 **정복**〔淨福〕은 단지 영원에서만 얻을 수 있는 것으로 표상된다. 왜냐하면, **전자**[18]는 언제나 모든 처지에서 이성적 존재자들의 처신〔태도〕의 원형이어야 하고, 그것을 향한 진보는 이미 이승 생활에서 가능하고 필연적이지만, 그러나 **후자**[19]는 이 세계에서 행복이라는 이름 아래서 (우리의 능력이 관련되는 한에서) 전혀 얻어질 수 있는 것이 아니고, 따라서 오로지 희망의 대상이 될 뿐이기 때문이다. 그럼에도 불구하고 기독교의 **도덕**원리 자체는 신학적(그러니까 타율)이 아니라, 순수 실천이성 그 자신의 자율이다. 왜냐하면, 그것은 신의 인식과 신의 의지의 인식을 이 법칙들의 기초로 삼는 것이 아니라, 단지 법칙들을 준수한다는 조건 아래서 최고선에 이르는 데에 기초로 삼을 뿐이며, 도덕법칙들을 준수하려는 본래의 **동기**조차도 소망하는바 그것들의 결과에 두지 않고, 의무 표상 자체에 두기 때문이다. 의무의 참다운 수행에만 행복을 획득할 품격이 주어지는 것이다.

A233 이렇게 해서 도덕법칙은 순수 실천이성의 객관이자 궁극 목적인 최고선의 개념을 통해 **종교**에, 다시 말해 **모든 의무들을 신의 지시명령〔계명〕들로 인식하는 데**에 이른다. 〔도덕법칙은 의무들을 곧〕 **남의 의지의 제재**〔制裁〕, 다시 말해 **임의적인, 그 자신 우연적인 지령들로서가 아니라**, 각자의 자유로운 의지 자신의 본질적인 **법칙들**로 인식하는 데에 이른다. 그럼에도 이 법칙들은 최고존재자의 지시명령들로 보아져야만 한다. 왜냐하면, 우리는 오직 도덕적으로 완전한(성스럽고 선량한), 동시에 전능한 의지에 의해서만 최고선—이것을 우리 노력의 대상으로 놓는 것을 도덕법칙은 우리의 의무로 삼는다—을 희망할 수 있고, 그러므로 이 의지에 합치함으로써 최고선에 이르는 것을 기대할 수 있기 때문이다. 그래서 여기에서도 모든 것은 사욕 없이 순전히 의무에만 기초한다. 〔벌

18) 곧, 윤리의 신성성.
19) 곧, 정복〔淨福〕.

에 대한) 공포나 〔상에 대한〕 기대가 동기로 기초에 놓여 있어서는 안 된다. 만약 이런 것들이 원리가 되면, 그것들은 행위들의 전 도덕적 가치를 파괴할 것이다. 도덕법칙은 세계에서 최고의 가능한 선을 나의 모든 처신의 최종 대상으로 삼을 것을 지시명령한다. 그러나 나는 오로지 나의 의지를 성스럽고 선량한 세계 창시자의 의지에 합치시킴으로써밖에는 이 최고선의 실현을 기대할 수 없다. 최대의 행복이 (피조물에 있어서 가능한) 최대한의 윤리적 완전성과 가장 정확한 비례로 결합되어 있다고 표상되는 전체 개념으로서의 최고선의 개념 안에는 **내 자신의 행복**이 함께 포함되어 있다 할지라도, 최고선의 촉진을 지시하게 되는 의지의 규정근거는 행복이 아니라 도덕법칙이다. (도덕법칙은 오히려 행복에 대한 나의 무제한적인 요구를 조건에 맞춰 엄격하게 제한하는 것이다.) A234 V130

그렇기 때문에 또한 도덕은 본래, 어떻게 우리는 자신을 행복하게 **만드는가**에 관한 교설이 아니라, 어떻게 우리는 행복을 누릴 만한 **품격을 갖추어야** 하는가에 대한 교설이다. 종교가 도덕에 더해지는 때에만, 우리가 행복을 누릴 만한 품격이 없지 않도록 마음 쓴 정도만큼 언젠가 행복을 나눠 갖게 될 것이라는 희망도 나타날 것이다.

어떤 사람이 어떤 사물이나 상태를 소유할 **품격이 있는** 것은 그가 이것을 소유하는 것이 최고선과 부합할 때이다. 이제 사람들은 품격〔자격〕있음은 모두 윤리적 태도에 달려 있다는 것을 쉽게 간파할 수 있을 것이다. 왜냐하면, 윤리적 처신〔태도〕이 최고선의 개념에서 (상태에 속하는) 여타의 것, 곧 행복에의 참여 조건을 이루는 것이니 말이다. 이제 이로부터 나오는 결론은, 사람들은 결코 도덕을 **행복론**으로, 다시 말해 행복을 나눠 갖는 지침으로 취급해서는 안 된다는 것이다. 왜냐하면, 도덕은 오로지 행복의 이성적 조건(不可缺의 條件)과 상관이 있지, 행복의 획득 수단과 상관이 있는 것은 아니기 때문이다. 그러나 (순전히 의무들만을 부과하고, 이기적 소망들에게 방책들을 제공하는 것이 아닌) 도덕이 완벽하게 개진된다면, 그때는 비로소, 이전에 어떤 이기적인 마음에서는 떠오를 수 A235

없었던, 최고선을 촉진하고자 하는 (신의 나라를 우리에게 이끌어오고자 하는), 법칙에 기초한 도덕적 소망이 각성되고, 이를 위해 종교로의 발걸음이 내딛어진 연후에는, 이 윤리론 또한 행복론이라 불릴 수 있다. 왜냐하면, 행복에 대한 **희망**은 오로지 종교와 더불어서만 개시되기 때문이다.

또한 이로부터 우리는 다음과 같은 것을 알 수 있다. 즉 우리가 세계 창조에 있어서 **신의 최종 목적**에 대해 물을 때, 우리는 세계에서의 이성적 존재자들의 **행복**이 아니라 **최고선**을 들 수밖에 없는바, 최고선은 이 존재자들의 저 소망에다 또 하나의 조건, 곧 행복할 만한 품격의 조건, 다시 말해 바로 그 이성적 존재자들의 **윤리성**을 덧붙이고, 이 윤리성만이 그에 따라 이성적 존재자들이 **지혜로운** 창시자의 손에 의해 행복에 참여하기를 희망할 수 있는 척도〔기준〕를 함유한다는 사실 말이다. **지**

V131 **혜**란 이론적으로 보면 **최고선에 대한 인식**이요, 실천적으로는 **의지의 최고선과의 알맞음**을 의미하므로, 사람들은 최고의 독립적인 지혜에다 순

A236 전히 **선량함**에 기초할 터인 어떤 목적을 부가할 수는 없기 때문이다. 왜냐하면, (이성적 존재자들의 행복과 관련해) 이 선량함의 작용결과를 사람들은 단지 그의 의지의 **신성성**※과 합치한다는 제한된 조건 아래에서만 최고의 근원적 선에 알맞은 것으로 생각할 수 있으니 말이다. 그래서 창

※ 여기서 이 개념들의 특성을 뚜렷하게 하기 위해 다음의 것만을 주의해둔다. 사람들은 피조물들에게서도 그에 상응하는 성질을 발견하는 여러 가지 속성들을 신에게 부여한다. 다만 그 속성들이 신에서는 최고도로 높여져 있다. 예컨대, 힘·지식·현재함·선량함 등등이 전능〔全能〕·전지〔全知〕·상존〔常存〕·전선〔全善〕 등등의 이름으로 말이다. 그런 중에도 독점적으로 신에게만 부여되는, 양적으로 더 이상 보탤 수 없는 세 가지 속성이 있다. 이 세 가지는 모두 도덕적인 것이다. 즉 신은 **홀로 성스러운 자**이고, **홀로 정복**〔淨福〕**한 자**이며, **홀로 지혜로운 자**이다. 왜냐하면, 이 개념들은 이미 무제한성을 수반하기 때문이다. 이 개념들의 순서에 따라서 그러므로 신은 **성스러운**〔**신성한**〕 **법칙수립자**(이자 창조자)요, **선량한 통치자**(이자 부양자)요, **정의로운 심판자**이다. 이 세 속성은 신이 종교의 대상이 되게 하는 일체를 포함하고 있고, 이에 맞춰서 형이상학적 완전성들이 저절로 이성 속에서 덧붙여진다.

조의 목적을 신의 영광에—만약 사람들이 이 영광을 의인적으로 칭송받으려는 경향으로 생각지 않는다면—두었던 이들은 가장 좋은 표현을 발견하였던 것이다. 신의 훌륭한 조치가 그러한 아름다운 질서를 그에 알맞은 행복으로 장식하는 것에 이른다면, 이 세상에서 가장 값진 것, 즉 신의 지시명령〔계명〕에 대한 존경, 그 신성한 의무의 준수보다 더 신을 영광되게 하는 것은 없으니 말이다. 행복으로 장식하는 것이 (인간의 방식으로 말해서) 신을 사랑할 가치가 있는 것으로 만드는 것이라면, 신은 그 아름다운 질서로 인해 숭배(경배)의 대상이다. 사람들이 선행을 통해 사랑을 받을 수는 있을지라도, 그러나 그것만으로는 결코 존경을 받을 수는 없다. 그렇기에 최대의 선행도 그럴만한 품격에 따라 행해졌을 때만 사람들을 영광되게 하는 것이다. A237

목적들의 순서에 있어서 인간은 (그와 함께 모든 이성적 존재자는) **목적 그 자체**라는 것, 다시 말해 인간은 동시에 그 자체로서 목적이 됨 없이, 결코 누군가의 (심지어 신의) 한낱 수단으로 사용될 수 없다는 것, 그러므로 우리 인격의 **인간성**은 우리 자신에게 **신성하**지 않을 수 없다는 것, 이것은 이제 당연한 결론이다. 왜냐하면, 인간은 **도덕법칙의 주체**요, 그러니까 그 자체로 신성한 것의 주체이며, 이 주체를 위하여 그리고 이 주체와 일치해서만 도대체 무엇인가가 신성하다고 말해질 수 있기 때문이다. V132 이 도덕법칙이 자유의지인 인간 의지의 자율에 기초해 있고, 자유의지는 인간의 보편적 법칙들에 따라 반드시 그가 **복종해야**만 할 것에 동시에 **일치할** 수 있어야만 하기 때문이다.

A238

VI.
순수 실천 이성의 요청들 일반에 관하여

요청들은 모두 도덕의 원칙에서 출발한다. 〔그런데〕 도덕의 원칙〔자신〕은 요청이 아니라, 그것을 통해 이성이 직접적으로[20] 의지를 규정하는 법칙이다. 이러한 의지는 그것이 바로 그렇게 규정됨으로써 순수 의지로서 자기의 지시규정의 준수의 이 필연적 조건들을 요구한다. 이 요청들은 이론적 교리〔敎理〕들이 아니라, 필연적인 실천적 고려에서의 **전제들**이다. 그러므로 그것들은 사변적 인식을 확장하지는 않지만,[21] 그러나 사변 이성의 이념들에게 **일반적으로** (그것들의 실천적인 것과의 관계를 매개로) 객관적 실재성을 주며, 사변 이성에게 그 밖의 경우에서는 감히 그 가능성조차 주장하려 들지 못했을 개념들에 대한 권한을 부여한다.

이것들은 〔영혼의〕 **불사성**, 적극적으로 (예지의 세계에 속하는 한에서의 한 존재자의 원인성으로) 보아진 **자유**, **신의 현존**의 요청들이다. **첫째** 요청은 도덕법칙을 완벽하게 실현하기 위해 알맞은 시간의 길이라는 실천적으로 필연적인 조건에서 나온다. **둘째** 요청은 감성 세계로부터의 독립성과 예지 세계의 법칙에 따라 자기의 의지를 규정하는 능력, 다시 말해 자유의 필연적 전제에서 나온다. **셋째** 요청은 최고의 독립적인 선, 다시 말해 신의 현존의 전제 아래 최고선이 있기 위한 그러한 예지 세계를 위한 조건의 필연성에서 나온다.

A239

그러므로 도덕법칙에 대한 존경으로 말미암은 최고선을 향한 지향과 이로부터 나온 최고선의 객관적 실재성의 전제는 실천 이성의 요청들을 통해 사변 이성이 과제로서 제기는 했으나 해결할 수는 없었던 개념들에 이른다.[22] 그래서 1. 그것을 해결함에 있어서 사변 이성이 **오류추리들**에 빠질 수밖에 없었던 개념(곧 〔영혼의〕 불사성)에 이른다. 그것은 사변 이성에서는 자기의식에서 영혼〔마음〕에게 필연적으로 부가되는 최종의 주체라는 영혼론적〔심리학적〕 개념을 실체라는 실재적 표상으로 보완하기

V133

20) AA에 따라 읽음. 칸트 원문대로 읽으면 "간접적으로".

21) 출판 원본에는 본래 '않다' 곧 'nicht'라는 낱말이 없었으나, 칸트 자신이 그의 手本에서 고쳐 넣었다.(AA V, 505 참조)

22) 『순수이성비판』의 "순수 이성의 변증적 추리들에 대하여"(*KrV*, A338=B398 이하) 참조.

위한 고정불변성이라는 징표가 없어서 일어난 일이었다. 실천이성은 실천이성의 전 목적인 최고선에서 도덕법칙과의 맞음〔부합〕에 필요한 시간 길이를 요청함으로써 이 일을 달성한다. 2. 실천이성은 사변 이성이 그에 관해 다름 아니라 **이율배반**을 함유했던 것에 이른다. 사변 이성은 이 이율배반의 해결을 단지 문제성 있는 것으로 생각은 할 수 있으나, 그로서는 그 객관적 실재성을 증명하거나 규정할 수 없는 개념, 곧 예지적 세계의 **우주론적** 이념과 그 세계 안에서의 우리 현존에 대한 의식에 근거하게 했을 뿐으로, 그것도 자유의 요청을 매개로 한 것이었다. (이 자유의 실재성을 실천이성은 도덕법칙을 통하여 명시하고, 이와 함께 동시에 사변 이성이 단지 지시할 수는 있었으나, 그 개념을 규정할 수는 없었던 예지 세계의 법칙을 명시한다.) 3. 실천이성은 사변 이성이 생각은 했으나 순전한 초월적 **이상**으로서 무규정적으로 남겨둘 수밖에 없었던 것, 즉 근원 존재자라는 **신학적** 개념에다, 예지 세계에서 지배력을 가진 도덕적 법칙 수립에 의해, 예지 세계에서의 최고선의 최상 원리로서 (실천적 의도에서의, 다시 말해 저 법칙에 의해 규정된 의지의 객관을 가능하게 하는 조건으로서의) 의미를 제공한다.

A240

그러나 이제 우리 인식은 이런 식으로 순수 실천이성에 의해 실제로 확대되는가, 그리고 사변 이성에게는 **초험적**이었던 것이 실천이성에 있어서는 내재적인가? 물론 그러하다. 그러나 **다만 실천적 의도〔관점〕에서만** 그러하다. 왜냐하면, 우리는 이것을 통해 우리 영혼의 본성이나 예지의 세계나 최고선을 그것들이 그 자체로 무엇인가 하고 인식하는 것이 아니라, 단지 이 개념들을 우리 의지의 객관인 **최고선이라는 실천** 개념에서 통합했기 때문이다. 그것도 완전히 선험적으로 순수 이성에 의해, 그러나 오로지 도덕법칙을 매개로, 그리고 또한 도덕법칙이 지시명령하는 객관과 관련하여 도덕법칙과 관계 맺고서만 말이다. 그러나 역시 어떻게 오로지 자유만이 가능한가, 그리고 어떻게 사람들은 이런 유의 원인성을 이론적으로 그리고 적극적으로 표상해야 하는가는 이를 통해 통

A241 찰되지 않는다. 다만 그러한 것이 있다는 것만이 도덕법칙에 의해 그리고 도덕법칙을 위해 요청된다. 이런 사정은 또한, 어떠한 인간 지성도 그 가능성의 기초를 캐내지 못하고, 그렇다고 어떤 궤변도 그것들이 참된 V134 개념이 아니라는 것을 가장 평범한 인간에게조차 확신시키지는 못할, 그 밖의 이념들에 있어서도 마찬가지이다.

VII.
그 인식을 동시에 사변적으로 확장함이 없이 실천적 의도에서 순수 이성의 확장을 생각한다는 것이 어떻게 가능한가?

우리는 물음이 추상적이 되지 않게 하기 위해서 이 물음을 곧바로 우리의 현안 문제와 관련하여 답하려 한다.—순수 인식을 **실천적으로** 확장하기 위해서는, 하나의 **의도**가 선험적으로 주어져야만 한다. 다시 말해, 모든 이론적[23] 원칙들에서 독립적으로, 의지를 직접적으로 규정하는 (정언적) 명령에 의해 실천적으로 필연적이라고 표상되는 (의지의) 객관으로서의 목적이 주어져야만 한다. 그리고 그것이 바로 여기서는 **최고선**이다. 그러나 이것은 이론적인 세 개념—이 개념들은 순전히 순수한 이성 A242 개념들이므로, 이 개념들에 대응하는 직관은 발견되지 않으며, 그러니까 이론적인 방도로는 어떠한 객관적 실재성도 발견되지 않는다—곧 자유 · 〔영혼의〕 불사성 · 신 없이는 가능하지 않다. 그러므로 이 세상에서 가능한 최고선의 실존을 지시명령하는 실천 법칙에 의해 순수 사변 이성의 저 객관들의 가능성, 즉 순수 사변 이성이 그것들에게 보증할 수 없었던 객관적 실재성이 요청된다. 이에 의해 순수 이성의 이론적 인식이 물론 성장한다. 그러나 그 성장은 순전히, 이론이성에게 있어서 그 밖에는

23) 칸트 원문은 "신학적(theologisch)"이나 AA에 따라 "이론적(theoretisch)"으로 고쳐 읽음.

문제성 있는〔未定的인〕 (한낱 생각 가능한) 저 개념들이 이제 현실적으로 객관들을 갖는 개념들이라고 확정적으로 선언되는 데에 있다. 이때 저 개념들이 현실적으로 객관들을 갖는 것은, 실천이성이 그런 객관들의 실존을 그 실천적으로 절대적으로 필연적인 최고선의 객관의 가능성을 위해 어쩔 수 없이 필요로 하기 때문이며, 이론이성은 그로써 저런 객관들을 전제할 권리를 얻기 때문이다. 그러나 이 이론이성의 확장은 사변의 확장이 아니다. 다시 말해 **이론적 의도에서** 이제부터 이론이성을 적극적으로 사용하기 위한 것이 아니다. 왜냐하면, 여기에서 실천이성에 의해 이룩된 것은 다름 아니라, 저 개념들이 실재적이고, 그리고 실제로 그것들의 (가능한) 객관들을 갖기는 하지만, 그러나 그때 그 객관들에 대한 직관은 아무것도 주어지지 않으므로,—이런 일은 요구할 수도 없다—개념들의 허용된 이런 실재성에 의해서는 아무런 종합 명제도 가능하지 않기 때문이다. 따라서 이런 사정을 밝혀낸 일이 사변적 의도〔관점〕에서는 우리에게 조금도 도움이 되지 않지만, 그러나 순수 이성의 실천적 사용과 관련해서는 이런 우리의 인식을 확장하는 데 충분히 도움을 준다. 위에서 말한 사변 이성의 세 이념은 그 자체로는 아무런 인식도 아니다. 그러나 그것들은 불가능한 것도 아닌 (초험적) **사상〔사유물〕들**이다. 이제 이 세 이념들은 실천 법칙이 **객관으로 삼으라**고 지시명령하는 것[24]을 가능하게 하는 필연적인 조건들로서 명증한 실천 법칙에 의해 객관적 실재성을 얻는다. 다시 말해, 우리는 저 도덕법칙에 의해, 저 이념들의 개념이 어떻게 한 객관과 관계 맺는가를 보일 수는 없으면서도, **그 이념들이 객관들을 갖는다**는 사실을 제시받는다. 그럼에도 그것이 아직 **이 객관들에 대한 인식**은 아니다. 왜냐하면, 우리는 그것으로써 그것들에 관해 전혀 아무것도 종합적으로 판단할 수 없고, 그것들의 적용을 이론적으로 규정할 수도 없으며, 그러니까 그것들에 대해 이성을 전혀 이론적으로

A243

V135

24) 곧, 최고선.

사용할 수—본래 여기에서 그것들에 대한 모든 사변적 인식이 성립하는 것이다—도 없으니 말이다. 그럼에도 불구하고 **이 객관들에 대한 것은 아니지만** 이성 일반에 대한 이론적 인식은 그로써, 실천적 요청들에 의해 저 이념들에게 그래도 **객관들이 주어지고**, 그렇게 해서 한낱 문제 있는 사상〔사유물〕이 비로소 객관적 실재성을 얻었다는 점에서, 확장되었다. 그러므로 그것은 **주어진 초감성적 대상들에 대한** 인식의 확장은 아니지만, 그럼에도 **그러한 대상들이 있다**는 것을 용인할 수밖에 없게 된 한에서 이론이성의 확장이자 초감성적인 것 일반에 대한 이론이성의 인식의 확장이었다. 그러나 그것은 그러한 대상들을 더 이상 상세하게 규정하고, 그러니까 이 (이성에게 실천적 근거에서 그리고 실천적 사용을 위해서만 주어진) 객관들에 대한 인식 자체를 확장하지는 못한 채였다. 그러므로 그러한 성장을 그에게 있어서 저런 모든 이념들은 초험적이고 객관이 없는 것인 순수 이론이성으로서는 오로지 그의 순수한 실천 능력에 힘입을 수밖에 없다. 이 이성의 순수한 실천 능력에서는 저 이념들은 **내재적**이고 **구성적**이다. 그것들은 순수 실천이성의 **필연적 객관**(즉 최고선)을 **실현시키는** 가능성의 근거들이니 말이다.[25] 이런 일이 없으면, 그것들은 **초험적**이고, 또 이성으로 하여금 경험을 넘어서는 어떤 새로운 객관을 받아들이지 말고, 이성 사용을 경험 안에서 완벽에 가깝도록 할 것을 부과하는 사변 이성의 한낱 **규제적** 원리들일 따름이다. 그러나 이성이 일단 이런 성장을 하고 보면, 사변 이성으로서 이성은 (본래 단지 이성의 실천적 사용을 보장하기 위해) 저 이념들을 가지고 소극적으로, 다시 말해 확장적으로가 아니라, 정화〔淨化〕적으로 작업에 착수할 것이다. 그것은 한편으로는 **미신**의 원천인 **신인동형론**〔神人同形論〕 내지는 가짜 경험에 의한 저 개념들의 거짓 확장을 방지하기 위함이고, 다른 한편으로는 초감성적 직관 또는 그런 유의 감정에 의한 저런 확장을 약속하는 **광신**을 방

A244 V136 A245

25) AA에 따라 읽음.

지하기 위한 것이다. 이런 것들은 모두 순수 이성의 실천적 사용을 방해하는 것들이다. 그러므로 그런 것들을 막는 일은 두말할 필요 없이 실천적 의도에서 우리 인식을 확장하는 일에 속하는 것이고, 이로써 사변적 의도에서의 이성은 최소한의 것도 얻는 바가 없다고 동시에 고백하는 것이 이와[26] 모순되는 것은 아니다[27].

대상에 관한 어떤 이성 사용을 위해서도 순수 지성 개념들(**범주들**)은 필요하다. 이것들 없이는 어떤 대상도 사고될 수 없는 바이다. 이것들은 그것들의 밑바탕에 동시에 직관—이것은 항상 감성적인 것이다—이 놓이는 한에서만, 이성의 이론적 사용에, 다시 말해 그러한 인식에, 그러므로 순전히 그것들을 통해 가능한 경험의 객관을 표상하기 위해, 적용된다. 그러나 이제 여기서는 전혀 경험에 주어질 수 없는 이성의 **이념들**이, 내가 그것을 인식하기 위해, 범주들을 통해 생각해야만 할 것이다. 그러나 여기서도 문제가 되는 것은 이 이념들의 객관들에 대한 이론적 인식이 아니라 이념들 일반이 객관들을 갖는다는 사실이다. 이 실재성은 순수 실천이성이 마련해주는 것이며, 이 경우에도 이론이성은 저 객관들을 범주들에 의해 한낱 **사고하는** 것 이상으로 할 일은 없다. 객관들을 범주들에 의해 순전히 사고하는 일은 우리가 다른 곳[28]에서도 분명히 제시했듯이 (감성적인 것이든 초감성적인 것이든) 직관을 필요로 하지 않고도 충분히 가능한 일이다. 왜냐하면, 범주들은 모든 직관과는 독립적으로 그리고 직관에 앞서 오로지 사고하는 능력인 순수 지성에 그 자리와 근원을 가지며, 그것들은 언제나, **객관이 우리에게 어떤 방식으로 주어지든지 간에**, 단지 객관 일반을 의미 있게 지시한다. 그런데 범주들이 저 이념들에 적용되어야 할 것인 한에서, 이 범주들에게 어떤 객관을 직관에서 준

A246

26) 곧, 인식을 확장하는 일과.

27) AA에 따라 읽음.

28) 『순수이성비판』의 범주들의 초월적 연역에서 칸트는 "사고작용〔함〕에서 범주들은 우리의 감성적 직관의 조건들에 제한받지 않고, 오히려 무한정의 들판을 갖는"(*KrV*, B166, 주)다고 해명하고, 그렇기 때문에 범주의 초월적 연역이 필요함을 역설하고 있다.

다는 것이 가능한 일이 아니긴 하지만, 그럼에도 범주들에게는 **그러한 객관이 현실적으로 있다**는 것, 그러니까 범주는 순전한 사고 형식으로서 여기서 공허한 것이 아니라 의미를 갖는다는 것은 실천이성이 최고선의 개념에서 의심의 여지없이 내보여준 객관에 의해서, 즉 최고선이 가능하기 위해 필요한 **개념들의 실재성**에 의해 충분히 보증된다. 물론 이런 성장에 의해 이론적 원칙들의 면에서 인식의 확장이 조금이라도 생기는 것은 아닌 채로 말이다.

☆ ☆ ☆

V137 다음으로 이 신 · 예지 세계(신의 나라) · 〔영혼의〕 불사성이라는 이념들이 우리 자신의 본성에서 취해진 술어들에 의해 규정될 때, 이 규정을 저 순수한 이성 이념들의 **감성화**(신인동형론)나 **초감성적** 대상들에 대한 A247 초절적인 인식으로 보아서는 안 된다. 이 술어들은 다름 아니라 지성과 의지이지만, 그러나 이것들은 그것들이 도덕법칙에서 생각될 수밖에 없는 대로, 그러므로 단지 그것들이 순수하게 실천적으로 사용되는 한에서만, 상호 관계 속에서 고찰되는 것이니 말이다. 이때 이 개념들에 심리학적으로 결부되어 있는 여타의 모든 것, 다시 말해 우리가 우리의 이 능력들을 그 **실행에서** 경험적으로 고찰한 한에서 이 개념들에 결부되어 있는 나머지 모든 것들(예컨대, 인간의 지성은 논변적이고, 그러므로 인간의 표상들은 사상〔사유물〕들이지 직관들이 아니라는 것, 이 직관들은 시간상에서 잇따라 있다는 것, 인간의 의지는 그의 대상의 현존에 의존적인 만족에 매여 있다는 것 등등. ―이것들은 최고 존재자에게는 그럴 수가 없는 것이다―)은 도외시된다. 그래서 그것을 통해 우리가 순수한 지성〔오성〕 존재자를 생각하는 개념들 중에서 여전히 남는 것은 바로 도덕법칙을 생각하는 가능성을 위해 필요한 것뿐이다. 그러니까 신의 인식이 있기는 하지만, 그것은 단지 실천적 관계에서뿐이다. 우리가 만약 이 신의 인식을 이론적 인식으로

확장하고자 시도한다면, 그로써 우리는 사고하지 않고 오히려 **직관하는** 자의 지성, 대상들을 지향하고 있기는 하지만, 그것들의 현존에 그 만족이 조금도 매여 있지 않은 의지, —나는 결코 예컨대 실존의 양, 다시 말해 우리가 현존을 양으로 생각할 수 있는 유일한 수단인 시간상에 있지 않은 존속의 길이[29]와 같은 초월적 술어들에 대해 언급하려는 것이 아니다—즉 순정한[30] 속성들을 얻는다. 〔그러나〕 이런 속성들에 대해서 우리는 대상의 **인식**에 유용한 아무런 개념도 전혀 형성할 수 없는 바이다. 그래서 이로써 알게 되는 것은, 이런 속성들은 초월적 존재자에 대한 **이론**을 위해서는 결코 사용될 수 없으며, 그러므로 이런 면에서 어떤 사변적 인식을 정초할 능력은 전혀 없고, 오로지 그 사용은 도덕법칙을 실행하는 일에 국한된다는 것이다. A248

이 마지막 사항은 매우 명백하고 또 사실에 의해 입증될 만큼 매우 분명하기 때문에, 우리는 서슴없이 모든 이른바 **자연 신학자들**[31]—이는 경탄할 만한 이름※이다—에게 (순전히 존재론적 술어들을 넘어서) 이러한 V138

※ **학식 있음**〔배워 아는 것이 많음〕이란 본래 단지 **역사적**〔자료적〕 지식들의 총체를 두고 말하는 것이다. 따라서 오직 계시 신학의 이론가만을 **신에 대한 학식 있는 자**〔**신학자**〕라고 일컬을 수 있다. 그러나 그렇게 하는 것이 이미 (언제나 철두철미 **배워야**만 하는 것, 그리고 사람들이 스스로 이성에 의해서 알아낼 수 없는 것만이 학식 있음에 속한다는) 그 낱말의 의미에 모순되는 것임에도 불구하고, 만약 사람들이 이성 학문들(즉 수학과 철학)을 가지고 있는 이를 또한 학식 있는 자〔학자〕라고 부르고자 한다면, 실증적 지식으로서의 그의 신에 대한 인식을 가지고서 그를 **학식 있는 자**〔**학자**〕라고 부르게 하기 위해서는 철학자는 아마도 너무 나쁜 모습을 가진 것일 것이다. V138

29) 그러니까 곧, 영원(永遠).

30) 원어: lauter.

31) 원어: natürliche Gottesgelehrte. 여기서 'gelehrt'는 '배워 아는 것이 많은', 그러니까 '학식 있는' 정도의 의미를 가진 말이므로, 'Gelehrter'도 '학식 있는 자'라는 의미에서의 '학자'로 이해해야 하겠다. 이런 원어의 말 뜻 때문에 칸트가 바로 아래에 주를 붙인 것이겠다.

그들의 대상을 규정하는 속성, 가령 지성의 속성이나 의지의 속성을 하나라도 들어보라고 촉구할 수 있다. 〔만약 그들이 그런 속성을 하나라도 A249 든다면〕 거기에서 우리는, 우리가 그것에서 모든 신인동형론적인 것을 떼어버리고 나면, 그것을 가지고 이론적 인식의 확장을 기대할 수 있는 어떤 것에 최소한의 개념도 결합할 수 없는 채, 우리에게는 단지 순전한 말만 남는다는 것을 모순적으로 드러낼 수 있을 터이다. 그러나 실천적인 것과 관련해서는 우리에게 지성 및 의지의 속성들에 대한 관계 개념이 남겨져 있고, 실천 법칙은—실천 법칙은 바로 지성의 의지에 대한 이 관계를 선험적으로 규정한다—이 관계에 객관적 실재성을 부여한다. 이제 일단 이런 일이 일어나면, 도덕적으로 규정된 의지의 객관 개념(즉 최고선의 개념)에게, 그리고 이와 함께 이 개념을 가능하게 하는 조건들, 즉 신 · 자유 · 〔영혼의〕 불사성의 이념들에게도 실재성이 주어진다. 그러나 그것은 물론 언제나 (어떤 사변적 목적을 위해서가 아니라) 단지 도덕법칙의 실행과 관련해서만 그러하다.

이런 주의들을 해둔 뒤에야 이제 저 중요한 물음, 즉 **신이라는 개념이 물리학**〔자연학〕**에** (그러니까 또한, 일반적인 의미에서 오직 이 물리학〔자연학〕의 선험적인 순수 원리들을 내용으로 갖는 것인 형이상학에) **속하는 개념이냐, 아니면 도덕에 속하는 개념이냐** 하는 물음에 대한 답이 쉽게 발견될 수 있다. 자연의 구조들이나 그 변화를 설명함에 있어서 누가 만물의 창시자라는 신에서 그의 출구를 취하면, 그것은 적어도 물리적 설명은 아니고, 도대체가 그로서는 철학을 가지고서는 더 할 게 없다는 것을 고백 A250 하는 것이다. 그는 그가 눈앞에서 보고 있는 것의 가능성을 이해할 수 있기 위해 그 자신 이해하지도 못하는 무엇인가를 상정하지 않을 수 없으니 말이다. 그러나 형이상학에 의거해 **이** 세계에 대한 인식으로부터 신의 개념에, 그리고 **확실한 추리를 통해** 신의 실존 증명에 이른다는 것은 불가능한 일이다. 왜냐하면, 우리가 이 세계는 어떤 신—우리는 이 개념을 그렇게 생각할 수밖에 없듯이—에 의해서만 가능했다고 말하기 위해서는, 우리는 이 세계를 있을 수 있는 가장 완전한 전체로 인식하고, 그러니까 이를 위해서는 모든 가능한 세계들을—이것들을 저것과 비교할 수 있기 위해서는 말이다—인식하고, 그러니까 전지〔全知〕하지 않으면 안 되기 때문이다. 더욱이 이런 존재자의 실존을 순전한 개념들로부터 인식한다는 것은 절대로 불가능하다. 왜냐하면, 모든 실존 명제, 다시 말해 내가 이해하고 있는 한 존재자에 대해, 그것은 실존한다고 말하는 명제는 종합 명제, 다시 말해 그에 의해 내가 저 개념을 넘어서 나가 그것에 대해 그 개념 안에서 생각되었던 것 이상을 말하는 그런 명제이기 때문이다. 곧, **지성 안에** 있는 이 개념에 **지성 밖에** 있는 한 대상이 대응해 놓이는 것이기 때문이다. 〔그러나〕 이런 것을 어떤 추리에 의해 이끌어 낸다는 것은 명백히 불가능하다. 그러므로 이성에게는 이런 인식에 도달하기 위한 단 하나의 방법만이 남는다. 곧, 이성은 순수 이성으로서 그의 순수한 실천적 사용의 최상 원리에서 출발하여—이 실천적 사용은 그렇지 않아도 오로지 이성의 귀결인 무엇인가의 **실존**을 겨냥해 있는 것이므로—그 객관을 규정하는 방법 말이다. 그때 순수 이성의 불가피한 과제, 곧 의지가 필연적으로 최고선을 지향해야 함에 있어서 최고선의 가능성과 관련해서는 세계 내에 그러한 근원 존재자를 상정해야만 하는 필연성이 드러날 뿐만 아니라, 가장 주목할 만한 것은, 자연의 도정에서의 이성의 진행에는 전혀 있지 않던 어떤 것, 곧 **이런 근원 존재자의 엄밀히 규정된 개념**이 드러난다. 우리는 이 세계를 단지 하나의 작은 부분으로 알 뿐이고, 더구나 그것을 가능한 모든 세계들과 비교할 수 없으므로, 우리는 그것의 질서 · 합목적성 · 광대함으로부터 어떤 **지혜롭고, 선량하고, 강력한** 등등의 세계 창시자를 충분히 추리할 수는 있지만, 그러나 그의 **전지 · 전선 · 전능함** 등등을 추리할 수는 없다. 〔물론〕 우리는 사람들이 이 불가피한 결함을 허용된 아주 합리적인 가정을 통해 보완할 권한을 충분히 가지고 있다는 것을 인정할 수 있다. 곧, 우리의 상세한 지식에서 나타나는 여러 점에서 지혜, 선량함 등등이 명백할 때, 그것이 그 밖의

V139

A251

모든 점에서도 그러하며, 그러므로 그 세계 창시자에게 가능한 모든 완전성을 부여하는 것은 합리적이라는 것을 인정할 수 있다. 그러나 그것은 그것을 통해 우리가 우리의 통찰에 관해 무엇인가를 생각하는 **추리**가 아니라, 단지 사람들이 관용할 수 있는 권한일 뿐이고, 게다가 그것을 사용하기 위해서는 외부의 추천을 필요로 하는 권한일 따름이다. 그러므로 A252 신 개념은 (물리학의) 경험적 도정에서는 언제나 제일 존재자의 완전성이라는 **정확하게는 규정되지 않은 개념**에 머문다. 그것을 신성〔神性〕의 개념에 부합하는 것으로 여기기에는 말이다. (그러나 형이상학을 가지고서는 그 초월적 부문에서 전혀 아무것도 달성할 수가 없다.)

V140 나는 이제 이 개념[32]을 실천이성의 객관과 묶고자 하며, 여기서 나는 도덕원칙은 이 개념을 오로지 **최고로 완전한** 세계 창시자를 전제하고서만 허용한다는 것을 발견하는 바이다. 세계 창시자는 나의 처신〔태도〕을 가능한 모든 경우에서 그리고 가능한 모든 미래에서 나의 마음씨의 가장 깊은 내면에 이르기까지 인식하기 위해서는 **전지**하지 않을 수 없고, 그에 알맞은 결과를 베풀어주기 위해서는 **전능**하지 않을 수 없으며, 마찬가지로 **항존, 영원**하지 않을 수 없다. 그러니까 도덕법칙은 순수 실천이성의 대상인 최고선 개념을 통해 **최고 존재자로서의** 근원 존재자 개념을 규정한다. 이성의 물리학〔자연학〕적인 (그리고 더 높이 전개된 형이상학적인), 그러니까 전 사변적인 진행은 이를 얻게 할 수 없었다. 그러므로 신 개념은 근원적으로 물리학〔자연학〕에, 다시 말해 사변 이성에 속하는 개념이 아니라, 도덕에 속하는 개념이다. 그리고 우리는 그 밖의 이성 개념들에 대해서도 똑같은 말을 할 수 있다. 우리는 위에서 이들 실천 사용에서 이성의 요청들인 것들에 관해 다루었다.

A253 우리가 그리스 철학사에서 **아낙사고라스**[33] 이전에는 순수 이성 신학의

---

32) 원곧, '완전성'이라는 개념.

33) Anaxagoras(ca. BC 499~428). 20세쯤에 소아시아에서 건너와 아테네에서 최초로 철학을 가르친 인물로서 유신론의 관점을 처음으로 피력한 것으로 알려져 있다.(Cicero,

뚜렷한 흔적을 발견하지 못한다면, 그 까닭은 고대 철학자들이 사변의 길을 거쳐, 적어도 전적으로 이성적인 가설의 도움을 받아 그리로[34) 올라가는 지성과 통찰을 결여한 데 있는 것이 아니다. 누구나 저절로 떠오르는 바, 여러 가지 세계 원인들의 일정치 않은 정도의 완전성 대신에 **모든 완전성**을 가진 유일한 이성적 원인을 가정하는 생각보다 더 쉽고 더 자연스러운 것이 뭐가 있을 수 있었겠는가? 그러나 그들에게 이 세계 안의 해악들은 그러한 가설을 합당한 것으로 여기기에는 너무나 중대한 이의 제기로 보였다. 그래서 그들은 저런 가설을 허용하지 않고, 오히려 자연 원인들 사이를 그 가운데서 근원 존재자에게 요구되는 성질과 능력을 발견할 수나 있지 않을까 해서 헤맸다. 그러니까 그들은 이 점에서 그야말로 지성과 통찰을 보였다. 그러나 이 명민한 민족이 다른 민족들은 그에 대해 잡담 이상의 것을 결코 하지 못했던 윤리적 대상들을 철학적으로 다룰 정도로까지 탐구를 진척했을 때, 그들은 비로소 새로운 필요요구, 곧 그들이 근원 존재자의 개념을 확정적으로 제시하는 일을 소홀히 할 수 없는, 실천적 필요요구를 발견하였다. 이 일에서 사변 이성은 방관할 뿐이었고, 기껏해야 그의 지반에서 자라난 것이 아닌 개념을 수식하는 공적과 자연 연구에서 얻은, 이제 막 뚜렷해진 일련의 확증들을 가지고 (이미 확립된) 그 개념의 권위를 높이는 것이 아니라, 오히려 단지 거짓된 이론이성의 통찰을 가지고 외관만을 화려하게 돋보이게 하는 공적을 세웠다.

A254
V141

☆ ☆ ☆

이상의 주의로부터 순수 사변 이성 비판의 독자는 범주들의 저 수고

De natura deorum, 1. 12. 29 참조) "아낙사고라스는 우리가 바라보는 이 모든 사물의 제작자로 신적 지성을 상정했으며, 신적 지성이 무한정한 질료로부터 사물을 만들어내며, 그 무한정한 질료는 만물의 서로 유사한 분자들로 구성된다고 했다."(Augustinus, *De civitate dei*, VIII, 2)

34) 곧, (이성) 신학으로.

로운 **연역**이 신학 및 도덕을 위해 얼마나 절실하게 필요했고, 얼마나 유용했던가를 확신할 것이다. 이에 의해서만 범주들이, 사람들이 그것들의 자리를 순수 지성 안에 놓을 때, **플라톤**과 더불어 생득적〔선천적〕인 것으로 여겨지고, 이 위에 그 끝을 알 수 없는 초감성적인 것에 대한 이론이 갖는 초절적인 월권들이 기초하고, 그러나 다시금 이에 의거해 신학을 환상들의 요술 등불로 삼는 일을 막을 수 있으니 말이다. 또 그런가 하면 사람들이 그것들을 획득된〔후천적〕 것으로 여길 때, 사람들이 **에피쿠로스**와 더불어 범주들의 모든 사용을, 심지어 실천적 의도에서의 사용까지도, 한낱 감관의 대상들 및 규정 근거들에 국한시키지 않도록 막을 수 있으니 말이다. 무릇 그러나 이것은, 저 연역에서 비판이 **첫째로**, 범주들은 경험적 근원을 갖는 것이 아니라 선험적으로 순수 지성 안에 자리와 원천을 갖는다는 것을, **둘째로** 또 범주들은 대상들에 대한 직관과 상관없이 **대상들 일반**과 관계 맺어지므로, 그것들이 단지 **경험적** 대상들에 적용될 때만 **이론적 인식**을 성취하는 것이기는 하지만, 그러나 순수 실천이성에 의해서 주어지는 대상에 적용되어 **초감성적인 것에 대한 일정한 사고**에도 쓰이며, 그럼에도 단지, 이 초감성적인 것이 필연적으로 순수한, 선험적으로 주어지는 **실천적 의도** 및 그 가능성에 속하는 그런 술어들에 의해 규정되는 한에서만 그러하다는 것을 증명한 연후의 일이다. 순수 이성의 사변적 제한과 실천적 확장은 순수 이성을, 비로소 이성 일반이 합목적적으로 사용될 수 있는 그런 **동등성의 관계**에 들어서게 한다. 그리고 이 예는 다른 어느 것보다도 잘 증명하는바, **지혜**로 가는 길은, 만약 그 길이 안전하고 통행이 불가능하다거나 오도한다거나 하지 않아야 한다면, 우리 인간으로서는 불가피하게 학문을 통하여 갈 수밖에 없다는 것이다. 그러나 이 학문이 저 목표에 이른다는 것은 우리는 오로지 학문을 완성한 후에야 확신할 수 있게 될 것이다.

A255

VIII.
순수 이성의 필요요구에 의한 견해[35]에 대하여

V142

사변적 사용에서의 순수 이성의 **필요요구**는 **가설들**에 이를 뿐이지만, 그러나 순수 실천이성의 필요요구는 **요청들**에 이른다. 첫째의 경우에서 나는 파생된 것으로부터 **내가 하고 싶은 만큼** 높이 원인들의 계열을 소급하여 올라가고, 저 파생된 것에다가 (예컨대, 세계 내의 사물들 및 변화들의 인과적 결합에다가) 객관적 실재성을 주기 위해서가 아니라, 단지 파생된 것에 대해 탐구하는 나의 이성을 완벽하게 충족시키기 위해서 하나의 원근거[36]를 요구〔필요로〕한다. 그래서 나는 내 앞의 자연에서 질서와 합목적성을 보는바, 이것의 **현실성**을 보증하기 위해서 사변으로 나아갈 필요는 없고, 단지 그것을 **설명하기** 위해서 그것의 원인으로서 **신성**〔神性〕을 **전제할** 필요가 있는 것이다. 결과에서 한 일정한, 특히 우리가 신에서 생각해야만 하는 것과 같은 그토록 정확하고 완벽하게 규정된 원인으로 거슬러 올라가는 추리는 언제나 불확실하고 의심스럽기 때문에, 그러한 전제는 우리 인간에게는 가장 합리적인 의견이라는 정도 이상으로는 사용될 수 없으니 말이다.※ 이에 반해 순수 **실천**이성의 필요요구는 무엇

A256

A257

※ 그러나 이런 경우에조차도 만약 문제 있는, 그럼에도 불가피한 이성의 개념, 곧 절대적으로 필연적인 존재자 개념이 눈앞에 놓여 있지 않다면, 우리는 **이성의** 필요요구를 구실로 삼을 수는 없을 것이다. 이 개념은 이제 일정하게 규정되어 있고 싶어 하며, 이것이, 여기에 확장해 나가려는 충동이 덧붙여지면, 타자들에게 원근거가 되어야 할 필연적 존재자 개념을 좀 더 상세히 규정하고 그로써 이 필연적 존재자를 알 수 있게 만들려는 사변 이성의 필요요구의 객관적 근거이다. 그러한 선행하는 필연적 문제들이 없으면 어떠한 **필요요구**도, 적어도 **순수 이성의 필요요구**는 없다. 그 외의 것들은 **경향성**의 필요요구들이다.

A257

35) 원어: Fürwahrhalten.

36) 칸트 원문 "Ungrund(무근거)"를 AA에 따라 'Urgrund'로 고쳐 읽음.

인가(즉 최고선)를 나의 의지의 대상으로 삼아 그것을 나의 온 힘을 다하여 촉진해야만 한다는 **의무**에 기초해 있다. 그러나 이때 나는 최고선의 가능성, 그러니까 또한 그것을 위한 조건들, 곧 신 · 자유 · 〔영혼의〕 불사성을 전제해야만 한다. 왜냐하면, 나는 이것들을 나의 사변 이성에 의해 반박할 수도 없지만, 그렇다고 증명할 수도 없기 때문이다. 이 의무는 확실히 이 최종의 전제들에 전적으로 독립적인, 그 자신만으로 자명

V143 하게 확실한 법칙, 곧 도덕법칙에 기초해 있고, 그런 한에서 우리를 무조건적으로 합법칙적인 행위들에 완벽하게 구속시키기 위해서 사물들의 내적 성질이나 세계 질서의 비밀스런 목표 지향이나 또는 그를 지배하는 통치자에 관한 이론적 의견에 의한 어떠한 외부의 지원도 필요로 하지 않는다. 그러나 실천적으로 가능한 최고선을 촉진하기 위한, 이 법칙의 주관적인 효과, 곧 그 법칙에 알맞은 그리고 그 법칙에 의해서 필연적이기도 한 **마음씨**는 적어도 최고선이 **가능하다**는 것을 전제한다. 그렇지 않으면, 근본적으로 공허하고 객관이 없는 것일 개념의 객관을 추구한다는

A258 것은 실천적으로-불가능할 터이다. 무릇 위의 요청들은 단지 물리학〔자연학〕적인 내지는 형이상학적인, 한마디로 말해 사물들의 자연본성 중에 놓여 있는, 최고선을 가능하게 하는 조건들에 상관하되, 임의의 사변적 의도를 위해서가 아니라, 순수 이성 의지의 실천적으로 필연적인 목적을 위해서 그러하다. 여기서 이성 의지는 **선택하는** 것이 아니라, 오히려 에누리 없는 이성의 지시명령에 **복종한다**. 이성의 지시명령은 그 근거를 사물들의 성질 안에 **객관적으로**, 즉 그 사물들이 순수 이성에 의해 보편적으로 판정될 수밖에 없는 바 그대로, 갖는 것이지 **경향성** 같은 것에 기초해 있는 것이 아니다. 경향성은 우리가 순전히 **주관적**인 근거에서 **소망하는** 바를 위해 곧바로 그것에 이를 수단이 가능하다고, 또는 아예 그 대상이 실재한다고 상정할 권리를 결코 갖지 못한다. 그러므로 이런 일은 **단적으로 필연적인 의도에서의 필요요구**이고, 그 전제를 한낱 허용된 가설로서가 아니라 실천적 의도에서의 요청으로서 정당화한다.

그래서 순수 도덕법칙은 (영리함의 규칙이 아니라) 지시명령으로서 모든 사람을 에누리 없이 구속한다는 것을 인정하면서 정직한 사람은 능히 다음과 같이 말할 수 있다. 즉 나는 신이 존재하고, 이 세계에서의 나의 현존은 자연 연쇄 외에도 순수 예지 세계의 현존이기도 하며, 끝으로 나의 현존은 끝이 없다는 것을 **의욕한다**고. 나는 이런 생각을 고수하며 이 신념을 버리지 않는다. 왜냐하면, 이렇게 하는 것은 내가 조금이라도 소홀히 해서는 **안 되는** 나의 관심이, 궤변들에 눈돌림이 없이, 나의 판단을 불가피하게 결정하는 유일한 것이기 때문이다. 나는 그런 궤변들에 답변 A259 하거나 그런 것들에 보다 더 그럴듯한 것을 대립시키고 싶지 않다.※

※ 『독일박물관(*Deutsches Museum*)』, 1787년 2월 호에는 그의 요절이 유감스럽지 않을 수 없는, 매우 섬세하고 명석한 머리를 가졌던 고〔故〕 **비첸만**[37]의 논문이 실려 있다. 이 논문에서 그는 필요요구로부터 그 필요요구의 대상의 객관적 실재성을 추리하는 권한을 부정하고, 그의 취지를 한낱 환상일 뿐인 미 V144 의 이념에 사로잡혀 그러한 객관이 실제로 어디엔가 있다고 추리하고자 하는 **연인**의 사례를 들어 설명하고 있다. 나는 이 점에 있어서 필요요구가 **경향성**에 기초해 있는 모든 경우에는 그가 완전히 옳다고 본다. 경향성은 그에 시달리고 있는 사람에게 결코 그 객관의 실존을 요청할 수는 없고, 더구나 모든 사람에게 타당한 요구를 포함하지 않으며, 그렇기에 소망의 한낱 **주관적**인 근거일 따름인 것이다. 그러나 여기서 〔말한〕 **이성의 필요요구**는 의지의 **객관적** 규정 근거, 곧 모든 이성적 존재자를 필연적으로 구속하는 도덕법칙에서 생겨

37) Thomas Wizenmann(1759~1787)은 F. H. Jacobi의 친구로서 익명으로 *Die Resultate der Jacobi'schen und Mendelssohn'schen Philosophie kritisch untersucht von einem Freywilligen*(1786)을 발표하여 Jacobi와 M. Mendelssohn의 논쟁에 끼어들었다. 이 논쟁은 Mendelssohn이 *Morgenstunden*(1785)을 통해 Lessing의 스피노자주의를 편들고 Jacobi를 반박한 데서 시작된 것이었다. 칸트는 Mendelssohn의 스피노자주의는 자신의 초월적 관념론을 거부한 귀결로 보고 이를 못마땅하게 생각하는 한편, "Was heißt: Sich im Denken orientiren?"(1786)(수록: AA VIII)에서 Wizenmann을 "명민한 저자"(VIII, 134)라고 칭함으로써 그에게는 호감을 표시하였다. 이에 대해 Wizenmann은 *An den Herrn Professor Kant von dem Verfasser der Resultate der Jacobi'schen und Mendelssohn'schen Philosophie kritisch untersucht von einem Freywilligen*(1787)을 써서 응답하였다.

☆ ☆ ☆

V144 A260 순수한 실천적 이성 신앙과 같은 그다지 익숙하지 않은 개념을 사용함에 있어 오해를 막기 위해 주의 하나를 덧붙이는 것을 허락하기 바란다.—여기서 이성 신앙이 자신을 **지시명령**이라고, 곧 최고선을 가능한 것으로 상정하라는 지시명령이라고 고지한 것처럼, 거의 그렇게 보일 것이다. 그러나 지시명령받은 신앙이란 무의미한 것[38]이다. 그러나 사람들은 최고선의 개념에서 상정하도록 요구된 것에 대한 앞[39]의 논술을 상기해볼 일이다. 이 〔최고선의〕 가능성을 상정하는 것은 전혀 지시명령될 필요가 없는 일이고, 그것을 **인정하는** 어떠한 실천적 마음씨도 요구하지 않으며, 오히려 사변 이성은 아무런 청원 없이도 그 가능성을 승인하지 않을 수 없다는 것을 우리는 이내 깨닫는 바이다. 이 세상의 이성적 존재자가 도덕법칙에 알맞게 갖는 행복할 만한 품격이 그 품격에 비례한 이 행복의 소유와 결합하는 것이 그 자체로 **불가능하다**는 것을 어느 누구도 주장하려 할 수는 없기에 말이다. 그런데 최고선의 첫째 요소, 곧 윤리성과 관련해서 보면, 도덕법칙은 순전히 우리에게 지시명령을 줄 뿐이다. 그리고 저 구성 요소의 가능성을 의심하는 것은 도덕법칙을 의심하는 것이나 마찬가지일 것이다. 그러나 저 객관의 둘째 요소, 곧 저 품격에 일

나는 것이다. 그러므로 그것은 도덕법칙에 알맞은 조건들을 자연 중에 전제하는 것을 선험적으로 정당화하며, 이 조건들을 이성의 완벽한 실천적 사용과 떼려 해도 뗄 수 없도록 만든다. 전력을 다하여 최고선을 실현하는 것은 의무이다. 따라서 최고선의 객관적 가능성을 위해 필수적인 것을 전제하는 것 또한 가능할 수밖에 없는 일이고, 그러니까 세상의 모든 이성적 존재자에게 불가피한 일이기도 하다. 이런 전제는 도덕법칙과 마찬가지로 필연적이며, 또 도덕법칙과의 관계에서만 타당하다.

---

38) 원어: Unding〔無物〕.

39) A223=V124 이하 참조.

관되게 알맞은 행복에 관하여 보면, 행복 일반의 가능성을 인정하는 일은 전혀 지시명령을 필요로 하지 않기는 하다. 왜냐하면, 사변 이성은 이것을 반대할 거리를 아무것도 가지고 있지 않기 때문이다. 다만 자연법칙들과 자유 법칙들 사이의 그러한 조화를 우리가 **어떻게** 생각해야만 하는가 하는 **방식**만은 우리의 **선택**에 속하는 무엇인가를 그 자체로 가지고 있다. 왜냐하면, 이론이성은 이에 관해서는 자명한 확실성을 가지고서는 아무것도 결정하는 바가 없으며, 이와 관련해서 결정을 내리는 것은 도덕적 관심일 수가 있기 때문이다.

A261 V145

앞에서 내가 말했던 바는, 이 세계의 순전한 자연 진행에 따라서는 정확하게 윤리적 가치에 알맞은 행복을 기대할 수 없으며, 그런 것은 불가능한 것으로 여길 수밖에 없다는 것이었고, 그러므로 최고선의 가능성은 이런 측면에서 오로지 도덕적 세계 창시자를 전제하고서만 인정될 수 있다는 것이었다. 내가 미리 숙고하여 이 판단을 우리 이성의 **주관적** 조건들에 국한시키는 것을 보류했던 것은 이성의 동의 방식이 좀 더 자세히 규정되고 난 후에야 비로소 그것을 사용하기 위함이었다. 사실 이제 말한 불가능성은 **한낱 주관적**인 것이다. 다시 말해, 우리 이성은 그렇게나 서로 다른 법칙에 따라 생기는 두 세계 사건들 사이의 그토록 정확하게 부합하며 일관되게 합목적적인 연관성을 순전한 자연 과정에 따라 이해한다는 것이 **불가능하다**고 보는 것이다. 그 밖에 자연에서의 합목적적인 모든 것에서 그러하듯이 우리 이성은 그것의 불가능성을 보편적 자연법칙들에 의거해서 증명할 수 없고, 다시 말해 객관적 근거를 가지고 충분히 밝힐 수 없음에도 불구하고 말이다.

A262

그러나 이제 사변 이성의 동요에 안정을 가져다줄 다른 종류의 결정 근거가 나타난다. 최고선을 촉진하는 지시명령은 객관적으로 (실천이성에) 기초해 있고, 최고선의 가능성 일반은 그와 꼭 마찬가지로 객관적으로 (이것을 반대할 거리를 아무것도 가지고 있지 않은 이론이성에) 기초해 있다. 그러나 우리가 이 가능성을 어떻게 표상해야만 하는가, 즉 자연을 지배하는 지혜로운 창시자 없이 보편적 자연법칙들에 의거해서만 표상해야 하는가, 아니면 그런 것을 전제하고서만 표상해야 하는가 하는 방식은 이성이 객관적으로 결정할 수가 없다. 무릇 여기서 이성의 **주관적** 조건, 즉 자연의 나라와 윤리의 나라의 정확한 부합을 최고선의 가능성의 조건으로 생각하는, 유일하게 이성에게 이론적으로 가능하며 동시에 (이성의 **객관적** 법칙 아래에 있는) 도덕성에도 유익한 방식이 등장한다. 무릇 최고선의 촉진과 그러므로 그것의 가능성의 전제는 **객관적으로** (그러나 단지 실천이성을 좇아서만) 필연적이되, 그러나 동시에 우리가 그것을 가능하다고 생각하고자 하는 방식은 우리의 선택에 맡겨져 있고, 그런데 V146 이 선택에서 순수 실천이성의 자유로운 관심은 지혜로운 세계 창시자를 A263 상정할 것을 결정하므로, 여기서 우리의 판단을 규정하는 원리는 필요요구로서 **주관적**인 것이긴 하지만, 그러나 또한 동시에 **객관적**으로 (실천적으로) 필연적인 것의 촉진 수단으로서 도덕적 관점에서의 견해의 **준칙**의 근거, 다시 말해 **순수한 실천적 이성신앙**이다. 그러므로 이 순수한 실천적 이성신앙은 지시명령되는 것이 아니라, 자유의지적인 것으로서 도덕적인 (지시명령된) 의도에 유익하고, 게다가 이성의 이론적 필요요구와도 일치하는, 저 〔신의〕 실존을 상정하고 나아가서 그것을 이성 사용의 기초에 두도록 우리 판단을 규정하는 것으로서, 도덕적 마음씨에서 저절로 생겨난 것이다. 이성 신앙은 그러므로 건전한 사람에게 있어서조차 때때로 자주 동요하는 수가 있긴 하지만, 그러나 결코 무신앙에 빠질 수는 없는 것이다.

IX.
인간의 실천적 사명에 지혜롭게 부합하는 인간 인식 능력들의 조화에 대하여

인간의 자연본성이 최고선을 추구하도록 정해져 있다면, 그의 인식 능력의 척도도, 특히 인식 능력들 상호 간의 관계 또한, 이 목적에 알맞은 것이라고 상정하지 않을 수 없을 것이다. 그런데 순수 **사변** 이성 비판은 사변 이성이 그에게 제시된 중대한 과제들을 목적에 알맞게 해결하기 A264 에는 지극히 불충분함을 증명하고 있다. 비록 저 비판이, 결코 자신만으로는 최대한의 자연 인식의 도움을 얻어서도 도달하지 못하는 그의 앞에 놓인 이 위대한 목표에 접근하기 위한 저 이성의 자연스러운 간과할 수 없는 암시들 및 저 이성이 내딛을 수 있는 큰 걸음들을 못 본 것은 아니지만 말이다. 그러므로 이 점에서 자연은 우리의 목적 달성에 필수적인 능력과 관련해서 우리를 단지 **의붓어머니처럼** 배려해준 것으로 보인다.

그런데 만약 이 점에서 자연이 우리의 소망대로 해주었고, 우리에게 우리가 기꺼이 소유하고 싶어 하고, 또 몇몇 사람은 그런 것을 실제로 소유하고 있다고 **망상**하기도 하는 그러한 통찰력과 혜안을 주었다 한다면, 겉으로 나타난 그것의 결과는 무엇이겠는가? 동시에 우리의 전체 자연본성이 바뀌어 있지 않은 한에서는, 언제나 첫 발언권을 차지하는 **경향성들**이 우선 자신들을 충족시킬 것을 요구할 터이고, 이성적인 숙고와 V147 결탁하여 **행복**의 이름 아래서 그들의 가능한 한 최대의 지속적인 충족을 요구할 터이다. 그러고 나서 나중에야 도덕법칙은 저 경향성들을 적절한 한계 내에 붙잡아두기 위해, 심지어는 그것들 모두를 더 높은, 경향성은 전혀 고려하지 않은 목적에 복속시키기 위해 발언할 터이다. 그러나 지금 도덕적 마음씨가 경향성들과 해야만 하는 싸움—이 싸움에서 얼마 A265 간의 패배 후에 그럼에도 점차로 마음의 도덕적 힘은 얻어질 수 있는 것이거니와—대신에 **신**과 **영원성**이 그 **두려운 위엄**과 함께 끊임없이 우리

눈앞에 놓일 것이다. (왜냐하면, 우리가 완전하게 증명할 수 있는 것은 그 확실성에 있어서 우리가 육안으로 확인하는 것만큼 유효하니 말이다.) 법칙 위반은 확실히 피해질 것이고, 지시명령된 것은 행해질 것이다. 그러나 그로부터 행위들이 일어나야 할 **마음씨**는 어떤 지시명령에 의해 함께 주입될 수는 없는 것이고, 그러나 이때 활동의 자극물은 바로 손안에 그리고 **외부에** 있으며, 이성은 법칙의 존엄을 생생하게 표상함으로써 경향성들에 저항하는 힘을 모으기 위해 무엇보다도 애써 스스로 향상할 필요가 없으므로, 대부분의 합법칙적인 행위들은 공포에서 생길 것이고, 오직 소수의 행위는 희망에서 생길 것이나, 의무로부터는 전혀 아무런 행위도 생기지 않을 것이다. 그리하여, 최고 지혜의 눈으로 볼 때 인격의 가치와 세계의 가치조차도 오로지 그것에 달려 있는 행위들의 도덕적 가치는 전혀 실존하지 않을 것이다. 인간의 자연본성이 지금의 모양 그대로 있는 동안은, 인간의 처신〔태도〕은 순전한 기계성으로 변환될 것이다. 거기에서는 꼭두각시놀이에서처럼 모든 것이 잘 **연출될** 터이지만, 그러나 그런 배역들 중에서는 **단 하나의 생명**도 발견될 수 없을 것이다. 무릇 〔그러나〕 우리의 실상은 이와는 전혀 다른 상태에 있다. 우리는 우리 이성의 A266 온갖 노력을 다 기울이고도 미래에 대한 단지 매우 불명료하고 애매모호한 전망만을 가지고 있을 뿐이며, 세계 통치자는 우리에게 그의 현존과 광영을 단지 추측하게 할 뿐, 꿰뚫어보게도 분명히 증명하게도 하지 않는다. 이에 반해 우리 안의 도덕법칙은 우리에게 무엇인가를 확실하게 약속하지도 않고 위협하지도 않은 채 이기심 없는 존경을 요구하고, 그러나 그 밖에는 이 존경이 활발하게 지배적으로 되었을 때에야 비로소 그리고 그렇게 됨으로 해서만 초감성적인 것의 나라에 대한 전망을, 그것도 단지 희미하게나마 볼 수 있도록 허락한다. 이렇게 해서 진정으로 윤리적인, 법칙에 직접적으로 바쳐진 마음씨가 생길 수 있고, 이성적 피조물[40]이 한낱 그

40) 곧, 인간.

의 행위들에 부합해 있는 것이 아니라 그의 인격의 도덕적 가치에 부합해 있는 최고선에 참여할 품격을 가질 수 있는 것이다. 그러므로 자연 및 인간에 대한 연구가 그 밖에도 우리에게 충분히 가르쳐준바, 그에 의해 우리가 실존하는, 그 이루다 헤아릴 수 없는 지혜[41]는 그가 우리에게 허락해주었던 것[42]에서나 우리에게 거절했던 것[43]에서나 똑같이 존경받을 만한 것이라는 것은 여기서도 또한 능히 그 정당함을 갖겠다.

V148

41) 곧, 신.

42) 곧, 도덕의 나라에서의 최고선의 개념 내지는 그 실현.

43) 곧, 자연의 나라에서의 윤리적 행실과 행복의 합치.

제2편
순수 실천 이성의 방법론

순수 **실천** 이성의 **방법론**은 순수한 실천적 원칙들을 그것들에 대한 **학문적** 인식의 관점에서 취급하는 (숙려 및 진술의) 방식을 의미할 수가 없다. 그렇지만 **이론**이성에서는 본래 이런 것만을 방법이라 부른다. (왜냐하면, 통속적인 인식은 **수법**을 필요로 하지만, 학문은 하나의 **방법**, 다시 말해 그에 의해서만 잡다한 인식들이 하나의 **체계**를 이룰 수 있는, 이성의 **원리들에 따른** 수행절차를 필요로 하기 때문이다.) 그 반면에 순수 실천 이성의 방법론은 어떻게 우리가 순수 실천이성의 원칙들에게 인간의 마음 안으로 들어갈 **입구**를 만들어줄 수 있는가, 즉 〔그것들이〕 인간의 마음의 준칙들에 **영향**을 미치게 할 수 있는가, 다시 말해 객관적으로-실천적인 이성을 **주관적으로**도 실천적이게 만들 수 있는가 하는 방식을 뜻한다. A269 V151

무릇 준칙들을 원래 도덕적이도록 하고, 준칙들에게 윤리적 가치를 주는 그런 의지의 규정 근거들만이, 즉 법칙의 직접적 표상 및 의무로서 법칙을 객관적 필연적으로 준수함만이 행위들의 참된 동기들로 생각되어야만 한다는 것이 분명한 일이기는 하다. 그렇지 않으면 행위들의 **적법성**은 생길 터이나, 마음씨들의 **도덕성**은 생기지 않을 터이니 말이다. A270 그러나 순수한 덕에 대한 저런 서술이, 즐거움〔쾌락〕의 현혹들로부터 그리고 일반적으로 사람들이 행복으로 간주하는 모든 것들로부터 생기는[1)] 유혹들이 일으킬 수 있는 것보다도, 또는 고통과 해악들의 모든 위협들이 일으킬 수 있는 것보다도 주관적으로 **더 많은 위력**을 인간의 마음에 대하여 갖고 훨씬 더 강력한 동기들을 부여할 수 있어, 행위들의 저 적법성마저도 생기게 하고, 법칙에 대한 순수한 존경에서 다른 어떤 고려보다 법칙을 앞세우는 더 굳센 결심들을 만들어낼 수 있다는 사실은 그렇게 분명하지 않으며, 오히려 처음 봐서는 누구에게나 전혀 그럴듯하게 보이지 않을 수밖에 없다. 그럼에도 불구하고 실제로 사정은 그러하다. V152 만약 인간의 자연본성의 실상이 그러하지 않다면, 이런저런 구실과 권장

1) 이 자리쯤에 이런 뜻을 가진 동사가 있어야 하나, 원문에는 빠져 있다.

수단에 의한 어떠한 법칙 표상의 방식도 결코 마음씨의 도덕성을 만들어 내지는 못할 것이다. 모든 것은 순전히 위선일 것이고, 법칙은 싫어지고, 어쩌면 아예 경멸될 것이며, 그러면서도 자신의 이익을 위해 준수될 것이다. 법칙의 문자(즉 적법성)는 우리 행위들 안에서 발견될 것이나, 그것의 정신은 우리의 마음씨들(즉 도덕성)에서 전혀 발견되지 않을 것이다. 그리고 우리는 아무리 애를 써도 우리 판단에서 이성으로부터 완전히 벗어날 수는 없으므로, 불가피하게 우리 자신의 눈에 가치 없고 비난받을 인간으로 비칠 수밖에 없을 것이다. 비록 우리가 내면의 심판석에 앉아, 우리는 우리에 의해 상정된 자연적인, 아니 신적인 법칙이 우리의 망상에 따라, 사람들이 왜 그것을 행하는가 하는 동인들은 돌봄이 없이 순전히 사람들이 행하는 것만을 주시하는 즐거움의 경찰 기계조직과 결탁한 그 즐거움〔쾌락〕을 즐겼을 뿐이라고 하면서, 이런 수치를 보상하려고 시도해본다고 할지라도 말이다.

A271

아직 도야되지 못했거나 또는 여전히 야성적인 마음씨를 우선 도덕적-선의 궤도에 끌어들이기 위해서는 그 자신의 이익이 되는 것으로 유혹한다거나 손해를 입혀 겁에 질리게 한다거나 하는 등 몇 가지 예비적인 지도가 필요하다는 것을 부정할 수는 없다. 그러나 이런 기계적 장치, 걸음마 보조 수단이 조금이라도 효과를 거두면, 그 즉시로 철두철미 순수한 도덕적 동인이 마음에 들어와야만 한다. 순수한 도덕적 동인만이 성품(즉 불변적 준칙에 따르는 실천적으로 일관된 사유방식)을 기초 짓는 유일한 것일 뿐만 아니라, 인간으로 하여금 그 자신의 존엄함을 느끼도록 가르치는 것이기 때문에, 마음에게 그 자신도 기대하지 못했던 힘을 주어, 감각적 예속성이 지배적이 되려 하는 한에서, 일체의 감각적 예속성으로부터 벗어나게끔 하고, 그의 예지적 본성의 독립성과 그가 그에 헌신토록 정해진 것으로 보는 영혼의 위대함에서 그가 바치는 희생에 대한 풍족한 배상을 발견하도록 한다. 그러므로 우리는 우리 마음의 이 성질이, 즉 순수한 도덕적 관심의 이런 수용성이, 그러니까 덕의 순수 표상의

A272

작용력이, 그것이 적절한 만큼 사람의 가슴에 각인되어 있을 때에는, 선의 가장 강력한 동기임을, 또 도덕적 준칙들의 준수에 있어서 지속성과 엄밀성이 문제가 될 때는, 선의 유일한 동기임을 누구나 할 수 있는 관찰 V153 을 통해 증명하고자 한다. 여기에서 동시에 주의해야 할 것은, 이 관찰들이 단지 그러한 감정의 현실성만을 증명하고, 그러나 그에 의해 실현된 윤리적 개선을 증명하지 못할 때, 이것이 순수 이성의 객관적으로 실천적인 법칙들을 순전히 순수한 의무 표상을 통해 주관적으로 실천적이게 만드는 유일한 방법을, 그것이 마치 헛된 공상인 양 훼손하지는 않는다는 점이다. 왜냐하면, 이 방법은 아직까지 한 번도 활용된 바 없으므로, 이제까지의 경험은 이 방법의 성공에 관해서는 아무것도 보여줄 수가 없고, 오히려 사람들은 지금 내가 간략히 제시하고 나서 진정으로 도덕적인 마음씨를 세우고 세련화하는 방법을 약간 그려보고자 하는, 그러한 동기들의 수용성의 증거물들만을 요구할 수 있기 때문이다.

학자나 이론가들뿐만 아니라 상인들과 부인들이 동석해 있는 사교 모 A273 임에서 대화가 진행되는 모습을 주의해보면, 거기에는 이야기와 농담뿐만 아니라 또한 환담, 곧 억단〔臆斷〕[2]이 자리를 차지하는 것을 보게 된다. 이야기는 새로운 내용과 함께 흥미 있게 이끌어가려 하면 이내 소재가 고갈되고, 농담은 쉽게 김이 빠지기 때문이다. 모든 억단 중에서도 어떤 사람의 성품을 결정짓는 이런저런 행위의 **윤리적 가치**에 관한 억단보다도 더 그 밖의 머리 쓰는 일에서는 이내 권태를 느끼는 사람들의 참여를 촉발하고 모임에 일종의 활기를 불어넣는 것은 없다. 그 밖의 이론적인 문제들에서는 그 치밀하고 꼬치꼬치 캐는 일로 무미건조함과 염증을 느끼는 사람들이 이야기된 선한 혹은 악한 행위의 도덕적 내용을 결정하는 것이 화제가 되면 이내 끼어들어, 다른 사변적인 주제에서는 그들에게 기대할 수 없을 만큼 그토록 정확하게 꼬치꼬치 따지고 치밀하게 의

2) 원어: Räsonieren.

도의 순수성 및 그러니까 그 의도 가운데 있는 덕의 정도를 감소시키거나 의심스럽게 만들 수 있는 온갖 것들을 생각해낸다. 이런 판정들에서 우리는 남을 판단하는 그 사람의 성격이 드러남을 자주 본다. 그중의 몇몇 사람은 그들의 심판관 지위를 특히 고인〔故人〕들에게 행사하여 고인들에 대한 불순한 모든 모욕적인 비난에 맞서 그들의 이런저런 행실에 대해 이야기되는 선함을 변호하고, 마침내는 가면을 썼다거나 남몰래 악의를 가졌다는 비난에 대해서는 그 사람의 전 도덕적 가치를 변호하는 뚜렷한 경향을 보인다. 그 반면에 또 다른 사람들은 이런 가치를 공박하기 위해 그들을 고발하고 책망하기를 꾀한다. 그럼에도 우리는 후자들이 항상 그렇게 함으로써 덕을 공허한 이름으로 만들기 위해 인간의 모든 실례로부터 덕을 완전히 제거해버리고자 하는 의도를 가지고 있다고 말할 수는 없다. 오히려 그것은 흔히는 준엄한 법칙에 따라서 진정으로 윤리적인 내용을 규정하려는 선의에서 우러난 엄격함일 따름이다. 실례들이 아니라 법칙에 견주어지면 도덕적인 문제에 있어서 자부심은 사뭇 꺾이고, 겸손을 배우게 될 뿐만 아니라 날카로운 자기 검사에서는 누구나 겸손을 느끼게 되는 바이다. 그럼에도 우리는 주어진 실례들에서 의도의 순수성을 변호하는 사람들에게서 대개는, 그들이 그 의도가 자체로 정직성을 추측하게 하는 점을 가지고 있는 경우에 그 의도에서 최소한의 불순점이라도 기꺼이 제거하고 싶어 한다는 것을 간취할 수 있다. 물론 이들이 이렇게 하고 싶어 하는 것은, 모든 실례들이 그들의 진실성을 의심하게 하고, 모든 인간의 덕에서 그 순수성이 부인된다면, 덕이 마침내 한날 망상으로 여겨지지 않도록 하기 위해서, 그래서 덕을 향한 모든 노력이 쓸데없는 겉치레나 거짓된 자부로 경시되지 않도록 하기 위한 동인에서 나온 것이다.

A274 V154

A275 나는 왜 청소년의 교육자들이 던져진 실천적인 문제들에서 매우 치밀한 검사마저도 즐겁게 하려 하는 이성의 이러한 성벽을 일찍이 사용하지 않았는지, 왜 그들은 순전히 도덕 교과서를 기초로 가르친 다음에 거기

서 제시된 의무들의 실증들을 목격하도록 하기 위해 고금의 전기들을 샅샅이 뒤져보지 않았는지를 모르겠다. 이 실증들에서 그들은 특히 서로 다른 상황 아래서의 유사한 행위들을 비교함으로써 그들 제자들의 가치 판단을 활동시켜 그 행위들의 도덕적 내용 가치의 많고 적음을 인지하도록 할 것이었다. 그때 교육자들은 아직 일체 사변하기에는 미숙한 어린 나이의 젊은이들조차도 이내 매우 명민해지고, 그들의 판단력이 진보함을 느끼는 것에 적지 않게 흥미를 갖는다는 것을 발견할 것이다. 무엇보다도 귀중한 것은, 그것의 전적인 순수성에서 선행을 알아 그런 것에는 칭찬을 하고, 반면에 그것에서 조금이라도 어긋남에 대해서는 유감과 경멸로써 주의를 환기시키는 반복적인 훈련은, 비록 그것이 그때까지는 단지 아이들이 서로 겨루는 판단력의 유희로[3] 행해진다 할지라도, 한편에는 존경의, 다른 한편에는 혐오의 지속적인 인상을 남기고, 그것들은 그런 행위들을 혹은 칭찬할 만한 것으로 혹은 비난할 만한 것으로 보는 순전한 습관에 의해 장차의 품행에서 정직성을 위한 좋은 토대를 이룰 것임을 확실하게 기대할 수 있다는 점이다. 단지 내가 바라는 바는 많은 감상적인 글들이 마구 써대는 이른바 **고결한** (초과공적적인) 행위들을 가지고 아이들을 괴롭히지 말고, 모든 것을 순전히 의무와 인간이 자기 자신의 눈으로 그 의무를 위반하지 않았다는 의식에서 부여할 수 있는 가치에 맡기는 것이다. 왜냐하면, 공허한 소망과 오를 수 없는 완전성에 대한 동경으로 결말이 나는 것은 순전히 소설적인 영웅들만을 낳는바, 이런 영웅들은 초절적인 위대함에 대한 그들의 감정을 무척 자랑하면서 그 대신에 그들 영웅들에게는 단지 무의미한 사소한 일로 보이는 평범하고 일상적인 책무의 이행은 면하려들기 때문이다.※

A276 V155

※ 거기에서 위대한 비이기적인 동정적인 마음씨와 인간성이 뚜렷이 빛나는 행위들을 칭송하는 것은 아주 권장할 만한 일이다. 그러나 사람들은 이 경우 덧

3) AA에 따라 "~로"를 삽입하여 읽음.

A277 그러나 사람들이 시금석인 그것에 비추어 모든 행위의 도덕적 내용을 검사해야만 하는 **순수한** 윤리성이란 도대체가 본디 무엇인가를 묻는다면, 나는 철학자들만이 이 물음의 결정을 의심스럽게 만들 수 있다고 고백하지 않을 수 없다. 왜냐하면, 보통의 인간 이성에 있어서 이 물음은 비록 도출된 일반 공식에 의해 결정돼 있지는 않지만, 그럼에도 일상적인 사용에 의해 마치 오른손과 왼손의 구별과 마찬가지로 오래 전부터 결정돼 있으니 말이다. 그래서 우리는 먼저 순수한 덕의 검사 기준을 실례에서 제시하고, 그 실례가 가령 10세 소년 앞에 제시되었다고 상정하여, 과연 그 소년이 교사에 의한 아무런 가르침 없이 혼자서도 꼭 그렇게 판단하는지 어떤지를 보고자 한다. 한 공명정대한 사람의 이야기를 소년에게 해주기로 하자. 사람들은 그를 움직여 (가령 영국 왕 **헨리 8세**가 무고한 **앤 불린**[4] 같은) 죄 없고 아무런 힘도 없는 사람을 중상 모략하는 자들 편에 서게 하려 한다. 사람들은 그에게 이득, 다시 말해 큰 선물과 높은 지위를 제안하고, 그는 그것들을 거절한다. 이것은 이야기를 듣는 이의
V156 마음에 순전한 갈채와 동감을 불러일으킬 것이다. 그가 거절한 것은 이득이니 말이다. 이제 사람들은 그에게 손실을 입히겠다고 위협하기 시작
A278 한다. 이들 중상 모략하는 자들 가운데는 이제 그와의 절교를 선언하는

없고 일시적인 **정신의 의기양양함**보다는 차라리 **의무에** 대한 **마음으로부터의 복종**을 주목해야 한다. 왜냐하면, (전자는 단지 흥분만을 수반할 뿐이나) 후자는 원칙들을 동반하고 있어서 더 오래가는 인상을 기대할 수 있기 때문이다. **공적이 되는 것**에 대한 사애적인 상념으로 **의무**에 대한 사념을 내몰지 않기 위해서는 단지 조금만 곰곰이 생각해보면 된다. 그러면 사람들은 언제
A277 나 그가 어떤 식으로든 인류에 대해 짊어진 죄책을 발견할 것이다. (사람들이 시민 헌법 내의 인간의 불평등〔규정〕으로 인해 이익을 향유하고, 그로 인해 다른 사람들은 더욱더 궁핍할 수밖에 없다면, 그것만으로도 죄책일 터이다.)

---

4) Anne Boleyn. Henry VIII(1491~1547, 재위: 1509~1547)는 1533년 앤 불린—Elizabeth I(1533~1603, 재위: 1558~1603)의 어머니—과 결혼한 후 그녀를 간통으로 무고하여 1536년에 처형하고, 곧바로 Jane Seymour와 결혼하였다.

절친한 친구들도 있고, (아무런 재산도 없는) 그의 상속권을 빼앗으려는 가까운 친척들도 있고, 그를 각자의 지위와 처지에서 박해하고 모욕할 수 있는 권력자들도 있고, 그의 자유, 아니 생명까지도 없애겠다고 협박하는 군주도 있다. 그러나 고통의 정도를 최고도로 할 목적으로 그로 하여금 윤리적으로 선한 마음만이 정말로 내적으로 느낄 수 있는 고통마저 느끼게 하기 위해서, 극도의 곤경과 가난에 위협받고 있는 그의 가족이 그에게 **굴복할 것을 애원한다**고 생각할 수도 있다. 그는 비록 정직하기는 하지만, 그의 가족의 가련함이나 그를 그토록 형언할 수 없는 고통에 내맡긴 그 날을 결코 살아서 겪지 않기를 소망하는 그 순간의 그 자신의 곤경에 대해서 냉혹하지도 무감각하지도 않은 감정의 기관을 가진 사람이다. 그럼에도 그 자신은 아무런 동요나 조금의 의심도 없이 그의 공명정대함의 결의를 충실히 고집한다고 생각할 수도 있다. 이때 이 이야기를 들은 나의 젊은이는 점진적으로 단순한 동감에서 경탄으로, 경탄에서 경이로, 그리고 마침내는 최대의 경의와 그 자신도 그러한 사람이 될 수 있기를 바라는—물론 그런 (불운한) 처지에 놓이기까지를 바라지는 않는다 할지라도—열망으로 고양될 것이다. 그럼에도 불구하고 여기서 덕이 가치 있는 것은, 그것이 많은 희생을 치르기 때문이지, 무엇인가 이득을 가져오기 때문이 아니다. 그 온 경탄과 그 자신 이런 사람의 성품과 같아지려는 노력은 여기서 전적으로 윤리 원칙의 순수성에 기인하는 것이고, A279 이 순수성은 오로지 사람들이 단지 행복으로 간주함직한 모든 것을 행위의 동기에서 제거함으로써만 제대로 눈에 띄게 표상될 수 있는 것이다. 그러므로 윤리성은 순수하게 서술되면 될수록 인간의 마음에 그만큼 더 많은 힘을 미칠 게 틀림없다. 이로부터 나오는 결론인즉, 만약 윤리의 법칙과 신성성 및 덕의 상〔像〕이 우리 마음에 도대체가 얼마간의 영향을 미쳐야 한다면, 그것[5]이 오로지 순수하게 그의 복지에 대한 아무런 의

5) 원문은 단수 여성 인칭대명사 'sie'. 이것이 지시하는 것은 앞의 '윤리(Sitten)의 법칙과 신성성(Heiligkeit) 및 덕(Tugend)의 상'이니, 복수로 표현해야 했을지도 모르겠으나,

도가 섞여 있지 않은 채 동기로서 명심되는 한에서만, 그런 영향을 미칠 수 있다는 것이다. 왜냐하면, 그것은 고난 중에서 가장 장엄하게 드러나는 것이니 말이다. 그러나 그것의 제거가 그 움직이는 힘의 작용을 강화하는 것은 방해물이었을 것이 틀림없다. 그러므로 자기의 행복에서 얻어온 동기들을 뒤섞는 일은 모두 도덕법칙이 인간의 마음에 영향을 미치는 데 방해물이 된다. — 더 나아가 나는 다음과 같이 주장하는 바이다. 즉 앞서의 저 경탄할 만한 행위에서조차도 그로부터 이런 행위가 생긴 동인이 그 의무에 대한 존중이었을 때에, 그때에 이 같은 법칙에 대한 존경이 바로 보는 이의 마음에 최대의 힘을 행사하는 것이지, 가령 고매함에 대한 그리고 고결하면서도 얻는 것 많은 사유방식에 대한 내적 의견을 요구함이 그러한 것이 아니라고. 따라서 얻는 것 많음이 아니라 바로 의무가 가장 확실하면서도 또한, 그 의무가 그 신성 불가침성의 올바른 빛 속에서 표상될 때에는, 가장 깊게 파고드는 영향을 마음에 미칠 것임이 틀림없다고.

V157 A280

인간의 불완전성과 선에서의 진보에 더 알맞은, 의무라는 무미건조하면서도 진지한 표상에 의거하기보다는 부드럽고 연약한 감정이나 또는 높이 나는, 부풀리는, 마음을 강하게 하기보다는 오히려 무르게 만드는 요구들을 가지고서 마음에 큰 영향을 주고자 바라는 우리 시대에서 이 방법을 환기시킴은 어느 시대에서보다도 더 필요하다. 어린아이들에게 그러한 행위들에 대한 열광을 고취할 생각으로 고결하고 고매하고 얻는 것 많은 행위들을 본보기로 제시하는 것은 아주 목적에 어긋나는 일이다. 왜냐하면, 어린아이들은 가장 일상적인 의무의 준수에서나 그런 의무의 올바른 판정에 있어서조차도 아직 미숙하기 때문에, 그렇게 하는 것은 어린아이들을 제때에 공상가로 만드는 것과 마찬가지이기 때문이다. 그러나 더 많은 교육을 받고 더 많은 경험을 가진 층의 사람들에 대

'윤리'·'신성성'·'덕'을 내용상 한가지인 '도덕성'의 표상으로 보아 이렇게 표현하고 있다고 이해해야 할 것 같다.

해서도 이런 거짓 동기는, 해가 되지는 않는다 해도, 적어도 그로써 사람들이 성취하고자 하는 진정한 도덕적 영향을 마음에 미치지는 못한다.

모든 **감정들**은, 특히 그토록 이례적인 긴장을 불러일으키는 감정들은, 그것이 격렬해 있는 그 순간에 그리고 가라앉기 전에 그 영향을 미쳐야지, 그렇지 않으면 아무런 영향도 미치지 못한다. 마음에 가해졌던 것은 마음을 강화시킨 무엇이 아니라, 마음을 자극한 무엇이었기에, 마음은 자연스럽게 그의 자연적인 원만한 생활 상태로 돌아가고 다시금 무기력에 빠지기 때문이다. **원칙들**은 반드시 개념들 위에 세워져야 한다. 그 밖의 모든 토대 위에서는 단지 변덕들이 성립할 수 있을 따름이다. 이런 변덕들은 인격에게 아무런 도덕적 가치를 줄 수 없고, 자기 자신에 대한 신뢰조차도 줄 수가 없다. 그런데 자기 자신에 대한 신뢰 없이는 자기의 도덕적 마음씨에 대한 의식과 그러한 성격에 대한 의식, 즉 인간에서의 최고선은 결코 생길 수 없다. 이 개념들은 무릇, 주관적으로 실천적이 되어야만 한다면, 그것들에 대해 경탄하고 그것들을 인간성과 관련하여 존중하기 위해서는, 윤리성의 객관적 법칙들에 머물러서는 안 되고, 그것들의 표상을 인간과의 관계에서 그리고 개인과의 관계에서 고찰해야 한다. 저 법칙은 최고로 존경할 만한 모습으로 나타나기는 하지만, 그러나 인간이 자연스럽게 그에 익숙해 있는 요소에 속하는 것처럼 그렇게 친근한 모습으로 나타나지는 않고, 오히려 그것은 인간으로 하여금 자기 부정 없이는 그것을 떠날 수 없도록 강요하고, 퇴락에 대한 끊임없는 우려를 가지고 오로지 애씀으로써만 유지할 수 있는 한 단계 더 높은 곳에 인간을 처하도록 강요하는 모습으로 나타난다. 한마디로 말해, 도덕법칙은 의무에서 비롯하는 준수를 요구하지, 도대체가 전제할 수도 없고 해서도 안 되는 애호〔선호〕에서 비롯하는 준수를 요구하는 것이 아니다.

A281

V158

과연 고결하고 고매한 행위로서 한 행위를 표상함에서 이것이 진지한 도덕법칙과 관련해 한낱 의무로서 표상될 때보다도 더 큰 주관적으로 움직이는 동기의 힘이 있는가를 이제 한 예에서 보기로 하자. 어떤 사람이

A282

생명이 극도로 위험함에도 불구하고 조난선에서 사람들을 구출하려 하다가 마침내 자기 생명을 잃은 경우에, 그 행위는 한편으로는 의무로 보아지겠지만, 그러나 다른 한편 대개는 공 있는 칭찬할 만한 행위로 보아진다. 그러나 이 행위에 대한 우리의 존중은 여기서 얼마간 손상받은 것으로 보이는 **자기 자신에 대한 의무**라는 개념에 의해 아주 약화된다. 조국의 보존을 위해 자기 목숨을 고매하게 희생하는 것은 더 결정적이다. 그럼에도 자기 스스로 명령받음 없이 이런 의도에 자신을 바치는 것이 과연 그토록 완전한 의무인가에 대해서는 일말의 의구심이 없지 않으며, 그런 행위는 모방할 본보기와 추동의 완전한 힘을 자기 안에 가지고 있지는 않다. 그러나 그렇게 하는 것은 불요불가결한 의무이고, 이를 위반하는 것은 도덕법칙 그 자체를, 사람의 복은 고려할 것도 없이, 해치는 것이며, 도덕법칙의 신성성을 이를테면 발로 짓밟는 것이라면,—이러한 의무들을 사람들은 흔히 신에 대한 의무라고 부르는바, 그것은 우리가 신에게서 실체 안의 신성성의 이상을 생각하기 때문이다—우리는 우리의 모든 경향성들 가운데서도 가장 내심에서 나오는 것[6]이 항상 어떠한 A283 가치를 가지든 간에 그런 것을 모두 희생하여 도덕법칙의 준수에 최대한의 완전한 존경을 바칠 것이다. 자연이 단지 항상 동기들을 빌려 〔인간의 자연본성과는〕 반대되게 무엇을 가져오든지 간에, 인간의 자연본성이 그러한 모든 것을 뛰어넘을 능력이 있다는 것을 우리가 실례를 통해 확신할 수 있을 때에, 우리는 그러한 실례를 통해 우리 영혼이 강화되고 고양됨을 발견하는 바이다. **유베날**[7]은 그러한 실례를 점층법적으로 표현해 냈는데, 그것은 독자로 하여금 의무로서의 의무의 순수 법칙에 들어 있는 동기의 힘을 생생하게 느끼도록 해주고 있다.

---

6) 곧, 자기 보존의 경향성 같은 것.

7) 이미 앞서(A56=V31의 주 참조)도 인용한 Decimus Iunius Iuvenalis는 로마의 풍자 시인으로 5권 16편의 시집을 냈는데, 주로 당대의 윤리적 타락상을 해학과 풍자로 비판한 것이다.

善良한 兵士, 善良한 後見人, 公平한
審判官이거라; 네가 만약 언젠가 證人으로서 疑心스럽고
不確實한 事件에 불려나간다면, 팔라리스[8]가 너한테 거짓말하라 V159
命令하고, 그의 황소를 내세워 僞證을 시키려 해도,
名譽보다도 한낱 목숨을 택하고, 그저 살기 위해
生을 참으로 價値 있게 하는 것을 버림을 最大의 不正으로 생각하라.[9]

우리가 만약 얻는 것 많은 것에 아부하는 무엇인가를 우리 행위들에 집어넣을 수 있다면, 그때에 이미 동기는 많든 적든 사애〔私愛〕와 뒤섞이고, 그러므로 감성 측으로부터 어떤 도움을 받는 것이다. 그러나 의무의 신성성에 대해서만은 모든 것을 뒤에 놓고, 우리 자신의 이성이 이것을 그의 지시명령으로서 인정하면서 사람들은 그것을 행**해야만 한다**고 말하기 때문에, 사람들은 그것을 행**할 수 있다**고 의식한다는 것,[10] 이것은 말하자면 스스로 감성 세계 자체를 완전히 뛰어넘어 고양함을 의미하고, 그런 의식에는 법칙에 대한 의식이[11] 또한 **감성을 지배하는** 능력의 동기로서 불가분리적으로 결합되어 있다. 그것이 언제나 그 효과와 함께 A284 인 것은 아니지만 말이다. 그러나 그 효과는 그럼에도 이런 동기에 자주 종사함으로써 그리고 처음에는 작으나마 이런 동기의 사용을 시도해봄으로써 그 효력에 대한 희망을 주어, 우리 안에 차츰차츰 그에 대한 최대의, 그러면서도 순수한 도덕적 관심을 생기게 한다.

그러므로 이 방법은 다음과 같은 과정을 취한다. **제일의** 현안 문제는,

8) Phalaris. 시칠리아의 Akragas(=Agrigentum)의 폭군(재위: ca. BC 570~555). 그는 놋쇠로 만든 황소 안에서 사람들을 태워 죽이는 처형 방법을 고안해냈다고 한다.

9) 이상의 구절은 유베날의 *Sat*. VIII, 79~84.

10) 앞의 A54 이하=V30 이하 참조.

11) 이 대목의 원문은 'in demselben Bewußtsein des Gesetzes'이나, 문맥상 'in demselben Bewußtsein das des Gesetzes'로 고쳐 읽는 것이 좋을 것 같아, 이렇게 옮긴다.

도덕법칙에 따르는 판정을 모든 우리 자신의 행위와 타인의 자유로운 행위들의 관찰에 자연스럽게 수반하는 일로 만들어, 말하자면 습관화하여, 그 판정을 예리하게 하는 일이다. 그것은 무엇보다도 먼저, 과연 행위가 객관적으로 **도덕법칙에 맞으며**, 어떠한 도덕법칙에 **맞는가**를 물음으로써 이루어진다. 이때 우리는 순전히 책무의 **근거**만을 제시하는 법칙에 대한 주의를 실제로 **책무 있는** 법칙과 (즉 責務 지우는 法則과 責務 있는 法則[12]을) 구별하고,—예컨대 인간의 **필요요구**가 나에게 요구하는 것의 법칙은 인간의 **권리**가 나에게 요구하는 것의 법칙과 대립해 있는 것처럼 말이다. 이 가운데 후자는 본질적인 의무들을, 전자는 단지 비본질적인 의무들을 규정한다—그렇게 해서 한 행동에 통합해 있는 서로 다른 의무들을 구별할 것을 가르친다. 주의를 기울여야 할 또 다른 점은, 과연 A285 행위가 또한 (주관적으로) **도덕법칙 때문에** 일어났는가, 그러므로 과연 행위가 행실로서 윤리적 정당성을 가질 뿐만 아니라, 준칙의 면에서 마음씨로서 윤리적 가치도 갖는가 하는 물음이다. 무릇 이런 훈련과 이로부터 생기는 순전히 실천적인 것에 관해 판단하는 우리 이성의 세련화에 V160 대한 의식은 이성의 법칙 자체에 대한 어떤 관심을, 그러니까 윤리적으로 선한 행위들에 대한 관심을 차츰차츰 낳을 것이라는 것은 의심의 여지가 없다. 우리는 마침내 그것에 대한 관찰이 우리로 하여금 우리 인식능력의 확장된 사용을 느끼도록 해주는 어떤 것을 좋아하게 되는바, 특히 그런 확장된 사용을 촉진하는 것은 그것에서 우리가 도덕적 정당성을 발견하는 바로 그것이니 말이다. 이성은 사물들의 그러한 질서에서만 선험적으로 원리에 따라 무엇이 응당 발생해야만 하는가를 규정하는 그의 능력이 만족함을 발견할 수 있기 때문이다. 한 자연 관찰자가 대상들의 유기조직에서 위대한 합목적성을 발견하고, 그래서 그 관찰에서 그의

12) 원문: leges obligandi a legibus obligantibus. 『윤리형이상학』, 「법이론」에서 칸트는 "責務 짓는 根據들은 責務 지어지지 않는다(rationes obligandi non obligantes)."고 하면서 양자를 구별한다.(*MS*, *RL*, AB24=VI224 참조)

이성이 기쁨을 얻자, 처음에는 그의 감관들을 불쾌하게 한 대상들을 마침내 좋아하게 되는가 하면, **라이프니츠**는 그가 현미경을 통해 세심하게 관찰했던 곤충을 다시금 나무 이파리 위로 조심스럽게 돌려보내기도 했는데, 그는 그것을 보고서 배웠다는 것을 자각했고, 그 곤충으로부터 이를테면 자선을 입었기 때문이었다.[13)]

그러나 우리로 하여금 우리 자신의 인식 능력들을 느끼게 하는 판단력의 이런 용무는 아직 행위들이나 그 행위들의 도덕성 자체에 대한 관심은 아니다. 판단력은 한낱 사람들이 즐거이 그러한 판정을 해보도록 하고, 덕이나 도덕법칙에 따르는 사유방식에, 경탄스럽기는 하나 그렇다고 해서 구해지는 것은 아닌 (稱頌되며 얼어 죽는[14)]) 미〔美〕의 형식을 부여한다. 그것에 대한 고찰이 주관적으로 우리 표상 능력들의 조화에 대한 의식을 낳는 모든 것, 그때 우리가 우리의 전 인식 능력(지성과 상상력)이 강해졌다고 느끼는 모든 것, 다른 사람에게도 전해지는 흡족함을 만들어 내는, 그러면서도 거기서 객관의 실존은 우리에게 무관심으로 남는 그런 모든 것들 말이다. 객관의 실존이 우리에게 무관심으로 남는 것은, 객관은 단지 우리 안에 있는 동물성을 뛰어넘는 천재의 소질을 깨닫게 하는 동기 유발로만 보아지기 때문이다. 그러나 이제 **두 번째** 훈련이 그 업무에 들어간다. 곧 실례들에서 도덕적 마음씨를 드러내 보임으로써 의지의 순수성을 알아차리게 하는 일 말이다. 그러나 우선적인 것은, 의무로서의 행위에 있어서 전혀 어떠한 경향성의 동기도 의지 규정의 근거로 영향을 주지 않는 한에서, 단지 의지의 소극적인 완전성으로서의 도덕적 마음씨를 드러내 보이는 일이다. 이에 의해 학생은 자기의 **자유**의 의식에 대한 주의를 얻게 되고, 이 단념〔포기〕이 처음에는 고통의 감각을 일

A286

13) 칸트는 이 일화를 「인간학 강의」에서도 이야기하고 있다.(V-Anth, Collins: XXV, 12 참조)

14) 원문: laudatur et alget. 이것은 유베날의 *Sat.* I, 74: "probitas laudatur et alget(정직은 칭송받으며, 얼어 죽도다)"에서 따온 것이다.

으킴에도 불구하고, 그것이 저 학생을 진짜 필요요구들의 강제로부터도
A287 벗어나게 해줌으로써, 그에게 동시에 잡다한 불만족—이 모든 필요요구들이 그를 이에 끌어넣은 것이지만—으로부터의 해방을 알려주고, 그래
V161 서 마음은 다른 원천들로부터 만족의 감각을 받아들일 수 있게 된다. 실례들이 제시된 순수한 도덕적 결의들에서 인간에게 한 내면적인 능력, 그렇지 않았으면 그 자신에게 결코 올바르게 알려지지 않았을 그 능력, 즉 **내적 자유**가 밝혀질 때에, 마음은 그를 항상 남몰래 짓누르는 짐으로부터 해방되고 가벼워진다. 내적 자유는 경향성의 광포한 압박에서 벗어나게 해주어, 어떠한 경향성도, 가장 애호받는 경향성조차도, 우리가 이제 그것을 위해 우리 이성을 사용해야만 하는 결의에 아무런 영향도 미치지 못하게 한다. 내 편에 부당함이 있다는 것을 **나만은 알고 있는** 경우에는, 그리고 비록 그 부당함에 대한 자유로운 고백과 그에 대한 보상의 제공이 허영심, 이기심, 심지어는 나에 의해서 그 권리가 침해받은 자에 대한 보통은 부당하지 않은 반감에서 그토록 큰 모순을 발견하고, 그럼에도 내가 이런 모든 의혹들을 무시할 수 있다고 할지라도, 이 경우에는 경향성과 행복한 상태로부터의 독립에 대한 의식 및 스스로 만족할 수 있는 가능성—이런 가능성은 어디서나 다른 관점에서도 나에게 효력이 좋은 것이다—에 대한 의식이 포함되어 있다. 이제 의무의 법칙은 그것의 준수가 우리로 하여금 느끼게 하는 적극적 가치에 의해 우리의 자유에 대한 의식 중에 있는 **우리 자신에 대한 존경**을 통해 더 쉬운 입구를
A288 발견한다. 이 자신에 대한 존경에, 만약 그것이 충분히 기초 지어져 있다면, 인간에게 내적인 자기 검사에서 자기 자신의 눈에 자기가 하찮고 비난받아 마땅하다고 보이는 것보다 더 크게 겁나는 것이 없을 때, 이제 모든 선한 윤리적인 마음씨가 접목될 수 있다. 왜냐하면, 이것은 고결하지 못한 타락하게 하는 충동들의 침입을 마음에서 막아내는 가장 좋은, 아니 유일한 파수꾼이기 때문이다.

나는 이상에서 도덕적 도야와 훈련에 대한 방법론의 가장 일반적인 준

칙들만을 제시하고자 했다. 다양한 의무들은 그 종류별로 특수한 규정들을 요구하고, 그래서 매우 광범위한 작업을 이룰 터이므로[15], 사람들은 단지 예비 연습일 따름인 이 같은 저술에서 내가 이런 정도의 요강〔要綱〕 서술에 그치는 것을 양해할 것으로 생각하는 바이다.

15) 이에 대한 비교적 자세한 논의는 『윤리형이상학』, 「덕이론」, "윤리학적 요소론"에서 볼 수 있다.

맺음말

그에 대해서 자주 그리고 계속해서 숙고하면 할수록, 점점 더 새롭고 점점 더 큰 경탄과 외경으로 마음을 채우는 두 가지 것이 있다. 그것은 **내 위의 별이 빛나는 하늘과 내 안의 도덕법칙**이다. 이 양자를 나는 어둠 속에 감춰져 있거나 초절적인 것 속에 있는 것으로 내 시야 밖에서 찾고 한낱 추측해서는 안 된다. 나는 그것들을 눈앞에서 보고, 그것들을 나의 실존 의식과 직접적으로 연결한다. 전자는 내가 외적 감성 세계 안에서 차지하고 있는 자리에서 시작해서, 내가 서 있는 그 연결점을 무한 광대하게 세계들 위의 세계들로, 천체들 중의 천체들로, 뿐만 아니라 그것들의 주기적인 운동의 한없는 시간 속에서 그 시작과 지속을 확장한다. 후자는 나의 볼 수 없는 자아, 나의 인격성에서 시작해서, 참된 무한성을 갖는, 그러나 지성에게만은 알려지는[1] 세계 속에 나를 표상한다. 이 세계와의 (그에 의해서 그러나 또한 동시에 저 볼 수 있는 모든 세계들과의) 나의 연결을 나는 앞서의 세계에서처럼 그렇게 한낱 우연적인 것이 아니라, 보편적이고 필연적인 것으로 인식한다. 무수한 세계 집합의 첫째 광경은 **동물적 피조물**로서의 나의 중요성을 없애버린다. 동물적 피조물은 그것

V162

A289

1) 곧, 예지적인(intelligibel).

으로 그가 된 질료를, (어떻게 그리된 것인지는 모르겠지만) 짧은 시간 동안 생명력을 부여받은 후에는, 다시금 (우주 안의 한낱 점인) 유성에게로 되돌려줄 수밖에 없다. 이에 반해 두 번째 광경은 **지적 존재자**〔**예지자**〕로서의 나의 가치를 나의 인격성을 통해 한없이 높인다. 인격성에서 도덕법칙은 동물성으로부터, 더 나아가 전 감성 세계로부터 독립해 있는 생을 나에게 개시〔開示〕한다. 적어도 이것이 도덕법칙에 의해 이승의 생의 조건들과 한계에 제한받지 않고, 무한히 나아가는, 나의 현존의 합목적적 규정〔사명〕으로부터 추정되는 만큼은 말이다.

A290

그러나 경탄과 존경은 탐구를 자극할 수 있기는 하지만, 탐구의 결함을 보충해줄 수는 없다. 이제 유용하고도 대상의 숭고성에 알맞은 이 방식으로 일을 해나가기 위해서는 무엇을 해야 할 것인가? 이 경우에 실례들은 경고를 위해서도, 그러나 또한 모방을 위해서도 기여하는 바가 있을 것이다. 〔자연〕 세계의 고찰은 인간의 감관들이 언제든 제시하고 감관들의 넓은 범위를 쫓는 우리 지성이 언제든 해낼 수 있는 가장 훌륭한 광경에서 출발해서, 종내는 별자리 해석〔점성술〕[2]으로 끝났다. 도덕은 그것의 전개와 개발이 무한한 유용에까지 미칠 것으로 보이는 도덕적 자연본성에서의 가장 고결한 성질에서 출발해서, 종내는 광신이나 미신으로 끝났다. 일의 주요한 부분이 이성 사용에 달려 있는, 아직 조야한 모든 시도들에서 결말은 그런 것이다. 이성 사용은 발을 사용하는 것처럼 자주 사용해봄으로써 저절로 명백히 밝혀지는 것이 아니다. 특히 그것이 일상의 경험에서는 직접적으로 드러나지 않는 성질들에 관계할 때는 더욱 그러하다. 그러나 늦기는 했지만, 이성이 내딛고자 기획한 모든 발걸음들을 미리 충분히 숙려하고, 그 발걸음들로 하여금 다름 아니라 미리 충분히 숙고된 방법의 궤도 안에서 그 행로를 걷게 하는 준칙들이 보급된 후에는, 세계〔라는〕 건축물에 대한 평가는 전혀 다른 방향을 얻었고,

V163

A291

2) 원어: Sterndeutung.

이와 더불어 동시에 비교할 수 없을 만큼 훨씬 더 큰 다행스런 결과를 얻었다. 돌의 낙하, 투석기〔投石器〕의 운동은 그 요소들과 거기에서 표출되는 힘들로 분해되고 수학적으로 작업되고 나면, 마침내 세계 구조에 대한 명료하고도 전 미래에서도 불변적일 통찰을 가져왔고, 그리고 이 통찰은 고찰이 전진해감에 따라 항상 오로지 확장될 것을 기대할 수 있을 뿐, 결코 퇴보할 것이라고 두려워할 필요는 없다.

무릇 저 실례는 우리에게 우리 자연본성의 도덕적 소질을 다룸에 있어서도 마찬가지로 이 길을 걷도록 충고할 수 있고, 비슷하게 좋은 성공을 거둘 희망을 줄 수 있다. 우리는 여하튼 도덕적으로 판단하는 이성의 실례들을 손에 들고 있다. 이제 이 실례들을 요소 개념들로 분해하는 일, 그러나 **수학**이 없는 처지에서, 상식에서 반복되는 시도들에서 저 실례들 안에 있을 수 있는 경험적인 것과 이성적인 것을 **분리**하는, **화학**에서와 비슷한 방법절차를 시행하는 일, 이것은 우리로 하여금 양자를 **순수하게**, 그리고 양자가 각기 단독으로 무엇을 할 수 있는가를 확실하게 알 수 있게 한다. 그리고 이렇게 해서 이것은 한편으로는 아직 **조야한**, 훈련되지 못한 판정의 착오를 막을 수 있고, 다른 한편으로는 (이것이 훨씬 더 필요하거니와) **천재의 범람**을 막을 수 있다. 천재의 범람에 의해서는 연금술의 도사들에 의해서 흔히 일어나는 바처럼, 아무런 방법적인 탐구나 자연에 대한 지식도 없이 몽상적인 보물들이 약속되고, 진짜 보물들은 내던져져 버린다. 한마디로 말해, (비판적으로 추구되고 방법적으로 이끌어지는) 학문〔만〕이 **지혜론**[3]에 이르는 좁은문이다. 만약 이 지혜론이라는 말이 한낱 우리가 무엇을 **해야** 하는가가 아니라, 누구나 걸어가야만 할 지혜로의 길을 잘 그리고 뚜렷하게 닦아 다른 사람들을 헛길로 빠지지 않도록 보호하기 위해, 무엇이 **교사들**에게 표준〔먹줄〕으로 쓰여야만 하는가〔에 대한 탐구〕를 뜻한다면 말이다. 이런 학문의 지킴이는 언제나 A292

3) 원어: Weisheitslehre. 곧 철학.

철학이 아닐 수 없다. 그리고 대중은 이런 철학의 면밀한 연구에는 참여하지 못하지만, 그러한 작업 끝에 그들에게 비로소 참으로 명백하게 이해될 수 있는 **가르침들**에는 참여해야만 한다.

■ 찾아보기

일러두기

1. 편찬 체제

☞ 이 찾아보기의 편찬 체제는 다음의 차례를 따른다.

표제어[대체어]원어

¶ 용례 면수

☞ 『실천이성비판』의 면수는 제1판(1788년 판)〔=A〕의 본문 면수이다.

☞ 칸트의 원주는 면수 뒤에 '주'라는 말을 별도로 붙인다.

2. 약호 목록

■= 동의어와 정의를 표시한다

①② 뜻의 갈래를 표시한다

¶ 용례를 나타낸다

→ 바로 뒤에 이어지는 표제어나 면수를 참조하라

← 바로 앞에 놓인 말을 참조하라

↔ 반대말이나 대조되는 말을 나타낸다

인물 찾아보기

개념 찾아보기

ㄱ

ㄴ

ㄷ

ㅁ

ㅅ

ㅇ

ㅈ

ㅎ

옮긴이

백종현(白琮鉉)

서울대학교 명예교수. 한국포스트휴먼연구소 소장.

서울대학교 철학과에서 학사 · 석사 과정 후 독일 프라이부르크 대학에서 철학박사 학위를 받았다. 인하대 · 서울대 철학과 교수, 서울대 철학사상연구소 소장, 서울대 인문학연구원 원장, 한국칸트학회 회장, 한국철학회 『철학』 편집인 · 철학용어정비위원장 · 회장 겸 이사장, 한국포스트휴먼학회 회장을 역임하였다.

주요 논문으로는 "Universality and Relativity of Culture"(*Humanitas Asiatica*, 1, Seoul 2000), "Kant's Theory of Transcendental Truth as Ontology"(*Kant-Studien*, 96, Berlin & New York 2005), "Reality and Knowledge"(*Philosophy and Culture*, 3, Seoul 2008) 등이 있고, 주요 저서로는 *Phänomenologische Untersuchung zum Gegenstandsbegriff in Kants "Kritik der reinen Vernunft"*(Frankfurt/M. & New York 1985), 『독일철학과 20세기 한국의 철학』(1998/증보판2000), 『존재와 진리—칸트 〈순수이성비판〉의 근본 문제』(2000/2003/전정판2008), 『서양근대철학』(2001/증보판2003), 『현대한국사회의 철학적 문제: 윤리 개념의 형성』(2003), 『현대한국사회의 철학적 문제: 사회 운영 원리』(2004), 『철학의 개념과 주요 문제』(2007), 『시대와의 대화: 칸트와 헤겔의 철학』(2010/개정판2017), 『칸트 이성철학 9서5제』(2012), 『동아시아의 칸트철학』(편저, 2014), 『한국 칸트철학 소사전』(2015), 『이성의 역사』(2017), 『인간이란 무엇인가—칸트 3대 비판서 특강』(2018), 『한국 칸트사전』(2019), 『인간은 무엇이어야 하는가—포스트휴먼 시대, 인간을 다시 묻다』(2021), 『인간의 조건—칸트의 인본주의』(2024) 등이 있으며, 역서로는 『칸트 비판철학의 형성과정과 체계』(F. 카울바흐, 1992)//『임마누엘 칸트—생애와 철학 체계』(2019), 『실천이성비판』(칸트, 2002/개정2판2019), 『윤리형이상학 정초』(칸트, 2005/개정2판2018), 『순수이성비판 1 · 2』(칸트, 2006), 『판단력비판』(칸트, 2009), 『이성의 한계 안에서의 종교』(칸트, 2011/개정판2015), 『윤리형이상학』(칸트, 2012), 『형이상학 서설』(칸트, 2012), 『영원한 평화』(칸트, 2013), 『실용적 관점에서의 인간학』(칸트, 2014), 『교육학』(칸트, 2018), 『유작 I.1 · I.2』(칸트, 2020), 『학부들의 다툼』(칸트, 2021), 『유작 II』(칸트, 2022) 등이 있다.

한국어 칸트전집 제8권

실천이성비판

대우고전총서 005A

1판 1쇄 펴냄 | 2002년 9월 5일
1판 7쇄 펴냄 | 2008년 10월 10일
개정판 1쇄 펴냄 | 2009년 8월 15일
개정판 8쇄 펴냄 | 2018년 2월 12일
개정2판 1쇄 펴냄 | 2019년 8월 29일
개정2판 6쇄 펴냄 | 2024년 8월 30일

지은이 | 임마누엘 칸트
옮긴이 | 백종현
펴낸이 | 김정호
펴낸곳 | 아카넷

출판등록 2000년 1월 24일(제406-2000-000012호)
10881 경기도 파주시 회동길 445-3
전화 031-955-9510(편집) · 031-955-9514(주문) | 팩시밀리 031-955-9519
책임편집 | 김일수
www.acanet.co.kr

철학, 서양철학, 독일철학, 칸트 KDC 165.2

Printed in Paju, Korea.

ISBN 978-89-5733-641-0 94080
ISBN 978-89-89103-56-1 (세트)

이 도서의 국립중앙도서관 출판예정도서목록(CIP)은 서지정보유통지원시스템 홈페이지(http://seoji.nl.go.kr)와 국가자료종합목록 구축시스템(http://kolis-net.nl.go.kr)에서 이용하실 수 있습니다. (CIP제어번호 : CIP2019031730)